भारत और दक्षिण पूर्व एशिया
(ऐतिहासिक और समसामयिक संबंध)

संपादन

डॉ. श्वेता गुप्ता   डॉ. निशि सेठ

Pustak Bharati
Toronto Canada

Editors : डॉ. श्वेता गुप्ता, डॉ. निशि सेठ

Book Title : भारत और दक्षिण पूर्व एशिया
(ऐतिहासिक और समसामयिक संबंध)

Cover Design by : संकल्प बनर्जी

Published by :
Pustak Bharati (Books India)
Toronto, Ontario, Canada, M2R 3E4
email : pustak.bharati.canada@gmail.com
Web : pustak-bharati-canada.com

ISBN 978-1-989416-83-9

Copyright ©2023

ISBN : 978-1-989416-83-9

काशी हिन्दू विश्वविद्यालय

BANARAS HINDU UNIVERSITY

ESTABLISHED BY PARLIAMENT BY NOTIFICATION NO. 225 OF 1916

इतिहास विभाग
समाजिक विज्ञान संकाय

DEPARTMENT OF HISTORY
FACULTY OF SOCIAL SCIENCE

Hist/2023-24/   Date: 06.07.2023

It gives me great pleasure to acknowledge the efforts of the volume's editors, who have covered a wide range of topics pertaining to India's relation with South East Asian countries. The senior, junior, and young scholars' chapters are significant since they will be useful for studying and researching India's international relations in general, and India's relations with Southeast Asia in particular.

The publication is distinctive since it includes chapters in both English and Hindi, extending its reach to a wider readership.

(Prof. Ghan Shyam)
Head
Department of History
Faculty of Social Sciences
BHU, Varanasi-221005

BHU

स्वच्छ भारत
एक कदम स्वच्छता की ओर

Varanasi 221005, UP, INDIA
M : 9336911231
Email:-historybhu@gmail.com
Website : www.bhu.ac.in

विषयानुक्रमिका

प्राक्कथन

कुछ दिन पहले भारत के प्रधानमंत्री ने इंडोनेशिया के बाली में जाकर बृहत्तर भारत के निर्माताओं (The Architects of Greater India) की चर्चा कर सच्ची श्रद्धांजलि दी थी। उस दिन उन्होंने उन साझी विरासतों की बात की है जिन्हें सहेज कर बृहत्तर भारत के देश अपने को बेहतर, अपना और विश्व का कल्याण कर सकते हैं।

दक्षिण–पूर्व एशिया की सभ्यता में हिमालय से निकलने वाली इरावदी, मेकोंग एवं सलवीन नदियों का बड़ा योगदान था, जिन्होंने इस सभ्यता को भारत के हृदय के अनुकूल आकार दिया। जावा का प्रारंभिक धर्म हिंदू धर्म था। फाहियान के विवरण से भी इसकी पुष्टि होती है। वह लिखता है कि यहां हिंदू धर्म का प्रचार बहुत है और बौद्ध धर्म का नाम कम सुनाई देता है। किंतु फाहियान के जाने के बाद ही जावा में बौद्ध धर्म का प्रभाव जमने लगा। हिंदू धर्म अनुयायियों की संख्या कम हो गई। जावा में बौद्ध धर्म का सर्वप्रथम उपदेशक गुणवर्मन था। वह कश्मीर के राजघराने के सिंहनाद का पुत्र था। वह वैरागी होकर श्रीलंका होता जावा पहुंच गया और राजमाता को बौद्ध बनाया। राजमाता ने उससे बौद्ध धर्म की दीक्षा ली और धीरे–धीरे सभी लोग बौद्ध धर्म के अनुयायी हो गए। राजा ने अपने राज्य में सभी प्राणियों के वध का निषेध कर दिया।

जावा और सुमात्रा के हिंदू राज्य

सप्तम शताब्दी तक मलेशिया के संपूर्ण भाग हिंदू आवासको द्वारा आवासीत किए जा चुके थे। उन प्रदेशों में सैकड़ों राजा स्वतंत्रता पूर्वक शासन कर रहे थे पर इन राज्यों में शैलेंद्र नामक राज्य सबसे महत्त्वपूर्ण था,जिसकी सत्ता 300 वर्षों तक कायम रही। 11 वीं शताब्दी में शैलेंद्रो के अनेक प्रतिस्पर्धी उत्पन्न हो गए। वे एक ओर जावा के राज्य से टक्कर ले ले रहे थे तो दूसरी ओर भारत के चोल राज्य से भी इनका संघर्ष हो गया। प्रारंभ में शैलेंद्र और चोलो का संबंध अच्छा था और दोनों ने मिलकर नागापट्टनम में विहार बनवाया था नालंदा में भी देव पाल के समय एक बौद्ध मंदिर दोनों के सम्मिलित प्रयत्न से बना था। किंतु बाद में इन दोनों के व्यापारिक हित टकराने लगे और 1017 ईस्वी में राजेंद्र चोल ने मलाया प्रदीप को जीत लिया। किंतु 1090 में मलाया से चोल दरबार में दूत भेजा गया जिससे प्रतीत होता है कि लगभग 50 वर्षों तक ही चोलो का प्रभुत्व मलेशिया पर कायम रहा। पुरालेखो से जानकारी प्राप्त होती है। वहां के चोलिए पांडे मिलियन तथा पल्लवी जातियों के

नाम भी दक्षिण भारत के प्रभाव को सूचित करते हैं। लगभग 300 वर्षों तक सुमात्रा में शैलेंद्रो का सितारा जगमगाता रहा चौदहवीं शताब्दी तक के अरब तथा चीनी लेखक शैलेंद्रो का वर्णन करते हैं 1184 में अदरिषि,कजविनी, 1203 में, 1208 में, इब्न सईद और 1335 मे दीमस्की इन शैलेंद्रो की समृद्धि का उल्लेख करते हैं। चंद्रबाहू शैलेंद्र साम्राज्य का अंतिम राजा था।

मार्कोपोलो ने अपनी यात्रा वृतांत में लिखा है कि धीरे–धीरे जावा और सुमात्रा दीपों पर इस्लाम का प्रभाव बढ़ रहा है । इब्नबतूता के विवरण से भी ज्ञात होता है कि 1345 ई. में सुमात्रा में इस्लाम फैल रहा था सुमात्रा के सुल्तानों की इमारतों के गुणों को देखने से पता चलता है कि अब वहां इस्लाम का प्रभाव बढ़ रहा था । गुजरात और बंगाल के मुस्लिम व्यापारी इन दोनों को इस्लामिक द्वीप बनाने का निरंतर प्रयास कर रहे थे ।

17वीं शताब्दी में लंपंग प्रदेश वासी भी मोहम्मद के शरण में चले गए। 18 वीं शताब्दी में सुमात्रा से इस्लाम के प्रचारक बोर्नियो प्लेमबैंग आदि स्थानों में इस्लाम का प्रचार करने के लिए जाने लगे। यह देखकर आश्चर्य होता है कि 300 वर्ष पूर्व जहां इस्लाम का चिन्ह भी दिखाई ना देता था वही कुछ समय पश्चात इस्लाम का गढ बन गया और वहां से प्रचारक लोग बचे हुए प्रदेशों को भी अपने धर्म में दीक्षित करने के लिए दूर–दूर तक फैलने लगे। जावा सुमात्रा से हिंदू राष्ट्र के अंतर्ध्यान होने की कहानी बड़ी विस्मयकारी है। किस प्रकार से भारत में इस्लाम का बोलबाला बड़ा भारत कमजोर हुआ उसके कमजोर होते ही उसके जो द्वीपांतर के देश थे वहां पर भी हिंदुत्व कमजोर पड़ने लगा और इस्लाम का वर्चस्व बढ़ने लगा। भारत में मुस्लिम सत्ता के पैर जमाते ही दक्षिण पूर्व एशिया के जावा सुमात्रा और मलाया में इस्लाम का प्रचार होने लगा। इन राज्यों के लिए भारत कभी एक आदर्श राज्य था जिनका वे अनुसरण करते थे और जब भारत ही कमजोर हो गया और मुस्लिम शासन के अधीन हो गया तो इन क्षेत्रों पर उसका एक बहुत ही बुरा मनोवैज्ञानिक प्रभाव पड़ा। वहां के 3 बड़े देश पूर्णतया इस्लाम के आगोश में चले गए। इसलिए भारत का समृद्ध होना मजबूत होना मानवता के कल्याण में है और दक्षिण–पूर्व एशियाई देशों के उत्थान में भारत सदियों से एक महत्वपूर्ण भूमिका निभाता रहा है। इसलिए आज भारत मजबूत होगा तो यह देश भी कभी न कभी मजबूत होंगे ।

आजादी के इस अमृत काल में हमें हुतात्माओं को याद करना चाहिए जिन्होंने लहू का दान देकर भारत की बात को भारतीय संस्कृति

की उद्दाम भावनाओं को पूरे विश्व में फैलाया। ये हुतात्मा तो कितने ही पहाड़ों से लुढ़क करके बर्फ में दफन हो गए और वह अपने गंतव्य तक नहीं पहुंच पाए। कितने अथाह समुद्र में डूब गए। जो ज्ञात है उनका इतिहास है जो अज्ञात है उनका इतिहास अज्ञात है। हमने तलवार से दुनिया को नहीं जीता तलवार की जीत स्थाई होती भी नहीं है। अशोक ने अपने अभिलेखों में कहा है कि हमें जीतना है तो हमें उन लोगों के दिलों को जीतना है और यह जीत हमें तब प्राप्त होगी जब हम सेवा भावी होंगे उदार होंगे अनुकंपा युक्त होंगे और करुणा युक्त होंगे। हमारे में दानवीरता होगी तभी हम किसी को अपना बना सकेंगे। काषाय वस्त्र में लोकानुकंपाय बहुजनहिताय और बहुजनकुशलाय ये लोग अपने देश से बाहर जाकर भारतीय संस्कृति का दीप जलाया। हम बेहतर होते भारत के संसाधनों से बृहत्तर भारत का अध्ययन करेंगे और बृहत्तर भारत से और बेहतर भारत बनायेंगे।

13वी–14वीं शताब्दी में भारत पर मुस्लिम सत्ता की स्थापना से भारत के इन द्वीपांतरो पर काफी प्रभाव पड़ा। बताते चलें कि सांस्कृतिक रूप से भारत के कमजोर होने से ये सामुद्रिक देश उदास हो गए। कभी भारत इनके लिए प्रेरणा का स्रोत था यह अपने साहित्य धर्म विचार कृषि प्रशासन में भारत से प्रेरणा लेते थे, किंतु भारत के कमजोर होने से इन द्वीपों पर इस्लाम का प्रचार होने लगा। 14वीं शताब्दी में मलक्का के परमेश्वर ने धनाढ्य गुजराती मुस्लिम व्यापारी की लड़की से विवाह कर सिकंदर शाह बन गया और मलायू राज्य मलक्का सल्तनत के रूप में जाना गया। यही हाल जावा और सुमात्रा का भी हुआ। वहां का राजा भी मुस्लिम व्यापारी की लड़की से विवाह कर मुस्लिम हो गया। राजा धरती पर ईश्वर की प्रति छाया माना जाता था इसलिए राजा के मुसलमान होने से अचानक से राजपरिवार सामंत अधिकारी समर्थक भी मुस्लिम हो गए और 17वीं शताब्दी तक जावा सुमात्रा बोर्नियो और मलाया देश मोहम्मद की शरण में चले गए। कभी यहां के निवासी भारतीय धर्मों तथा वैष्णव शैव शाक्त बौद्ध और देवताओं में गरुड़ गणेश कार्तिकेय दुर्गा ब्रह्मा की जो पूजा किया करते थे। उन्होंने अपने पुराने पंथ को छोड़ दिया। 15वीं शताब्दी से दक्षिणी पूर्वी देशों में इस्लामीकरण की प्रक्रिया तेज हो गई। यह वह समय था जब भारत पर भी मुगल सत्ता अपने चरम पर थी। इसलिए भारत के समुद्री देशों के लिए भारत को सांस्कृतिक रूप से समृद्ध होना बहुत जरूरी है।

संपादक **डॉ. श्वेता गुप्ता** और **डॉ. निशि सेठ** द्वारा प्रस्तुत यह पुस्तक भारत और दक्षिण पूर्व एशिया के ऐतिहासिक एवं सांस्कृतिक

अध्ययनों पर आधारित निश्चित तौर पर इस क्षेत्र में शोध के नए आयाम स्थापित करेगी और इससे प्रेरणा लेकर के अन्य अध्येता गण भी भारत की सांस्कृतिक जड़ों की पड़ताल के सिलसिले में और भारतीय संस्कृति की उत्तम भावनाओं के द्वारा इन देशों को एक कर अपना कल्याण, इन देशों का कल्याण और विश्व का कल्याण की तरफ बढ़ सकेंगे। यह एक सराहनीय प्रयास है जो एक महत्वपूर्ण विषय पर स्तरीय साम्रगी उपलब्ध करा रही है। इसके अध्ययन से पाठक को भारत और दक्षिण पूर्वी एशिया के पारस्परिक संबंधों को पूर्ण परिदृश्य प्रदान कर रही है।यह पुस्तक दक्षिण पूर्व एशिया में भारत की सांस्कृतिक जड़ों की तलाश स्वरूप भी होगी।

मैं इस विषय पर कार्य करने हेतु दोनों संपादकों को हार्दिक बधाई देता हूँ। साथ ही मैं पुस्तक भारती प्रकाशन टोरंटो, कनाडा को भी साधुवाद देता हूँ कि उन्होनें इस विषय पर पुस्तक प्रकाशित किया।

शुभकामनाओं के साथ

डॉ. धर्मचंद चौबे
प्रोफेसर एवं विभागाध्यक्ष,
पूर्वी एशिया एवं वृहत्तर भारत अध्ययन केंद्र,
इंदिरा गांधी राष्ट्रीय कला केंद्र नई जनपथ, नई दिल्ली

संपादकीय

भारत ने प्रारम्भ से अपनी उदार नीतियों, सेवाभाव, परहितभाव तथा वसुधैव कुटुम्बकम जैसी विश्व कल्याणकारी भावनाओं के कारण अपने पड़ोसियों को अपना मित्र और सहभागी बनाया है। इस क्रम में भारत का अपने पड़ोसी देशों मध्य एशिया, सुदूरपूर्व, चीन और दक्षिण पूर्व एशिया के साथ व्यापारिक और सांस्कृतिक सम्बन्ध प्रारम्भ से ही रहा है। वर्तमान अमृत महोत्सव के काल में जब भारत सरकार भी अपने पड़ोसी देशों विशेषकर दक्षिण पूर्वी एशिया के साथ अपने संबंधो को मजबूत कर रही है तो अनायास ही भारत और दक्षिण पूर्व एशिया विषय पर पुस्तक सम्पादित करने की प्रेरणा हमें मिली। प्रस्तुत पुस्तक भारत और दक्षिण पूर्वी एशिया के पुरातन संबंधों से लेकर अद्यतन संबंधों को रेखांकित करने का एक प्रयास है।

भारत भौगोलिक रूप से तीन ओर समुद्र से घिरा है और इसके उत्तर में हिमालय पर्वत है लेकिन इस प्रकार की भौगोलिक सीमा अन्य देशों से भारत के निकट सम्बन्ध बनाने में कभी बाधक नही बनी बल्कि प्रारम्भ से ही भारत के व्यापारी, यात्री एवं साम्राज्य सदियों से विदेशी व्यापार और संपर्को के महत्व को समझते थे और प्रारम्भिक काल से ही भारतीयों द्वारा जल और स्थल मार्ग के माध्यम से सुदूर देशों की यात्रा कर व्यापारिक और सांस्कृतिक संपर्क स्थापित करने के प्रमाण हमें प्राप्त होते है। भारतीय जन जहाँ भी गए वहाँ उन्होंने भारतीय संस्कृति की अमिट छाप छोड़ी और सुदूर देशों के विचारों, रीति रिवाजों और परम्पराओं को समझने का प्रयास किया। परिणामस्वरुप मध्य एशिया, दक्षिणी पूर्वी एशियाई देशों में भारतीय दर्शन व विचारों का प्रवेश हुआ जिसके कारण वहां भारतीय संस्कृति पल्लवित हुई और यह क्षेत्र एक प्रकार से वृहत्तर भारत बन गया। पड़ोसी देशों अथवा दूरस्थ देशों के साथ सम्बन्धों का किसी भी देश के सर्वागीण विकास में महत्वपूर्ण योगदान होता है। प्राचीन भारत के प्रमुख राजनीतिज्ञ **कौटिल्य** के चितंन में भी वैदेशिक संबंधों का वर्णन मिलता है। उन्होनें अपनी पुस्तक अर्थशास्त्र के छठें अधिकरण में राज्यों के साथ व्यवहार के संदर्भ में दो सिद्धान्त दिये है। प्रथम **मंडल सिद्धान्त**– जो पडो़सी देशों के साथ सम्बन्ध स्थापित करने हेतु एंव दूसरा **षाड्गुण्य सिद्धान्त** जो अन्य देशों के साथ व्यवहार निश्चित करता है। अन्तर्राष्ट्रीय संबधों की दृष्टि से यह सिद्धान्त आज भी तमाम ऐसे तथ्यों की ओर संकेत करता है, जो आधुनिक राज्यों का मार्गदर्शन करता है। यह सिद्धान्त यह भी बतलाता है

कि विश्व शांति को बनाये रखने के लिए शक्ति संतुलन अत्यन्त आवश्यक है।

गुप्तकाल में भी भारत–रोम व्यापार, दक्षिण पूर्वी एशिया, चीन के साथ व्यापारिक सबंध रहे। इसके अतिरिक्त ईरान, इथोपिया, अरब, सिंघल द्वीप, वर्मा (सुवर्ण द्वीप) से भी व्यापारिक संबध रहे है। प्रस्तुत पुस्तक भारत और दक्षिण पूर्वी एशिया में, भारत के दक्षिण पूर्वी एशियाई देशों के साथ स्थापित हुए संबंधों को पुनःजीवंत करती है। बरमा, इण्डोनेशिया, मलेशिया, कम्बोडिया, वियतनाम, लाओस ,थाइलैण्ड आदि देशों के साथ भारत के पुरातन और नवीन संबंधों को जोड़ने का प्रयास करती यह पुस्तक इस क्षेत्र के शोधार्थियों, पाठकों के लिए उपयोगी होगी। यह पुस्तक इन देशों में भारतीय संस्कृति और धर्म क अन्य देशों में प्रसार के गौरवमय इतिहास को रेखकिंत करती है। साथ ही साथ यह पुस्तक भारत के दक्षिण पूर्वी एशिया के साथ वर्तमान संबंधों को भी पाठकों के समक्ष रखती है। पुस्तक में डॉ. दिलीप कुमार यादव ने अपने शोध पत्र में भारत के दक्षिणी पूर्वी एशिया के साथ संबंधों की साहित्यिक व पुरातात्विक स्त्रोतों के आधार पर चर्चा की है। कथासरित्सागर, समराइच्चकहा, कथाकोष, वृहत्कथामंजरी, कौटिलीय अर्थशास्त्र, मिलिन्दपन्हो, हरिवंशपुराण, वायुपुराण आदि में वृहद रूप से सुवर्णभूमि और सुवर्णद्वीप की चर्चा की गयी है। इसके अतिरिक्त डॉ. रमन नैयरजी ने भी अपने शोध पत्र में मलेशिया, सिंगापुर, थाईलैंड, कंबोडिया, वियतनाम और इंडोनेशिया आदि देशों में भारतीय संस्कृति के विस्तार की बड़ी ही उत्तम व्याख्या की है। सरिता और डॉ. सुनीता स्वामी ने इन देशों के साथ स्थापत्य एवं मूर्तिकला पर भी भारतीय प्रभावों को दर्शाने का सफल प्रयास किया है।

व्यापारिक संपर्क देश विदेश से संपर्क का प्रमुख आधार थे। डॉ. सीमा मिश्रा एवं डॉ. गजेन्द्र सिंह ने अपने शोध लेख में प्राचीन भारत और दक्षिण पूर्व एशिया के मध्य व्यापारिक संपर्को पर विस्तृत चर्चा की है। लेख में इस संदर्भ के साहित्यिक और पुरातात्विक साक्ष्यों का विवरण देते हुए इस सम्पर्क को प्रभावित करने वाले आर्थिक, राजनीतिक, और सांस्कृ तिक कारकों पर भी बात की गई है,किस प्रकार भारतीय शासकों की साम्राज्यवादी और धार्मिक नीतियों के परिणामस्वरुप इन क्षेत्रों में भारतीय संस्कृति का विस्तार हुआ जिसके फलस्वरूप इन द्वीपों के सामाजिक, तथा सांस्कृतिक जीवन को भारतीय संस्कृति ने गहरे रूप से प्रभावित किया। दक्षिणी पूर्वी एशियाई द्वीप समूह अपनी भौगोलिक स्थिति के साथ–साथ अपनी आर्थिक संपन्नता के कारण भी अत्यन्त महत्वपूर्ण रहे

हैं। आर्थिक संपन्नता के कारण ही भारतीय व्यापारीयों द्वारा इन द्वीपों को ''सुवर्णभूमि'' तथा ''सुवर्णद्वीप''की संज्ञा दी गई थी, क्योंकि उन्हें यहाँ के व्यापार से अत्यधिक मुनाफा प्राप्त होता था। लेख में इस संदर्भ के प्रमुख व्यापारिक मार्ग, आयात निर्यात की मदों एवं अन्य आर्थिक पक्षों को विस्तार से समझाने का प्रयास किया गया है।

डॉ. दीपशिखा पाण्डेय द्वारा लिखित शोध पत्र 'दक्षिण पूर्वी एशियाई देशों में शिव और शिवत्व' में साहित्यिक एवं पुरातात्विक साक्ष्यों के आलोक में दक्षिण पूर्वी एशिया में शैव धर्म की महत्ता को उद्‌घाटित करने का प्रयास किया गया है। लेख से इस बात पर प्रकाश पड़ता है कि सभी पौराणिक देवी–देवताओं में शिव की महत्ता अधिक थी। शिव की आराधना सौम्य एवं रौद्र दोनों रूपों में की जाती थी, साथ ही शिव–परिवार से सम्बद्ध देवी–देवताओं की पूजा की जाती थी। सैन्धव सभ्यता के समान दक्षिणी पूर्वी एशिया के धार्मिक जीवन में भी लिंग और योनि पूजा प्रचलित थी। यहॉ के कुछ राज्यों के शासकों ने शैव धर्म को अपनाकर उसे राज्य धर्म घोषित कर दिया था। दक्षिण पूर्वी एशिया के शासकों द्वारा स्थापित विभिन्न शिवमंदिरों एवं मूर्तियों के अवशेष आज भी विद्यमान हैं। अभिलेखीय साक्ष्यों में भी शिव का महिमा मण्डन शैव धर्म के प्रति शासकों के अगाध श्रद्धा एवं विश्वास को प्रद्रर्शित किया गया है।

डॉ. मार्तिज कुरियन ने अपने लेख में वियतनाम, लाओस, मलेशिया, इंडोनेशिया, थाईलैंड और दक्षिण भारत से मिले तमिल, संस्कृत, और प्राकृत भाषा के मध्यकालीन शिलालेखों के आधार पर भारत और दक्षिण पूर्व एशिया के बीच लंबे समय से चले आ रहे सांस्कृतिक और वाणिज्यिक संबंधो और इस संदर्भ में आर्थिक संगठनों की भूमिका का विस्तृत अध्ययन प्रस्तुत किया है। डॉ. प्रवीण कुमार झा ने भी अपने लेख के माध्यम से मध्यकाल में भी इन संबंधों को दर्शाते हुए भारत के दक्षिण पूर्वी एशिया देशों के साथ व्यापारिक संबंधों की प्रामाणिक व्याख्या की है।

आधुनिक परिप्रेक्ष्य में देखें तो पुस्तक के विद्वान लेखकों ने वर्तमान विदेश नीति में दक्षिण पूर्वी एशिया के साथ संबंधों की व्याख्या की है। सार्क ,आसियान आदि वैश्विक संगठनों के माध्यम से भारत निरंतर दक्षिण पूर्वी एशियाई देशों के साथ अपने संबंधों को मजबूत और प्रगाढ़ कर रहा है। डॉ. सौरभ त्रिपाठी एवं डॉ0 ऋचा ने अपने संयुक्त लेख में भारत और दक्षिण पूर्व एशिया के संबंधो की रूपरेखा प्राचीन काल से वर्तमान तक प्रस्तुत करते हुए बताया है कि भारतीय संस्कृति ने समय के साथ दक्षिण पूर्व एशिया में अपनी पकड़ बना ली, विशेष रूप से संस्कृति, नृत्य, कला और वास्तुकला के रूप में और यह मिश्रण विजय या उपनिवेशीकरण के

परिणामस्वरूप नहीं हुआ बल्कि व्यापारियों के साथ साथ लोकगीत गायकों और कलाकारों के माध्यम से भी हुआ था। इस क्षेत्र की कला और वास्तुकला हिंदू, बौद्ध धर्म जैसे भारतीय धर्मों के प्रभाव को दर्शाती है। कालान्तर में ब्रिटिश औपनिवेशिक शासन के दौरान कई भारतीय वहां बस गए और भारतीय राष्ट्रीय सेना को वहां मजबूत समर्थन मिला। शीत युद्ध समाप्त होने के बाद पड़ोसी देशों के साथ संबंध मजबूत करने के लिए भारत की पूर्व की ओर देखो नीति लागू की गई। भारत की एक्ट ईस्ट नीति, जो इस क्षेत्र के साथ संबंधों को प्राथमिकता देती है, ने हाल के वर्षोंमें इस क्षेत्र के महत्व को बढ़ा दिया है। भारत आसियान के अलावा इस क्षेत्र में विभिन्न नीतिगत पहल कर रहा है और वर्तमान भू–राजनीतिक माहौल को ध्यानमें रखते हुए, भारत की विदेश नीति की प्राथमिकताएँ ज्यादातर दक्षिण पूर्व एशिया पर केंद्रित हैं। डॉ. खुशबू कुमारी, डॉ. आजाद प्रताप ने भारत आसियान संबंध पर अपनी लेखनी से इन संबंधों का विश्लेषण किया है, दूसरी ओर डॉ. धनंजय पाठक ने भारत वियतनाम संबंध, प्रमोद यादव जी ने भारत म्यांमार संबंधों को रेखांकित किया है। डॉ. अनीता ने अपने शोध पत्र में भारत और दक्षिण पूर्वी एशियाई देशों के संबंधों की प्रमुख समस्याओं और उनके समाधान की ओर पाठकों का ध्यान आकर्षित किया है।

इस प्रकार यह पुस्तक समस्त लेखकों के सामूहिक प्रयासों का परिणाम है। पुस्तक की रचना में साथी लेखकों के नवीनतम शोधों एंव आधुनिक विचारों को प्रमुखता से पुस्तक में जगह दी गयी है। अतः हम अपने सहयोगी लेखकों के प्रति हृदय से आभार प्रकट करते हैं। इस पुस्तक को प्रकाशित करवाने का श्रेय डॉ. राकेश दूबे जी को देती हूँ, जिन्होनें इसके प्रकाशन हेतु बड़े उत्साह एंव रूचि दिखायी। हमारे मित्र डॉ. धनंजय पाठक और प्रशांत मेहरोत्रा का भी आभार व्यक्त करते हैं जिनका सहयोग और उत्साहवर्द्धन जीवन में आगे बढ़ने के लिए प्रेरणादायक रहा है। एस0 एस0 खन्ना के लाइब्रेरियन डॉ. रविकान्त सिंह के प्रति भी हम आभार व्यक्त करते है, जिन्होंने संपादन से लेकर प्रकाशन तक के कार्य में सक्रिय सहयोग और सुझाव दिया। साथ ही इस कार्य में सहयोग देने के लिए हम अपने परिवार के सदस्यों, मित्रों, शुभचिंतकों का भी आभार प्रकट करते हैं।

इस पुस्तक में संकलित शोध आलेखों में जो भी अन्तविचार व्यक्त किए गए हैं, वह संपूर्णतः लेखकों के हैं। इसमें संपादक और प्रकाशक का सहमत होना आवश्यक नहीं है। अपने विधा के अनेकानेक लेखकों से प्राप्त हस्तलिखित एवं मुद्रित लेखों को उसी रूप में प्रकाशित किया गया

है। लेखकों द्वारा प्रेषित या उपलब्ध कराई गई विषय सामग्री में अगर त्रुटि या कमी है तो उसका दायित्व संपादक या प्रकाशक का नहीं होगा।

इस कृति के सुरुचि पूर्ण प्रकाशन हेतु पुस्तक भारती संस्थान टोरंटो, कनाडा एवं उसके निदेशक प्रो. रत्नाकर नराले जी को हम हृदय से आभार ज्ञापित करते हैं जिन्होंने इस पुस्तक को अपने संस्थान से प्रकाशित करने की स्वीकृति प्रदान की।

इस पुस्तक को त्रुटिरहित बनाने का हमारा पूर्ण 'प्रयास रहा है। कुछ त्रुटियाँ अवश्य होंगी फिर भी लेखन, मुद्रण अथवा संपादन में कुछ गलतियाँ रह गयी हो तो हम इसके लिए क्षमा प्रार्थी हैं। प्रस्तुत पुस्तक सामान्य अध्ययन करने वालों के साथ ही इतिहासविदों एवं शोधार्थियों के लिए उपयोगीसिद्ध हो, ऐसा प्रयास किया गया है। पुस्तक की त्रुटियों को दूर करने के लिए सभी रचनात्मक सुझावों का हम स्वागत करते हैं।

डॉ. श्वेता गुप्ता
डॉ. निशि सेठ

India and Southeast Asia : Geographic and Cultural Connections

Prof. Ajay Pratap

As one who has been busy largely with Indian archaeology and ancient history throughout his career, 'looking east' in the past decade has meant the discovery of a large body of research on the Southeast Asian region and its prehistoric and historical past. Their varying emphases and perspectives of study, both as works in regional history and archaeology, are available (Stark, 2014). Indian historians and archaeologists have engaged with Southeast Asian history for a long time (Basa, 1998). The transition from prehistory to history in Southeast Asia has also been well-defined (Stark and Allen, 1998). A reading of such literature suggests the following :

1. The numerous linkages and interconnections ancient, medieval, and modern India have with Southeast Asia.
2. In all its various geographical divisions of mainland or peninsular (Myanmar, Thailand, Cambodia, Lao PDR, and Vietnam) and maritime or insular Southeast Asia (Indonesia, Malaysia, Brunei, Timor Leste, Singapore, and the Philippines), the Southeast Asian region's geography is far more varied and complex than largely a mainland or peninsular India.
3. The insular or Island Southeast Asia or Oceanic Southeast Asia are also very different because more than 24,000 islands are shared between countries in this group, of which Indonesia and Malaysia have the biggest Archipelagos in the world.
4. Ten thousand years ago, at the end of the ice-age, the Sundaland still existed between Indonesia and Papua New Guinea. This was a notable land formation which was in

1

existence due to sea-levels receding during the last ice-age. It allowed the modern human colonisation of the island and mainland groups to its east and the spread of Austroasiatic languages into Polynesia. Not only do we have deep and ancient cultural linkages with them, the landscapes there are similar in their tropical ecology, major alluvial rivers, red soils in mountain ranges, and productive alluvial silts in innumerable river valleys. Crop complexes with rice and wheat in domination are also similar.

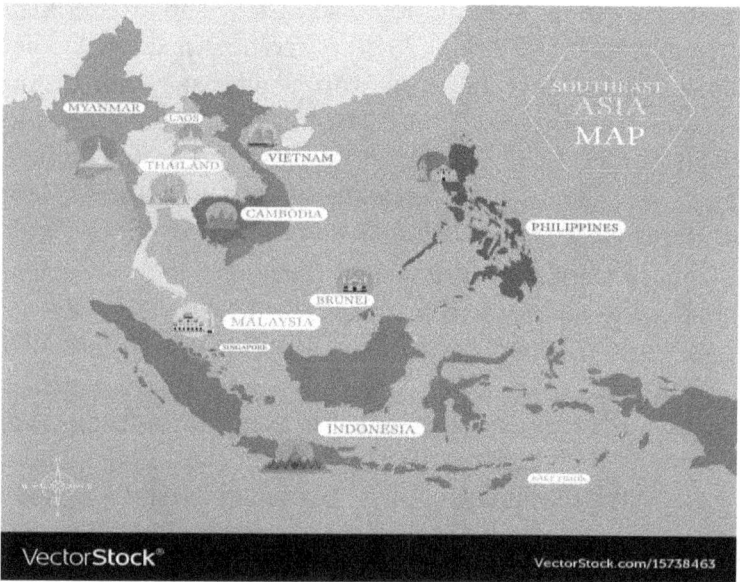

Fig. 1 Southeast Asia. Source URL: https://www.vectorstock.com/royalty-free-vector/southeast-asia-map-with-country-icons-and-location-vector-15738463. Downloaded on 9-7-23

There is, nevertheless, considerable variation in annual precipitation between India and Southeast Asian countries across from Burma, Thailand, Cambodia, Lao PDR, Vietnam, Malaysia, Indonesia, Singapore, Brunei, the

2

Philippines, and Timor Leste, which is explained by their varying positions from the equator as well as in relation to the Southwest and Northeast monsoons. The same wind systems that attend to our own annual agricultural and life cycles operate there. The monsoons are integral to Southeast Asian existence as ours and account for ancient trade and cultural links, mutual popular exchange of social and spiritual customs and lores, architectures, languages, musical instruments, and folk performance styles, as indeed population movements, between all of them and Ancient India. Although variation increases as we move towards the Pacific to their east, and northwards to alpine regimes, the species of fauna and flora grade from India across Burma into Southeast Asia. One may cite the hoolock gibbon, the common (yellow-beaked) mynah and the Peepal tree (Ficus religiosa) as common floral and faunal species. The water-buffalo and the tiger are also present there although speciated. I insist this is mutual because many species have travelled eastwards to us from them. Crops, animals domesticated and cuisines (a penchant for spices) are also greatly common between us, although due to heavier rainfall and numerous isolated island clusters there, some of them were visited by the naturalist Charles Darwin's for drawing up his theory of natural selection, and are home to very rare and unique animals and plants.

Speaking of cultural links, recently the oldest rock art in the world consisting of images of water-buffalos, pigs, hunting scenes, and human palm-imprints have been discovered in ice-age karstic caves of Indonesia. Since the paintings were over naturally deposited calcite layers, the calcite could be dated by the Uranium-Thorium Series Method which yielded the dates rather accurately at around 44,000 years ago, making them the oldest known rock paintings in the world. It should not be a surprise if even earlier dates are found in the region and even in our own country since the same conjunctures of rock paintings and calcites are very common in sandstone/limestone belts. But scientific dating exercises in Southeast Asian archaeology are more and Indian rock art so far remains largely undated.

The Southeast Asian region in prehistory does not have the Indian-type lower palaeolithic tool-kits, consisting of bifaces, nor indeed tools prepared during the middle palaeolithic using the Levallois (prepared core) technique. In places more than a lakh year old, the Southeast Asian toolkits of their earliest stone ages are chopper-chopping tools, which are also found in India in the terraces of the Soan and other highland Himalayan rivers. Diminutive tools appear in Southeast Asia during the Holocene and are characterised by flake tools and blades which continue into the Neolithic. Some archaeologists have proposed to divide the entire stone age into just two techno-types the large flake industries and the microblade industries to provide uniformity to tool technologies of the combined Asian region (Mishra?).

The Southeast Asian neolithic, due to the geographical variations in climate, ecologies, and the geomorphology of the mainland/island habitats, is rich in ground and polished tools, bone tools, cultivation of rice, millets and a variety of animals. Neolithic settlements are usually along alluvial belts near rivers, although excavations in rock shelters inhabited during the Mesolithic have revealed cultivated plants. The domesticated rice strain found here is *O. sativa japonica* and *O. sativa javanica*, which in places date to 6000 BCE. The transition from the Neolithic to the Chalcolithic, and then to the iron age, and to urbanization, regional networks of trade and commerce, is chronologically varied across the entire region. Such gaps and time lapses between early urbanism in one part and another are evident in Indus Valley urbanism and a millennium later in the Ganges Valley.

There is a consensual date of the early third millennium BCE for the first use of iron in mainland Southeast Asia, conventionally, the personality of the region was somewhat compromised by seeing early technology and state formation, as a spin-off of two larger civilizations on their borders, China to the East, and India to the west. The situation is however changing with more research, re-examination of theoretical standpoints, and the energetic application of scientific methods by modern universities of the region, some of which are world-class. Early state formation in Southeast Asia from the 5th century CE near the Andaman Sea to outlying areas in the Philippines to the 11th century CE is almost a thousand years after the rise of urbanism, state and Buddhism in the Ganges Valley.

Leaving technical issues aside, the debate about the transition of this region to history is also fascinating with the rise of the state, literacy, record-keeping, and a system of ranked societies from early indigenous roots to urban dwellings. The architecture, like stupas, temples and viharas built by notable kings ruling from such cities as Chiang Mai, Sukhothai, Dvaravati, Ayutthaya, Suvarnabhumi, Srivijaya...are themselves the best evidence of regional self-determination, successful water and land management systems, efficient and centralized political authority, wealth generation, popularity, skilled craftspersons, architectural idioms and metaphors and a budding tradition of imagery, which no doubt carries over from countless rock art sites of the region. A visit to some of the mid to late first millennium CE stupas, and ancient cities, of Southeast Asia, is sufficient to convince one about the popularity of public ritual, performance and spirituality that ties all Southeast Asians together.

A UNESCO Protected Lan Na Kingdom Stupa Complex
near Chiang Mai

The historical complexity of the arrival of modernity in Southeast Asia is *sensu stricto* the same as other countries of the Asian region and has been shaped and mediated by European merchant capital. 16th-century definitions of privileged trading posts for Europe were followed by more systematic domination. With Myanmar, Malaysia and Borneo ruled by Britain, Vietnam, Lao PDR, and Cambodia ruled by the French, Indonesia by the Dutch, the Philippines by Spain, and Timor by the Portuguese, the Southeast Asian pie was distributed among European trading companies. There is chequered history of colonial domination and movements for self-determination and in its wake a search for the many histories of human migrations, colonisation of various parts and the development of human societies from prehistory to history.

In closing, it would be appropriate to observe that the goose-chase for 'civilizations' answering to twin criteria of urbanization (the 'state' by implication) and writing (as a means of reading ancient thought), has crossed its threshold value. Since then, at least historically minded archaeologists, have sought to rewrite such heuristics of both historical sense and histories as incomplete without the inclusion of all other forms of historical expression and remembering like rock art, petroglyphs, early sculpture, mortuary dolmens and stone circles, and all else, that have characterised human cultures without exception.

Most societies that began in cave-dwellings at some point had also a plethora of symbolic expressions of history, or a past worth remembering, as the very first but redoubtable folk narratives, that have run parallel with the development of writing. Writing is often imported, but symbol-based narratives for remembering the past, and the oral lore it represents, are more often innate and essential parts of the cognitive wiring of humans, which is itself at the root of the origin of doubly abstracted symbols such as scripts. In these, and early urbanism and state formation of considerable import and significance as well, Southeast Asia has a formidable presence. Its give and take with its neighbours, in all directions, is a product of what opportunities geography and cultural predilection have provided.

The Indian academic landscape is thriving with numerous centres, departments and curricula in Southeast Asian History, Economics, Politics and Development Studies that are already evidence of initiatives taken towards exploring larger contexts of cooperation based on a shared past and existing cultural linkages. Nuances, of cultural expression being uniform in the India-Southeast Asia interaction, must lead to concrete results. Newer fora for mutual research, development and economic cooperation on a non-aligned, postcolonial platform can lead to mutually worthwhile initiatives for more secure and economically sustainable livelihoods.

Bibliography :

Basa, K.K. 1991. Iron Age in Southeast Asia. Papers from the Institute of Archaeology, London. 2(52): 52-64. DOI: 10.5334/pia.15. Consulted on 9.7.23

Basa, K.K. 1998. Indian Writings on the Early History and Archaeology of Southeast Asia. Journal of the Royal Asiatic Society. 8(3): 395-410

Stark, M.T., Allen, S.J. 1998. The Transition to History in Southeast Asia: An Introduction. In Stark, M.T. and S.J. Alan (Eds.) The Transition to History in Southeast Asia Part I: Cambodia and Thailand. International Journal of Historical Archaeology. 2(3): 163-174. DOI: 10.1023/A:1027316108205. Consulted on 9.7.23

Stark, M.T. 2014. South and Southeast Asia: Historical Archaeology. In Smith, C. (Ed) Encyclopaedia of Global Archaeology. Springer Link. Pp 6841-6849.

Professor and Former Head,
Department of History,
Faculty of Social Sciences,
Banaras Hindu University, Varanasi,
email : apratap_hist@bhu.ac.in

Multiculturalism and Identity Crisis in Life and works of Bharati Mukherjee

Prof. Sarita Jain

The present paper analyses issues of identity crisis in the selected novels of Bharati Mukherjee. Novels of Bharati Mukherjee reflect their characters and their sensibilities, with special reference to female characters. A closer look or observation of Bharati Mukherjee's eight novels reveals that she has written all the novels with mainly feminist perspectives. In view of the fact that Bharathi Mukherjee's female characters are the sufferers of immigration, all the critics focus on her novels as having constraints and consequences due to immigration, but in fact the constraints are not because they are immigrants but because the women characters fight for their rights as a woman and then as a human being. Moreover, for their identity in and abroad. Mukherjee has attempted to create a new association between male and female based on equality or impartiality, non-exploitation, and no oppression so that the imaginative potentials of both are maximised as individuals and not as gender dichotomies. The woman is now preparing to be her own gravitational force, beyond the completeness of patriarchy. The man, as a representative of the patriarchal society has, at last, been jerked off the centre of the woman's gravitation.

Keywords : Feminism, Immigration, Equality, Crisis, Identity.

Bharati Mukherjee is certainly one of the most accomplished writers of diasporic Indian literature. She has to her credit the widest acceptance and innumerable accolades. The versatile and legendary immigrant writer is the winner of numerous grants and prestigious awards. Mukherjee was aware of the

11

expectations and the life as charted out for the female members of a patriarchal family, even in the higher classes of India. A woman has to always be submissive and yielding. A woman is invariably seen as the one supposed to carry the lineage forward with her son. Mukherjee's mother's perseverance to ensure the best possible education for Bharati and her sisters was quite obvious, as she herself was denied college education by her authoritative mother-in-law and desired the lives of self-supporting liberated women for all of them. Plenteous academic options were made available to Mukherjee and her two sisters, who all attained professional success in their fields. In 1947, as her father relocated to England for a research project and later to Switzerland for scientific work, Mukherjee and the family accompanied him. Their stay of about three and a half years there afforded Mukherjee a chance to pursue her passion for English and hone her skills in the language. In 1951, the family returned and settled in a mansion in her father's factory compound in Calcutta, amidst all the facilities and away from the joint family. Mukherjee, along with her other two sisters, was admitted to Loreto Convent School, where they were imparted an Anglicised education.

She flourishingly levelled herself in the form of a dynamic author on the American literary scene. The author, speaking of Bharati Mukherjee in the Preface to Bharati Mukherjee: Critical Perspectives, says that: Perhaps the only writer who features in anthologies of Asian American literature, Canadian multicultural literature, Indian women writers in English, postcolonial literature, writers of the Indian Diaspora, and in mainstream American writing (her own choice), Bharati Mukherjee has come a long way in her writing career that spans over thirty-eight years (Mandal, "Preface")

She was one of the few authors to have written in an array of genres, including novels, short story collections, essays, memoir, and non-fiction, with an autobiographical element in many of them. Mukherjee was awarded several grants and awards in her honour from the Guggenheim Foundation, the Canadian government, and universities. She was awarded the Canada Arts Council grant in 1973 and 1977, the Guggenheim fellowship in 1977, the first prize by the Periodical Distribution Association in 1980 for her story "Isolated Incidents", National Magazine Award in 1981 for her essay "An Invisible Woman", the Canadian Government Award in 1982, the New York Times Book Review Award for one of the best books - for her book Darkness, National Endowment of the Arts grant in 1986. However, Mukherjee's work garnered international acclaim only after she won the National Book Critics Circle Award for the best fiction in 1988. The award was bestowed upon her for a collection of her short stories, The Middleman and Other Stories, which is said to be her best work. She also won the Pushcart Prize in 1999. Born in Indian society, Bharati Mukherjee was an immediate observer of the restraints and depravity forced upon women in Indian patriarchy. With such a backdrop, it is easily discernible that she could feel the conflicts and dilemmas of the upcoming generation of modern women accoutered with convent education and with a conscience concurrently shaped and nurtured by traditional beliefs and practises.

Her novels perceptively depict the hazards and problems of the upcoming kind of New Woman who has put to question her conventional roles in the changing socio-political scenario and aspires to go beyond the forbidden territory. They have to brave indefatigable catastrophes that are carved out in a credible manner to depict the contemporary multicultural scenario. For example, alienation, anxiety, insecurity, fear, marital and social relations, mother-daughter relationships, gender inequality, discord between a couple's relationships, psychological disturbance in the mind, suffering and exploitation, the quest for a new identity, etc. Through these themes, she has attempted to delineate varied portraits of women. For instance, the images of conventional, modern, and contemporary, independent, immigrant, sensitive, middle-class, sterile, emotional, and self-sacrificing women. Multiculturalism and the resulting identity crisis primarily constitute the literary opus of Bharati Mukherjee. Multiculturalism is the prevailing trend, more precisely in the world of the diaspora. Simply put, it can be understood as the simultaneity of varied cultures. On analysing Mukherjee's novels, it is found that her writings depict the inter-cultural trauma encountered by the Asian immigrant women by virtue of entering into contrasting American cultures from diverse indigenous environments. These feature cultural conflicts with an undertone of violence. Mukherjee herself struggled to adjust to the traditions and cultures, which is depicted through the medium of her female protagonists' cultural strife. Over time, culture has been defined by several writers of literature. Edward Burnett Tylor says "Culture ... is that complex whole which includes knowledge, belief, art, morals, law, custom, and any other capabilities and habits acquired by man as a member of society" (Taylor 1). T. S. Eliot opines, "Culture may even be described simply as that which makes life worth living" (Eliot 27). Hence, it is apparent that culture forms an individual's identity along with who and what he is. In a multicultural and multi-ethnic setup, Mukherjee's characters remain connected to their land of birth and host land equally. Their beliefs and temperaments are not those of expatriates or immigrants, either. They undergo a crisis of identity in a multicultural scenario, which compels them to undertake a quest for their own selves. "The situation faced by migrants who leave their own country to settle in a new one is basically the problem of learning to adapt to an unfamiliar Culture. This problem can be dramatic if the new culture is very different from the one they left" (Webber 6). Regarding violence in her novels, Mukherjee, as listed in the BBC, says

…when I'm writing I'm not conscious of anything other than getting in the skin and into the skull of my character but when I'm finished with a draft and look at it I realize that very often it's about mother-daughter relations and about the formation of a very strong woman. And that strength may sometimes express itself in negative and violent ways but I still think of all my characters as women who've asserted themselves according to their own improvised moral code— even if they murder or hurt other men who've hurt them earlier, the hurt that they inflict comes out of their own very precise sense of Right and Wrong (Mukherjee BBC, "Key influences and themes").

Mukherjee's writings pivot on the "phenomenon of migration, the status of new immigrants, and the feeling of alienation often experienced by expatriates" (Alam 7), mainly Indian women and their dire straits. On her multifarious identity, Fakrul Alam opines that "Her own struggle with identity first as an exile from India, then an Indian expatriate in Canada, and finally as an immigrant in the United States has led to her current contentment of being an immigrant in a country of immigrants" (Alam 10). Bharati Mukherjee can also be read as a feminist writer from the third world preoccupied with presenting the difficulties and concerns afflicting South Asian Indian women. Bhagbat Nayaknotes: Like Anita Desai, Kamala Markandaya, Shashi Deshpande,Nayantara Sahgal, Ruth Prawer Jhabwala, and Githa Hariharan, Mukherjee exposes many facets of feminism, encompassing agitation for equal opportunity, sexual autonomy, and the right to self-determination (Nayak 267).

Culture influences the human psyche and behaviour. Similar to her au courant feminist writers, Mukherjee upheld the case of women, but she stands apart from them as her forte is to portray the anguish of the multi-cultural crisis encountered by Indian immigrant women. As she herself was an immigrant woman, she was obviously preoccupied with immigrant women and issues of adapting to the cultures of Canada and America. Becoming too influenced by the culture of the host country, which comes as a gust of wind, and losing their own inherent culture has severe psychological effects on the immigrants, which may take the form of despondency, mental disorder, nostalgia, and even identity crisis. Dinesh Bhugra and Matthew Becker contend that "migration leads to cultural bereavement, which is a form of psychological grief caused by the loss of one's culture" (Bhugra and Becker 19–20). They assert that an individual's identity is formed by "one's (own) perception of self" and also by "how we as individuals view (ourselves) as unique" in comparison with others (Bhugra and Becker 21); an individual's cultural identity circumscribes his background and shapes his character. Hence, loss of cultural identity in adapting to the prevalent culture does not increase one's differentness but can be a cause of despair and an identity crisis in one's existence. However, amidst all the hell that breaks loose on them, Mukherjee draws her protagonists as conquerors. Hers are audacious women ready to take on life's most difficult challenges with a resolve to win outright.

Mukherjee's main theme throughout her literary output has been the cultural strife of South Asian immigrant women in an alien land. Apprehensive of the atrocities and turbulence surrounding them and recurrently swindled by different forms of social oppression, her protagonists do not yield and surface as survivors. The early influence at the beginning of Mukherjee's writing career is known as V.S. Naipaul, where she "tried to explore state-of-the-art expatriation," ("Introduction", Darkness 1) and cultural clashes. Rejection of Naipaul as a model and selection of Bernard Malamud, a family friend and guide's critical angst for the sufferings of the members of minority groups, which imparted her "the self-confidence to write about her own community" ("Introduction" Darkness 2), seem evident in her later works. Under the guidance of Malamud, Mukherjee acquired the art of surmounting the gruesome experiences of the "other" but concurrently proclaimed in an interview published in The Massachusetts Review that she experienced "the different sense of self, of existence and of mortality" (Carb 650) that individuated her and Malamud.

Mukherjee's works can be divided into three distinct phases based on her treatment of multiculturalism and the identity crisis portrayed in her narratives of the Diaspora. The following literary phases also correspond to various phases of her life as an immigrant: a) The Phase of Alienation: from 1966 (when she moved to Canada with her husband) to 1979. Her writing in this phase displays angst due to rootlessness, a sense of displacement, nostalgia, frustration, uncertainty, and despondency. b) The Phase of Evolution: from 1980 (when she moved with her family to America) to 1987. The writing in this phase shows the ordeals experienced by the protagonists, who strive to assert their identity in the multicultural milieu. c) The Phase of Assimilation: from 1988 onwards. In this phase, the focus of her writings is on obtaining a new identity as a result of self-affirmation, growing recognition by the adopted country, and re-rooting oneself in a new culture.

She penned the first two novels, The Tiger's Daughter (1971) and Wife (1975), and the memoir Days and Nights in Calcutta (1977, with Clark Blaise), during her difficult life which can be termed as the period of alienation in Canada. The two novels are Mukherjee's endeavour to look for her identity in the past Indian tradition and background. These exhibit the protagonist's alienated identity as an outlander, a

17

foreigner, uprooted and entangled in the deception of her identity- national and cultural.

The Tiger's Daughter is a novel pivoting the desolation of an Indian expatriate. The young protagonist, Tara, after living seven years of her life overseas, comes back to India only to witness poverty and chaos. Through her return, the author highlights the fact that if it is painful for a woman of an Oriental country to assimilate into the open culture of Occidental America, it is equally painstaking for that woman to reassimilate into her inherent culture. In a baroque manoeuvre, the protagonist Tara Banerjee in The Tiger's Daughter feels estranged from her surrounding American circle and also alienated from the natural roots of her legacy. The yanks of alienation she experiences are calamitous. Her cramps of alienation are discernible not merely in Canada and America but also in the aboriginal contours of her native Bengal as she ponders "how does the foreignness of spirit begin?" (The Tiger's Daughters 37) on her homecoming to India after a long gap. It then dawns on her painfully that she is neither an Indian nor an American.

Mukherjee wrote her second novel, Wife, during her difficult life in Canada, where she was a victim of racial bias and violence, which she felt was due to Canada's framework of imposed cultural disparity. She delves into the theme of expatriation and isolation, earlier handled articulately in The Tiger's Daughter, once again in Wife. By naming the protagonist "Dimple," she tried to suggest "slight disturbances." In Wife, Mukherjee brings to light the distress of an immigrant or a minority experiences in a multicultural society. Trying to settle in the United States with her husband, Dimple, a newly married girl from a conventional atmosphere in India, suffers the turbulence caused by the push and pull of cross-cultural societies. A bewilderment of psychiatry is apparent where solely by subduing her traditional Indian and modern American identities through violence only, Dimple can aver her personal identity. On turning to violence outward rather than inward and Dimple's murdering her husband, Mukherjee says, is a part of her slow and misguided Americanization. Here, Mukherjee unveils the trauma of immigration while anticipating the amalgam of cultures that would endow rather than muffle the individual. In both the novels, the female protagonists undergo disillusionment with marriage and struggle between identities as defined within their upper-class home environments in Calcutta and in their movements into an impersonal America where they must face loneliness and redefinitions of their ethnicities.

A reading of the texts conveys that there is a great similarity in the experiences of Tara of The Tiger's Daughter and Bharati Mukherjee of Days and Nights in Calcutta, as both are outlanders in India on their return, having left their native soil to settle in North America and married American outcast husbands. On her return, Bharati Mukherjee compares the India seen through her own childhood eyes with the India she views now with a Western-moulded perspective, like Tara. However, her husband, Blaise, was captivated by the augury and culture that swamped the entire Bengal. While Blaise was curious to understand the forces that shaped his wife and was exuberant about visiting a new country and experiencing its culture for the first time and putting it in his writing, Mukherjee's entries reveal her wrecked reminiscences of her childhood. Thus their diverse experiences—her clamour and his amazement—are recorded in their memoir, Days and Nights in Calcutta.

Mukherjee's The Sorrow and the Terror: The Haunting Legacy of the Air India Tragedy is a factual description of the terrorist bombing of an Air India plane that took off from Toronto for Bombay in 1985, with ninety percent of the 329 people onboard being Canadians of Indian descent. The Sikh militants fighting for the cause of Khalistan performed this heinous act. It raised questions about the rights of citizenship, the laws of immigration, the Canadian state's initiative embodied in the Multicultural Act, the rise of terrorism, and the games played by the big powers. Mukherjee was moved by the loss of an old friend and the bereavement of the families of the deceased and wanted to record it in a book.

In her third and recent phase of Assimilation, which is most prolific in terms of fictional output, Mukherjee affirms her status as "an immigrant, living in a continent of immigrants" (M. qtd. in Alam 9). Her fiction works, The Middleman and Other Stories (1988), Jasmine (1989), The Holder of the World (1993), Leave It to Me (1997), Desirable Daughters (2002), The Tree Bride (2004), and Miss New India (2011), were all written during this phase. The works focus on the protagonists' new, stronger identity formed by overcoming the cultural crisis. Mukherjee exercises her claim on an American identity, denouncing hyphenated Indian-American identities.

In 1988, Mukherjee took a quantum leap in the public domain with her second collection of short stories, The Middleman and Other Stories, getting published, and she assured herself a position among the top contemporary writers by bagging the National Book Critics Circle Award. The tales in The Middleman are an additional attempt to narrate the experiences of women and immigrants, which Mukherjee has earlier written about, but with a different tone and fervour this time. Mukherjee acts as a middleman in this collection, portraying characters trying to balance an old world and a new one, to root themselves in a brave new world. She eschews a superior perspective and attempts to allow her protagonists to narrate their own odyssey. A light, more jubilant tone is apparent in the choice of characters who are explorers and risk-takers and constitute a part of a new, evolving America.

She traces the lives of Third World immigrants and their adjustment to becoming Americans. "Differentness" and the price of maintaining individuality while becoming American are eulogised in the stories. Mukherjee carried on with her writing regarding the immigrant's experience and the promise of America in her novel Jasmine, an expansion of one of the Middleman stories. Jasmine expands this scheme of the intermingling of the Oriental and the Occidental, which the title character and narrator divulge in incidents and experiences that cover the space between her birth in Punjab, India, and her life of adulthood in America. She tells her story as a youthful Punjabi woman who decides to leave India for America on fake documents to fulfil the dream of her husband, who died in a terrorist attack, becomes a victim of brutal rape, changes five names corresponding to five evolving identities, returns to her job as a caretaker after a number of jobs, and eventually moves forward with an ex-lover towards an uncertain but promising future. Jasmine's unceasing voyage from one country to another and from one state to another conveys that transformation is innate in her persona. Achieving a suitable identity and harmony between tradition and novelty, she chooses duty to herself over duty towards others and moves forward with optimism and free will. The Holder of the World by Mukherjee is a striking novel about the unification of the past and the present. Here she entwines the tale of a contemporary American researcher Beigh Masters, an "asset-hunter," engaged in search of reputedly the most perfect diamond from India, famous as The Emperor's Tear, with the adventures of her 17th-century ancestor's cousin's daughter Hannah Easton, born in Salem, Massachusetts, in the 1670s, who roamed through Mughal India. Dazzled by her kinship and The Emperor's Tear, Beigh tracks the intrepid Hannah's seemingly fabulous life. Hannah marries an Irish adventurer turned East India Company man turned pirate, journeys with him first to

England, then India, and after his death gets involved with an Indian lover, a Hindu Raja, saving herself a distinguished image in history. She gets the possession of a precious gem prior to her return to her home in Salem, where her daughter's (interestingly named Pearl) and her own life, will move on smoothly for quite a while. Beigh provides the structural facts to her lover Venn working on a "virtual reality project" in an MIT lab, creating for herself an opportunity to be in Hannah's life and times. The novel tackles changes in cultural and geographical space between England, America, and India, as a result of which a young woman experiences personal transformation. Hannah portrays long-lasting tenacity to attain personal identification. Here, Mukherjee continues to put the spotlight on immigrant woman and her liberation from relationships to become independent individual. Through the women's characters, she explores the spatiotemporal links amidst various cultures.

A perfect literary connection is formed between the countries, pursuing the cultural roots of all. The name changes, as in Jasmine, are significant in this novel, hinting at reincarnation. Hannah Easton, the protagonist of the novel, changes several names and lives several lives, just like Jasmine, but without fully snapping her connections with her past selves. Her journey is in contrast to Jasmine's, as Jasmine journeys from East to West but Hannah from West to East and back. The novel presents individuality and self-confidence. The Holder of the World, in congruence with Jasmine, brings out how the psychological metamorphosis of women advances a positive alteration in themselves as well as the world surrounding them. In Leave It to Me, Mukherjee returns to her initial passion with a migrant's turmoil caught amidst the conflict between the Eastern and Western worlds. Leave It to Me traces the search of Debbie Di Martino to locate her origins and identity and seek revenge on her parents, who abandoned her at birth. Debby Di Martino, who was rescued from the paws of death as an infant by the Nuns near a desert outpost in India, was given as a toddler for adoption to Manfred and Serena Di Martino of New York. Growing up as an exotic girl in a town in America, she always doubts her origins and perceives herself as a misfit in an alien atmosphere. Her alienation, anxiety, insecurity, and psychological disturbance come into play, and her struggle for a new identity begins when at twenty-three, she determines to find out her biological parents. She is aware of only the basic information that her mother was a hippie from California and her father was a European-Asian prisoner in an Indian cell accused of murder. Debby is aware that her parents "were lousy people who'd considered me lousier still and who'd left me to be sniffed at by wild dogs, like a carcass in the mangy shade" (Leave It to Me 10). She, who only inherited a horrifying past from her parents, now desires revenge. She arises as a powerful, self-dependent woman attempting to harmonise her anarchic life. Her life is a rendezvous with the empirical facts of existence. "When you inherit nothing, you are entitled to everything," (Leave It to Me 67) utters Debby, while leaving home for San Francisco in a hope to find her mom or at least ascertaining her needs. On reaching the city and leading the newly acquired life under the name Devi Dee, bowery crook, full of charm and strength and devoid of chastity, she understands that there is more in her inheritance as compared to what she had thought. Thus, strange thoughts and impulses begin to engulf her as Debby/Devi fixates her eyes on her probable bio-mother who may also be just a proxy. Falling in and out of contrasting cultures and the agony of existence cause her crisis of identity.

Desirable Daughters is yet another Mukherjee novel that deals with issues of immigrant life and cultural assimilation. In The Holder of the World, intrigued by her personal ties to family, Beigh Masters tracks Hannah's life, and in Desirable Daughters, the protagonist and narrator Taralata Chatterjee takes a deep plunge into the historical past of her namesake ancestor. It narrates the tale of three sisters of the Bhattacharjee family—Padma, Parvati, and Tara—who are born in a conventional family of Brahmins in Calcutta and wrestle to identify themselves with their identities and culture in a fast-changing world. Rebelling against the family, convention, and an orthodox society with regard to women, the girls follow their hearts and heads and usher in completely different directions. Tara, the youngest, most modern, and most "un-Indian" of the three, gives value to her conventional upbringing but has a firm belief in progressing in life. She, who leads a live-in relationship with a Hungarian Buddhist contractor and yoga instructor Andy in San Francisco after divorcing her affluent, technically driven, generous, protective, and toiling husband Bish chosen for her by her father, turns to her elder sisters and ex-husband to seek warmth and peace as a violent intruder barge into her life, unravelling the secrets that may wipe out her family and cultural roots during the course of developments. It is evident that Tara, although she encounters cultural blows and crises of identity because of her duality of existence, alters her outlook. In a struggle to discover herself, she unearths various mysteries regarding her family in addition to British administrators' treachery against her village of ancestors. She evolves over time, attempts at the realisation of the self and eventually grabs hold of her life.

The Tree Bride, the sequel to Desirable Daughters, follows Tara Chatterjee's life's odyssey in continuation. "The Tree Bride is supposed to be the second in a trilogy; it is going to take Mukherjee a lot of work to bring the storyline back to the promising track that Desirable Daughters displayed" (Apte 1). Tara reunites with her husband, Bish, a wealthy

Silicon Valley technocrat, when he is rendered disabled after the terrorist bombing of their home. Tara, pregnant with Bish's child, is doing research for a novel, and at the same time she's looking for a gynaecologist. Tara's search for an Indian doctor led to a chance meeting with Victoria Khanna, the European wife of Bish's Indian professor at Stanford. It opens several doors in Tara's search into the history of her ancestral village and her great-great-aunt, Tara Lata Gangooly, the tree bride, whom she aims to immortalise in her novel. Victoria, whose grandfather Vertie Treadwell served as a district commissioner in East Bengal at the time of the tree bride, offers his personal papers to Tara. Till then, Tara concentrated on gathering information about the tree bride and her ancestral village, Mishtigunj, largely from family sources and old books and ledgers, but Treadwell's papers proved to be a treasure trove of gold. There is a mention of many Britishers arriving in India for the trade in indigo plantations. These included felonies, injured persons, foundlings, and deserted persons. John Mist, the founder of Mishtigunj, was one such foundling named Jack Snow who meandered to the Bengal Sea and lived there, earning money in the business of jute. "Having come from nowhere, they had everywhere to go. Having been given nothing, they were free to fashion anything they pleased. Such a man was John Mist" (The Tree Bride 56). He had attempted to create a model village by combining the people of Dhaka and Calcutta but barring Christians from Mishtigunj. Debby in Leave It to Me also pronounces Mukherjee's idea of inheriting nothing meaning claim to everything. Tara is able to get to her past native roots and connect them to her present through the medium of the tree bride. This eventually results in a novel identity for Tara. Her persona is a mishmash of both Indian as well as American cultures. According to a critic, "A key theme in The Tree Bride is Tara's attempt to reconcile the part of her tied to her Indian heritage with her life as an assimilated American" (Skerrett 1). Like a model Mukherjee protagonist, she embraces her consolidated identity and accepts it as a step in her evolution as an individual. Hence, The Tree Bride can be read as a novel about discovering your past to understand your true self in the present. The third and latest novel of Mukherjee's trilogy is Miss New India. This novel is not a perfect sequel to The Tree Bride, as The Tree Bride is to Desirable Daughters. However, on observing this trilogy in its entirety, Desirable Daughters is a tale of the present, The Tree Bride of the past, and Miss New India of the future. Miss New India stands apart from other Mukherjee novels. Unlike her other novels, Mukherjee has brought the stark contrast between Eastern and Western culture to India as the protagonist, Anjali, deroots herself from her age-old village Gauripur in long-forgotten Bihar and re-roots herself in the hi-tech cyber city of Bangalore. Here, Gauripur denotes all that is old and decrepit in Bangalore, the avant-garde city of skyscrapers and call centres. The Silicon city holds a promise of liberty, megabucks, and quick success for Anjali, who decides to loosen herself from the chains of her autocratic father in a patriarchal society. This novel is about Anjali's exploits to establish herself in the modern world, rising above her crisis of identity. Restrained by tradition and presumptions, Anjali, at the young age of nineteen, takes the aid of an untraditional professor to break away from an arranged marriage as well as the constraints of a small city, Bihar, one of the country's most outdated states, for the possibilities of Bangalore, one of India's rapidly flourishing cities. She fancies a new beginning in Bangalore, a successful career, and true love, but the concrete reality is diametrically opposed to her imagination. Staying in a collapsing mansion, Anjali's powerful smile and average English accent are unable to give her the benefits she has imagined. Thus she takes up a call centre vocation, has a love affair, meets with young, energetic businessmen, and wonders at the big bucks getting earned everywhere near her. Painfully naive, she is victimised by her mean housemates, and her dreams break on her. On arriving in Bangalore, Anjali plummets into difficulties due to the chastity and frailty of her character, which are revealed almost in a flash. She is muddled in a rape, a terrorist plan, rebellion, and a circle of prowlers and whores. On falling prey to the in quietude of the life of a new Miss India, she is broken, but slowly, with the support of a few characters, she succeeds in reinventing herself and emerges as a winner. These characters benefiting Anjali are the kin of Tara of Desirable Daughters and The Tree Bride. Tara's son Rabi, her sister Parvati, and her husband Aurobindo are characters in this novel. This trilogy covers distinct continents, eras, and history as a whole.

This trilogy, in congruence with the fiction of Mukherjee, emphasises the common theme of the immigrant protagonists' psychological state of mind on being caught between customs and contemporary. They oscillate between the past and the present. The cultural transplant results in an identity crisis and an ultimate reconciliation with the choice. Though they are appeased with their modish American lives, they cannot snap their past connections entirely. Their past provides them with a moral foundation and mental peace in the midst of their life of modernity. However, eventually they assimilate into the land of adoption through the amalgamation of native and adopted cultures.

References :
1. Bharati Mukherjee: Days and Nights in Calcutta; Blaise, Clark and Bharati Mukherjee by Doubleday & Company, Garden City, New York, 1977.
2. Kumar, Indian Express 16

3. Nagendra Kumar : The Fiction of Bharati Mukherjee- A Cultural Perspective; Ghaziabad, U.P., Nice Printing Press, 2013.

4. Alison B.Carb: An Interview with Bharati Mukherjee; The Massachusetts Review, 1988.

5. Bharati Mukherjee: Wife; New Delhi, Penguin Books, 1987.

6. Bharati Mukherjee: Jasmine; London, Virago Press, 2015.

7. Ibid

8. Bharati Mukherjee: The Holder of The World; New Delhi, Penguin Books, 2016.

9. Ibid

10. Nagendra Kumar: The Fiction of Bharati Mukherjee- A Cultural Perspective; Ghaziabad, U.P., Nice Printing Press, 2013.

11. Bharati Mukherjee: The Holder of The World; New Delhi, Penguin Books, 2016.

12. Bharati Mukherjee: Leave It To Me; Chatto and Windus, 2014.

13. Ibid

14. Ibid

15. Ibid

16. Ibid

17. Bharati Mukherjee: Desirable Daughters; New Delhi, Rupa Publications India Pvt., 2012.

18. Ibid

19. Ibid

20. Ibid

21. Ibid

22. Ibid

23. Ibid

Professor,
Department of English,
Government College Chaksu, Jaipur. (Raj)

India's Relations with South East Asian Countries

Dr. Santosh Kumar

"India completely supports a powerful, prosperous, unified and capable ASIAN which is all set to play a central role in the Asia- Pacific region. India gives her recognition to this very role of the ASEAN in the region."

-S . Jaishankar
(The Hindu, June 16, 2022)

The Regional Grouping in International Relations :

The birth of regionalism is one of the most interesting aspects in the international relations today. This is explicitly mentioned in the Charter of the United Nations. The Vandenberg Resolution which was adopted by the Congress of United States in 1948 also gives recognition to the regional groupings like ASEAN. The outcome of this trend has been very influential in Western Hemisphere. However, this has also impacted the rest of the world specially Asia. The decolonization and the desire of using the natural resources by the newly born countries for their economic and political interests is one of the major reasons behind these outcomes. This is also a significant development in the Post World War Two period. In the last several centuries the nation states system has evolved in the international relations. However, the regional groping is very compatible to the existing international political system. The regional economic groping appears to be more significant in comparison to the existing sovereign state system after the Treaty of Westphalia in 1648. Walter Lippmann has also reiterated the same by saying that the regional economic grouping is likely to be more effective in the international order. According to Dr. E N Klefens, "A regional arrangement or pact is a voluntary association of sovereign

29

states within a certain area or haiving common interest in that area for a joint purpose." The regionalism, in general, is considered as a bigger territory whose constituents are more than four states. It is important to understand that these states are associated with one another on varying interests ranging from cultural to political. It is also a tendency that in the post World War Two period regional economic grouping has been very influential. It is not essential that the constituent states are connected geographically with one another. However , they can be connected on the ground of national interests. The best example is of NATO which is spreading in North America and Western Europe (Palmer and Perkins, 1969)

Historical Background :

South East Asia is one of the most landmark locations in the world. It is estimated that the people from China and India migrated to this region. India's influence has been quite significant because there are many places where Indian culture still exists. The Bali island of Indonesia is known for India culture. Indian people, teachers, priests and traders migrated to this region until 1500 AD. Both Hinduism and Buddhism came here from India. Both these faith existed with remarkable toleration for centuries. The Hindu-Khmer dynasty ruled over Cambodia for almost five hundred years. They maintained good economic and political relations with India for centuries. Malaysia has had the impact of Hindu civilization from the days of Christian era. However, it is said that the Mongoloids migrated from China to this peninsula around 1500 BC. They brought their own way of living with themselves but they were also influenced by the local values. India is situated at a crucial point geographi-cally. On one side, it connects the Central Asian region while on the other, South East Asian region is India's maritime neighborhood. Since ancient times, India has had melodious relations with her South Eastern neighborhood. They occupy in all major spheres like economic, political and cultural. This intimacy has been continues even amid turmoil erupted from time to time due to both internal and external reasons. In fact, the maritime neighbors share common cultural heritage with India. During colonial period, new dimensions were born in these relations. The colonial forces tried to develop a European kind of economic and political structures in these countries. The end of colonial era resulted into the birth of new opportunities as well challenges in both India and the South East Asia. However, the Second World War devastated the basic infrastructure and posed serious difficulties in the region.

Indo- Pacific region is emerging as a significant point in the geo-politics of contemporary world. For many countries, both strategic interests and economic gains are associated with this region. That's is why the world powers are trying to engage with the South Asian countries with a motive to achieve their national goals. The Indo- Pacific region is the fast emerging opportunity and challenge encompassing Indian Ocean, East Asian region and the west Pacific geographically. In fact, the region is one of the most interesting subjects in the ongoing international relations. This has significant implications on India's strategic and economic sphere. India is emerging as a global power. Indo-Pacific is therefore momentous area where she needs to explore cooperation in both strategic and economic areas (Sridharan, 2021). There has been remarkable development in friendship and cooperation between India and the countries of South East Asian Nations. Their partnership has deepened in trade and commerce. Both India and the countries of South East Asia are well aware of possibilities of growth and development provided these two giants cooperate in different areas. After Independence, India always tried to build up smooth relations and stood with the countries of this region time and again at both regional and global forum. When India understood the importance of this region for her both strategic and economic interests, she went more steps ahead to cooperate with them. These efforts got booster stamina after India ventured into the era of liberalization, privatization and globalization.

Landmark Developments in the Post Liberalization Period :

Indian foreign policy has undergone several transformations in the post – Independence period. India began her journey in the realm of international relations with the ideals of Pt. Nehru. Learning from experiences, Indira Gandhi formulated the foreign policy more pragmatically. In the ongoing scenario, realism is dominating the international relations comprehensively. The economic driven approach is being adopted by the states to accommodate to the changing circumstances both at the regional and global levels. In this backdrop, the importance of Indo-Pacific has increased for India. India wants to strengthen the ties in the region considering her strategic and economic interests (Malhotra, 2015).

India's Trade with ASEAN Countries

GROWTH OPPORTUNITY

Country	TOTAL EXPORT		TOTAL IMPORT	
	2016-17	2017-18 (Apr-Oct)	2016-17	2017-18 (Apr-Oct)
Brunei	42.88	29.88	627.85	286.56
Cambodia	105.06	64.15	36.10	29.68
Indonesia	3488.12	1982.48	13,427.99	9,402.25
Laos	25.72	11.24	207.38	125.27
Malaysia	5,244.86	2,788.34	8,933.59	5,211.17
Myanmar	1,107.89	511.19	1,067.25	540.28
Philippines	1,482.52	900.85	494.62	465.15
Singapore	9,564.48	5,623.90	7,086.57	4,038.78
Thailand	3,133.44	1,978.47	5,415.40	3,916.55
Vietnam	6,786.56	4,236.23	3,320.56	2,573.23
Total	30,961	18,126.72	40,617.31	26,588.92
India's Total	275,851.71	166,469.58	384,355.55	257,527.60
% share	11.22	10.88	10.56	10.32

All figures in $ million

Source : Times of India

32

The major shift in the Indo- ASEAN relations came in the post liberalization period. India adopted the Look East Policy in 1991. The main objective of this policy was to strengthen the partnership between India and the countries of South East Asia. In 1992, the two big partners started secretary level interactions formally. In 1995 this relationship went a step ahead when the two sides started a new chapter as India became a dialogue partner with ASEAN. This level of relationship became stronger with the beginning of Summit level engagement in 2002. In 2012, both side started strategic level dialogues on the occasion of the completion of two decades of new age relationship. In January 2018, both sides completed twenty five melodious years of partnership. At this occasion both were agreed to carry the relations to new heights. The ongoing developments in the Indo- Pacific region require these countries to strengthen their cooperation in maintaining maritime security. The Chinese aspirations in the South China Sea and its incursions in the region have raised concern to very serious level. Now the maritime security is a common interest between India and the countries of South East Asia (MEA, 2022).

This is very important to improve the transport facilities between South and South East Asia. This, on one side would strengthen connectivity between the two major regions and on the other side, would accelerate the trade and commerce activities. The implementation of ASEAN single window would certainly help these initiatives. More such efforts are needed to be practiced aiming to facilitate the trade and commercial activities between the two regions. The customs reforms are also the need of the hour because the formalities are not only tiring but also hindrances in the process of smooth transit (ADB, 2015).

Possibilities of better Relationship :

India's relations with the countries of South East Asia have been flourishing from ancient times. The land and maritime connectivity have always been a big reason behind these harmonious developments. After Independence, India, however engaged more with her western and North Western neighbors in comparison to the eastward countries. But it does not mean that India ignored the importance of these countries. This is now a well-researched fact that India needs the smooth relations with these countries due to various strategic and commercial reasons. There are plenty of possibilities of cooperation in both strategic and economic spheres. With the enactment of Look East policy in the changed global political scenario, the emphasis was on how to expand the horizon of possibilities. Indian leaders have been keen to enhance the relationship with these countries. Before the outbreak of pandemic, the annual economic growth of these countries was 5.7 percent. India was growing by 6.5 percent, a bit ahead during these times. It is expected that Indian economy would be the world's fourth largest economy by 2030 which may emerge as the third largest economic power by 2050 only after the USA and China. In this backdrop, the countries of South East Asia understand the role of India in the days to come in both regional and global economy and politics. That is why they aspire to enhance the cooperation in the concerned areas so that they could also move hand and gloves with India. On one side, India signed the free trade agreement with ASEAN. On the other, India stands at the top in the list of investors and trading partners in this region. It is very interesting to know that India's FDI in these countries have been growing by rapid stages. In the year 2020, India's FDI in the region was US $ 2.12 billion. This is not one sided at all. Many ASEAN countries have been investing in India as well. Singapore alone invested US$ 15.9 in India in 2021-22. It is also estimated that India's 9000 companies are functional in the entire South East Asian region based in Singapore. Apart from economic ties, there are abundant of opportunities to cooperate in the strategic areas as well. There are various agreements signed both bilateral and multilaterally between India and ASEAN. Singapore, Vietnam, Malaysia and Indonesia have signed such agreements with India to strengthen their might for the purpose of protecting their strategic interests. India along with her maritime neighbors conducts joint patrolling to strengthen the vigilance in the region. Besides, India and Singapore have been indulged in the maritime exercises. This cooperation completed twenty five years in 2018-19. Besides, these areas of cooperation, both sides have been benefitting from tourism. In 2019 five million Indian tourists visited these countries (Singh, 2022).

Myanmar- A Bridge between South and South East Asia: The economies of South and South East Asian Countries have been growing by leaps and bounds in the contemporary global economic scenario. It is estimated that these economies would continue to grow in future as well. These developments are the outcomes of rising strength of middle class and the economic initiatives taken by the respective governments from time to time. However, there are many hindrances which are obstructing the growth and development of both these substantial regions. There are innumerable possibilities of cooperation and coordination provided the countries desire to go hand and gloves together. There is no doubt that the substantial possibilities have not been explored in these regions. Many barriers still exist. Myanmar that bridges South Asia and South East Asia has undergone several economic changes which unveil new dimensions and areas of cooperation. The political reforms in Myanmar are also landmark developments. Few years ago, these developments in this country were looking not possible. But the will power of leadership has proved that Myanmar could also be placed on the track of developments both economic and political. It has been proved in the growth and recession of global economies that the regional cooperation among various countries is a prerequisite for the comprehensive economic development (ADB, 2015).

India and ASEAN

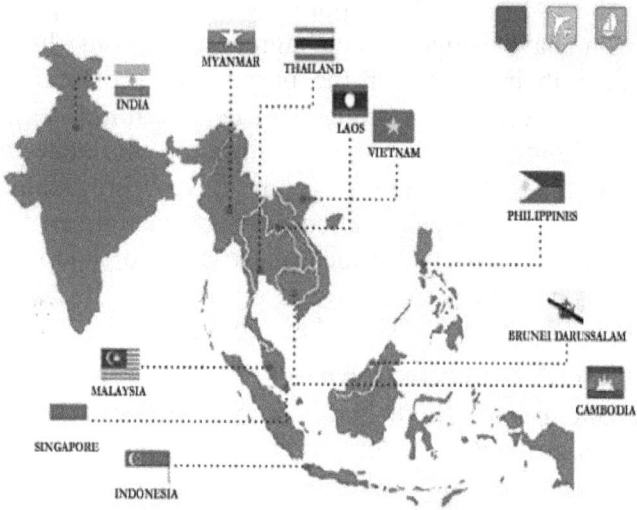

Source : The Asia Today

South East Asia comprises of territories which lie between India and Australia and South to China geographically. One of the most significant lands geopolitically is situated between the Pacific and the Indian Ocean. Culturally, these countries of South East Asia are in proximity with India as well. Since times immemorial, there has been harmonious relationship between India and this region. Interestingly, the colonial period impacted India and this region simultaneously. Entire Indian Ocean region was affected by the maritime forces in the colonial period. These developments affected all walks of life including trade, polity and local culture. The trade declined significantly as the colonial might was using all existence potential of the region for its own purposes. When the decolonization started in this region, the main challenge of the respective leadership was how to recreate and then enhance the old legacies of political, social, cultural and economic ties between India and the South East Asian Countries (Khalid, 2011).

Relations in the Contemporary Global Political Scenario:
In 1967 an initiative was taken by Thailand, Indonesia, Singapore, Malaysia and Philippines to establish Association of South East Asian Nations   Brunei became the part of ASEAN in 1984 after being free from the United Kingdom. In 1995 Vietnam joined ASEAN to strengthen its ties with its neighbors. On the occasion of its 30th anniversary in 1997, both Myanmar and its very neighbor Laos joined the ASEAN. In this very year another feather was added to the cap of ASEAN cap when ASEAN Plus Three was opened as a forum to give space to China, South Korea and Japan. The main objective behind the establishment of ASEAN was to enhance economic and political cooperation among the countries of the region. In 2008, ASEAN stepped up into framing of its legal document. With this, the organization introduced itself legally in the form of legal organization. Collectively, the organization has gained significance status of being an economic and political set in the world. Interestingly, the ASEAN stands third after China and India demographically. In 2016, the organization collectively touched the sixth global rank in terms of economy. In the meantime, the trade relations with big global economic powers with ASEAN countries have gone up significantly. These include, the US, Japan, China and EU.

The aforementioned details of the might of ASEAN prove that the international organization is very important to have good relations for both economic and strategic reasons. Since ASEAN is its neighborhood, the importance of this organization for India increases manifold. India has always emphasized the smooth and good relationship with ASEAN. This has been an objective of India's foreign policy. In 1991, the Look East Policy was a major milestone towards the building up of relations with this organization. Soon after this, in 1992, India became a sectorial partner and in 1996 the dialogue partner. In the year 2002, the country became the summit partner with ASEAN. This culminated with India becoming a strategic partner in 2012 on the occasion of Commemorative Summit which was held in New Delhi. India's determination from Look East Policy to the Act East Policy in 2014 added new strength to the existing relationship with the ASEAN. This very policy of India seeks the scope of developing infrastructure and accelerating trade and commerce between the two global giants. Presently there are more than thirty dialogue systems between the two giants to enhance the relationship in the changed global political scenario. The annul summits and the ministerial meetings are the main forums of exchanging the thoughts between these two powers. In 2017, the dialogue partnership between India and ASEAN completed twenty five years. This long track has been very fruitful for both India as well as ASEAN. On the Republic Day of 2018, ten leaders of different ASEAN countries were invited as the guests in India. The 2015 was a landmark year in the relationship between India and ASEAN. In July ASEAN- India Free Trade Area was established and in December of same year, the ASEAN Economic Community came into being. It is well understood that the connectivity between India and ASEAN would be a momentous development to increase the movement. India's North East region would be benefitted particularly because the development of infrastructure would facilitate the connectivity strongly. The regional economic development would get a booster support (Indian Express, 2022)

Conclusion :

From ancient times, India has had very good relations with the countries of South East Asia. There are historical evidences to confirm these facts. In the contemporary global political scenario, South East ASEAN countries are very important for both economic and political reasons. The use of South East Asia is a new word which was not in existence before the World War II. This got momentum in the aftermath of the War. Because of its strategic and economic importance, the region attracts the big players in the international politics. There has been tremendous growth and development in trade and commerce between India and ASEAN however this can't be said to be enough considering the size and expansion of India and South East Asian countries. In 2016 the trade between India and ASEAN was US $ 74 billion whereas at the same time this was US$190 billion with China. With the ambition of becoming the super power, the Chinese movements in the region has increased. China considers the South China Sea within its sovereignty. That is why China finds the Indo-Pacific region strategically and commercially very important for its dominance. This is the biggest challenge that India is confronted with in the region. There is a big need to improve the existing infrastructure and connectivity between India and ASEAN to enhance trade and commerce. Currently, India is one of the largest markets in the world that is why the ASEAN also considers India as an important destination. Recently both India and Singapore have started the financial transactions through UPI. This is a landmark achievement. Malaysia has been critical to Indian approach towards the region and the world. Pakistan – Malaysia friendship dwarfs India's efforts to enhance the tie up with ASEAN. However, India's relations with Vietnam, Singapore and Indonesia have been good enough to expect better results in future.

References :

Nanjundan, S. (1952) : India and South East Asia, Economic and Political Weekly, The Economic and Political Weekly, Jan 26, 1952. Accessed from https://www.epw.in/ system/ files/pdf/1952_4/3-4/india_and_southeast_asia.pdf on 07-02-2023

MEA (2022): India Mission to ASEAN, Overview of India-ASEAN Relations. https://www.mea.gov.in/Portal/ Foreign Relation/India-ASEAN-_Relations_2022.pdf

Sridharan E. (2021): Eastward Ho? India's Relations with the Indo-Pacific, Hyderabad, Orient BlackSwan

Malhotra R. Ed. (2015): Look and Act East Policy: Potential Constrains, pp 221

Asian Development Bank and Asian Development Bank Institute Report (2015). Connecting South and South East Asia, accessed from https://www.adb.org/sites/default/files/publication/159083/adbi-connecting-south-asia-southeast-asia.pdf on 20-02-2023

Asian Development Bank and Asian Development Bank Institute Report (2015). Connecting South and South East Asia, accessed from https://www.adb.org/sites/default/files/publication/159083/adbi-connecting-south-asia-southeast-asia.pdf on 20-02-2023

Mohammed, Khalid. (2011). Southeast Asia in India's post-Cold War Foreign Policy.

Singh Hernaikh (2022): ASEAN-India Relations- Potential for Future Growth, retrieved from https://www.isas.nus.edu.sg/papers/asean-india-relations-potential-for-further-growth/ on 20-03-2023.

Indian Express (2022) what is asean: what is asean, Nov 14 2022, retrieved from https://indianexpress.com/ article/explained/everyday-explainers/what-is-asean-southeast-asian-grouping-8266416/ on 25-03-2023

Palmer ND , Perkins HC (1969): The new regionalism, international relations, 559, scientific book agency Kolkata

Asst. Professor,
Amity School of Communication,
Amity University, Lucknow

India's Relation with South East Asia : Past, Present and Road Ahead

Dr. Sourabh Tripathi[#]
Dr. Richa[##]

Abstract

India's civilization and culture extended all over the world, but it really took hold in Southeast Asia, especially in the form of culture, dance, art and architecture, and this mingling didn't take place as a result of conquest or colonisation. India never used violence or coercion to spread its culture. There was substantial movement of people from India to the Southeast Asian countries; however there was no evidence of violence, colonisation, or subjugation. The Indians who travelled there had no intention of becoming rulers and had no desire to exert external control. The most popular and efficient method of spreading Indian culture was through folklore singers and performers, who played a crucial role in popularising and adapting Indian literary works across Southeast Asia. There are deep historical and cultural linkages between India and Southeast Asia. Art and architecture in the area reflect the influence of Indian religions like as Hinduism, Buddhism, and Islam. Monsoon sea routes were greatly facilitated by geographical factors. Many Indians settled there during British colonial rule, and the Indian National Army found strong support there. Due to the Cold War era's US dominance in the region and India's determination to forge its own path, tensions rose. India's "Look East Strategy" was implemented after the Cold War ended in order to strengthen connections with neighbouring countries. India's Act East policy, which prioritises ties with the region, has increased the area's importance in recent years. India is pursuing various policy initiatives in the region besides ASEAN that involve some ASEAN members, such as BIMSTEC, MGC, etc. Together with the Asia-Europe Meeting (ASEM), the East Asia Summit (EAS), the ASEAN Regional Forum (ARF), the ASEAN Defence Ministers' Meeting Plus (ADMM+), and the Expanded ASEAN Maritime Forum, India is an active member of various regional forums. Considering the current geopolitical climate, India's foreign policy priorities are mostly focused on Southeast Asia.

Keywords : *Colonisation, Cultural Linkage, Cold War, Look East Strategy, Act East Policy, Maritime Forum.*

Historical Background

There are many overt and subtle traces of India's impact in the art, culture, and civilization of modern-day Cambodia, Thailand, Indonesia, and Burma. India has been a source of artistic and architectural inspiration for modern South Asian countries for ages. The Indian influence on the art and architecture of such Southeast Asian icons as Angkorwat, Pagan, Borobudur, and Prambanan is attested by these renowned temples. The reasons and means by which Indian religion and culture made their way to Southeast Asia are hotly debated. The first theory proposes that traders imported Indian culture to advance their commercial interests; the second attributes the initiative to warriors and adventurers seeking fame and kingdoms; and the third emphasises on the role of Indian priests. In Malaysia, the Seri Rama (a Ramayana adaption) was written, while in Cambodia, the Reamker (a Ramayana translation) was penned. When it comes to Southeast Asian literature, these books are among the best of the best. Similarly, Southeast Asian sculptors and artists created their own unique brand of stylized masterworks by adopting from and reinterpreting Indian motifs. Sculpture in Cambodia (Khmer) from the eighth to thirteenth century drew inspiration from Gupta era iconography but looked significantly distinct in appearance and shape. These works of art depicted stylized

42

representations of gods, goddesses, Buddha, Apsaras, and demons with Southeast Asian features.

In terms of size, scope, and detail, some of these structures are even more impressive than the most impressive Indian temples from the same time period. As a result of trade and cultural exchange with India, authors throughout Southeast Asia were inspired to produce their own takes on the Ramayana. Ramayana's adaptability to new contexts and cultures has led to its wide dissemination. There is evidence that Sanskrit scripts were the first written language to spread to Southeast Asia. A system of writing very similar to the Sanskrit alphabet was used to write the indigenous languages. Sanskrit inscriptions on stone pillars in eastern Borneo date back to around 400 CE and are Indonesia's earliest known written records. About 600 C.E., royal edicts were penned in Indian script using the native Malay language. Contemporary Burmese, Thai, Laos, and Cambodian alphabets all have their roots in an ancient Indian script. Most of the ancient inscriptions that have been uncovered so far are written in Sanskrit.

All of the judicial proceedings were conducted in Sanskrit, with just the bare facts being stated in the vernacular. These inscriptions made reference to the Indian legal system and its underlying foundation. Several of the monarchs of Southeast Asia followed the legal and administrative codes popular at the time, particularly the "God King" notion. They saw themselves as divine reincarnations or direct descendants of Hindu deities. Cultural and commercial exchanges between southern and south-eastern Asia began, and may have progressed, along the monsoon marine routes. Since the Chola era, Tamil traders in the eastern peninsula of India dominated trade with the Thai port of Takua Pa and north Sumatra (1000 CE onwards). One of the first of the hinduized states, the kingdom of Funan thrived from the first century CE to the ninth century CE and covered much of what are now Cambodia and a part of what is now Vietnam. Later, the Angkorian Empire was established by Jayavarman II, who was worshipped as the reincarnation of Hinduism's Lord Shiva. His family tree spread out till the 12th century CE. People in Cambodia referred to Jayavarman VII (the Angkorian Empire's founder) and his successors as "king of the mountain," and they often constructed palaces and temples atop hills. India's trader class, Buddhist clergy, and Hindu Brahmin priests all made pilgrimages to Southeast Asian countries like Cambodia and Indonesia, spreading the country's religion, philosophy, and culture. As the number of Indians who settled in the Southeast Asian courts grew, so did the influence of Indian religion, politics, literature, mythology, artistic motifs, and style.

Buddhism in South East Asia

From India, Buddhist monks were deployed to Southeast Asia by King Ashok in the third century BCE. According to most scholars, Buddhist teachings spread throughout Southeast Asia as a result of commercial exchanges between India, China, and Sri Lanka in the first, second, and third centuries CE. Several citizens of the Mon monarchy converted to Buddhism as a result of the mission's arrival. This early encounter with Buddhism, along with others as a result of continuing regional trade between Southeast Asia, China, and South Asia, helped disseminate the teachings of the Buddha throughout the region. From its first introduction in what is now known as Burma, Buddhism quickly expanded throughout the rest of mainland Southeast Asia, as well as to the islands that are now part of Malaysia and Indonesia. Theravada and Mahayana are the two most common schools of Buddhism in Southeast Asia. Among both of them Theravada expanded from India to Sri Lanka and thence throughout the region, the contemporary states of Burma, Cambodia, Laos, Thailand, and southern Vietnam became the primary centres of Theravada Buddhism.

According to conventional wisdom, Mahayana Buddhism arrived in Southeast Asia from China and India around the first and second centuries. The maritime Southeast Asian region was particularly fertile ground for the spread of Mahayana, while the country of Vietnam, with its historical ties to China, also played an important role. The Shailendra dynasty of kings brought Mahayana and Vajrayana Buddhism to the maritime state Srivijaya, which had its capital at Palembang on the Indonesian island of Sumatra. According to Yijing, the monarch of Palembang provided for more than a thousand monks at his court, making it a thriving centre of Buddhist learning. The Shailendra dynasty, who also governed Srivijaya, established a prosperous kingdom in Central Java called Medang Mataram between the Eighth and Eleventh centuries. In central Java, Buddhist Mahayana influence grew during the reign of King Panangkaran (760–780 CE) as the Shailendra kings became the enthusiastic sponsor of Buddhism, several Buddhist monuments and temples were built there like Kalasan, Manjusrigrha, Plaosan, and the massive stone mandala of Borobudur were all built during the reign of Samaratungga (819-838 CE) in the early 9th century and are all well-known examples.

Transition to the Commercial Age and the Arrival of Islam

The spread of Islam to the south-eastern regions likely began about the seventh century. To access China's ports, Muslim traders from the Arabian Peninsula had to sail around these southern islands through the maritime Silk Roads. Furthermore, historical reports suggest that Muslim traders initially visited the Indonesian islands in search of the exotic spices that could only be found there. Some of these traders may have chosen to stay in Indonesia, where they have assimilated into the local culture. Moreover, as Muslim merchants arrived in Sumatra Island, the island's kings began to adopt Islam, which further helped the island's incorporation into the trade routes in the 12th century CE. Tombstones of 13th-century Sumatran kings that bear the Islamic calendar provide archaeological evidence of the royal family's conversion to Islam. Archaeological evidence, such as Tang Dynasty (618-907 CE) porcelain wares, carried to the Philippines by Muslim traders, attests to the existence of Muslims on the islands of the Philippines prior to the 10th century.

After the collapse of Angkor in Cambodia and Sriwijaya on Sumatra in the 14th and 15th centuries, classical empires founded on Hinduism and Mahayana Buddhism fell from prominence. The Angkorians were supplanted by the Thai, and Sriwijaya became the Islamic sultanate of Malacca, which promoted "Islamization" throughout the Malay Peninsula, Brunei, Borneo, and eastern Indonesian islands like Sulawesi (including the Kingdom of Gowa) and North Maluku (including the Sultanates of Ternate, Tidore, Bacan, and Jailolo). After the fall of Angkor and Sriwijaya, a new era known as the "Age of Trade" emerged. First, the significantly more expensive spices that had been at the core of Westerners travelling to Southeast Asia in the "classical" period fueled this "Age of Trade," and second, military or political expeditions of China-Mongol from the Yuan Dynasty drove economic development. Third, and most notably, the Ming Dynasty established contact with Southeast Asian territories, which led to the defeat of King Kertanegara of Singasari in East Java sometime in the 1289 CE and the eventual submission of his kingdom to the empire. Cheng Ho (Zeng He), born in 1370 CE and widely thought to be a Hui Muslim, was the most prominent legendary figure of this interaction and launched massive excursions to the coastal areas of Southeast Asia beginning in the early fifteenth century. From 1405 to 1433 CE, Cheng Ho led seven expeditions to over 37 different countries, including many ports in Indonesia (Palembang, Banten, Cirebon, Semarang, Gresik, and Surabaya), as well as Ceylon, Kocin, Kalikut, Ormuz, Jeddah, Magadisco, and Malindi; Campa to India; the Persian Gulf; the Red Sea; and the coast of Kenya. Cultural and religious reasons were just as important as economic and political ones for Cheng Ho's voyages. Coastal areas of Southeast Asia, including modern-day Malaysia, Sumatra, and northern Java, had converted to Islam through the cultural means of trade, Sufism/mysticism, art performances, etc. This conversion occurred in a "bottom-up" fashion, through the dissemination of knowledge and ideas. Many religious players worked together to bring Islam to Southeast Asia from the 13th to the 17th centuries. Nonetheless, Sufi-mystics and traders from China, Arab and Middle Eastern countries, India, Bengal, Persia, etc. were the primary bearers of Islam in the area.

After Independence

India is located near Southeast Asia because it shares a maritime boundary with at least three Southeast Asian countries, the Andaman and Nicobar Islands in the Bay of Bengal are closer to Southeast Asia than they are to mainland India, and the southern tip of India sits astride some of the most vital water lanes of communication in the Indian Ocean, connecting Southeast Asia (and East Asia) with West. Leaders in India recognised Southeast Asia's potential significance well before India's independence in August 1947. In March 1947, leaders of India's nationalist movement gathered in New Delhi for a conference on Asian relations to show support for liberation movements across Southeast Asia. The Special Conference on Indonesia in January 1949, to which 15 countries sent representatives, was almost as pivotal in bolstering Sukarno's violent battle against Dutch colonial control. It has been argued that independence battles, particularly in Indonesia and Vietnam, contributed significantly to the development of India's early foreign policy in the late 1940s. War with China in 1962, and then wars with Pakistan in 1965 and 1971, diminished India's interest in Southeast Asia. Nehru's concept of a non-aligned alternative framework of reference in international politics was weakened by the conflict with China.

India's proximity to the Soviet Union was motivated by the likelihood of encountering threats from both Pakistan and China. As India and the Soviet Union signed a treaty of friendship in 1971, the country's reputation took a hit. As a result of China's attack on Vietnam in February 1979 meant to "teach a lesson" for Vietnam's military participation in Cambodia and overthrow of the pro-Beijing Pol Pot regime, ties between India and Vietnam improved. The Heng Samrin regime was immediately recognized by India to show the world the importance its relation with Vietnam. If look into the development of India's foreign policy towards South East Asia after independence till 1990 then it can be said that it was somewhere inclined to Soviet. India's approach to Southeast Asia in its foreign policy changed significantly after the end of the Cold War. New Delhi's economic interaction with ASEAN nations has been aided by India's outward-looking policies and reforms. India made a concerted effort to rekindle and revitalise old ties to Southeast Asian nations. India has been trying to join ASEAN diplomatically and economically since 1987, however some ASEAN members have been reluctant due to India's support of the Heng Samrin dictatorship.

Initiated by Prime Minister Narasimha Rao and Finance Minister Manmohan Singh, India's "look east policy" sought to increase the country's level of diplomatic and economic interaction with its neighbours to the east. This policy was devised with the rapidly expanding economies of the Association of Southeast Asian States (ASEAN) in mind, especially those of Malaysia, Singapore, Thailand, Indonesia, and Burma/Myanmar. Starting in 1992, succeeding Indian prime ministers routinely brought big corporate delegations to these countries. Narasimha Rao made official trips to Singapore, Thailand, Malaysia, Vietnam, and South Korea in the years following his 1992 trip to Indonesia. In spite of this scepticism, in 1992 ASEAN recognised India as a "Sectoral Dialogue Partner" with an emphasis on tourism, commerce, investments, and science and technology because of the sincerity of Indian economic reforms.

As India introduced the Look East policy, it honed down on the ASEAN nations even more closely. A new secretary position was established in the Ministry of Foreign Affairs in the second half of 1992 in order to provide the countries to its east the attention they deserved. India's revamped policy places ASEAN at the centre, according to the Ministry of Foreign Affairs' Secretary for Economic Affairs in October 1995. India became an ASEAN "Full Conversation Partner" in 1995 thanks to New Delhi's efforts, and a member of the ASEAN Regional Forum (ARF) in 1996. In 1994 and 1995, India's prime minister made repeat trips to Singapore and Malaysia. After 1999, India made an effort to elevate its relationship with ASEAN to the summit level. The decision to elevate ASEAN's relationship with India to Summit level was made at the 7th ASEAN Summit, held in November 2001 in Darussalam (Brunei); India signed the Treaty of Amity of Cooperation in 2003. India has been included in the East Asian Summit (EAS) from the organization's founding in 2005. An ASEAN-India Free Trade Agreement in Goods was signed in May 2009. India's second phase of the Look East Strategy included aiming for political partnership, physical connectivity through road and rail linkages, free trade arrangements, and defence cooperation, building on the previous phase's emphasis on expanding economic partnerships and institutional links with ASEAN. During this time period, India held combined naval exercises named

MILAN with Indonesia, Malaysia, and Singapore, as well as with Thailand, Myanmar, the Philippines, and Vietnam, all in an effort to forge stronger ties with these countries.

The Look East Strategy has developed into the more dynamic and action-oriented "Act East Policy" in recent years. To formally announce the Act East Policy, Prime Minister Narendra Modi attended the 12th ASEAN India Summit and the 9th East Asia Summit in Nay Pyi Taw, Myanmar in November 2014. India's Act East Policy centres on its broader Asian and Pacific neighbours. Originally planned as an economic effort, the strategy has taken on new dimensions in the form of political and strategic planning as well as cultural ones through the creation of institutional frameworks for communication and cooperation.

India has built close relationships with all countries in the Asia-Pacific region, including upgrading its relations to strategic partnership with Indonesia, Vietnam, Malaysia, Japan, the Republic of Korea (ROK), Australia, Singapore, and the Association of Southeast Asian States (ASEAN). Our Act East Policy has placed special emphasis on the North-eastern region of India (AEP). The Arunachal Pradesh Economic Corridor (AEP) acts as a bridge between North Eastern India and the ASEAN countries. Consistent attempts are being made to improve trade, culture, people-to-people relations, and physical infrastructure (road, airport, telecommunications, power, etc.) between the Northeast and the ASEAN region as part of a variety of strategies at the bilateral and regional levels. Major initiatives include the Kaladan Multi-modal Transit Transport Project, the India Myanmar-Thailand Trilateral Highway Project, the Rhi-Tiddim Road Project, the Border Haats, and many more.

In January 2018, to celebrate the 25th anniversary of ASEAN-India dialogue relations, India held the ASEAN-India Commemorative Summit, attended by the leaders of the ten ASEAN states. While in Manila for the 31st ASEAN Summit in November 2017, PM attended the 15th ASEAN-India Summit. All ten member states of ASEAN and Japan attended the December 11-12, 2017 meeting on connectivity between ASEAN and India in Delhi. The government's goal at the conference was alignment with the ASEAN Master Plan on Connectivity, 2025. In 2015, India had proposed a $1 billion credit line to advance ASEAN-related projects. In addition for the purpose of establishing Cambodia, Laos, Myanmar, and Vietnam countries as regional industrial hubs, India has also established a project development fund of $77 million.

Way Forward

Together, the 650 million people who live in ASEAN countries generate a GDP of $2.8 trillion. With an annual trade volume of USD 86.9 billion, it is India's fourth-largest trading partner. India's diplomatic ties to ASEAN states are crucial for the country's economic and security. India's position in the region can benefit from increased communication and cooperation with ASEAN member states. These infrastructure expansions ensure the continued economic development of the North-eastern states of India. India's economic growth and development would be aided by stronger relations to the ASEAN nations, and this would be a counter to China's position in the region. India relies heavily on maritime trade; therefore ASEAN's prominent role in the rules-based security architecture in the Indo-Pacific is crucial. To effectively tackle insurgency in the Northeast, as well as terrorism, tax evasion, and other transnational crimes, cooperation with the ASEAN member states is essential.

Reference Books :
1. Baruah, Amit, "Looking East", Front line, vol.17, Issue 24, Nov. 25-December 8, 2000.
2. Basa, Kishor K. 1998. "Indian Writings on Early History and Archaeology of Southeast Asia: A Historical Analysis," Journal of Royal Asiatic Society of Great Britain and Ireland no. 3.
3. Booth, Anne, 2014. "Economic Relations between China, India and Southeast Asia: Coping with Threats and Opportunities," in Prema-chandra Athukorala, Arianto Patunru and Budy P. Resosudarmo (eds.), Trade, Development, and Political Economy in East Asia: Essays in Honour of Hal Hill. Singapore: Institute of Southeast Asian Studies
4. Coedes, Georga, 1965. The Indianized States of Southeast Asia (Honolulu: University of Hawaii Press).
5. Daweewarn, Dawee, 1982. Brahmanism in Southeast Asia: From the Earliest Time to 1445 A. D. (New Delhi: Sterling Publishers Pvt. Ltd)
6. Dixit, J.N. 1998. Across Borders: Fifty years of India's Foreign Policy, Picus Books, New Delhi.
7. Durkheim, Emile. 1995. The Elementary Forms of Religious Life. New York: Free Press.
8. Economic Survey. January, 2023. Government of India, Ministry of Finance, Department of Economic Affairs Economic Division, North Block New Delhi-110001.
9. Geertz, Clifford. 1976. The Religion of Java. Chicago, IL: The University of Chicago.
10. Ghoshal, Baladas. 1988. "India and Southeast Asia : Changed Perceptions", in Babani Sen Gupta (ed), SAARC-ASEAN : Problems and Prospects of Inter-regional Cooperation, New Delhi.
11. Hefner, Robert W. 2010. "Religious Resurgence in Contemporary Asia: Southeast Asian Perspectives on Capitalism, the State, and the New Piety. The Journal of Asian Studies 69 (4): 1003-1047.

12. (ed.). 2009. Making Modern Muslims: The Politics of Islamic Education in Southeast Asia. Honolulu: University of Hawai'i Press.
13. 1989. Hindu Javanese: Tengger Tradition and Islam. Princeton, NJ: Princeton University Press.
14. 1987. "Islamizing Java? Religion and Politics in Rural East Java." The Journal of Asian Studies 46 (3): pp. 533-54.
15. Gordon, Sandy. 1995. India's Rise to Power in the Twentieth Century and Beyond, St. Martin Press, New York, p. 121.
16. Grare, Frederic. 2001. "India and the ASEAN Regional Forum", in Grare, Frederic and Matoo, Amitabh (eds.): India and ASEAN: The Politics of India's Look East Policy , New Delhi, p. 125
17. Kulke, Hermann, Rothermund, Dietmar. 2004. A History of India. (4th ed.). (New York: Routledge).
18. Kuppuswamy, C. S, "India"s Look-East Policy: More Aggressive, Better Dividends", South Asia Analysis Group, Paper No. 1663, 3 January, 2006
19. India"s Look East Policy", Paper No:3662, 12 February, 2010, see at htpp://www.southasiaanalysis.org/%5cpapers37%scpaper3662.html.
20. Laffan, Michael. 2011. The Making of Indonesian Islam: Orientalism and the Narration of a Sufi Past. Princeton, NJ: Princeton University Press.
21. 2007. Islamic Nationhood and Colonial Indonesia: The Umma Below the Winds. New York: Routledge.
22. Lockard, Craig. 2009. Southeast Asia in World History. New York: Oxford University Press.
23. Naidu G.V.C., " India and Southeast Asia: An Analysis of the Look East Policy, in P.V. Rao(ed), India and ASEAN: Partners at Summits, New Delhi, 2008,p. 142.

24. Ray, Himanshu Prabha, 2020. Coastal Shrines and Transnational Maritime Networks Across India and Southeast Asia. (London, Routledge India).

25. Rao, P.V, "India and Regional Cooperation: Multiple Strategies in an Elusive Region", in Rao, P.V (ed.): Indian and Indian Ocean: In The Twilight of the Millennium, pp. 122-151.

26. Sarkar, Himansu Bhusan, 1985. Cultural Relations between India and Southeast Asian Countries (New Delhi: Indian Council for Cultural Relations and Motilal Banarsidass,)

27. Suryanarayan, V, "India''s Look East Policy", World Focus, vol. 20, no. 10-11-12, Oct.-Dec. 1999.

28. Vajpayee, Atal Behari, 1979. New Dimensions of India's Foreign Policy, New Delhi.

 # Assistant Professor,
Department of History,
Smt. Sushma Swaraj Government College for Girls
Ballabgarh, Faridabad, Haryana
Assistant Professor
Department of Political Science,
Smt. Sushma Swaraj Government College for Girls
Ballabgarh, Faridabad, Haryana

From The Look- East to Act–East : India's Approach of Multilateralism in Post-Cold War Era from South-East Asia to Asia-Pacific

Prof. Nagendra Prasad Verma

India's Look East policy focused on the ASEAN Countries and Economic Integration. While Act East Policy has four major components: ASEAN countries, Economic Integration, East Asian countries, and Security cooperation. The Prime Minister of India highlighted the 4C's of Act East Policy: Culture, Commerce, Connectivity and Capacity building. India's relations with the countries of what is today known as "Southeast Asia" date back to antiquity. Early Indian texts referred to Southeast Asia as Suvarnabhumi (the land of gold). Other features of Indianization included the use of alphabets of Indian origin, the pattern of Indian law and administration, monuments, and architecture and sculpture influenced by the arts of India. Reciprocity and mutual understanding on common concerns will help both ASEAN and India overcome some of the challenges. Through coordination in the fields of Digitalisation, Pharmaceuticals, Agriculture Education and Green Growth will unfold the potential of India's Act East Policy. From both geostrategic and economic perspectives, the EAS and RCEP, regional constructs with ASEAN at their core, make ASEAN a vital entity; the "anchor" in India's Act East vision. India's inclusion in the group along with major Asia-Pacific economies like Australia, China, Japan, South Korea, and New Zealand — all of whom, like India, are FTA partners of ASEAN — plants India firmly in an upcoming trade and economic regional architecture encompassing the Asia-Pacific.

Keywords : ASEAN, RCEP, QUAD, Dialogue Partner, Indo-Pacific, Strategic Partnership, East Asia Summit (EAS)

India's relationship with ASEAN has emerged as a key cornerstone of our foreign policy. The relationship has evolved from the 'Look East Policy' enunciated in the early 1990s, which led India to become a Sectoral Partner of ASEAN in 1992, a Dialogue Partner in 1996, and a Summit-level Partner in 2002.[1] The upgrade of this partnership to Strategic Partnership during the celebration of the 20th anniversary Commemorative Summit in New Delhi in 2012 was a natural corollary to the growth of the India-ASEAN relationship during the last two decades. The India-ASEAN Strategic Partnership acquired a new momentum with the announcement of "Act-East Policy" at the 12th Summit in 2014. It conveyed a clear intent on the part of India to up-scale its engagement with the ASEAN Member States. The Act-East Policy emphasises Connectivity, Commerce and Culture as the focus areas of action for a greater ASEAN-India integration.

India's relations with the countries of what is today known as "Southeast Asia" date back to antiquity. Early Indian texts referred to Southeast Asia as Suvarnabhumi (the land of gold). Trade and the transmission of the Hindu and Buddhist religions were key elements of India's early interaction with Southeast Asian lands, including Myanmar (Burma), Thailand, the Indochina peninsula, Malaya, and Indonesia. By the eleventh century, a number of strongly "Indianized" kingdoms, such as Funan and Champa, had emerged in the Indochina peninsula, as did Nakhon Sri Thammarat in the Malayan peninsula. What historians describe as the "Indianization" of Southeast Asia was "the expansion of an organised culture, founded on the Indian conception of royalty, Hindu or Buddhist beliefs, the mythology of ancient Hindu Purāṇas, and the observance of the Hindu law codes, expressed in the Sanskrit language." Other features of

Indianization included the use of alphabets of Indian origin, the pattern of Indian law and administration, monuments, and architecture and sculpture influenced by the arts of India. Thus, India's cultural imprint is visible in most ASEAN countries. ASEAN and India have agreed to preserve, protect, and restore symbols and structures that represent civilizational bonds between India and ASEAN countries, including those in Angkor Wat in Cambodia, Borobudur and Prambanan in Indonesia, Wat Phu in Laos, Bagan in Myanmar, Sukothai in Thailand, and Mù Sõn in Vietnam.[2] The Indian epic Ramayana is an important thread culturally binding India and ASEAN.

What is ASEAN :

ASEAN, from its five founding members in 1967, today is a 11-nation grouping. They are Myanmar, Thailand, Singapore, Malaysia, Indonesia, Vietnam, Cambodia, Laos, Brunei, the Philippines, and recently added Timor L'este. ASEAN states are located at a strategically important junction in the Indo-Pacific, which makes ASEAN a focal point for both regional and global powers.

India and ASEAN commemorated 25 years of their association in 2018 as a "historic milestone". All ten leaders of ASEAN participated in the commemorative event. A "Delhi Declaration of the ASEAN-India Commemorative Summit to mark the 25th Anniversary of ASEAN-India Dialogue Relations" was adopted at the Summit Meeting. Besides their participation in the commemoration events, the ten ASEAN leaders were Chief Guests at India's 69th Republic Day celebrations, a first of sorts.[3]

Look East Vs. Act East :

In 1994, the Prime Minister of India, Shri Narasimha Rao, announced India's Look East Policy while speaking at the Shangri La Dialogue in Singapore.[4] Look East policy focused on the Association of Southeast Asian Nations

(ASEAN) countries and Economic Integration.[5] While Act East Policy has four major components: ASEAN countries, Economic Integration, East Asian countries, and Security cooperation. In his opening statement at the 12th India-ASEAN Summit in Nay Pyi Taw, Myanmar, on 12 November 2014, the Prime Minister Narendra Modi stated, "Externally, India's 'Look East Policy' has become [the] 'Act East Policy'". The Prime minister of India highlighted the 4C's of Act East Policy: Culture, Commerce, Connectivity and Capacity building.

Security is an important dimension of India's Act East Policy. In the context of growing Chinese assertiveness in the South China Sea and the Indian Ocean, securing freedom of navigation and India's own role in the Indian Ocean is a key feature of the Act East Policy. In pursuance of this, India has been engaged under the narrative of Indo-pacific and an informal grouping called Quad, i.e., Quadrilateral Security Initiative, comprising the US, Japan, Australia, and India.

The relationship between ASEAN and India is a very important one. It is a relationship between the 1.35 billion people of India and the 650 million people of ASEAN. It is a relationship between two vibrant economies that is relatively free of problems. However, the truth is that the relationship is far below its potential. ASEAN is underperforming in India, and vice versa. The ASEAN-India relationship is a pale shadow of the ASEAN-China relationship.

Three specific nuances are increasingly becoming visible in India's engagement with Southeast Asia. These are also expected to characterise India's approach towards the region through the Act East policy. The three features are:[6]

1. Respecting the salience of ASEAN as the core of the regional economic architecture;
2. Engaging the CLMV (Cambodia, Laos, Myanmar, and Vietnam) members of ASEAN as a strategic priority; and

3. Connecting to the rest of the Southeast Asian countries on bilateral terms.

Modi's emphasis on ASEAN being the "anchor" in Act East is explained by the strategic significance attached by India to existing regional architecture. Growing engagement with ASEAN since the early 1990s has not only resulted in India becoming more integrated with the regional architecture in Southeast Asia, but the country is also figuring more prominently in other regional constructs that have ASEAN at its core, such as the East Asia Summit (EAS). Nowhere is the salience of the regional architecture more prominent than in the RCEP (Regional Comprehensive Economic Partnership). RCEP's coming together as a group on the basis of the ASEAN+1 principle (i.e., as a collection of countries connected to ASEAN through bilateral free trade agreements [FTA]) and India's inclusion in the group along with major Asia-Pacific economies like Australia, China, Japan, South Korea, and New Zealand — all of whom, like India, are FTA partners of ASEAN — plants India firmly in an upcoming trade and economic regional architecture encompassing the Asia-Pacific. From both geostrategic and economic perspectives, the EAS and RCEP, regional constructs with ASEAN at their core, make ASEAN a vital entity; the "anchor" in India's Act East vision.

Areas of Convergence :

India and ASEAN are important economic partners. Before the outbreak of the COVID-19 pandemic in early 2020, ASEAN was growing at about 5.7 per cent per annum. Similarly, India was growing at about 6.5 percent per annum during that period. According to a State Bank of India report, India is expected to grow at about 9.5 percent in 2021-22.[7] Presently, the US$3.2 trillion ASEAN economy is slightly larger than the Indian economy (US$2.9 trillion).

India and ASEAN have a free trade agreement. India is one of ASEAN's top trading and investment partners. In the decade since signing the agreement, bilateral trade has grown exponentially and reached over US$79 billion in 2020-21.[8]

Investment is another important area of engagement. India's foreign direct investment (FDI) in ASEAN has been growing. In 2020, it reached US$2.12 billion, up from US$850 million in 2015.[9] ASEAN's investment, mostly from Singapore, has also been growing. In 2021-22, Singapore invested US$15.9 billion in India, placing it in second place behind Mauritius.[10] There are nearly 9,000 registered Indian companies in Singapore, and they explore business opportunities across markets in the region.

India and ASEAN also cooperate closely on political and security matters, both at the country-to-country and multilateral levels. Bilaterally, India has signed 'strategic partnerships' with four ASEAN countries, namely, Indonesia, Malaysia, Singapore, and Vietnam. At the multilateral level, India is a member of multiple ASEAN-led fora, including the East Asia Summit, the ASEAN Regional Forum, and the ASEAN Defence Ministers Meeting.

Maritime cooperation is a key plank of security relations between the two sides. India's flagship MILAN naval exercise, started in the 1990s, includes several ASEAN members. India also conducts bilateral coordinated patrols with several ASEAN countries, as well as exercises such as the Singapore-India Maritime Exercise, which completed 25 years in 2018. In 2019, it also participated in a new mini-lateral exercise with Singapore and Thailand. India and Singapore have also signed army, navy, and air force agreements.

The movement of people, especially in tourism, is a high-potential area. In the pre-COVID-19 period, the number of Indian tourists to ASEAN steadily grew over time and was over five million in 2019. In the same year, over nine million tourists from ASEAN visited India, an increase of about five percent over the previous year.

Initiatives to Enhance Connectivity :

While connectivity between India and ASEAN is longstanding, they need to promote greater connectivity on land, at sea, in the air, and in cyberspace. India has been undertaking several connectivity projects like the India-Myanmar-Thailand Trilateral (IMT) Highway, the Kaladan Multimodal Project, and the Agartala-Akhaura Rail Link between India and Bangladesh.

Under the India-Japan Act East Forum, projects such as roads and bridges and the modernization of hydroelectric power projects have been undertaken. The India-Japan Act East Forum was established in 2017 and aims to provide a platform for India-Japan collaboration under the rubric of India's "Act East Policy" and Japan's "Free and Open Indo-Pacific Strategy".

India is also implementing Quick Impact Projects in Cambodia, Laos, Myanmar, and Vietnam to provide development assistance to grass-root level communities in the fields of education, water resources, health, etc. Scholarships with offers of 1000 PhD fellowships have been offered at IITs for ASEAN countries participants.

In 2004, India and ASEAN held the first ASEAN-India car rally. A group of enthusiastic drivers set off from North-East India and drove through Myanmar, Thailand, Laos, Vietnam, Cambodia, Malaysia, Singapore, and, by ferry, to the Indonesian island of Batam. The successful car rally reminds us that India is connected to Southeast Asia through Northeast India. India is already promoting this land corridor, which will also bring investment and development to North-East India.

The air connections between India and ASEAN have also grown exponentially. In 2019, there were about 2,500 passenger and freight movements from the ASEAN countries to India, while slightly more than 2,100 passenger and freight movements took place from India to the ASEAN region. In 2019, a new flight connection began between Bangkok and Guwahati, Assam. However, there are no direct flights between India and some ASEAN countries. ASEAN would like to conclude the ASEAN-India Air Transport Agreement expeditiously. This will boost tourism and enable Indian and ASEAN airlines to seize opportunities in new and emerging markets.

Areas of Divergence :

Like all close partners, India and ASEAN differ in terms of perspectives, intentions, or actions on several bilateral, regional, and international issues. It is important for ASEAN and India to continue engaging each other to avoid any misunderstanding on these matters, or better still, to address them in a mutually beneficial manner.

The Regional Comprehensive Economic Partnership (RCEP) appears to be a key issue of divergence between India and ASEAN due to the latter's decision to withdraw from the trading bloc after eight years of negotiations. India withdrew for two reasons: It feared that the RCEP would worsen its trade deficit with China. New Delhi felt that India had opened its market to Chinese exports, but Beijing did not reciprocate. The second concern was that trade in services should be liberalised in tandem with trade in goods. During his visit to Singapore in June 2018, Prime Minister Narendra Modi touched upon India's commitment to the RCEP, noting, "I also conveyed India's firm commitment to an early conclusion of the RCEP Agreement and hoped for a fair, balanced and comprehensive agreement."[11] He did not want India to be seen as holding out. At the Shangri La Dialogue, he said, "RCEP must be comprehensive, as the name suggests, and the principles declared. It must have a balance among trade, investment, and Significant progress has been made in the market access negotiations for goods. Similar efforts are called for towards making progress in negotiations relating to services, as they constitute more than 50 percent of the GDP of most of the RCEP countries. Services are expected to play an important role in the future. India continues to seek a modern, comprehensive, balanced, and mutually beneficial agreement."

Geopolitically, China poses a geo-political puzzle for ASEAN and is a reason for divergence between New Delhi and several ASEAN countries. India's recent border issues with China have highlighted that the two large neighbours will likely have a more confrontational relationship going forward. In Southeast Asia, while some countries like Cambodia and the Philippines have courted Chinese investment and geopolitical support, countries such as Vietnam have opposed it in certain political-security spaces such as the South China Sea.[12]

Road Ahead :

1. Building a Resilient Supply Chain: Current engagement in value chains between ASEAN and India is not substantial. ASEAN and India can leverage the emerging scenario and support each other to build new and resilient supply chains. However, to explore this opportunity, ASEAN and India must upgrade their logistics services and strengthen their transportation infrastructure.

2. Maritime Security in the Indo-Pacific: The maritime security of the Indo-Pacific region is crucial for the protection of India's interests as well as those of ASEAN.[13] Both sides need to work towards ensuring maximum utilisation of resources without harming the marine environment. They need to adopt strong and responsible initiatives to harness the potential of the ocean in a sustainable manner.

3. Also, ASEAN should emphasise the principles of the UN Convention for the Law of the Sea (UNCLOS) to solve the disputes in the South China Sea region.

4. Regional Tourism: India and ASEAN should also enhance regional tourism and people-to-people connectivity as they already have civilizational and cultural influences on each other.
5. Reciprocity and mutual understanding on common concerns will help both ASEAN and India overcome some of the challenges. Through coordination in the fields of Digitalisation, Pharmaceuticals, Agriculture Education and Green Growth will unfold the potential of India's Act East Policy.

To sum up, India's relations with Southeast Asia date back a thousand years. There are many cultural, religious, and people-to-people linkages between India and the ASEAN countries. Trade and investment ties have also grown since the opening of the Indian economy in the early 1990s. Relations are good but not optimal. There is little doubt that the ASEAN-India relationship will grow from strength to strength. Growing engagement with ASEAN since the early 1990s has not only resulted in India becoming more integrated with the regional architecture in Southeast Asia, but the country is also figuring more prominently in other regional constructs that have ASEAN at its core. India's inclusion in the group along with major Asia-Pacific economies like Australia, China, Japan, South Korea, and New Zealand — all of whom, like India, are FTA partners of ASEAN—plants India firmly in an upcoming trade and economic regional architecture encompassing the Asia-Pacific. However, efforts are still needed to sustain and bolster their relationship based on Shared Values, and Common Destiny.

References :
1. Ganapathi. M, *Act East in India's Foreign Policy*, Indian Foreign Affairs Journal, July–September, 2019, Vol. 14, No. 3, Prints Publications Pvt Ltd. P.197
2. Sengupta, Jayshree, *India's cultural and civilisational influence on Southeast Asia* , Raisina Debates, 30 August 2017.
3. Bajpaee, Chietigj, *Dephasing India's Look East/Act East Policy,* Contemporary Southeast Asia Vol. 39, No. 2 (2017), ISEAS - Yusof Ishak Institute, P.359
4. Prime Minister Narasimha Rao's speech: "India and the Asia-Pacific – Forging A New Relationship", October 1994, Institute of Southeast Asian Studies, Singapore
5. Economic and Political Weekly, November 27-December 3, 2010, Vol. 45, No. 48 (November 27-December 3, 2010), Editorial,p. 8
6. [1] Palit, Amitendu, *India's Act East Policy and Implications for Southeast Asia,* Southeast Asian Affairs, 2016, p.85, Published by: ISEAS - Yusof Ishak Institute
7. SBI research report, Business Standard, 2 December 2021.
8. Hernaikh Singh, *ASEAN-India Relations: Potential for Further Growth,* ISAS Insights, Detailed perspectives on developments in South Asia. Dated 01july 2022 via Ministry of Commerce and Industry, Government of India.
9. Ganapathi. M, Op.cit., P.200
10. Quarterly Fact Sheet, Fact Sheet on Foreign Direct Investment (FDI) in India, Department for Promotion of Industry and Internal Trade, Ministry of Commerce & Industry, Government of India, March 2022- May 2023.
11. The Prime Minister Narendra Modi During his visit to Singapore in June 2018.
12. The Times of India, 15 October 2015, "India Backs Philippines on South China Sea Row".

13. U.S.-India Joint Strategic Vision for the Asia-Pacific and Indian Ocean Region", Ministry of External Affairs, New Delhi, India, 25 January 2015

Professor,
P.G.Centre,
Department of History,
Rajendra College, Chapra,
Under J.P. University, Chapra, Bihar

India-ASEAN Economic Relations : Past Experience and Future Prospects

Dr. Poonam Devi

The India and ASEAN relations have gone through different phases and proved time tested. However, since the adoption of India's 'Look East' policy the relations have seen substantial transformation. As we know that India is a full dialogue partner of ASEAN and both are engaged in multiple trade and economic activities. There are some trade pacts which are currently being negotiated so that new avenues of trade relation could be explored. The phenomenon of globalisation has led to the shrinkage of economic distances between countries impacting both the real economy and financial, capital and manpower flows. The forces of globalisation have also brought together world economies and thus the world has become a global village. Now it has become essential to compete and cooperate simultaneously. This is a challenging task requiring significant mindset change by leaders and individuals at all levels.

Since the year 1992, India's engagement with ASEAN has witnessed a remarkable transformation. The Framework Agreement on Comprehensive Economic Cooperation signed in 2003 between India and ASEAN in Bali was another remarkable milestone in deepening partnership. Another economic cooperation agreement signed between India and Singapore, bilateral free trade agreement between India and Thailand, the Mekong-Ganga cooperation are some of the important agreements which enhanced the trade volume between India and some of the ASEAN members. India's engagement with the ASEAN region was a part of India's 'Look East' policy, the same period when India also adopted liberalisation in her economy. At that time India was facing the balance of payment problem and left no option except to liberalise its economy to emulate the world economies. Both India and ASEAN are significant markets for each other and India and ASEAN trade and economic relations have grown over the times. Apart from trade both entities are also working in the areas of human security, information and technology, environment and multilateral forums such as world trade organisation, world economic forum etc.

The Indian Economy : An Overview

A significant attribute of the Indian economy is the high development period over a quarter of a century is versatility to strings and a lot of soundlessness. In the 1990's India faced only one serious balance of payment crisis, the Government of India had to undertake structural reforms in order to stabilise the economic condition. Later in the years during the ASEAN economic crisis or sanctioned like situation after the Pokhran nuclear test, the Indian economy successfully avoided any contagion.

After independence, the experience shows that the development of the fiscal system and institution buildings was pushed by the need of the country's central planning. The responsibility to develop infrastructures in the financial system was given to the Reserve Bank of India. Further to improve the financial system 14 largest commercial banks were nationalised in 1969 so that adequate credit flow could be maintained. In 1966 Government of India had to devalue the rupee so that signs of strains could be minimised but that did not bring immediate relief.

In the 21st century, the growing interdependence and interconnectedness among various countries coupled with free movement of commodities along with people has somewhat altered the nature of global politics. The world is getting closer than ever is evident from the growing scale and intensity of global trade, and foreign direct investment in countries particularly in the Asia-Pacific region and as far as India is concerned it has emerged as one of the glittering examples of a beneficiary of globalisation. India–ASEAN economic relations has also gone through this very concept of globalisation. It is very important that while economic globalisation had the ultimate objectives of creating a multilateral trading system in a borderless global world the effect has been the opposite as nation states opened for economic regionalization as an alternative route manifested in the emergence of regional trading blocs. Economic regionalism is being pursued as an alternative to multilateral liberalism. There are different regions too and different groups may be there. The largest economy in terms of size and population is India. This is also a lucrative market for foreign investors as well. India's growing place in the world economy is appreciable. It is the biggest market as it has the biggest population of the middle class.

Strengthening Economic Partnership

Strengthening's economic partnership between India and ASEAN is based on mutual benefits and the emergence of new complementarities in the changed global scenario and changed economic structures of both the entities. The geo political and geo economic structures of the region are rapidly changing.India and ASEAN are complementary economies and a great sign of South-South cooperation. ASEAN also has some countries whose per-capita income is very low so becoming an economic partner with India would be beneficial for these countries. Except Philippines, the other ASEAN 4, countries enjoyed high growth rates throughout the 80's. it did not happen in the Philippines due to political turmoil, and other law and order conditions. It is to be noted that this growth rate was at that time when the world was undergoing recession India needs foreign direct investment especially in hi-tech value added and infrastructural industries.

As compared to India, ASEAN economies have been market oriented and palm oil, rubber are some of the main export items. A clear institutional framework for operationalizing economic cooperation between ASEAN and India was already laid out. India became a sectoral dialogue partner of the ASEAN in 1992. The main thrust areas of becoming a sectoral partner were investment, trade, science & technology and other important sectors. The relationship further deepened as India became a full dialogue partner of ASEAN in 1995 and became a summit level partner in 2002. It is important because Japan, China and South Korea were the Summit level partners of ASEAN. In the year 2002, the first India–ASEAN business summit was held in New Delhi.

Emerging Trends of Trade During 90s

During the decade of 90s India–ASEAN trade from the period 1985–1998 can be considered satisfactory. However, between the years 1988-1989 and 1998-99 the commodity structure of trade between India and ASEAN changed and this is reflected in India switching from exporting mainly primary commodities to manufactured products that reflects the development of the manufacturers sector in the Indian economy. India–ASEAN trade during the period increased rapidly but the balance of trade is largely in favour of ASEAN. There may be various reasons for ASEAN's increasing export to India but the removal of quantitative restrictions is also one of them that boosts the exports. Indian products face tough competition in the ASEAN market due to India's price competitiveness due to ASEAN's currency fall and the value of US dollar. Indian products also need to increase their value and superior quality so that they could be compact with the products of other nature and the people of ASEAN could prefer Indian products.

The Indian products are facing intense competition from Chinese products. In the case of manufactured items Japan

70

and the United States are significant exporters and through their large investment in ASEAN they have established a strong network in the ASEAN region.

The Foreign Direct Investment (FDC) from ASEAN during the period 1992-1999 is also important to evaluate. Among ASEAN countries, only Singapore is ahead regarding investment in India. The share of Vietnam, Malaysia, Indonesia and Thailand is merely satisfactory not according to expectations. The aggregate share of ASEAN-5 in India's total approved FDI value is 5 percent. As far as joint ventures are concerned, it is Malaysia that hosts most of the Indian joint ventures and after Malaysia is Singapore, Indonesia and Thailand.

India's 'Look East' Policy and India-ASEAN Trade and Economic Linkages

Before the 1990s Indian economy was regarded as a closed economy and doing business in India was a very tough task. This also did not provoke any interest among ASEAN countries which were altering their economic and trade strategies since the 1970s. Lee Kuan Yew once advised the Indian Prime Minister Indira Gandhi that *"You may be non-aligned, but align yourself with the international market grid, and gate crash into the free market"*.

The 1990s is marked as a watershed moment in international politics as many drastic changes occurred during this period. The fall of the Berlin wall in 1989, the disintegration of the Soviet Union and emergence of globalisation.. All the above phenomena led to the improvement of India-ASEAN relations. The improvement of India's relations with the people's republic of China, improved the environment of India-ASEAN relations. India also transformed herself and launched crucial economic reforms in 1991 under Narasimha Rao Government which made it an attractive destination for investment.

71

India's engagement with ASEAN is very old and after the launch of India's 'Look East' policy it matured. After the Cold War India's foreign policy got a proactive shift and she engaged herself on a different world platform. In the process of globalisation, India attempted to enhance trade and economic investment with the rest of the world. That's why India paid special emphasis on strengthening economic ties with Southeast Asian nations. As part of India's 'Look East' policy she targeted members of the ASEAN of priority region and promoted economic relations with them. The pursuit of self-reliance with minimum external source led to high tariff, licences and quota being used to control imports and foreign investment and to further the development of India's indigenous industries. With the introduction of the reforms, India reduced tariffs and became a liberal market. However it did not mean that the Government has fully lost control over industry rather it relaxes the norms. To make India a global economic and political power, it is very much important that it must have a domestic and regional economic space. ASEAN seemed to be the most appropriate area for extending India's economic space. India also shares its borders with Myanmar and Thailand, both are ASEAN members, this would also increase the intensity of trade by roa.

India–ASEAN Trade and Economic Ties Post 2000

Starting with India's 'Look East' policy, the ASEAN has been given special preferences regarding trade and economic matters. India became a sectoral dialogue partner of ASEAN in the year 1992 which was a privilege for India and subsequently in 1996 India got full dialogue partnership status. In September 2002, the first ASEAN economic ministers India consultation was held in Brunei. The meeting was successful because in this very meeting the ASEAN-India economic linkages task force was established. The main aim of establishing the ASEAN-India Economic

Linkages Task Force (AIELTE) was to prepare a report on the enhancement of India-ASEAN trade. It was also in the interest of both India and ASEAN to cooperate on trade related issues because the ASEAN countries wanted to improve their credit rating which was impacted by the Asian financial crisis of 1997. The first ASEAN-India summit was held on 5 November 2022 in Cambodia. The year 2003 has its importance because in this year a Framework Agreement on Comprehensive Economic Cooperation between India and ASEAN was signedCurrently, the ASEAN-India trade negotiating committee is concluding negotiations for a Comprehensive Economic Cooperation Agreement (CECA) and after the finalisation of CECA a free trade area in goods, investment and services. The trade negotiating committee is focusing on the modalities for tariff reductionIn the year 2009, ASEAN and India signed the trade in goods agreement under the broader framework of a comprehensive economic cooperation agreement.

The growing economic and political engagements have pushed the growth in ASEAN-India trade. The trade between ASEAN and India that was recorded at US$ 9.66 billion in the year 2000 increased to US$ 70 billion in 2011. However, the recent growth path of two way trade appears to be significant considering India's weak trade linkages with the members of ASEAN during the 1970s and 1980s. But if we compare the trade scenario between ASEAN-China it is very much higher than India. In 2002 ASEAN-China trade was recorded at US$ 32.32 billion and in the year 2011 it reached US$ 289.68 billion. It can easily be evaluated that there is a huge gap in India–ASEAN trade in comparison to ASEAN-China trade. It is true that China is the biggest trade partner of ASEAN and its share percentage has increased substantially over the years. From 2000 to 2011 it has increased from 4.26 percent to 12.14 percent in 2011. On the other hand India's percentage of share increased almost 3 percent till 2011.In the year 2000–2007 India's export to ASEAN has increased from 7 percent of its share to 10 percent. between 2000–2007, the year 2002–2004 the export remained the same at the rate 9 percent. However, this was also the period when ASEAN countries imports exponentially grown from India during this time the percentage of growth has also been increased. During 2002–2007 the growth percentage was 18.64 percent, while in 2007 it was 21.09 percent. So it is a clear sign that India was successfully exporting to the ASEAN region.

The import scenario is also important. From 2000–2004, the percentage of share in imports has increased, meaning India has exported more from ASEAN. The percentage of share of imports has increased from 8 percent in 2000–2001 to 10 percent in 2006–2007. Subsequently, the growth percentage has also increased from 5.78 percent to 66.38 percent regarding imports from ASEAN.

On the contrary to export growth, India's import growth from the ASEAN has demonstrated and followed mixed trends. The import remained constant during the period of 2008-2013. The average import growth from ASEAN was recorded at 18.86 which is higher in contrast to the average of global import growth.During the year 2011, India's import growth in ASEAN was 36.07 and in the year of 2013 it was negative i.e. – 01.04. There may be various reasons for this negative trend and in later years this trend has changed. However in comparison with China, ASEAN–China trade has surpassed India and has become the biggest total percentage of ASEAN.

ASEAN–India Free Trade Agreement (AIFTA) and Trade Liberalisation

The ASEAN-India free trade agreement is aimed at elimination of tariffs on most of the useful and usable items of export and import. The tariff lines have been divided into four broad categories that include Normal track, special track, sensitive track and highly sensitive track. Further, Normal track products are also divided into two sub-categories, normal track 1 and normal track 2. The sensitive track is such that it allows for duties on items with MFN applied tariff of more than five percent to be reduced to five percent with a normal track-2 schedule. This can be maintained for up to 50 tariff lines. From remaining products from tariff lines beyond 50, duties on products with MFN applied tariff rates higher than five percent will be reduced to 4.5 percent upon entry into force of the agreement for ASEAN and five years from entry into force of the agreement for (LMV) countries.

Under the AIFTA, ASEAN-India exports grew faster compared to export growth of 10.6 percent for the rest of the world during 2004-2015. AIFTA has framed the timeline for elimination of tariff on sensitive track like for Brunei the timeline is December 31, 2019, Singapore, Malaysia, and Thailand and India, for Philippines it is December 31, 2022 and for Lao PDR, Vietnam, Myanmar and Cambodia it is December 31, 2024. The goods that are included into highly sensitive categories are further divided into three categories and these goods will undergo price reduction by 50 percent in case of the first two and 25 percent in the third category. This reduction in tariff will be achieved by December 2019 b Indonesia, Thailand and Malaysia, Philippines by December 2022 and Vietnam and Cambodia by December 2024.

An Assessment of Free Trade Agreement

The Implementation of India-ASEAN Free Trade Agreement started in 2010 with the liberalisation of trade has paved the way for a greater trade relation between the both.In 2014 Free Trade Agreement in services also included. It is true that India's trade with ASEAN has grown and India is likely to also benefit from the free trade agreement or more smaller countries from ASEAN region liberalise their trade with India. A recent report from PHD Chamber and Commerce stressed that India's import from ASEAN has risen sharply and it leads to trade balance in favour of ASEAN. As India's exports to ASEAN is concerned it recorded US$ 36 billion in 2018 with CAGR five percent annual growth rate. But at the same time India's import from ASEAN has also increased and it reached US$ 57 billion in the same period. It can be argued that the ASEAN-India free trade agreement will provide more internal benefit to India as it unfolds gradually. It is also argued that the bilateral trade deficit of India will be bound to rise and we should not have a myopic view towards the trade deficit only.

With the outbreak of Covid-19, Vietnam, Thailand and Cambodia placed temporary restrictions on the export of rice to the other Asian countries. However, this type of action has raised concerns. Malaysia had placed an order to import rice from India and this is twice the average of rice import of analysis from India. Due to being the world's biggest producer of rice and exporter of agricultural items, the trade liberalisation of primary goods would enable a surge in India's export. Information and technology may be another area of cooperation. Being the global leader in software and telecommunication sectors, India can be a beneficial partner for ASEAN which is thirsty for information technology and software technology. With the signing of ASEAN-India agreement on investment and trade in services on 13 November, 2014 can further lead the relations on a high level. The success of FTA will depend on how strongly ASEAN and India integrate with the world economy. There are some concerns about negative rising Indian imports from ASEAN and trade imbalance, but in future these shortcomings can be overcome by a positive trade regime.

Latest Trends of Trade with ASEAN

The latest trends reveal a different picture of trade between India and ASEAN. According to the Ministry of Commerce and Industry, Government of India's latest figures from 2014-15 to 2020-21, there has been an increase in trade between India and ASEAN. In the year 2014-15 it was US$ 76.13 billion whereas in 2020-21 it increased to US$ 78.96 billion. During 2018-19 the trade between the two blocs was highest US$ 96.80 billion. The following figure- clears the picture more clearly.

Figure : India-ASEAN Bilateral Trade

US $ Billion

	2014-15	2015-16	2016-17	2017-18	2018-19	2019-20	2020-21
Export	31.81	25.13	30.96	34.20	37.47	31.55	31.49
% Growth	–3.99	–21.00	23.19	10.47	9.56	–15.82	–0.19
Import	44.71	39.91	40.62	47.13	59.32	55.37	47.42
% Growth	8.33	–10.75	1.77	16.04	25.86	–6.66	–14.36
Total	76.53	65.04	71.58	81.34	96.80	86.92	78.90
Trade Balance	–12.90	–14.78	–9.66	–12.93	–21.85	–23.82	–15.93

Source: *Ministry of Commerce and Industry, Government of India. Commerce.gov.in*

The above analysis also shows that the trade balance in 2020-21 was –15.93. The export growth also was in negative during the same year. 2016-17 was the year when Indian export to ASEAN was positive and recorded robust growth around 23.19. The growth percentage regarding export to ASEAN was - 0.19 percent and on the import front it was – 14.36 percent. ASEAN's trade surplus was equivalent to India's trade deficit. Therefore the Indian government is presently asking for reduction of the trade deficit from her ASEAN counterparts. This is, in fact , an alarming situation but the ASEAN region must not let it blur their quest for a deeper and broader economic integration in the spirit of the framework agreement.

Conclusion : India-ASEAN economic relations are going through a transformational period where both are trying to bridge the gap of trade. It is also true that India's trade deficit with ASEAN from the period 1991-2020 was increasing and the government of India was also trying to find out the solutions for this deficit. But after signing the free trade agreement both the parties are trying to open new avenues in other sectors of trade. India is also trying to diversify its traditional trade routes and ASEAN is a lucrative market. Similarly, ASEAN is also aware of the need to further diversify its trade from traditional markets such as the United States, Japan etc.For ASEAN, India can be a vast and lucrative market which can absorb its vast varieties of products as India has the world's largest middle class.

Reference

1. Vadivel, C and Vanitha Mani, B(2010) "India Economy-Review and Prospects" M Vijay   Kumar, A (Ed.) Global Financial crisis and Indian Economy. Discovery Publications House Pvt. Ltd. New Delhi, p.8.
2. Arjuman, C. (2010) "Growth of Indian Economy" in Vijay Kumar, A (Ed.) Global Financial crisis and Indian Economy. Discovery Publication House Pvt. Ltd. New Delhi, pp. 196-197.
3. Chandra, Satish and Ghoshal, Baladas (2011) "India and Southeast Asia : Economic, Cultural and Strategic Linkages". Gyan Publications House. New Delhi, p. 11.
4. Batra, Amita (2011) "India-Asian Economic Relations : Opportunities and Challenges for Asian Economic Integration" in Chandra, Satish and Ghoshal, Baladas (Ed.) "India and Southeast Asia : Cultural, Economic and

Strategic Linkages, Gyan Publications House, New Delhi, p. 198.

5. Ibid, p. 197.
6. Madhva, Charan D (1996) "India-Southeast Asia Economic Partnership in the 1990s : Role of Government Policies" in Ghoshal, Baladas (Ed.) India and SouthEast Asia: Challenges and opportunities. Konark Publication Pvt. Ltd. New Delhi, p. 56.
7. Ibid, pp. 60-61.
8. Sridharan, Kripa (1996) "The Asian Region in India's Foreign Policy". Dartmouth Publishing co. Ltd. P. 186.
9. Ibid, p. 195.
10. Ibid, p. 196-198.
11. Ibid, p. 199.
12. Murthy, Gautam (2015) "India : Bilateral and Regional Economic co-operation. New Century Publication, New Delhi. P. 13.
13. Sridharan, Kripa (1996) "The Asian Region in India's Foreign Policy". Dartmouth Published Co. Ltd., p. 206.
14. Ibid, p. 212, 213.
15. Ibid, p. 215.
16. Yahya, Faizal Bin (2007) "India and Southeast Asia : Prospects for Greater Trade and Economic Security" in M. Rashvan, V.R. (Ed.) "India and ASEAN : Non Traditional Security Threats". East West Books (Madras) Pvt. Ltd. Chennai, India, p. 6.
17. Ibid, p. 13, 14.
18. Ibid, p. 14.
19. Ibid, p. 17.
20. Bhasin, Avtar Singh (2003) "Asian-India Progress and Prospecting Documents". Asian Multilateral Division, Ministry of External Affairs, Geetika Publishing, New Delhi, p. 108.
21. Ibid, p. 108.
22. Ibid, p. 112.

23. Ibid.
24. Ibid, p. 117.
25. Yahza, Faizal Bin (2007) "India and Southeast Asia : Prospects for Greater Trade and Economic Security" in Raghavan, V.R. (Ed.) "India and ASEAN : Non Traditional Security Threats". East West Books (Madras) Pvt. Ltd. p. 11, 12.
26. Das, Gurdas; Das, Subodh Chandra and Paul, Ujjawal (2016) "Look East Policy : Economic Engagement with Asian and East Asian Countries" in Das, Gurdas and Thomas, C. Joshua (Ed.) "Look East to Act East Policy : Implications for India's Northeast". Routledge, New Delhi, p. 19-20.

Assistant Professor (Political Science),
Government College for Girls, Bawal ,
Rewari, Haryana

Influence of Panchatantra in South East Asia

*Dr. Somnath Das
**Modhurima Mukharjee

A review of the history of India shows that people have derived knowledge from Artha Shastra and Niti Shastra for leisure and entertainment in their personal lives, and sometimes people have chosen stories for entertainment and pleasure of mind. The stories are heart-warming through the various stories of the time and the beautiful presentation of those stories. I can remember the Rigveda, Purana, Ramayana, and Mahabharata as sources of stories in the history of India. But the Panchatantra is the most ancient and traditional well-known story of various animals and birds in the later Sanskrit literature. The story of Panchatantra has been translated into more than 50 languages. The book is named Panchatantra as it is written on five themes. The author of this great, heart-warming storybook is the great Pandit Vishnu Sharma. The book's glory was not limited to India only for its sweetness of story and for touching the hearts of people with morals through stories. Later, the translated story of this book outside India and abroad also helped to shape the thinking power of human life to a new level. This story book is popular among all. Among the foreign countries, this book has brought the reflected most to the region of South-East Asia. Various books of Panchatantra translated into different languages makes people happy. The influence of Panchatantra was very important in various places like Thailand, Cambodia, Indonesia, etc. in South East Asia.

People's emotional bond with stories has inspired people equally since ancient times. At different times, stories have occupied a place in people's hearts in such a way that it can be understood why the glory of Panchatantra has increased a lot.

सकलार्थशास्त्रसारं जगति समालोक्य विष्णुशर्मेदम्।
तन्त्रैः पञ्चभिरैतच्चकार समुमोहरं शास्त्रम्।।[1]

As various changes have been achieved according to the conditions of time, people have resorted to stories to awaken the sense of subjectivity, that is, people have sown moral seeds in the hearts of people through stories. The way people can be moved to new horizons through this story is impossible in other cases. If we look at the story literature, it will be seen that people are most attracted by the main words of the story, that is, this principle makes people so fascinated that the story cannot be understood without reading the literature. Simply put, the Panchatantra is one of the most authoritative texts on ethics.

Main Topic : Panchatantra book written in Sanskrit by Vishnu Sharma is unique in the history of world literature. The stories of the Panchatantra are still popular with the masses beyond the various stories captured in the various story books. This Panchatantra book is divided into five main Tantras. If, from the beginning, you have to identify yourself as a human being by taking refuge in the shelter of humane reforms and ethics, then you have to listen to moral stories. And among these stories, the book worth mentioning is Panchatantra. Through this story, various images of human society are presented, and various issues are made known to the people so that there is no adversity in his life path. And if adversity comes, then how to get relief from it is also found in the stories. So,we can easily say that panchatantra has got another dimension in world literature and human heart. Especially in South-East Asia, the influence of Panchatantra has affected the people to such an extent that it has increased its influence in all spheres of human, social, moral, religious.

---

[1]Krishna dās, khemrāj, Panchatantra, kathāmukham-3, Page no. 2

किं तया क्रियते धेन्वा या न सूते न दुग्धदा।
कोऽर्थः पुत्रेण जातेन यो न विद्वान्न भक्तिमान्॥[2]

These stories are entwined with human life and have continued to teach since ancient times. In real life, we sometimes cheat with other people to achieve our goals, but the consequences of human life can be clearly understood. In other words, to put it simply, through this story, we can learn that even though discrimination, integrity, and deception are found as means of achieving the goal, unrighteousness ultimately leads to great sin. Therefore, the idea of how to move people from dishonesty to the right path can be found in this Panchatantra. That is, if each story of the Panchatantra is taken to heart, then it will be understood that this Panchatantra is one of the proofs of life-long education. Educational short stories are inserted in the last tantra of Panchatantra. Through this story, we can learn that from ancient times until today, Baluk girls have been given moral education through giving them sukumar moti, i.e., pure mental education. That is, these stories are recorded in such a way that each period is a great storehouse of knowledge. If one tries to apply the knowledge gained from it in his life, then his life becomes in a certain sense more moral and reformative. So, in the history of Sanskrit literature, these stories remain eternally in front of us as a guide to human life.

वरमिह वा सुतमरणं मा मूर्खत्वं कुलप्रसूतस्य।
येन विबुधजनमध्ये जारज इव लज्जते मनुजः॥[3]

This story of Panchatantra is not only limited to the borders of India, that is, the context of this wise thought of Panchatantra has enabled people to translate story books,

---

[2]Krishna dās, khemrāj, Panchatantra, kathāmukham-6, Page no. 3

[3]Krishna dās, khemrāj, Panchatantra, kathāmukham-7, Page no.3

especially stories of Panchatantra, to educate the boys and girls of other countries in different languages. So today an attempt has been made to highlight the stories of Panchatantra in order to impart education and make people truly human in the atmosphere of true morality. Today, outside India, that is, in various countries, even in the South Asian continent, the importance of Panchatantra can be seen immensely. As a result, the path of internationalization has also been extended.

अनन्तपारं किल शब्दशास्त्रम्
स्वल्पं तथायुर्वह्वश्च विघ्नाः।
सारं ततो ग्राह्यमपास्य फल्गु
हंसैर्ययथा क्षीरमिवाम्बुमध्यात् ||[4]
अधीते य इदं नित्यं नीतिशास्त्रं श्रुणोति च।
न पराभवमवाप्नोति शक्रादपि कदाचन ||[5]

Java : The various stories of the Panchatantra are particularly prominent in Javanese literature. At one time, the stories of Panchatantra gained special fame as translation stories in the literature of this country. The influence of Panchatantra is observed in the form of children's literature as well as in Buddhist Jataka. Research by Eminent Hottel reveals that stories from the Panchatantra are translated into more than 50 languages all over India and as far outside India as Java and Iceland. That is, this story gained a special status in Java, and through these stories, the expression of people's thoughts, emotions, and love of literature was clearly observed. Local translations of Panchatantra stories are found in various languages and dialects of Java, where

---

[4]Krishna dās, khemrāj, Panchatantra, kathāmukham- 9, Page no. 4

[5]Krishna dās, khemrāj, Panchatantra, kathāmukham- 10, Page no. 5

the translation of Panchatantra has come to be known as 'Tantri Kamandaka'. Understanding the content of this translational story of the Panchatantra reveals an unprecedented picture in the land of Java. That is, Panchatantra has caused many changes in the literature and painting of different countries. For example, the existence of wall paintings has been discovered in the country of Java, continuing the story of Panchatantra. In other words, the animal and the image that can be identified in the story are displayed on the wall of the Java country. Historians point to this similarity between Indian and Javanese wall paintings and generally date the event to the 11th and 12th centuries AD. That is, this translation story of Panchatantra started a new direction in the literary and artistic creation of a country.

Laos : Laos is one of the most famous countries in Southeast Asia. Thanks to the colonisation of France, the French translation of the Panchatantra was easily disseminated there. Local translations of Jataka stories and Panchatantra stories were published during the period of the Laos emperors 'Phatisaratha' and 'Lanarajat Sai Shatatirtha'. A French writer named La Fontaine published a French translation in the literature of a collection of stories called 'Cablem of Bidpai'. When the stories of the Panchatantra crossed the boundaries of India, the glories of these stories were generally not understood in the first place. In different countries, this collection of stories is being translated into their native language and taught to the people there, boys and girls, making people very attracted to it. And the theme of this story resonated with the hearts of the people of the time in such a way that people could not get away from it once they heard it well. One such amazing incident can be found in Laos, a country outside of India. When the Panchatantra stories in different languages and dialects of the country started to be translated into literature on a large scale, it can be seen that the humanistic thoughts of the people of that country became more open. A massive change in human morality was understood through this simple thinking. In other words, Panchatantra is such an educational piece of literature that it is not only a pleasure to listen to but also an extreme pleasure to be felt in its application. The people of Laos found it a gift to humanise the Panchatantra stories to a greater degree in the literary practise of the country, especially in the form of children's literature.

Thailand : The influence of the Panchatantra story is particularly noteworthy in the country of Thailand in South Indian Asia. The influence of the story of the Panchatantra continues today in the country of Thailand, in its various languages and dialects. In Indonesia, Java, Thailand, Bangladesh, and Sri Lanka, nature paintings with stories of animals dependent on the story of the Panchatantra have been discovered in many mountains. In many Buddhist stupas in Indonesia, the stories of the Panchatantra and the carvings of the sculptors are particularly noteworthy. Among all these countries, the influence of Panchatantra can be widely observed, especially in the literature and paintings of Thailand. There are many places in Thailand where large wall paintings of various stories of the Panchatantra can be seen, and underneath the paintings are written the solemn meanings of the paintings in different languages and dialects. In the children's literature of this country, there are references to some stories that say the story of Panchatantra has a special place in their literary sky to educate boys and girls in moral education. Based on these stories, various scholars from Thailand at that time glorified the Panchatantra and also gave special messages to the study of these stories by boys and girls. From such various facts, we can clearly understand that the influence of this Panchatantra is always bright in South Asia as well.

Cambodia : Cambodia is one of the countries in South-East Asia where the literary practise of this country inspired the people there. And the stories that can be felt behind inspiring these people are the stories of Panchatantra. That is, if these stories were not translated and presented to the public and students of Cambodia, then the people of that country would have been many years behind in the education of morality. The animal stories presented in a very simple and easy language will attract the hearts of all people. In a real sense, how much these stories have attracted people's hearts can be understood by understanding the Cambodian literature of that time. The famous writer there has said in one place that the book that must be studied for the moral education of man is the Panchatantra. In other words, Panchatantra has discussed such things from which one can keep oneself steadfast in various adverse situations of real life by taking knowledge from it. Also, Panchatantra provides various wisdoms on the way of life. It is not only the story that makes people's hearts flutter, but when people grasp the meaning of the story and apply it to their lives, they realise the value of this story. A similar pattern can be found in Cambodia. The Panchatantra collection by Theodore Behnke of Europe, his various essays on Jones's Hotel, and the full collection of Panchatantra treatises, especially Franklin S. Garden's version of the Panchatantra, published in Volume 2, are primarily sources of European story literature.

Indonesia : Another famous country in the Middle East is Indonesia. The Panchatantra collection of stories became very popular in Indonesia as well. Eminent story literature researcher 'Morijk J. Kolke has given a comprehensive account of the Indonesian version of the Panchatantra in his study. Panchatantra is known as 'Tantri' in Indonesia. A translation of the Panchatantra appeared in the Indonesian 'Panji' literature of the 11th century AD. From the 10th to the 11th century AD, various stories of the Panchatantra were published in Indonesia in their various languages and dialects. From this period on, the translated literature was also translated into Greek. And later, it can be seen that various scholars in the middle of the twelfth century translated the stories of Panchatantra into 'Hebrew', taking the content of these Indonesian stories as a source. Then it is seen that in the late thirteenth century, various stories of the Panchatantra were also translated into Latin. That is, the influence of story literature was promoted and expanded to a greater extent after the influence of Indonesian story literature. That is, when Panchatantra stories are being translated in Indonesia and reviewed in the literature of that country, Panchatantra stories are being translated into more countries and different languages. In a word, it can be said that after the translation of this story of Panchatantra in Indonesia, this story has been translated into various languages abroad to the greatest extent, and its various stories have spread widely, which plays a great role in educating people in moral education.

Expanding the Scope of the Story : The scope of Panchatantra by Vishnu Sharma is wide to the brim. Starting from India, the spread of this book has been widely observed in foreign countries and on the South Asian continent. Just as Panchatantra plays an immense role in the history of story literature in India, Panchatantra stories have gained a large dimension in the various literatures of Southeast Asia, including children's literature. It is not only the stories that help the lives of boys and girls and the formation of moral life, but people of all age groups have learned from these stories and led their lives to a different level. So those who cling to the Panchatantra as a quest for true learning have built their lives differently. Panchatantra travelled the world to create this life. Southeast Asia has claimed the highest number of lives in the entire world. The scope of this story is infinite, which is very difficult to measure. It can be said that the story of Panchatantra has had a great influence on countries like Indonesia, Java, Sri Lanka, Europe, Spain,

Russia, Cambodia, Thailand, etc. The story of Panchatantra has been translated into more than 50 languages and spread all over the world. Perhaps if you calculate it, it can be understood that there are more or less Panchatantra stories scattered all over the world. While the story of the story is recorded in the pages of literature, the meaning of the story has captured the hearts of people. When these stories took place in the human heart, people themselves played the role of propagators and spread the stories of the Panchatantra by word of mouth to each other. And tried to explain the content very simply with the story of Panchatantra as an example to teach various subjects. In a word, people all over the world are eternally indebted to the story of Panchatantra. The literary world and public of Southeast Asia remain forever indebted.

Superiority Judgement : As the various stories of the Panchatantra have touched the hearts of people, this Panchatantra is a very philosophical story in terms of human reformation and morality. Through various arguments and images and also through various events, which make it very easy for people to understand the surrounding situation, if you do not know this story of Panchatantra, perhaps some part of human life remains unknown. Therefore, if we judge the excellence of story literature, then Panchatantra, written by Vishnu Sharma, is one of the best examples of story literature in the whole world. These stories contain foreshadowings of what can happen from the beginning to the end of human life and what kinds of actions and thoughts can be placed in the context of those events. As in this story, we can find the identity of being saved from the hands of adversity, as well as the content of various religious and philosophical thoughts that can be found today. From which man finds himself much better suited to guide himself in his life's course. So finally, there is not much wrong with placing the stories of Panchatantra in the best seat.

Conclusion: The Panchatantra is the oldest work of story literature that contains morals. This story book is an excellent creation of Pandit Vishnu Sharma. Pandit Vishnu Sharma composed this Panchatantra to teach the three intellectual sons of the king of the city, Amar Shakti, about the women of Deccan. The book contains many short stories interspersed within the framework of the main story that are self-contained and whimsical. The principle or advice of each story is very simple, beautiful, and heart-warming. Each character in the story is portrayed in support of their respective statements. Human life is full of imperfections, inconsistencies, unsatisfied desires, limitations of energies, and possibilities of events. But the Jagat of the story, in reality, fills the mind with complete fulfilment by putting an end to all lack and dissatisfaction. The same story captures the mind in different eras with new meanings of service breaks. The story becomes new every time it is narrated and presented. The glory of the Panchatantra has been greatly magnified by the way these stories of the Panchatantra have influenced the hearts of people in Southeast Asia.

Bibliography :
1. Bühler, Georg (1891), Panchatantra: edited, with notes, Bombay. II and III, IV and V
2. Hertel, Johannes (1915), The Panchatantra: a collection of ancient Hindu tales in its oldest recension, the Kashmirian, entitled Tantrakhyayika, Harvard Oriental Series Volume 14.
3. Edgerton, Franklin(1924), The Panchatantra Reconstructed (Vol.1: Text and Critical Apparatus, Vol.2: Introduction and Translation), New Haven, Connecticut: American Oriental Series Volumes 2–3

4. Edgerton, Franklin (1930). The Pancatantra I–V: the text in its oldest form. Poona: Oriental Book Agency (Poona Oriental Series No. 32). (reprinting in Devanagari only the text from his 1924 work)Others
5. Kāśīnātha Pāṇḍuraṅga Paraba, ed.(1896). The Pañchatantraka of Vishṇusarman. Tukârâm Jâvjî., Google Books
6. Shastri , Pandit Guru Prasad(1935). Panchatantra with the commentary Abhinavarajalaxmi. Benares: Bhargava Pustakalaya. (Text with Sanskrit commentary)
7. Shayamacharan Pandey(1975). Pañcatantram. Vārāṇasī: Motilal Banarsidass. ISBN 9788120821583. (Complete Sanskrit text with Hindi translation)
8. Weiss, H. B. (1 December 1925). "The Insects of the Panchatantra". Journal of the New York Entomological Society. 33 (4): 223. ISSN 0028-7199. JSTOR 25004101.
9. Penzer , N.M.(1924), The Ocean of Story, Being C.H. Tawney's Translation of Somadeva's Katha Sarit Sagara (or Ocean of Streams of Story): Volume V (of X), Appendix I: pp. 207–242 also proofread with glossary
10. Ghazoul , Ferial(1983), Poetic Logic in The Panchatantra and The Arabian Nights, Arab Studies Quarterly, Vol. 5, No. 1 (Winter 1983), pp. 13–21

*Assistant professor
Department of Sanskrit
Asutosh college, Kolkata
**Research Scholar
Sri Sri University

An Analysis of Religions of South-East Asia

Dr. Rajkishor

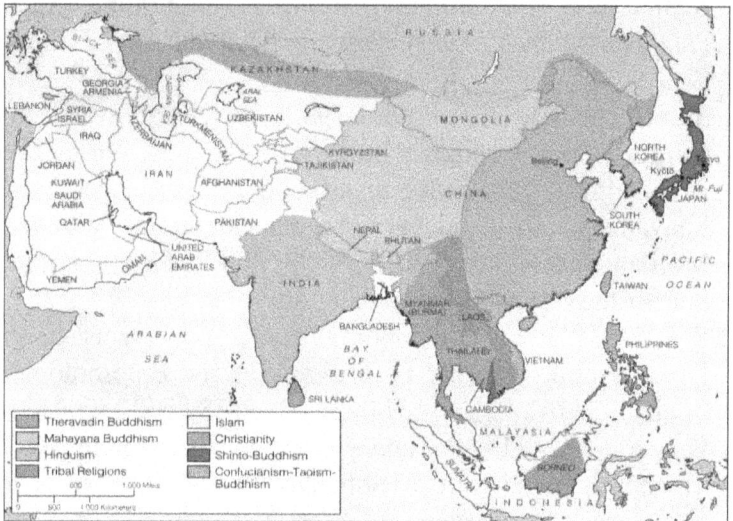

Asian Religions: Hinduism, Islam, Buddhism, Animism, Christianity, Confucianism

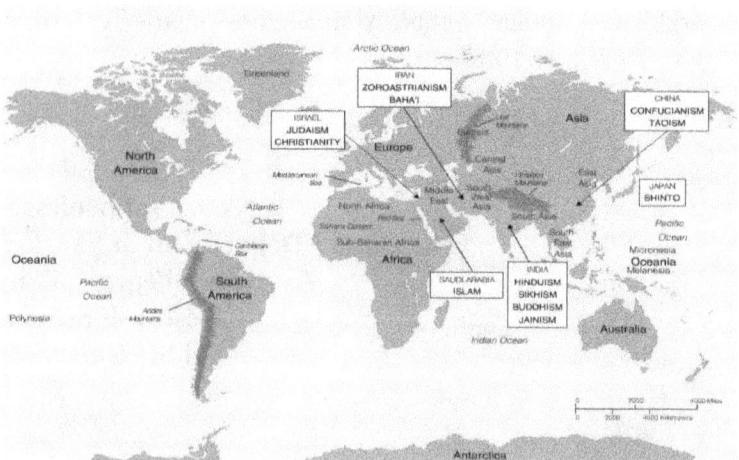

Birthplaces of Twelve Major Living Religions

Origins of Hinduism

Hinduism originated in India; spread to South East Asia, and other parts of the world (Australia, Europe, N. America, Africa, Caribbean). It is considered one of the oldest religions in the world and can be traced to the 2nd millennium BC. Hinduism's origins are traced back through ancient religious hymns that were composed during this period In the 1st century AD, Hinduism was spread throughout SEA by Indian traders who established marketing centers on their routes. Brahman priests also instructed people on Hindu beliefs Some say that SEA was "Hinduized" or "Indianized" during this period.

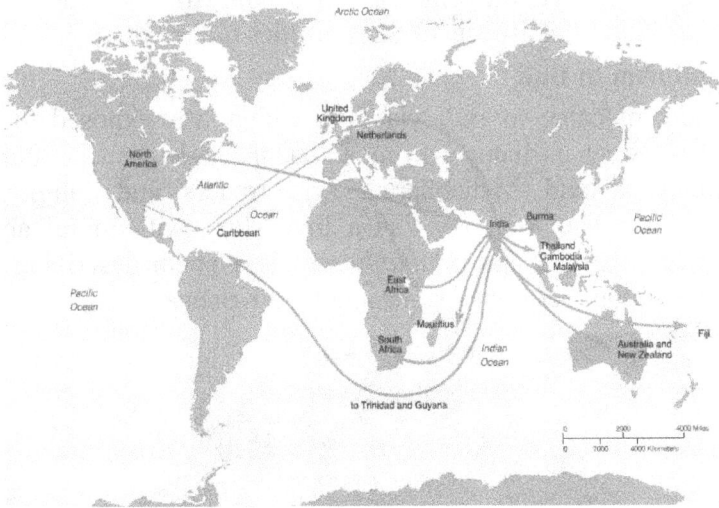

World Dispersion of the Hindu Community

Spread of Hinduism to Southeast Asia

Hinduism spread to Burma, Thailand, Cambodia, and Indonesia via trade and Brahman priests. Hinduism was the state religion for various SE Asian states from the 5th – 14th century. During this time, Mahayana Buddhism coexisted with Hinduism in much of the region. After the 14th century,

Hinduism was replaced by Buddhism in most parts of SEA except for Bali, Indonesia. Mahayana Buddhism's influence also faded away with the decline of Hinduism in the region.

The lasting influence of Hinduism on Southeast Asia

There are very few Hindus left in SEA today apart from on the island of Bali, Indonesia. Hinduism gave rise to famous political and religious centers at Angkor, near Siem Riep, Cambodia, and at Borobodur, Java, Indonesia. Although the Hindu population in SEA is small, the influence of Hinduism is still found in their great literary epics the Ramayana and the Mahabharata. Many SEA cultures adopted these texts and made them their own by adapting them to their own cultures. The Hindu principles of absolutism and hierarchy remain essential aspects of SEA politics today.

Hinduism in Bali

Hinduism came to Bali via Java which was exposed to a fairly direct influence from India through the literature Ramayana and Mahabharata (via traders and religious teachers). The *Ramayana* is a love story with moral and spiritual themes. The *Mahabharata* is a poem describing a conversation between Arjuna and God Krishna.

An entrance to a Balinese temple

Borobodur, Java

Hinduism at Angkor Wat

From the 9th to the 11th century, Angkor Wat was home to a great Hindu civilization.

In accordance with Hindu beliefs, the leaders at Angkor were god-kings, or *deva rajas.*

The political order was considered to be a microcosm of the cosmic order The king was to his kingdom as the god was to the cosmos.

The Prambanan, a Hindu temple in Java.

95

Decline of Hinduism in Southeast Asia

Hinduism lost its influence in Southeast Asia during a period running roughly from the 1200s – 1400s AD. Hinduism's influence in Southeast Asia declined because of its elitist doctrine based on the caste system. Later religions including Buddhism, Islam and Christianity gained popularity because they put salvation in the hands of the individual ;and, because they were more egalitarian.

A panoramic view of Angkor Wat.   (Kim Seang Poam)

Origins of Islam in Southeast Asia

Islam's roots in Southeast Asia are debated: some argue that Islam came directly from Arabia in the Middle East; some say Islam came from India via the Middle East; others claim Islam was brought to Southeast Asia through Muslim Chinese traders. Islam arrived in Southeast Asia sometime in the 13th century, long after Hinduism, Animism, and Buddhism. It is believed that the *Walis* (Sufi mystics) brought Islam to Indonesia. When Islam got to Indonesia, Malaysia, Thailand, etc, there was already an Indianized culture of Hindu Buddhists. On the island of Java, in particular, this created a hybrid culture and an Islam that was very mystical and spiritual (in Malaysia as well). There is great Islamic diversity throughout Southeast Asia due to the syncretic mix of assimilated religious traditions.

Adoption of Islam by Southeast Asian cultures

The Sufi Indians successfully spread Islam to Indonesia, Malaysia, Borneo and Philippines because of its mystic quality and its tolerance for coexistence with earlier animist, Hindu and Buddhist beliefs and rituals. To win converts the Sufis allowed people in SEA to retain pre-Islamic beliefs and practices that were contrary to orthodox Islamic doctrine. For example, women retained very strong positions at home and in society; in many families, women were not obligated to cover their heads. Pre-Islamic religious beliefs and rituals became part of Muslim ceremonies (Javanese shadow puppet shows remained very popular).

Southeast Asian Countries: Islam % :

Brunei: 63%, Burma: 4%, East Timor: 4%, Indonesia: 88%, Malaysia: majority, but great diversity, Philippines: 5%, Singapore: 16%, Thailand: 4%, Vietnam: small minority Cambodia, Laos: very small minority.

Islam in Southeast Asia Today

Islam is the state religion in Malaysia and Brunei. It is the majority religion in Indonesia (90%). Before the 20th century, Mindanao in the Southern Philippines was predominantly Muslim; it now has a large Christian population. Southern Thailand is largely Muslim, and Muslim minorities exist in most Southeast Asian countries.

What Keeps Islam in Southeast Asia Alive?

Scholars mention two major reasons: *Ummah*: a concept that means all Muslims, all over the world, belong to the same community; when Muslims from all over the world go on the *Hajj* to Mecca their traditional beliefs in a world community of Muslims is reinforced. Modern communications and travel technology make it possible for thousands and thousands to travel to Mecca every year; this contributes to the evolution of Islam in SEA and helps sustain it.

Education : Muslim schools keep Islam active and current in the local populations.

97

Early Buddhism in Southeast Asia

Buddhism is one of the important religions of mainland of Southeast Asia. Early Buddhism was founded in Northeast India in the 6th century BC by Siddhartha Gautama; after his "awakening" or enlightenment, he came to be called the Buddha (the awakened one)

Main variants: Theravada and Mahayana Buddhism. Theravada Buddhism: "The Way of the Elders" stressed respect for elders; in the 3rd century BC Buddhist missionaries traveled throughout India to Sri Lanka and beyond to most of SEA. Buddhism died out in India by the 13th century. Mahayana Buddhism: beginning around the 2nd c. BC evolved from other sub-traditions and in the 1st century CE spread eastward across the central Asian trade routes to China.

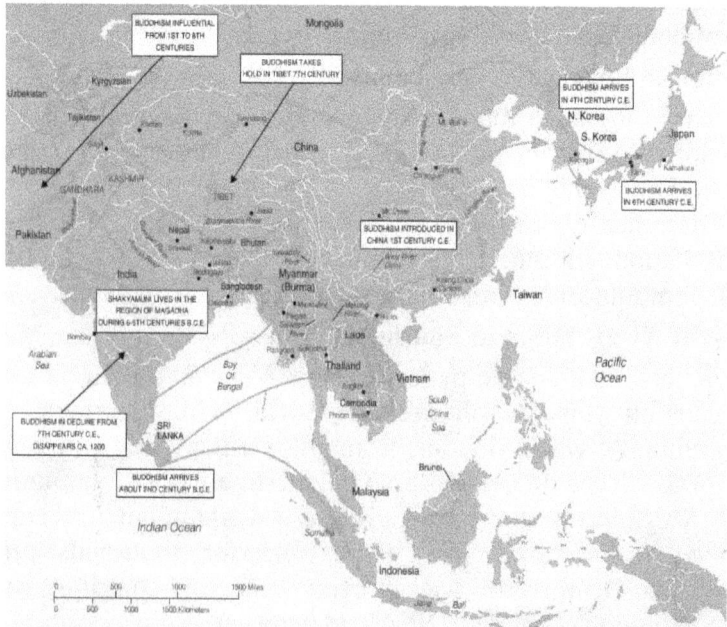

Buddha's Birthplace and Dispersion of Buddhism to East Asia

Spread of Buddhism to Southeast Asia

Like Hinduism, Buddhism spread to SEA via India through various separate streams.

Theravada Buddhism spread to mainland SEA via India and Sri Lanka . By 500 AD Theravada Buddhism is established in Burma, and is spreading east across mainland SEA to Thailand, Cambodia, and Laos. It was introduced directly to the people (not indirectly through the ruling classes).

Mahayana Buddhism

At the same time, Mahayana Buddhism reappears and spreads via China to Vietnam.

19th century Chinese Immigrants also brought Mahayana Buddhism to Singapore and other urban areas. Mahayana Buddhism is more mystical than Theravada; they believe in Bodhisattvas (Buddhas-to-be).

Buddhism in Southeast Asia Today

Buddha established the *sangha*, the order of Buddhist monks, that is still flourishing today in mainland SEA . Virtually all male Buddhists enter the *sangha* to become monks for at least a short time during their lives; this provides merit for their parents . The *sangha* continues to help spread and protect the Buddhist faith. Buddhist monks are not supposed to get involved in politics, but in some cases, such as in Burma and Thailand they do. Mainland SEA is still predominantly Buddhist; in all areas, Buddhism is mixed with elements of animist and Hindu beliefs.

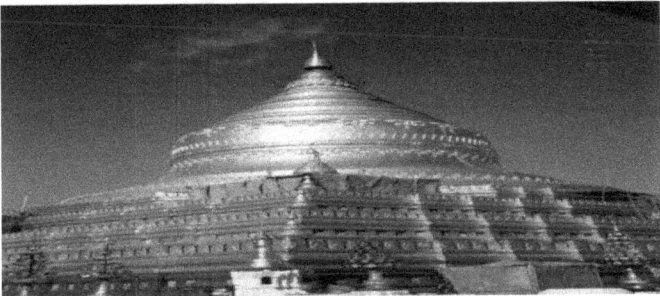

Burmese Buddhist Temple (*paya*)

Animism in Southeast Asia

All countries of SEA mix elements of animism or spirit worship with local religion. During the height of Hinduism and Mahayana Buddhism in SEA, animism was an important alternative that appealed to ordinary people. Spirits are believed to exist everywhere (but not in all things): rice fields, trees, homes, roads and buildings. Spirits must be properly propitiated or it is believed that they can make you sick or ruin your harvest .Animist spirits are often given a designated home, such as in a building or a simple shrine, so that they may be located and consulted before important events.

Spirits

Ancestor spirits: people that were important in this life are considered powerful in the afterlife. Spirits of the environment (genie of the soil): spirits in trees, along roads or in waterfalls must be propitiated with food or a shrine to keep these areas safe. Spirits of natural phenomena: consulted as needed; examples include sun, moon, storms, and earthquakes. They represent the uncertainty of the world.

Shin-upagout, a famous miracle giving Nat that supposedly prevents rain during merit making celebrations.

Origins of Christianity in Southeast Asia

There are only two predominantly Christian countries in SEA: the Philippines and East Timor. About 85% of Filipinos and 90% of Timorese are Roman Catholic. Catholicism came to the Philippines in the 16th century with the arrival of the Spaniards and to East Timor with the arrival of the Portuguese Dominican Friars

How did a small number of Spaniards convert the bulk of the Filipinos to Catholicism?

because there was no centralized power and because animist beliefs left them open to a more structured belief system offering salvation.

Spanish style Roman Catholic church, Ilokos.

Confucianism in Southeast Asia

While most of mainland Southeast Asia was being Indianized, Chinese influence was spreading to Vietnam. With the Chinese came Confucianism: a belief system begun by the moral philosopher, Confucius (551 BC – 479 BC). Confucianism is a complex set of beliefs emphasizing harmony, stability, consensus, hierarchy and authority. There is no priesthood and no formal ritual. Confucian ideas still have a profound effect in Vietnam, Singapore, and among Chinese in cities throughout the Region.

References

The Cambridge History of Southeast Asia, Vol. 1, Part II: From c. 1500 to c. 1800. ed. Nicholas Tarling. Cambridge University Press, 1999.

Neher, Clark. *Southeast Asia: Crossroads of the World,* Southeast Asia Publications, Center for Southeast Asian Studies, NIU DeKalb, IL. 2000

Russell, Susan. "Islam: A Worldwide Religion and Its Impact in Southeast Asia", published by Department of Anthropology, Northern Illinois University, USA.

Shih, Anthony. "The Roots and Societal Impact of Islam in Southeast Asia: Interview with Professor Mark Mancall", Stanford Journal of East Asian Affairs, Spring 2002, Vol. II.

Athyal, Jesudas M. "Religion in Southeast Asia: An Encyclopedia of Faiths and Cultures". ABC-CLIO, Santa Barbara, California, United States, 2015, pp. 396.

Assistant Professor,
PG Department of History
Ramashray Baleshwar College, Dalsingsarai
(A Constituent Unit of Lalit Narayan Mithila University, Darbhanga, Bihar)

A Critical Review of India and South East Asia Relations –A Geo-Political Perspective

Dr. Jitendra Aryan

Abstract

From Geo-Political point of view India and South East Asia have a long-standing relations that have been shaped and nurtured not only by a historical, cultural, and economic factors , but geopolitical factors have also influenced significantly the relations between these regions. This critical review aims to examine the India-Southeast Asia relations from a geopolitical perspective, analyzing the factors that have shaped this relationship and the challenges that it faces. The review begins by exploring the historical and cultural ties between India and Southeast Asia, highlighting the influence of Indian culture on Southeast Asian art, architecture, and religion. It then discusses the economic ties between the two regions and the initiatives taken by India to strengthen these ties. The review then shifts its focus to the geopolitical factors that have influenced the India-Southeast Asia relationship, such as the strategic interests of major powers in the region and the impact of China's rise as a global power. It also examines the role of regional organizations such as ASEAN and the Bay of Bengal Initiative for Multi-Sectoral Technical and Economic Cooperation (BIMSTEC) in shaping the India-Southeast Asia relationship. This chapter concludes by highlighting the challenges that India and Southeast Asia face in strengthening their relationship in the face of geopolitical pressures. These challenges include ensuring that economic ties are mutually beneficial, addressing the impact of China's rise, and promoting regional stability and security. The present chapter critical review provides an in-depth analysis of the India-Southeast Asia relationship from a geopolitical perspective, highlighting both the opportunities and challenges that lie ahead.

Keywords : *Geo Politics, International Relationship, India, South East Asia*

Introduction :

India and Southeast Asia have had a long-standing relations that date back centuries. This relationship has been built on a strong foundation of cultural, historical, and economic ties. India's cultural influence on Southeast Asia can be traced back to the early centuries AD when Indian traders and missionaries traveled to Southeast Asia to spread Buddhism and Hinduism. Over time, these cultural connections led to the development of trade links, and India became an important trading partner of Southeast Asia. India's influence on Southeast Asian art and architecture is also evident in the numerous temples and monuments that were built during this period. In recent times, India has been working towards strengthening its ties with Southeast Asia through various initiatives such as the Look East Policy, which was launched in the 1990s. This policy aimed to strengthen India's economic and strategic ties with Southeast Asian countries and promote cultural exchange between the two regions. India's relations with Southeast Asia have been further strengthened through the establishment of institutions such as the India-ASEAN Free Trade Agreement and the Mekong-Ganga Cooperation initiative. These initiatives have helped to deepen economic ties and promote cooperation in areas such as infrastructure, energy, and tourism.

Historical and cultural ties between India and Southeast Asia :

India's cultural influence on Southeast Asia has been significant, and it has helped to shape the region's art, architecture, and religious beliefs. This cultural influence has also played an important role in the development of trade and economic ties between the two regions. India and Southeast Asia have a long history of cultural and trade ties that date back over two millennia. The spread of Indian culture to Southeast Asia was largely facilitated by Indian traders and missionaries who traveled to the region to trade goods and spread religious teachings. The spread of Indian culture and religion to Southeast Asia is well-documented in historical sources. For instance, the Chinese Buddhist monk Xuanzang, who traveled to India in the 7th century, wrote extensively about the spread of Buddhism from India to Southeast Asia (Beal, 1906). One of the most significant cultural influences that India had on Southeast Asia was the spread of Buddhism and Hinduism. The spread of Buddhism from India to Southeast Asia began in the 3rd century BCE and continued for several centuries. As a result, many Buddhist monuments and temples were constructed throughout Southeast Asia, including the famous Angkor Wat temple complex in Cambodia (UNESCO). Similarly, Hinduism also had a significant impact on Southeast Asian culture. Hinduism spread to Southeast Asia during the early centuries CE, and over time, it became an important part of the region's cultural and religious heritage. Many Southeast Asian kings adopted Hinduism as their religion, and this led to the construction of several Hindu temples, including the famous Prambanan temple complex in Indonesia (UNESCO. Apart from religion, India also had a significant impact on Southeast Asian art and architecture. Indian architectural styles and motifs were incorporated into the design of Southeast Asian temples and monuments, creating a unique blend of Indian and Southeast Asian styles. Indian traders played a key role in facilitating trade between India and Southeast Asia. According to historical records, Indian traders traveled to Southeast Asia as early as the 1st century CE, and they were involved in the trade of various goods such as spices, textiles, and precious metals (Sandhu,2005).

The Economic Ties Between India and Southeast Asia :

The economic ties between India and Southeast Asia have grown significantly over the years, with both regions working together to boost their mutual trade and investment. India's "Look East" policy, which was introduced in the early 1990s, has played a key role in strengthening economic ties between India and Southeast Asia(*India Ministry of External Affairs, 2022)*. One of the most significant developments in recent years has been the establishment of the ASEAN-India Free Trade Area (AIFTA) in 2009 (*ASEAN-India, 2022)*. This agreement has helped to boost trade between India and the ASEAN countries, which include Indonesia, Malaysia, the Philippines, Singapore, Thailand, Brunei, Vietnam, Laos, Cambodia, and Myanmar. Under the AIFTA, tariffs on goods traded between India and ASEAN countries have been progressively reduced, making it easier for businesses to trade with one another (*ASEAN-India, 2022)*. In addition to the AIFTA, there have been several other initiatives aimed at boosting economic ties between India and Southeast Asia. For example, the India-ASEAN Business Summit is held annually to promote trade and investment between the two regions (*Confederation of Indian Industry, 2022)*. There are also several joint ventures and investment projects between Indian and Southeast Asian companies in various sectors, including pharmaceuticals, IT, and infrastructure *(The Economic Times, 2022)*. Furthermore, India and Southeast Asia have also worked together to develop transport infrastructure that connects the two regions. The India-Myanmar-Thailand Trilateral Highway, for instance, is a major infrastructure project that aims to connect India with Southeast Asia via a road network. This project is expected to boost trade and investment between the two regions by making it easier to transport goods (*Times of India, 2022)*.

The Geopolitical Importance of South East Asia :

The geopolitics of Southeast Asia is a complex and dynamic amalgamation of regional and global factors that shape the political, economic, and security landscape of the region. Some key aspects of the geopolitics of Southeast Asia include:

- Strategic Location: Southeast Asia is strategically located at the crossroads of major global shipping routes, making it an important hub for trade and commerce. It is also situated between the Indian and Pacific Oceans, which gives it a key role in regional security and geopolitical dynamics (Ooi,2018).

- Economic Importance: Southeast Asia is one of the world's fastest-growing economic regions, with a rapidly expanding middle class and a large and diverse market. Its economic significance has attracted significant investment and attention from major global powers such as China, the United States, and Japan (Ho, K. L., Kassim, Y. R., & Tan, S. S. (Eds.), 2019).

- Political Diversity: Southeast Asia is a diverse region with a range of political systems and cultures. This diversity has led to a complex set of political dynamics, with different countries pursuing different strategic interests and engaging with global powers in different ways.

- Regional Organizations: Southeast Asia has a number of regional organizations, including the Association of Southeast Asian Nations (ASEAN), which have played a key role in shaping the region's political and economic landscape. These organizations provide a platform for regional cooperation and dialogue on issues such as trade, investment, and security (Solís, M., & Bush III, R. C., 2019).

- Security Challenges: Southeast Asia faces a range of security challenges, including territorial disputes in the South China Sea, the threat of terrorism, and the impact of climate change. These challenges have led to complex geopolitical dynamics, with major global powers vying for influence in the region.

Geo- Politics of South East Asia With Respect to India :

The geopolitics of Southeast Asia is of strategic importance to India due to its geographical proximity and its position as a gateway to the larger Asia-Pacific region. India's "Look East" policy, launched in the early 1990s, aimed to strengthen its economic and strategic ties with Southeast Asia and the wider Asia-Pacific region (Ministry of External Affairs, Government of India). In recent years, India has actively engaged with Southeast Asian countries through various initiatives such as the Act East Policy, which seeks to enhance India's economic and strategic ties with ASEAN and other countries in the region. India has also been involved in regional forums such as the East Asia Summit and the ASEAN Regional Forum. At the same time, Southeast Asia's growing strategic importance has attracted the attention of major powers such as China and the United States, leading to heightened geopolitical competition in the region (Chaturvedy, 2018). India's engagement with Southeast Asia is therefore not only driven by economic and strategic interests, but also by its desire to balance against the influence of other major powers in the region. One of the key areas of cooperation between India and Southeast Asia is in the realm of security, with both sides recognizing the need to enhance cooperation in areas such as counterterrorism and maritime security. Economic cooperation is also a key pillar of the relationship, with India seeking to tap into the region's growing markets and to strengthen its economic ties through initiatives such as the India-ASEAN Free Trade Agreement.

India's Look East Policy and Act East Policy

India's "Look East" policy was a foreign policy initiative launched in the early 1990s with the aim of strengthening

India's economic and strategic ties with Southeast Asia and the wider Asia-Pacific region. The policy was later rebranded as the "Act East" policy in 2014, reflecting India's desire to take a more proactive approach to engagement with the region (Ministry of External Affairs, Government of India). The Look East policy was driven by several factors, including the desire to diversify India's trade and investment links beyond traditional partners in the West, the recognition of Southeast Asia's growing economic importance, and the need to balance against China's rising influence in the region. Under the Look East policy, India sought to enhance its economic and strategic engagement with ASEAN and other countries in the region through a range of measures, including the conclusion of free trade agreements, the establishment of economic and cultural centers in the region, and the deepening of defense and security cooperation. India also sought to deepen its engagement with regional forums such as the East Asia Summit and the ASEAN Regional Forum, reflecting its desire to play a more active role in shaping regional security architecture. The Look East policy was later expanded to include the wider Asia-Pacific region, with India seeking to enhance its strategic partnerships with countries such as Japan, South Korea, and Australia.

India's Look East Policy, now rebranded as the Act East Policy, continues to shape India's foreign policy towards the Asia-Pacific region (Ministry of External Affairs, Government of India). The Act East Policy is an important component of India's broader foreign policy objectives of creating a stable and peaceful neighborhood, expanding economic and trade relations, and enhancing regional connectivity. In recent years, India has intensified its engagement with Southeast Asia and the wider Asia-Pacific region through a range of initiatives, including the establishment of institutional mechanisms such as the India-ASEAN Dialogue Partnership, the ASEAN Regional Forum, and the East Asia Summit. India has also signed free trade agreements with ASEAN and other countries in the region, and has committed to increasing trade and investment flows with the region. India's strategic engagement with the region has also deepened, with India participating in various regional security dialogues and engaging in military exercises with countries in the region. India has also strengthened its security cooperation with Southeast Asian countries, particularly in the areas of counterterrorism and maritime security. Moreover, India has played an active role in promoting connectivity in the region through initiatives such as the International North-South Transport Corridor and the Asia-Africa Growth Corridor. India has also sought to enhance regional connectivity through its participation in the Regional Comprehensive Economic Partnership (RCEP) negotiations, which aim to create a free trade area between ASEAN and its six FTA partners, including India.

Conclusion :

India and Southeast Asia have a long history of cultural, economic, and political ties. India's Look East Policy, which has evolved into the Act East Policy, reflects India's growing strategic and economic interests in the region, and its efforts to deepen its engagement with Southeast Asia. The economic ties between India and Southeast Asia have been strengthening in recent years, with India seeking to enhance trade and investment relations, as well as promote regional connectivity through various initiatives. However, there are still challenges that need to be addressed, such as reducing non-tariff barriers to trade and improving infrastructure connectivity. From a geopolitical perspective, Southeast Asia occupies a strategic location that connects the Indian Ocean and the Pacific Ocean, and is therefore a key arena for various regional and external powers to assert their influence. India's engagement with Southeast Asia is shaped by its interests in promoting a peaceful and stable regional environment, enhancing economic cooperation and trade, and deepening strategic cooperation with ASEAN countries. Overall, the India-Southeast Asia relationship has significant implications for regional stability, security, and economic growth. As the region continues to evolve and face new challenges, it is important for India and Southeast Asian countries to continue to deepen their engagement and work together to address common concerns and promote shared interests.

References :

1. Beal, S. (1906). *The Great Tang Dynasty Record of the Western Regions. London: Kegan Paul, Trench, Trubner & Co.*

2. UNESCO World Heritage Centre. (n.d.). *Angkor Wat. Retrieved from* https://whc.unesco.org/en/list/668

3. Sandhu, K. S. (2005). *Indian Communities in Southeast Asia. In M. Ember, C. R. Ember, & I. Skoggard (Eds.), Encyclopedia of Diasporas: Immigrant and Refugee Cultures Around the World (Vol. 2, pp. 794-801). New York: Springer Science+Business Media.*

4. UNESCO World Heritage Centre. (n.d.). *Prambanan Temple Compounds. Retrieved from* https://whc.unesco.org/en/list/642

5. ASEAN-India. (2022). *ASEAN-India Free Trade Area. Retrieved from* https://asean.org/asean-india-free-trade-area/

6. Confederation of Indian Industry. (2022). *India-ASEAN Business Summit. Retrieved from* https://www.cii.in/ EventsDetails.aspx?id=E000040222

7. India Ministry of External Affairs. (2022). *India-ASEAN Relations. Retrieved from* https://www.mea.gov.in/ Portal/ ForeignRelation/IndiaASEANRelations_August_2022.pdf

8. *The Economic Times. (2022). India-Southeast Asia Economic Ties. Retrieved from https://economictimes. indiatimes.com/news/economy/foreign-trade/india-southeast-asia-economic-ties/articleshow/90746158.cms*
9. *Times of India. (2022). India-Myanmar-Thailand Trilateral Highway. Retrieved from https://timesofindia. indiatimes.com/india/india-myanmar-thailand-trilateral-highway/articleshow/79267811.cms*
10. *Ooi, K. B. (2018). Southeast Asia's Geopolitical Crossroads: The Strategic Importance of ASEAN. East Asia Forum, 1-3.*
11. *Ho, K. L., Kassim, Y. R., & Tan, S. S. (Eds.). (2019). The Geopolitics of Southeast Asia: Opportunities, Challenges and Prospects. World Scientific.*
12. *Solís, M., & Bush III, R. C. (2019). Navigating the New Normal: The Future of the US-Japan Alliance in the Geopolitics of the Asia-Pacific. The Brookings Institution.*
13. *Ministry of External Affairs, Government of India. "Act East Policy." https://www.mea.gov.in/Portal/Foreign Relation/Act_East_Policy.pdf)*
14. *Chaturvedy, Rajeev Ranjan. (2018). "India's Act East Policy: Geopolitics and Strategic Implications for Southeast Asia." Asia & the Pacific Policy Studies, vol. 5, no. 3, 2018, pp. 510-523.)*

Assistant Professor,
University Department of Political Science,
Binod Bihari Mahto Koyalanchal University, Dhanbad,
Jharkhand

Influence of the Rāmāyana on South-East Asiā

Prabir Sarkar

Summary

Two epics appeared between Vedic literature and secular literature in India. Rama is one of these two epics. This Ramayana is one of the books of India that touches the hearts of people. This book increases the emotion of the human heart, and it is also an amrita sudha bhand. The way the people of India have placed the Ramayana in their hearts, if the heart of every person in India can be churned, then the nectar of the Ramayana will be released. The picture of India drawn by Mahakabi in a total of seven cantos and 24000 verses is based on the biography of Purushottam Sri Ramachandra, the Arya-Kultilak status of Northern India. Then the Ramayana The early poet Valmiki's original poem, Ramayana, is a source of great pride and reverence for the people of India. The Ramayana is a portrait of how Valmiki saw the beauty of ancient India with his eyes and hearts on the banks of the river Tamsa at that time. Krishi Valmiki was heartbroken to hear the pitiful cries of the wife of Krauncha, the widow of Krauncha, who had been stabbed by a snake on the banks of the Tamsa River. Valmiki's heart felt pain equal to mountains on hearing this Karuna Sur, and within a moment that pain began to manifest itself in Slogakar. It is with this mournful verse that the holy Ramayana begins, with a sharp curse emanating from his voice.

मा निषाद प्रतिष्ठां त्वमगमः शाश्वतीः समा।
यत् क्रौञ्चमिथुनादेकमवधीः काममोहितम्।।[1]

Rishi Kabir's deep grief turned into verse. This mournful rhymed verse by Rishi Valmiki kept resounding in the air

---

[1] Ojhā Krittivās, Rāmāyana, 1/2/14

and in the sky. Then Brahma and Narada immediately came down from heaven after hearing this verse. Then the Ramayana was written under the instructions of Brahma and the advice of Narada.

Keywords : Thailand, Cambodia, Indonesia, Java, Malaysia, Expanding the scope of the story, Judgment of Excellence

Main point of Rāmāyana :

Maharishi Narada was very happy to hear this sad verse uttered by Maharishi Valmiki. In Valmiki's voice, Parabak could see that he was the original poet of the future and that his poetry would be the first epic of the future. Then Valmiki accepted Narada Muni's order and asked Narada for which story he should compose his epic. Hearing this, Maharishi Narada then asked Valmiki to compose the Ramayana, which would describe the life of Raghupati Rama of Ayodhya. Thus, taking inspiration from Narada Muni and taking him as a true guide, Valmiki began to compose the Ramayana.

विष्णुना सदृशो वीर्ये सोमवत्प्रिय दर्शनः।
कालाग्निसदृशः क्रोधे क्षमया पृथिवीसमः॥[2]

This Ramayana had a great impact on every human heart in India at that time. This book was not only accepted by most people as a scripture, but there were several reasons behind the acceptance of this religion, one of which was the social image. That is, the life character of the people in society and the image of their morals and duties have emerged. At that time, people heard the story of the Ramayana in the guise of different stories. Through which man strives to direct his life in the right direction. However, although this Ramayana was written in India, the ideology of this Ramayana travelled across the boundaries of India in its own glory. The content of the Ramayana has attracted the hearts of the people in the

---

[2] Ojhā Krittivās, Rāmāyana, Vālkānda

foreign countries to such a large extent, that is, the way people have accepted the content, and the content of the Ramayana has spread more and more in the foreign countries. Apart from observing the influence of such a Ramayana in India, various continents have adopted this Ramayana as one of their means of folk education. The words of the Ramayana have been heard almost everywhere in this world. And these words will be resounding forever, so there is a popular saying that the words of the Ramayana will continue to be heard as long as there are rivers and streams, hills, and mountains in this world.

याव् स्थास्यन्ति गिरयः सरितश्च महीतले।

तावत् रामायणी कथा लोकेषु प्रचरिष्यति।।[3]

There are seven continents in this world, and one of them is Asia. And within this Asian continent, some of the countries of Southeast Asia are India, Thailand, Myanmar, Malaysia, Cambodia, Laos, Vietnam, Singapore, etc. In all these countries, the Ramayana has been circulated as translated literature. Real humanitarian education, religious education, and social sense education have been imparted to the masses in different countries by adopting the story of the Ramayana in their regional languages.

Rāmāyana in Lāus :

The original Ramayana was composed on the plains of India, but later it could not be confined to the geographical limits of India. The Ramayana, in its own glory, has won the hearts of all. In the Ramayana, religion, meaning, purpose, etc. are the main topics that are discussed. Regardless of country, time, caste, religion, or caste, the main mantra of all the people of the world is the message of this Ramayana. It is because of this reason that the Ramayana's various stories, literature, morals, religious ideas, ideals, etc. can be easily adopted by

---

[3] Ojhā Krittivās, Rāmāyana, Vālkānda 2/36

any person anywhere. One such country in South India is 'Laus'. Ramayana gained considerable fame in those days due to the way in which the literature of this country tried to awaken the human senses of the public through the parable of Ramayana. Later, it is seen that many learned Indian scholars in this country have written many works of literature based on the content of this Ramayana. The Ramayana was among those works of literature that, by studying them, refine the human heart and that, when read, make people run towards the real man. The Ramayana occupied a certain place among the minor literary epics of the country, and because of that, the lifestyle of the people of that time acquired a different dimension. A famous educationist in this country said in his last breath that if one wants to be truly humane, one has to take refuge in the ideology of the Ramayana.

Rāmāyana in Thāilānd :

The Ramayana, in all its glory, has influenced Indian folk society since the dawn of creation. Just as the Ramayana has made people popular through literature, it has also given a different dimension to the lives of people in terms of the outline of an ideal life. Similar reflections of the Ramayana are observed in Thailand in Southeast Asia. In this Thailand, the influence of the Ramayana was inextricably intertwined with ordinary public life. In the story of the Ramayana, love, devotion, great ideals, patterns of character formation, observance of truth, reliance on religious ideas, and above all, the way the human race took refuge in the Ramayana changed their lives and society. By taking refuge in this Ramayana, the people of Ekshri in Thailand found true logistics in their lives. Instead of the abstract idea of an ideal lifestyle, the real life depicted in the Ramayana has been affecting the common people of this country for ages, so a class of people in Thailand are forever indebted to the Ramayana.

One of the Southeast Asian countries, Thailand, is a scenic country full of natural beauty. In Thailand, the Ramayana is known as 'Ramkein'. This 'Ramkein' is the national text of Thailand. The main subject of this book was 'Ramkatha'. The capital of ancient Thailand was 'Ayuthaya', named after Sri Ramachandra's capital, Ayodhya. If we review the history of Thailand again, it can be seen that the kings of that country considered themselves the 'descendants' of Sri Ramachandra. The first full version of the Rama story in Thailand dates back to the reign of King Rama I of the 'Chakri' dynasty. It was King Rama I who preached the edict of writing down the story of Rama. The influence of the Ramayana is also observed in various forms of folk music and folk culture in Thailand. Popular Thai folk dances, 'Khon' and 'Nang,' are based on the story of 'Ramkein'.

Rāmāyana in Cambodiā :

Another country in Southeast Asia is Cambodia. The relationship between these two countries of South-East Asia, i.e., India and Cambodia, is mainly based on trade. Especially Indian sailors and seafaring traders used to perform Ramayana songs, various dances, and pala kirtans for their own entertainment during breaks. In fact, Indian people also continue to rehearse the festival in their hearts. As soon as they get this opportunity, they celebrate the moments in an entertaining way by sheltering their own culture. And similar events can be found in the histories of the Indian and Cambodian rivers. When the Indians began to practise Ramayana songs and pala kirtans on waterways like this, Cambodian folk life and folklore began to be imprinted. In fact, this simple, thought-provoking Rama story captivates the mind of any listener, and this is no exception. So Cambodia has a place in the hearts of people because of the story of the Ramayana. Based on this source, the Ramayana gradually entered the Cambodian royal language, Khmer. In other words, the contents of the Ramayana were translated into fewer languages. And thus the Ramayana appears later in Cambodian literature.

The appearance of the Ramayana can be seen in the 'Bhil Cantal' inscriptions of Cambodia around the seventh century AD. The story of the Ramayana is known in Cambodia as 'Reemek' or 'Ramkerti'. The meaning of this word, 'Rimaka,' is 'Glory of Rama'. A perusal of the various literature and inscriptions there shows that many books based on Rama Katha were composed during that period. Also, popular depictions of the Ramayana were observed on the walls of various temples during that period. The mesmerising sweetness of Ramasita's character in Valmiki's Ramayana greatly appealed to the Cambodian public.

Rāmāyana in Indonesiā :

On the geographical map, Indonesia is located in Southeast Asia between the Indian Ocean and the Pacific Ocean. Indonesia is one of the largest island nations in the world in terms of geology and data. Other neighbouring countries of Indonesia are Vietnam, the Philippines, Australia, and India's Andaman and Nicobar Islands. Along with the main official language, about 700 dialects are spoken in Indonesia. Although there are Ramayana texts under different names in different countries of South East Asia, the Ramayana by Valmika is the original Ramayana. Following this original Ramayana, translation literature has been written in different countries. But this original Ramayana has been held in various countries in Southeast Asia. The Ramayana found in Indonesia is only a version of the Sri Lankan Ramayana. The author of this Ramayana is the great poet 'Kamban' or 'Kamba'. That is why this Ramayana is known as the 'Kamba Ramayana' in Indonesia, which belongs to Southeast Asia. But the real name of this Kamba Ramayana of Indonesia is 'Ramavataram'. That is, from the name of this book, it is understood that the main topic of this book is the discussion of the story of Rama's avatar. Later, many books were written in Indonesia based on the Ramayana. For example, a modern book called 'Setar Ram' is available in Indonesia. In this book also, various words of Ramcharit are specially mentioned. In this text, the hero Ramachandra is mentioned as an avatar of Lord Vishnu. Later, this book became popular not only among Hindus but also among Muslims. There, Muslims have found the qualities of true humanity, idealism, morality, etc. in Ramachandra, the hero of the epic poem.

Rāmāyana in Jāvā :

Indonesia is one of the countries in Southeast Asia. Java is the second-largest city in Indonesia. Several works of literature based on the story of the Ramayana also appeared in this Java. The Ramayana written there in its own language is known as 'Kakawin'. Around the middle of the 8th century, the Ramayana was composed in the Javanese Kakawin rhythm, modelled after the Sanskrit rhythm, during the reign of King 'Mapusindak' of Java. Although the Ramayana was written in various languages and dialects in Java, the oldest Ramayana is the 'Kakawin' Ramayana. However, most of these texts refer to ancient Indonesian folklore. One of the main features of this ancient Ramayana is that Lord Shiva is prominent. There, Shiva is given the most importance instead of Vishnu. However, judging from the whole, it can be seen that all the characters belonging to the real Ramayana, who have created the most stirring in the human heart in social life, have been tried to portray those characters in different languages and folk cultures in different countries and abroad. If carefully judged, it can be seen that among all the characters that have been presented in the literature following the Ramayana, the characters based on the Ramayana are reflected there, sometimes the main ones and sometimes the secondary ones. However, it must be admitted that the literature of Java would not have been as influential as that of other countries if a vast book

119

like the Ramayana had not been found or sheltered. So in simple words, it can be said that Java is in some way indebted to the Ramayana.

Rāmāyana in Mālaysiā :

The ancient Malay country is now known as Malaysia due to its ancient history and various theories. Malaysia, a country in Southeast Asia, is full of natural beauty. Malaysia basically consists of two parts: the Malay Peninsula and the Malay Islands. The pristine and beautiful beaches and vast forested areas have made the locals more attracted to the touch of the culture of the neighbouring countries of Malaysia. The influence of the Ramayana is particularly noticeable in Malaysian folk society and its various works of literature. The influence of the Ramayana can be felt in Malaysia around the sixth century AD. Although the influence of the Ramayana has been observed in the literature of this country, like in other countries, there is no trace of the Ramayana found in the inscriptions of Parvat Gatra and Temple Gatra. However, the simplicity and simplicity of the story of Rama, the exploration of religious ideas, the manifestation of morality, human values, and sweetness, and above all, Sri Ramachandra's way of ruling the state and raising the people, have been touching the hearts of the people of Malaysia since the Ramayana period. The Malaysian written literature related to Ram Katha is called 'Hikayat Seri Ram'. The Arabic word 'Hikayat' means story, i.e., 'Hikayat Seriram' means 'Story of Sri Ramachandra'. During the Vedic period, foreign traders entered Malaysia in the same way that Ramakatha entered the countries of Southeast Asia. This is the reason why Ramayana's culture is sheltered, and in the later period, various stories and themes of Ramayana characters are especially observed in various literature, folk music, and logo dances of Malaysia. A huge temple of Sri Ramachandra was built at a place called 'Perak' in the northern part of

Malaysia bordering Thailand. And around 1001 images related to the Ramayana are painted in this temple.

Translation Works :

The Adi Kavya Ramayana, written by Maharshi Valmiki and inspired by Narada, originated in India and is a very traditional text. This book is not only known as a religious book; it has also been awarded as a political book, sometimes as a book of ideal character, etc., from different perspectives. The magnificence of the Ramayana and its various inherent character traits, as well as the content of the text as discussed and illustrated. It is like pointing a finger in the eyes of the public in the real sense, and this book is an excellent book for uncovering the veil of ignorance in the minds of some people and leading them to the world of real knowledge. Due to the qualitative magnificence of the book, it spread beyond the geographical boundaries of India to different countries and abroad. To highlight the sources of its spread, it is said that the contents of this Ramayana have been recorded in different languages and dialects of different countries. In other words, the Ramayana has been translated into various languages and dialects. The more the story of Ram and the original ideal of the book became public, the more work was done on the translation of this book. There is almost no special language in the world into which the Ramayana and its contents have not been translated. People never turn their eyes away from really good content. That is why man has tried to translate the story of the Ramayana with his own mental intellect, thoughtful thought, and skilful writing. And through this translation work, he became active in different countries in their different languages and dialects to convey the content of the Ramayana to the people there. For these great men too, the Ramayana may have spread so much influence too quickly. Simply put, translations of literary works spread the influence of the Ramayana far and wide.

Expanding the Scope of the Story :

Although this Ramayana, written by Valmiki, was written in India, in the end, these Ramayana words are stuck within the borders of India. The scope of this Ramayana story has been greatly expanded. Therefore, the influence of the Ramayana can be observed in different countries and sub-continents beyond India. The special characters mentioned in various stories in the Ramayana changed people's lives. There are so many human characters that see and hear the Ramayana that it is accepted equally by all, irrespective of caste, religion, or caste. And many listeners and readers, after understanding the events of the Ramayana, have tried to implement them in their own lives. Many people have gone through life with the determination in their hearts that they will be like Ramachandra in the Ramayana. Or it will be like a sign.

समः समविभक्ताङ्गः स्निग्धवर्णः प्रतापवान्।
पीनवक्षा विशालाक्षो लक्षीवाञ्छ्र भलक्षणः।।[4]

This thought has changed human life as well as helped to change society, and along with it, these characteristic qualities have helped to form a beautiful state. So the story of the Ramayana cannot be measured by anything. Its circumference is boundless sky. The religious people of India have placed the Ramayana in one of the best seats. Later, the spread of this Ramayana spread so much that its influence was particularly noticeable in the neighbouring countries, starting in Southeast Asia. In various countries where the influence of Islam or Christianity is greatest, there are signs of the Ramayana being welcomed by the people, such as Indonesia, Thailand, Cambodia, Java, etc. We can clearly understand that the spread of the story has really increased.

---

[4] Ojhā Krittivās, Rāmāyana, Vālkānda

Judgement of Excellence :

The brilliant influence of the Ramayana on Indian literary culture has been well known throughout the ages. The Ramayana is one of the shining stars of Indian literature. As the source of all Indian and world literature, this epic remains a shining example. At that time, the values were more practised in the society of Purnabhoomi, India. The ideals of Guru Seva, Prabhu Bhakti, conjugal love, fraternal devotion, dutifulness, truthfulness, etc. are found in the Ramayana. Especially the noble qualities of domestic religion made the Ramayana a national treasure. In the Ramayana, Rama's extraordinary patriotism for India and Lakshmana's incomparable fraternal devotion fascinate and inspire the masses. They are all glowing with self-glory in the glory of sacrifice. Bhagwan Sri Ramachandra is the fiery idol of forgiveness, renunciation, truth, forbearance, devotion, and a bright reward. Again, in Satikul Shiromani Sita Ramanikul's Ekratnas Rup, the radiance of Rama-Sita's conjugal love has become a symbol of the eternity of Indian domestic life. Again, Dharma, Artha, Kama, and Moksha— the jewelled receptacles of this clever class—are deep like the ocean and melodious aurally, so says the author of the Ramayana:

कामार्थगुण संयुक्तं धर्मार्थगुण विस्तरम्
समुद्रमिव रत्नाढ्य सर्वश्रुति मनोहरम्॥[5]

Ramayana has not only achieved the best place in social life, but it is equally celebrated in the field of literature. The Ramayana is a death epic. The Ramayana is the source of all Indian poetry and literature. The Ramayana has been translated into Tamil, Nepali, and Canadian languages. That is why Raman's superiority in literature is also immense. That is to say, if we are to judge in terms of

---

[5] Ojhā Krittivās, Rāmāyana, Vālkānda 3/8

excellence, Ramayana is not inferior in any part; Ramayana has progressed equally in all respects.

Conclusion :

The epic Ramayana of Mrityunjayi has exerted immense influence on literature as well as on society. Just as many poets in India have gifted an outstanding literary readership by mixing material from the Ramayana with their own talents, similar examples can be realised outside India. This Ramayana continues to play the role of an eternal champion and guide in world literature. Based on this Ramayana, many translated works of literature have been written in different dialects in the country and abroad. As a result of this translation literature being composed in various languages and dialects, the glory of the Ramayana has become even more magnificant to the people of all countries and languages. This majesty spread beyond the borders of India and had a great influence on the continent of Southeast Asia. It is clearly understood that Ramayana is a matter of utmost respect for all the countrymen in the unprecedented changes observed in the literature and society following the adoption of Ramayana in certain countries of South-East Asia. Various scenes based on the Ramakatha can be seen depicted in the temple walls and inscriptions of different countries on the South East Asian continent. Characteristic features of various figures depicted in the Ramayana have become the absolute ideal for the people of the country. The character depicted in the Ramayana is one of the most helpful for becoming an ideal person for human life. There is no subject in the Ramayana that is not found in our lifestyle. In other words, whatever path a person takes for his livelihood in human life, if he does not accept the Ramayana as a helper to manage that path properly, it may become very difficult to be successful and known to society as a real person in that working life. So people of India and all over the world are eternally indebted to the words of the Ramayana, the religious ideas, political well-versed thinking, ideals, righteousness, etc. described in the Ramayana.

Bibliography :
1. Bhattacharji, Sukumari(1998), Legends of Devi, Orient Blackswan, Page 111.
2. Brockington, John (2003), "The Sanskrit Epics", Flood, Gavin, Blackwell companion to Hinduism, Blackwell Publishing, page 116–128.
3. Buck, William (2000), Ramayana, University of California Press, Page 432.
4. Dutt, Romesh Chunder (2002), The Ramayana and Mahabharata condensed into English verse, Courier Dover Publications, Page 352.
5. Keshavadas, Sadguru Sant (1988), Ramayana at a Glance, Motilal Banarsidass Publ., Page 211.
6. Goldman, Robert P. (1996), The Ramayana of Valmiki: Sundarakanda, Princeton University Press, Page 576.
7. Raghunathan, N. (transl.), Srimad Valmiki Ramayanam, Vighneswara Publishing House, Madras (1981)

Research Scholar,
Traditional Oriental Learning (Sāhitya)
The Sanskrit College and University, Kolkata
email : prabirsarkar.ju@gmail.com

India's Cultural Relations with South East Asian Countries

Dr.Vivek Pathak

Introduction

The relations between India and South-East Asia are very special. India's commercial and cultural relations have been there since ancient times. It is noteworthy that some enthusiastic Indians went here and established states. Geographically, it is located east of India, west of New Guinea, south of China, and north of Australia. We can divide it into two parts: Indo-China, which is the main land. It includes present-day Myanmar, Thailand, Cambodia, Laos and Vietnam. Sea land, which includes islands of present-day Indonesia (Sumatra, Java, Bali, etc.), Singapore, the Malay Peninsula, Borneo Island, East Timor, and the Philippines Islands. At present, 10 of these countries have together formed the 'ASEAN Organization'. Their names are Myanmar, Thailand, Cambodia, Laos, Vietnam, Malaysia, Singapore, Indonesia, Brunei, and the Philippines. At present, the ASEAN organisation is discharging this role (liaison) in the context of the relations between India and South-East Asia. The southeastern part of the continent of Asia on which Thailand, Indonesia, Malaysia, Vietnam, Brunei, the Philippines, Myanmar, Cambodia, East Timor, and Laos are located. The ongoing connectivity partnership with the countries of South East Asia represents an important step in not only addressing India's long-term economic and strategic commitment to the region but also in addressing the developmental challenges of India's North Eastern region. Brahminism and Buddhism were dominant in various countries in South-East Asia. Buddhism was practised in Burma and Siam, whereas in other countries, the mythological Hindu religion was particularly popular.

126

Shiva, Vishnu, and Brahma were particularly popular among the mythological deities. Slavism was the state religion there. As a result of the establishment of Indian colonies in South-East Asia, there was an influence of Indian elements on governance, society, language, literature, religion, art, etc. The wealth of trade and religion deepened relations between India and South East Asia. As a result, many Indian cultural colonies came into existence there. Whose language, culture, governance, religion, and art are all Indian in nature. Remains of Hindu temples, monasteries, Buddhist viharas, stupas, and chaityas exist in large quantities in almost all states in this region. Of which the Temple of Angkor Wat, Stupa of Borobudur, Ananda Pagoda, Prambanan Temple, Nathlong Kiong Temple, Nanpaya Temple, the Ancient Temple of Chandi Kalsan of Java, Chandi Bhim Temple of Dieng, Chandi Sari, Chandi Sebu, the Temples of Lar Jogrung, Myson Valley Ke Temple, Temple of Dong-Duong, Temple of Bayon, etc. are prime examples. Not only is the subject matter of the architecture and sculpture of South East Asia is Indian, but the construction style and the components of the construction materials also seem to be Indian imitations. Especially the art remains of Cambodia, Java, Champa, and Bali are based on Indian Gupta, Pallava, and Chalukya art. The powerful great emperors of ancient India did not give importance to the policy of expanding empires through mere weapons. The great Ashoka, despite being the owner of vast land, a powerful army, and resources, abandoned the policy of victory in war and adopted the policy of Dharma Vijay. In fact, the first step in the expansion of India's cultural empire was taken by the great Emperor Asoka. When they sent various cultural carriers to all parts of South Asia, China, Central Asia, East Asia, etc., Buddhist monks went to preach religion in the regions east of India. No advanced civilization had developed in these countries until the third century AD. Where the religious preachers of India propagated their religion in these countries, they also led them on the path of civilization. This tradition was also carried out by the great Gupta rulers, and the culmination of Indian cultural imperialism was achieved under Chola rule. When the mighty Chola kings took various countries and islands of South-East Asia under their suzerainty and widely propagated Indian religion, philosophy, culture, and art there. In the east of India, not only did people go to Burma, Malaysia, Indonesia, Shyamdesh, Cambodia, Laos, Vietnam, the Philippines, etc. to propagate Indian religion and culture, but great Indian emperors had established many colonies at these places. For this reason, these places were completely coloured in the colour of Indian culture, and even in the present times, the impression of Indian culture can be seen in them.

India's Cultural Relations with South East Asian Countries

In ancient times, Indians used to call this region by the name of 'Suvarnabhumi' or 'Suvarna-Dweep'. It was famous for its hot spices, gold, precious metals, minerals, etc. Various names for Suvarna Dweep are found in ancient texts, like Rupyak Island, Tamra Island, Lankadweep, Shankhadweep, Karpurdweep, Narikeldweep, etc. Literary and archaeological evidence give information about the relationship between India and South-East Asia. The literary evidence includes Jataka texts, Arthashastra, Kathasaritsagara, Puranas, Brihatkatha, Milindapanhas, Niddesh, the Periplus of the Erythraean Sea, the Geography of Ptolemy, etc. According to the Sinhalese chronicles Dipavansh and Mahavansh, 'Son' and 'Uttar' propagated Buddhism in the golden land. In Jataka texts, there is mention of 'Marukachha port,' from where traders used to go to Golden Island. In the Ramayana, the island of Java is called 'Yavadweep'. The Periplus of the Erythraean Sea and Ptolemy's Geography refer to the Golden Island as

'Chhairse'. Huensang, Itsing, and Alberuni also refer to the Golden Island. The Brahmins and Buddhist preachers who went there with the Indian merchants were welcomed and respected by the ruling classes of the South-East Asian region, as a result of which Indian culture gradually began to spread in many parts of the region. Indian religion, political thought, literature, mythology, artistic motifs, and style became deeply absorbed into the local culture as the courts of Southeast Asia interacted more with the settled Indians. In ancient times, the countries of South East Asia were known as Suvarna Bhumi.

The Malay Islands and the Indochina region continued to attract Indian rulers because of their fertile land and availability of minerals. Both political and cultural trends were included in this colonisation. This can be seen on the basis of these arguments and facts: Ashoka sent Buddhist monks to Myanmar and Sri Lanka to spread Buddhism, which influenced the culture of Myanmar and linked it to Indian culture. Indian rulers colonised Cambodia in the first century and spread Shaivism and Vaishnavism there. The rulers of Cambodia extended their reach to Laos, Burma, and the Malay Islands. Cambodia's Angkor Wat temple is built in Dravidian style, where descriptions of the Mahabharata and Ramayana are found. Like Cambodia, a similar effect is also seen in Champa, Thailand, Java, and Sumatra. There is a clear influence of Sanskrit and Hindi on the Indonesian language 'Bhasa'. By defeating Sumatra's ruler Shailendra-1, the Indian ruler Rajendra gained authority over Sumatra. It is noteworthy that, no doubt, the Indian rulers had occupied the South East countries for political gains, but this authority was different from the current political colonisation because these new colonies of the Indian rulers were completely independent from India and out of its control. However, the cultural influence spread by Indian rulers during their rule from 5th century to 15th century can be seen in the form of architecture, language, culture, and texts of these countries. In Chinese literature, it has been called 'Funan' or 'Funan'. It was founded by 'Kaundinya', a Brahmin dynasty, in the first century of Christ. The residents of this place were in primitive condition at this time.

The Indians civilised and cultured them. Kaundinya descendants ruled for about 100 years. These people established the first empire by including the entire Cambodia, Cochin-China, Siam, and Malay Peninsula. He had diplomatic relations with India and China. There were influential rulers like 'Jayavarman' and 'Rudravarman' in the 6th century. In the 7th century, Kambuj freed himself from the suzerainty of Funan and conquered Funan as well. The names Shrutavarman and Shreshthavarman come from these early rulers. Shresthavarman was the originator of this freedom. Bhavavarman established the second dynasty in Kambuja. Bhavavarman took Funan under his control. Bhavavarman's clan ruled until 681 AD. After this, the rulers of the Shailendra dynasty got the right over Kambuj. The credit for freeing Kambuja from the Shailendra rulers goes to Jayavarman II (802-850 AD). He established his capital in the Ankor region. Indravarman established a new dynasty in Kambuj in 877 AD. This dynasty ruled from 877 to 1001 AD. The powerful ruler of this dynasty was Yashovarman (889–900 AD). Suryavarman established a new dynasty at the beginning of the 11th century. Its descendant Suryavarman II (1113–1145 AD) had built the 'famous Vishnu temple of Ankorwat'. Jayavarman VII (1181–1218 AD) was the last famous ruler of Kambuja. He made Angkorthom his capital. After this, the history of Kambuj becomes dark. The Hindu kingdom was established in Champa in the second or third century.

The name Bhadravarman comes from the early rulers. Modern Anam was included in his kingdom. In it, the temple of Lord Shiva was built in Myson. Bhadravarman's successor was Gangaraj. In the interval of Gangaraj's rule, leaving the throne, he came to India to do penance on the banks of river Ganga.After this, chaos spread in Champa. Champa continued to be attacked at par with Kambuj, etc. Jayavarman conquered Champa. In the 13th century, it fell victim to the Mongol invasion. Indian culture had entered Burma in very ancient times. The ancient castes of Burma were Mon (Tailang), Plus, etc. Dvaravati was a famous Hindu kingdom in the 7th century. It was from here that Indian culture spread to Siam and western Laos. Aniruddha (1044–1077 AD) became a famous ruler of Burma. He established political unity throughout Burma. He also married an Indian princess. He was a follower of Buddhism. Aniruddha made Pagan, or Arimardanpur, his capital. Kyanjithya became a famous ruler among the successors of Aniruddha, who got 'Ananda Vihara' built in Arimardanpur. The entry of Indian culture into Siam was done in very ancient times. Indian culture entered here through Burma. It was like a gateway to the Malay Peninsula in the Far East (Majumdar). In the five centuries of Christ, Indians established many states here. 'Takkol' was the main trading place here, from where Indian traders used to go too Far East. Remains of architecture and sculpture are found in Malaya. Apart from the mainland of Indo-China, many states were established by Indians in ancient times on the islands of South-East Asia. In ancient times, they were called by different names than at present, like Srivijaya, Yavadweep, Varundweep, Bali, etc.

It was the oldest state established on the island of Sumatra. In the seventh century, there was a ruler named Jayanag. According to the famous Chinese traveller Itsing, Srivijaya was famous for the practise of Buddhism. Java has been called 'Yavadweep' in ancient Indian literature (the Ramayana). It is known from the Sanskrit inscriptions obtained from Yavadvipa that a ruler named Purnavarman was ruling here in the sixth century. In Chinese sources, the name of a state, 'Ho-Ling,' is found in Yavadvipa. Scholars consider it a variation of Kalinga. Some scholars conclude from this that there was a close relationship between Java and Kalinga. In the 8th century AD, a new dynasty named Shailendra emerged. The Shailendra dynasty established a powerful empire that monopolised almost the entire eastern islands, including Java, Sumatra, Malaya, and other islands. The rulers of this dynasty used to bear the title of 'Maharaj'. Arab writers praise his power and splendour. 'Java's Borobudur Buddhist Stupa' is proof of the zealous builders of the Shailendra dynasty rulers. The rise of the powerful Chola Empire in India and their invasions marked the beginning of the decline of the Shailendra dynasty. After the decline of the Shailendra dynasty, the 'East Javanese kingdom' emerged in Java. 'Kadiri' and 'Sihasari' are famous in the states of East Java.

The 'Majpahit Empire' was established here in the 14th century. It is clear from the records of Varuna Island (Borneo) that most of the residents here were Brahmins. The description of a ruler named 'Mulavarma' is found here. A Hindu colony had already been formed on the island of Bali before the 6th century. Chinese literature describes the royal family here as 'Kaundinyavanshi'. Chinese traveller Itsing describes Bali as the centre of Buddhism.

Conclusion

From the beginning of the Christian era, India established commercial contacts with China, Southeast Asia, West Asia, and the Roman Empire. This resulted in the spread of Indian culture, religion, language, art, and architecture. It is an important aspect of the history of India and the world. It would be unfair to say that only Indians contributed to the culture of their neighbours; it was a two-way traffic. For example, Indians learned the art of growing silk from China, minting gold coins from the Greeks and Romans, and growing betel leaves from Indonesia. Similarly, the technology for growing cotton spread from India to China and Central Asia. However, Indians contributed more in terms of art, religion, script, and language. As trade with the West declined, trade with Asian countries and China grew steadily until the 12th century.

Reference

1. Indian Cultural Contacts with Asian Countries - Indian Influence on South East Asia, China Posted on 07-02-2022. Link-
   https://govtvacancy.net/sarkari-job/eshayaii-thasha-ka-satha-bharataya-sasakataka-saparaka-thakashhanae-parava-eshaya-cana-para-bharataya-parabhava-2

2. South-East Asia and India: Civilization and Culture India's contact with the outside world. Link-
   https://www.prabha001.com/%E0%A4%A6%E0%A4%95 %E0%A5%8D%E0%A4%B7%E0%A4%BF%E0%A4%A 3%E0%A4%AA%E0%A5%82%E0%A4%B0%E0%A5%8 D%E0%A4%B5%E0%A4%8F%E0%A4%B6%E0%A4% BF%E0%A4%AF%E0%A4%BE%E0%A4%94%E0%A4 %B0-%E0%A4%AD%E0%A4%BE%E0%A4%B0/

3. A glimpse of Indian culture is found in South East Asia Publish Date: SAT, 19 JAN 2013 07:07 PM (IST) Updated Date: Sat, 19 Jan 2013 07:11 PM (IST) *Link - https://www.jagran.com/haryana/sonipat-10053442.html*

4. Southeast Asia: The Complexity of Economic, Political and Geopolitical Integration Satu Lemay DEC 24, 2021. Link-*https://www.orfonline.org/hindi/research/southeast-asias-choices-economic-political-and-geopolitical-integration-face-complications/*

5. History of Indian Influence on Southeast Asia. *Link-https://hi.unionpedia.org/%E0%A4%A6%E0%A4%95%E*

133

*0%A5%8D%E0%A4%B7%E0%A4%BF%E0%A4%A3%
E0%A4%AA%E0%A5%82%E0%A4%B0%E0%A5%8D%
E0%A4%B5_%E0%A4%8F%E0%A4%B6%E0%A4%BF
%E0%A4%AF%E0%A4%BE_%E0%A4%AA%E0%A4%
B0_%E0%A4%AD%E0%A4%BE%E0%A4%B0%E0%A4
%A4%E0%A5%80%E0%A4%AF_%E0%A4%AA%E0%A
5%8D%E0%A4%B0%E0%A4%AD%E0%A4%BE%E0%
A4%B5_%E0%A4%95%E0%A4%BE_%E0%A4%87%E0
%A4%A4%E0%A4%BF%E0%A4%B9%E0%A4%BE%E
0%A4%B8*

6. Indian Culture in South East Asia Article shared by : M Bhatiya.link*https://www.hindilibraryindia.com/history/%E0%A4%A6%E0%A4%95%E0%A5%8D%E0%A4%B7%E0%A4%BF%E0%A4%A3%E0%A4%AA%E0%A5%82%E0%A4%B0%E0%A5%8D%E0%A4%B5%E0%A4%8F%E0%A4%B6%E0%A4%BF%E0%A4%AF%E0%A4%BE-%E0%A4%AE%E0%A5%87%E0%A4%82%E0%A4%AD%E0%A4%BE/22322*

7. Indian Culture in South-East and South-Asia. Link-*https://www.exoticindiaart.com/book/details/indian-culture-in-south-east-and-south-asia-mzm145/*

8. Spread of Indian culture abroad. Link-*https://www.nios.ac.in/media/documents/SecICHCour/Hindi/bh21.pdf*

9. Indianization of South East Asia. *Link-https://www.hmoob.in/wiki/Indianization_of_Southeast_Asia*

10. India and Cambodia Relations. .*Link-https://mea.gov.in/Portal/ForeignRelation/Cambodia_13_01_2016_hindi.pdf*

11. Indianization in Southeast Asia from the free encyclopedia Wikipedia. *Link-https://hi.wikipedia.org/wiki/%E0%A4%A6%E0%A4%95%E0%A5%8D%E0%A4%B7%E0%A4%BF%E0%A4%A3%E0%A4%AA%E0%A5%82%E0%A4%B0%E0%A5*

%8D%E0%A4%B5_%E0%A4%8F%E0%A4%B6%E0%A4%BF%E0%A4%AF%E0%A4%BE_%E0%A4%AE%E0%A5%87%E0%A4%82_%E0%A4%AD%E0%A4%BE%E0%A4%B0%E0%A4%A4%E0%A5%80%E0%A4%AF%E0%A4%95%E0%A4%B0%E0%A4%A3

12. Southeast Asia. Link- *https://translate.google.co.in/?sl=hi&tl=en&text=%E0%A4%A6%E0%A4%95%E0%A5%8D%E0%A4%B7%E0%A4%BF%E0%A4%A3%20%E0%A4%AA%E0%A5%82%E0%A4%B0%E0%A5%8D%E0%A4%B5%20%E0%A4%8F%E0%A4%B6%E0%A4%BF%E0%A4%AF%E0%A4%BE&op=translate*
13. Belt Road Initiative work continues in South-East Asiadr.21 June 2019. Link- *https://icwa.in/show_content.php?lang=2&level=3&ls_id=3144&lid=2437*
14. Political History of South-East Asia (An Old Book) Vidyanan Upadhyay. Link- *https://www.exoticindiaart.com/book/details/political-history-of-south-east-asia-old-book-mzd590/*
15. South East Asia Program. Link- *https://ignca.gov.in/hi/divisionss/kalakosa/area-studies/south-east-asia-programme/*

Assistant Professor (Guest),
Department of History,
Ram Jaipal College, Chhapra, Bihar
email : Vivek.pathak371@gmail.com

Mahabharata in South East Asia

Dr. Arnab Patra

Summary

Observing the patterns of world geography, it is seen that Asia is the largest continent among all the continents. In this entire continent, the diversity of literature and life-class guide is also observed. India is a country in Asian continent, the civilization, culture, religion, philosophy of this India is specially attracted to different countries. That is, the culture of India is so beautiful that the culture of different countries is trying to imitate. A similar clue can be found from the context of the Mahabharata. That is, culture and religious thought in India's Civilization Mahabharata section, which has been reviewed by various countries. As a result, Mahabharata grew.

As an example of a part of the biography described in the Mahabharata, it is proved that the development of the country is associated with literature and culture. Real education must be imparted to the masses. Therefore, the Mahabharata has had a great influence in India's Southeast Asia-Thailand, Canada, Cambodia, Indonesia have been able to promote the Mahabharata, and as a result, the literary culture has been able to enhance the culture of India, as evidenced by the Mahabharata.

Main Subjects : The main practice of Mahabharata is the events of the cities of the crocodiles and the pandabad of the crowd and the wreaths of the wicket. However, out of this narrative, most of the different parts of philosophy and devotion have been added to this epic. For example, religion, money, cum and mode - this discussion has been added to this chart. Other important compositions and episodes in the Mahabharata are the Bhabadditita, a maximum number of Ramayan, etc. However, they are considered to be the own creation of Mahabar-authors. The original story of the sub-division is the Mahasha of the Chandrabanganian family, Phagoba and Kraba and religion and the affairs partner. The war that is related to the rights of land in the fifth donkeys and centuries, is known as the battle of Kuruquette. In addition,In the Mahabharata, the reader has attracted the heart of the society, how many characteristic species mentioned in this book.ThatIn the great charge of all character, the fact that their personality was encouraged to be the people of society in the time of the time the characteristics of the characteristic of the character of the people where the Mahabharati's words were suspended in the era of the country where the greatest verses were suspended. TheyMost of them tried to change most of their life, they are changed to their character By showing images they try to apply them in real life.In theFor the reason, the Mahabharata is always the best seat for the evergreen.The Mahabharata In this case, the contribution of this great magnitude is also remembered for the world's literature, so that they are also remembered in the world.

Java : Southeast Asia One of the countries is Java. This The people of Java were very interested and used to read literature in their own regional language and dialects. But A time after a radical change of the readers of this country can be observed, that, in the time of the time of the development of various people in India, the people of this country, entering the business with the people of India, have been entering the people of Janavah people. And after entering this, their minds of change in the heart of life becomes unveiled.This When the ideas are being broken by each other with interviews with each other, the greatness of the Mahabharata and the place of the Mahabharata takes place to the heart of the heart. Slowly Slowly when the people of the country's people have been influenced by the different stories and character of this country, then there are a time to be read in the book.ThusThe narrative of the Mahabharata in the literature of Javat, has been written in different languages and dialects.ATime is seen in their native literature less than time More thanThe Definition of the Mahabharata has got the place and the robberic religious information from the story has made people very much manifested. By the equality of their various scriptures, the story of the Mahabharata started slowly to be studied.

Laus : India Although the greatest covenant is in the flame, the greatness of the Mahabharata's own glory in India will spread to the location of the Asia continuous by the geographical border of India. Same Significant is found, at different edges of southeastia. And This is one of the South-East Asia countries.Laura countryOne diverse religion is a corner and a donation of diverse cultures.A variety ofThe diversity of diverse literature in this country is comprised of race rather than race. But After a time, the country's culture has entered into different languages and dialects of this country. That is, In the Indian culture, the specified characteristic of the special genuit mentioned in Mahabharata is found in the literature of the Java country. By the border of India, the social and literary issues of Mahabharata occupied the place of the literature of the country, in a time, a unprecedented radical change in the lives of the country's life. That is,The culture of Mahabharata is a powerful tradition that can be attracted to the heart of the kind of reader and the audience of any country. In this way, the place was captured by the literature of Laura, the world.The effect of the Mahabharata has never been achieved in a special reason for the fact that various cultural activists have entered into the luke culture of this loud country.AndThe walls of different walls and temples are seen to be impressed by the greatest and the words of the greatest.ThisIt is clear from all the patterns that the Mahabharata has been a great influence of Laura's country's literature and the social and literature in the country of Southeast Asia, by the geographical border of India.

Thailand : South This Thailand in the country of East Asia is as a country of an unprecedented beauty from the original loan. This country Natural beauty in the beauty of the natural beauty. The Thailand's court belongs to the Asia continent in Thailand, that is not only memorable or particular notable to the world in the natural beauty of the natural beauty. Located in the world Different countries are respected to all their own glory and improvement and is known forever.In this countryThere is a lot of beauty in various variations that are found in the eyes of literature views from the view of the eyes.That is, If Thailand's literature can be seen, then it will be seen in a time in a time, in the literature, there were several stories and characteristics of the highways.That Characteristic features are fully involved in Indian culture.Therefore If you uncovered the history of observing such great Mahabharati issues, it is seen that when the Indian sensation is related to the Indian passengers due to the commercial melody.

The Indian culture is the characteristics of the time of the time of the time of the training and the rest of the vacation vacation, then they are themselves in the memory of the matter when they are themselves in the country. Then did This They sow the seeds of culture in that country. Different from the thailandIn the various religious ceremonies and their cultures, the majority of Indian cultures are found in the match.The nation, Religion, Regardless of the colorThe culture of Indian culture was all affected. Of As a result, there were several changes in public living in several areas of Thailand during the time. And with the researcher's various researcher It is said that Indian culture has entered the literature from Thailand to visit and since the next time when readers have studied society and later they learned to apply in real life. But since their life changed changed. Their

One of the identity of the peace of the peace and the time is available at the time.

Cambodia : South Cambodia is one of the eastern Asia countries. Cambodia If you realize history, it is seen that people of that country are especially associated with trade and commerce. However, some of the people in that country trade in the water points with India in India with a trade and commerce. And When passengers have rested after the long way, after spending time with different people in India, most of the time seen that the Indians kept the thinking of the time of the time and reflecting religious stories about the religious stories of the religious stories.Thus For some long time, the Indian culture has been established in the contact with the people of Cambodia when contacted by the Indian origin, cultivation of the country of Cambodia, some culture was sent to the country. Thus, when the religious story and the neglect of the religion were made, the people of Cambodia then tried to pursue them slowly.The nextAt the time, this Cambodian people used to try to express their people in their own language, in different areas, and in the dialect, when they tried to express people in the country, they would have been able to express special attractive and joy.ExactlyAfter some time, in the seventh century, in the seventh century, in the seventh century, in the country of Cambodia, there was a great distinct issue in the sky of literature in the country. AndSome of the stories that have been written in their own language, some books were written in the diaphragm. The When the time of observation of the society and literature of the Cambodia, the time was seen in literatureSuch asIn the side of the Mahabharata, he has been imposed in the high places of Mahabharata on the high wall of the country.ThisThe issues also have given special education to the people of civil society at any time.So simply in a word, in this language, the Cambodia country of South Africa, the country's way to the literature, which is the prosperity of their literature, to the Mahabharata.

Indonesia : The world This Indonesia has been developed in the middle of the map of the map of the Maps and the Pacific Ocean. Indonesia Fill in its own natural beauty. Natural Beauty is also a wonderful human civilization as a wonderfulThe demand of beauty. However, no country is considered the beauty of the only beauty in the universal. That country Civilization, Culture, Society, Education, Literature The more full of land that is full of the country is more beauty.ThisIn the middle of beauty, there is a part of literature and culture.That is,Literature and culture can also be narrate to a country. In Indonesia Although this beauty was promoted to Samikhami, there is a lot of culture and religious context of India in many cultures and cultures in Indonesia, are very specially seen in Indonesia. Of courseIt can be recognized that compared to the whole world's culture, it is seen that the culture of India is the most glorious. So this beautiful culture and religious ideas were particularly reflected on the life of Indonesia's society.In IndonesiaWhen the religious ceremony was held in different regions, the opportunity of the occasion became a special clear that the character of Mahabharata was highlighted there.SuddenlyVarious character which has been discussed in the Mahabharata, which qualifying and the characteristics gives the goodness of a good example to handle life life. And Such characteristics of characteristics of different characteristics of IndonesiaOfReflecting in the reflection of the trend of the reflection.

Translation work : The first Bengali translator of Mahabharata is Kabindra Papershwar. Premaiyarvar Dav's name is the name of Pandabbuki '.The poet Gaherah was the President of Chittagong's Registration Paragaghan Khan.After his death, London, Paragaghan Khan died, his president, in his spotity, his secretary, wrote in Mahabharata in the Bengali language. Srrekanti's poetry is the name of the horse episode. Srikarki Ripe the Kharama Mahavar, a

141

completely poor compassion with the 'horsegas episode'. Kashiam Das, the best translator of Bangla Mahabharata. His poetry name is India 'India Panali'. This is the most popularity in the translation of all Bengali Mahabharata. The cytemy could not translate the whole of the Mahabharata. The poetics were produced by the Arabian Sabbas Forest and Big Episode. After the triumpom of the poet, he was finished using the eldest and the nose of the nine. The universe before the teammates slave, and did not capture the full profession. In the 16th century, the rebellion of the Bahandrahma Das's 'Pandabbaya', who was not the full translation of Mahabharata 'Salkar Dal'. The poets used to translate the part of the Mahavar Mahavar or write their poetry in a special stage. Because of the death of the Kashiam Das's 'India Panchali' completers, many people think that after the death of Kashiam, his brothers and sisters completed this poem. The same thing as a jute, Kashiam Das has composed his poetry in the simple language, Sarah Ras, the heroes of the hero. The prayers of the Davida, in the prachanda, the events of the events of the drainage of the events, Hindi Kakhtha, the story of the Hary, Khibrachchta, or the incident of Arvun, the arrest of Arvun, origin, has been in the main Mahabharata. Epachesis is not in his poetry, but the precious priority of the punishment is more. So the Khatiyari character has chosen to be ashausted, as Kashiram's chiefs, the life of the family of the Mahabharata, the righteousness, the truth, the heroism, which is the basis of the Hindu religion, so he presented his own poetry.

Right to increase the range of stories-India's written Krishnadas Diamini diameter This great document is made to India, such a special gift to India, is a documentary of the society and the literature of India's society and literature. That Study the Rural Rules, Indian culture and civilization understands that the clear form Then the Mahabharata. This If you do not know the great book, the greatness of Indian society and culture goes from ignorance.The Not only that the Indian journey and the culture will have to be known to be greatly in order to know the greatest.That is,A man is a vitality, how to bear a peace, if a man conducts his life character in a way to death, and if it is a unprecedented joy to themselves, it is essential to study the entity from the book. Such There is no matter which is needed for human life in society, that is, the ability to ensure the most moral and ideal theory of all the people,In the Mahabharata.That means that there is a lot of characteristics in this great book, if a man complies with the ideal, a man can become known as the real ideal to the society forever. BothAs a male characteristics are found, such as the opinion of the Drapei and Kuni character, the character of the women's character is more important than the two-brave and pegant ideology. Therefore, to make an actual life character in this society or woman, it is not found in the book of the book of the highway.Therefore This book is the first to the whole world, the greatest world, and the greatest world is the first to face the threat of theoretical discussion. But the book is not only known in the shape of the butter, but not everyone is known to everyone,The book The great character of the great character described in the maxim The E-world Remember forever. This Because of his promotion and spreading greatness, the fame and glory of the greatness is far from the far.

Excellence Trial : Krishna Diaback is compared to the VedasThe superiority of the Mahabharata is universally.Mentioned in The Mahabhaba always has been superior to the superiority of the men and the wicked war of war in the texts.TheIf all the characteristics of Mahabharata are only judging the external view, then all the characteristics of these characteristics played a lot of role, but one of the all the characteristics is hidden in a internal patterns.That is,The wicketfield warfare only happened in the river field, as it is in the fight, where the war is happening in the body of the body and who is fighting with whom it is not a warm-thinking, the army is looking for the philosophical theocidi, then it will seem that the external and internal side of the greatest side of the Mahabharata has been highly specially.SomePeople can hear from the apparent by hearing this evidence that the people can only be understood in the external events, but if the events are only initiated in the deeper, then it can be clearly understood that there is a result of the death of the Definity in every event of the Mahabharata.That is,The Mahabharati is not only as the most important of the spiritual view, such as the highest place of the philosophical view of the theory of the philosophical view of the country. Again, separated all these issues, seeing that many incidents that have been found in different literature in literature. That is, however, the greatest profession is always superior to the eternal.

Conclusion : The worldIn the map, one of the best flaves in the Asia continent is India.How much Great human beings, How much is great Many scholars and how many great ideals are identified In this india. People in India For the eternal country, a world of a glorious country is known to the world.The India's history behind hide this glory, but this history gives us many witnesses. And one of the signs of this witness is the greatest side.This is great.The Military is unpopular in the ancient India civilization, Society and culture.This The trace is hidden in different character.Such There is nothing to find in the book.The glory of itSo many people and so attracted to the nation, which can be taken to the whole country, very easily.The studyIt has been found that there is no man in the world, who discusses the story of the Mahabharata, he never fetched.This The unprecedented clearly explains us that there is a different power in the story of the Mahabharata.That The power is because of the power of the subconscious angle.

Such Many original or neighbors are among the Mahabharata, which is known to all of the adult almost a matter of a kind of audience to the old age. It is seen from the calculation of the time since the time of the direction of the people of the greatness of the people of the country's leisure or joy entertainment. At the time of the time Only the greatness of Mahabharata was in the fortune of India, or his discussions were discussed But not but The MahabharataHis own glory has passed the geographical genius of India and went to different countries.Special The influence of Mahabharata in the South-East Asian countries is widely observed.Therefore The country of Southeast Asia also as shelter in the country's great country as the country's countrymenA lot of pride.FinallyIt is said that the glory of the Mahabharata like the speed of the wind, flowing flowers in India in different countries in India. Sonicon, the Mahabharata's message is impressed in common people. People Evaluate this Mahabharata, moral and modal.Therefore Without India, different states of South-East Asia will never forget the story of the greatest traders and characters, LifeThe parties will be across the world.Only Life is not society, Literature, Culture, South-Asia continued in the country of religious and philosophical-The kita's nation's country This is the boy Mahabharata is always recited Having stayed.

Reference :
1. Anonymous, John D. Smith. The Mahabharata. London: Penguin Classics, 2009.
2. Alf Hiltebitel. Reading the Fifth Veda: Studies on the Mahabharata. Leiden, The Netherlands: Koninklijke Brill, 2011.

3. Lourens Minnema. Tragic Views of the Human Condition. New York: Bloomsbury, 2013.
4. V.S. Sukthankar. Critical Studies in the Mahabharata. Bombay: Karnatak House, 1944.
5. V.S. Sukthankar. On the Meaning of the Mahabharata. Bombay: The Asiatic Society of Bombay, 1957.

Assistant professor,
Department of Sanskrit,
Asutosh College, Kolkata

भारत और दक्षिण पूर्व एशिया

India's Shift from Look East Policy to Act East Policy

Dr. Shraboney Banerjee

Abstract

The Look East Policy was launched in 1991 with the objective to promote economic cooperation, cultural ties and develop strategic relationship with countries in the Pacific region that integrate with Southeast Asian countries which would provide an opportunity for growth and transformation of the country because these were the fastest-growing economies. The Act East policy of 2014 is viewed as successor of the Look East Policy. This policy was to have concrete engagement with countries in Southeast Asia and East Asian countries. The Act East policy promotes economic cooperation, greater connectivity and security ties among the countries. By departing from the traditional foreign policy imperatives, this policy focused on removing the barriers and remoteness of North East India. Act East policy represents the development model of North East region. There has been a sizeable increase in foreign investment. This policy has also helped India strengthen its place in the global economy.

India's Look East Policy is an important shift in India' foreign policy was adopted by the Government of India in 1991 under the tenure of Prime Minister of P.V. Narasimha Rao during the time when the Cold war ended and Soviet Union disintegrated. After the disintegration of Soviet Union the world witnessed a new type of international order in which the United States of America became the only superpower. At that time Indian government realized the need of the hour because it was the time when India suddenly became orphan as earlier India could get any kind of help from the former USSR and now USSR disappeared from the world with the end of the Cold war.

In 1991, the Soviet Union collapsed and brought huge intimation for India. The former Soviet Union had been a reliable partner of India. It supported India by ensuring supply of arms, petroleum and to some extent economic assistance. It was also a leading trade partner and a big market of Indian consumer goods. Besides, the Soviet Union had always stood in favor of India diplomatically. Collapse of the USSR created tension for New Delhi as it could no longer dependent on Soviet diplomatic support at the Security Council of the United Nations. Thus, India went under international pressures like disarmament, non-proliferation and the Kashmir issue. The collapse of the Soviet Union was therefore a big loss for India in political, strategic as well as economic terms.

Therefore, India directed its foreign policy on three important objectives: 'Maintaining the territorial integrity of India, ensuring its security by establishing peace and stability in the region and to build a framework for a healthy external economic environment'. India decided to adopt a new shift in its foreign policy and started looking towards its eastern neighbors. The center of attention of the Look East Policy was to shift the country's trading focus from the west and neighbors to the Southeast Asian nations. In 2003, the span of India's Look East policy was expanded and included the East Asian nations such as - China, Japan and Korea. Trade and investment ties remained the most important component. This policy remained the same till the formation of the NDA government in 2014 under the government of Prime Minister Narendra Modi who enhanced it to "Act East Policy". The "Act East Policy" was reintroduced at the East Asia Summit in Myanmar in November 2014.

With the end of the Cold War globalization and free market economy became favoured and thus economic factors became a major component in international relations. Since the international status of a country depends much on its

भारत और दक्षिण पूर्व एशिया

wealth, by the end of 1991, Prime Minister Narasimha Rao asked Ministry of External Affairs and its officials abroad to focus more on the economic aspects of India's external relations. Hence, economic diplomacy became the new trend in India's foreign policy. Behind time, the Indian policymakers realized that China already started in opening up, reforming and developing its economy ahead of India and strengthening its political and economic ties with Southeast Asian countries. It was also realized that unless India took steps to reduce China's impact in the region and develop similar correlation with the political leaderships, economies of this region, it would find itself in a deteriorate position in the near future.

The Look East Policy (LEP)

Because of the above compulsions, the Look East Policy was officially launched by the government of India in the year 1991 under the leadership of Prime Minister of Narasimha Rao. The term 'Look East Policy' was bring up for the first time in the Annual Report of the Ministry of External Affairs in 1996. The Look East policy is thus a result of various intimidation, changed wisdom and assumptions of India in the changed international environment.

Commencement of the Look East policy in 1991 had shown a fast progress in bilateral relations between India and ASEAN (Association of Southeast Asian Nations) members. India's relationship with ASEAN member countries was upgraded to a Sectoral Dialogue Partnership in March 1993, mainly in three areas - trade, investment and tourism. In December 1995, India–ASEAN relations were enhanced to a Full Dialogue Partnership at the fifth ASEAN Summit in Bangkok. This increased the interactions between ASEAN and India from the senior official to the ministerial level.

The expanded cooperation between India and ASEAN strengthened not only economic ties but also security connections, resulting in India's acknowledgement to the

149

ASEAN Regional Forum (ARF) in 1996. The ARF is significant for security cooperation in the Asia-Pacific region in which global and regional security issues, as well as disarmament and non-proliferation issues, are discussed. India's recognition to the ARF ensures the acceptance of its role and position in the Asia-Pacific region.

In 2003, the scope of India's Look East policy was expanded and attached the East Asian nations- China, Japan and Korea. Trade and investment ties remained the most important elements. Finally in August 2009 India signed a Free Trade Agreement (FTA) with 10 members of the ASEAN. On 29 September 2003 the then Indian Foreign Minister Yashwant Sinha in his speech on 'Resurgent India in Asia' at Harvard University, stated that, "In the past, India's engagement with much of Asia, including South East and East Asia, was built on an idealistic conception of Asian brotherhood, based on shared experiences of colonialism and of cultural ties. The rhythm of the region today is determined, however, as much by trade, investment and production as by history and culture. That is what motivates our decade-old 'Look East' policy."

Objectives of the India's Look East Policy

Under the Look East Policy, four broad objectives have been tracked in the several years since its initiations. The major priority areas of the Look East Policy are discussed below:

Regional Integration :

The main objective of the Look East Policy is economical. Asian neighbors achieved rapid economic growth and India was lagging behind. Fascinated by the East Asian economic miracle, the Indian elite came to realize that the East Asian open economic system could be a model for its own development strategy. Thus, New Delhi wanted to expand ties with these high- performing economies with the aim of getting integrated into the process of economic regionalization in East Asia. As G.V.C.Naidu says, Look East Policy is multifaceted and multi -directional approach to establish strategic links with many countries, evolve close political links with ASEAN and develop strong economic bonds with the region. Second, it is an attempt to crave a place for India in this Asia -Pacific. Third, the Look East Policy also means to work as a showcase for India's economic potential fear investment and trade.

Reform and Liberalization :

Though the Look East Policy is a by- product of India's economic reform and liberalization in 1991, the policies seeks further reforms to liberalized trade and investment in order to build up deeper economic integration with East and South East Asian countries. Thus India look for lower trade barriers and liberalizes the investment regime. India has signed a framework agreement during the Bali summit in 2003 to create a Free Trade and Investment Area with ASEAN by 2016.Since 2003, India ASEAN and individual ASEAN member countries have agreed to and begun negotiation on FTA's after signing the Framework Agreement on Comprehensive Economic Cooperation. India and ASEAN agreed to implement and FTA for the ASEAN - 5 by 2011 and for all ASEAN member countries by 2016. The Framework Agreement declared and early harvest programme of immediate deliverables and unilateral trade preference by India in favor of the least developed members of the grouping.

Rapid Economic Growth

In the aftermath of India's liberalization, the Look East policy become more than just a foreign policy alternative as it provided a development alternative as well, in accompanying with the globalization and the resurgence of Asia as an economic Power House. To quote Prime Minister Manmohan Singh: ' it was also a strategic shift in India vision of the world and India's place in the evolving global economy.' It is only with the formulation of the Look East policy in 1991 that India started giving East and South East Asian region due importance in the foreign policy planning. Thus, confining East Asia's growth was an important cause for India's engagement with the East Asian economies. When the Indian economy started growing at a high rate from late 1990s. India has increasingly turned its focus to sustained rapid growth. Strong economic ties with East Asia would position India well for accessing growth opportunities in Asia. India is also encouraging East Asian investment in the transport, communications and power sectors to keep pace with its expanding economy. India believes East Asia holds a key to India's sustained economic growth, particularly when international economic activities are becoming more critical to India's own growth and other reasons are growing at a much slower pace and becoming more protectionists.

Development of the North Eastern Region

The Look East policy is also a means of decreasing India's internal development discrepancy. The North eastern states lag behind in economic development and this gap has expanded since independence. The sense of neglect has resulted in various forms of unrest in the region. With the launch of the Look East policy ,India sees the region not as cul-de-sac but as a gateway to the East, thereby attempting to link the North eastern region with Southeast Asia through a network of pipelines, roads, and rail and air connectivity. This is expected to initiate economic development and help the eight North eastern states to develop infrastructure, communication, trade, investment, logistics, agro- business and other commercial activities. Knowing fully well the future prospective, the North eastern states strongly support the Look East policy. Indeed the Look East policy is believed to be the new hymn for development of the North eastern region.

Act East policy

India's Act East policy is a diplomatic approach to increase economic, strategic and cultural ties with the huge Asia Pacific region at different levels. The Act East policy was launched in November 2014 at the 12th ASEAN summit 2014 held in Myanmar. The Act East policy is considered as the modern version of the Look East policy that was launched in 1991 by the Prime Minister P.V. Narasimha Rao. In 2014 the NDA government under Prime Minister Narendra Modi improved the Look East policy to Act East policy . The domestic developments in the nation also pursued the policy makers to change the course of it. The domestic factors like growing demand for energy, economic developments for a huge population in a unipolar world after the End of Cold War demands closer relations with eastern bordering states also. Act East Policy aims at the extended neighborhood in Asia Pacific and also involves security corporation. It aims at encouraging economic cooperation, connectivity, trade and cultural links and evolving a strategic relationship with nations in the Indo Pacific region with a proactive and pragmatic approach and thus enhancing the economic growth of the North Eastern Region which is considered to be a gateway to the South East Asia region. These two factors of changing the economy for advancement, has transformed its foreign policy in the region with increased number of bilateral relations and investments in a dynamic global order.

Objectives of the "Act East Policy"

The Act East Policy wants India's more active role in the following areas.

1. To promote economic, cultural and strategic relationship with nations in the Asia-Pacific region through continuous engagement at regional, bilateral, and multilateral levels.

2. To increase the interaction of the North-Eastern states India's Eastern neighbors through physical connectivity, infrastructure development, development of trade etc.

3. To discover the alternatives of India's traditional business partners and more focus will be on the Asia Pacific countries along with the Southeast Asian nations.

4. To contain China through curbing its increasing influence in the ASEAN region. Trade between India and ASEAN increased up to $71.6 billion in 2016-17 from $2 billion in the early 90's. On the other hand, trade between China and ASEAN stood at $452.31 billion in 2016.

5. Many experts are of the view that under the "Act East Policy" the government of India is relying on the 4 C's (Culture, Connectivity, Commerce and capacity building) to develop better relations with the ASEAN member countries and others in the Asia-Pacific region. Now there is need to look at 3-D's, and they are: Diversity, Democracy and Defense. The move of ties beyond trade and commerce, can give a strengthened defense relationship.

In order to ensure the success of the policy, the Modi government is putting steady efforts to develop and strengthen the connectivity of North East Indian states with the ASEAN region through people to people contact, trade ,culture and physical infrastructure (airport, road, power, telecommunication etc.).

Challenges to Act East policy of India

The Influence of China

The escalating influence of China in South East Asia and the Indian Ocean Region presents a direct geo political difficulty to India. The Act East policy has been less efficient in addressing China's influence in the region.

The Trade Deficit with ASEAN

The share of ASEAN in India's over all trade deficit increased from around 7% in 2009 - 10 to 12% in 2018- 19.

Among the 15 RCEP countries, India faces trade deficits with all apart from Laos, Cambodia, Myanmar and the Philippines. China accounts for 60% of the overall deficit .

Failure of Regional Comprehensive Economic Partnership (RCEP)

Act East policy has not been capable of gathering the support of different countries in eliminating issues related to RCEP that concerned India. India became the only exception with removal from the regional trade deal owing to the failure of comprehensive negotiation concerning the Regional Comprehensive Economic Partnership (RCEP).

Limited Economic Engagement

In opposition to the great advancement in the field of defence and security cooperation, major economic agreement signed between India and East Asian countries are quite scarce. So far, India has not only signed the memorandum of cooperation (MoC) on oceans and fisheries with South Korea.

Conclusion :

During the early 1990s both the domestic and international environment compelled India to look for an alternative and therefore India's foreign policy took a turn and started looking towards its east for achieving its economic development. Further in 2014 the NDA government under the Prime Minister Narendra Modi realized the need for an active role of India through its active involvement in developing economic, cultural, strategic, defense cooperation with the South East Asian countries and beyond. One of the major causes for adoption of the Act East Policy is to counter China by reducing its influence in SouthEast Asia. One of the significant differences between the Look East and the Act East is that under the Act East Policy the government of India has provided much focus on infrastructure development in India's northeast to ensure its physical connectivity with East Asia. Besides under this policy the

Indian government has been seeking to establish defense cooperation with its Eastern neighbors mainly to ensure its security threat from China.

Two and half decades passed away since India commence the Look East Policy (LEP) with taking into consideration strengthening its strategic and economic relations with Eastern neighbours along with South Eastern also. But, the incentive to intensify political dialogue was not there. India's active participation in constructing a common market with interconnected programs has strongly increased the size of its genuine image in Southeastern and Eastern Asia. India's Act East Policy (AEP) with its objective of identifying and incorporating the cultural tangibles and intangibles to place, India in their cultural fusion must be understood in the light of the attempt to create an alternate discourse to the predominant Western ones. The Act East Policy (AEP) seeks to trace the historical continuity of the relationship that is embedded in the cultural relations between the two sides – India and ASEAN countries. Human relations have pave the way for structural relations.

References

1. Barua, T. (. (2020). The Look East Policy/Act East Policy-driven Development Model in Northeast India.Jadavpur Journal of International Relations, 24 (1), 101-120.

2. Chandrasekhar, B. (2019, November 4). From Look East to Act East: Flowering of an Asian Renaissance. Retrieved from https://thegeopolitics.com/from-look-east-to-act-east-flowering-ofan-asian-renaissance/

3. Chaturvedi, A., & Sharma, D. H. (2020). INDIA'S FOREIGN POLICY: A TRANSFORMATION FROM 'LOOK-EAST' TO 'ACT-EAST'. Journal of Critical Reviews, 7 (11).

4. Dutta, A. K. (2019, July 10). Look East, Act East~II. Retrieved from https://www.thestatesman.com/ opinion/ look-east-act-eastii-1502775767.html

5. Haokip, T. (2011). India's Look East Policy: Its Evolution and Approach. South Asian Survey, 18 (2), 239-257.

6. Kesavan, K. V. (2020, February 14). India's 'Act East' policy and regional cooperation. Retrieved from https://www.orfonline.org/expert-speak/indias-act-east-policy-and-regional-cooperation-61375/

7. Mukherjee, R. (2020, January 14). East by Southeast: Three challenges for India's 'Act East' policy. Retrieved from https://www.business-standard.com/article/ economy -policy/east-by-southeastthree-challenges-for-india-s-act-east-policy-118012300197_1.html

8. Naidu, G. (2004). Whither the Look East Policy: India and Southeast Asia. Strategic Analysis, 28 (2).

9. PM's Act East Policy shifted geostrategic posture in Indo-Pacific: EFSAS. (2020, July 7). Retrieved from https://www.business-standard.com/article/economy-policy/pm-s-act-east-policy-shiftedgeostrategic-posture-in-indo-pacific-efsas-120070700431_1.html

10. Roy, N. (2020). Evaluating India's Look-East Policy: Challenges And Opportunities Under UPA Rule. Asian Affairs, 51 (3), 642-655.

**Post Graduate Teacher,
International Hindu School, Varanasi,
U.P.**

South Indian Trading Organizations in Southeast Asia : As Gleaned from the Medieval Inscriptions

Dr. Martiz Kurian

The Indian influence in Southeast Asia can be seen in the inscriptions that have been discovered throughout the region. The preponderant majority of the inscriptions are in Sanskrit and more than thirty inscriptions on stone and many on other artifacts, especially votive offerings on clay tablets or gold leaf, have been discovered in Vietnam, Laos, Malaysia, Indonesia and Thailand. These inscriptions reflect the characteristics of a pan-Indian influence in terms of the language used in Sanskrit and Sanskritized Prakrit. The strong Tamil influence is also evident in the script used in the inscriptions. Around seven inscriptions in Tamil have been discovered in Southeast Asia. The time frame of the inscriptions ranges over one thousand years, from the third or fourth century to the thirteenth century, which again supports the inference of long-standing cultural and commercial intercourse between the South India and Southeast Asia.

Keywords : Trade organizations, South India, Southeast Asia, *Manigramam, Anchuvanam*

Corporate organizations of merchants became very prominent from the ninth century onwards. The trading organization were one of the significant institutions of South Indian trade, and merchants involved in interregional and overseas trade establishments. Geographically, the area of trade organization was functioned in the past corresponded, more or less to the territory of the present-day states of Karnataka, Tamil Nadu and Southern Andhra Pradesh, Kerala and Southeast Asia. In medieval, South Indian the merchant organizations were formed on the basis of castes and occupations. The trading organization comprised those who earned their livelihoods by the same kind of work though belonging to different castes or same caste. The trading organizations created a sense of collectiveness. There were different kinds of guilds or organizations in South India viz. the agriculturist guild, the craft guild, the artisans' guild and merchants' guild. Among these, trade guilds or trading organization was the best organized and an economic organization [(Champakalashmi, 1996 :321)]. It played a vital rolr in the multipurpose activities of trade and commerce. They were also conecerned with the administration of many township such as urban centres which were near to the ports or the coastal areas.[(Mahalingam, 1967 : 3910)] The functions of the trade organization were not confined to economic activities alone. They also played a prominent role in matters concerning social, religious, administrative and judicial of both the rulers and ruled. For their services, they received endowments of money or land from the rulers. They built and maintained charity houses, temples and tanks for the welfare of the public.

Areas of Trade

The trade organization carried out internal as well as overseas trade. By involving in overseas trade, the trade organizations linked their country with alien countries. A notable fact is that they were active in handling and distribution of commodities. Consequently, the activities of the trade organizations were extended over a wide range. It is corroborated in various inscriptions. On the analysis, it can be found that the trade organizations firms got momentum during the eleventh and thirteenth centuries but the Number increased in the 13th century. The chronological tendency seen in Karnataka is rather parallel to the tendency found in the stipulated inscriptions, but the tendency in Tamil Nadu is somewhat different. It shows decrease in number especially in the eleventh and twelfth centuries AD.

Some of the trade corporations of South India, mentioned in the inscriptions are found at Guntur, Anantapur, Chittor, Cudappah, Sangali, Mahbubnagar, Bijapur, Belgaum, Mysore, Chengalppattu, Kolar, Hassan, Raichur, Gulbarga, Chitradurga, Tumkur, Bellary, Vishakhapatnam, Shimoga, Dharwad, Kaladgi, Madurai, Ramanathapuram, Pudukkottai, Tirunelveli, Tiruchchirappalli, Thanjavur, Erode, North Arcot, Wayanad, Palakkad, Kottayam, Trivandrum, Cochin and Kollam. The four inscriptions of Southeast Asia are hailing from Indonesia Sumatra, Thailand and Myanmar. Another notable aspect to be highlighted in this context is that the trading organizations extended their trade activities in Sri Lanka, Burma, Java and Sumatra.

Mercantile activities of South India during the medieval period were not confined to the orbit of local or regional or coastal trade. The merchants of long-distance trade were involved in the trade organizations which were active in intra-Asian mercantile activities. The respective organization was an association of traders, formed for mutual benefit of the members, monopoly of trade and religious benefits. It was also envisaged for protecting the economic and legal interest of the merchants, engaged in long distance overseas and overland trade (*A.R.E.*, 1939-40:193). The epigraphic records and literary sources of South India furnish information about the intra-Asian trading organizations of medieval period. The prominent among them were *Manigramam, Anchuvannam, Valanjiyar, Nalppattenna-yiravar, Ayirattainnurruvar, Valanjiyar, Ainnurruvar, Nanadesi*, etc. From ninth to fourteenth centuries, the so-called corporations had functioned in the states of Kerala, Tamil Nadu, Karnataka and Andhra Pradesh, coming under in South India. Another notable aspect to be highlighted, in this context, is that these trading organizations extended their mercantile activities to Indonesia, Sumatra, Thailand, Myanmar, Sri Lanka and Burma (*A.R.S.I.E.*, 1892:12; *A.R.S.I.E.*, 1928-9:31; 1924:10; *E.I.*, VII: 197-8; *E.I.*, VII, 1903:137-8). They were, in nature, extra territorial bodies, cutting across the political boundaries and regional power centres which were not much affected by wars (Sastri, 2009: 300). The tracing of history reveals that the whole corpuses of data on early medieval South Indian and Southeast Asian trade are primarily associated with *Ainnurruvar, Manigramam, Anchuvannam* and other trading Organization.

In fact, the maritime trade and commercial exchange of South India in the medieval period were dominated by the trade organizations. It is presumed that these organizations had come into being as part of the exchange of merchandise and in the course of time, they controlled the internal and external trade of South India. To supplement, the intra-Asian trade organizations, played important role in the economic system of South India from ninth century onwards. Their activities were not confined to South India but acted as part of wide mercantile networks, having inter-regional and intra-Asian trade relations. Credible information of these merchant organizations is illustrated in literary works and the inscriptions of south India and Southeast Asia.

The trade contacts of the South India with Thailand could be understood on the basis of an eighth and ninth century AD inscription from Takua Pa from Thailand. Takupa in Thai-Malaysian peninsula has a fragmentary Tamil inscription of ninth century which deals with the maintenance of a tank by a group of armed warriors, associated with *Manigramam* (Sastri, 1949: 25-30). This is a remarkable example to corroborate the existence of maritime mercantile activities of *Manigramam*. The recent excavations in Takua Pa also indicate a great deal of south Indian influence, existed between in ninth and twelfth centuries. Moreover, the establishment of a base of *Manigramam* at Takua pa denotes the continuation of old historical trade links with peninsular India and Southeast Asia. These evidences facilitate the assumption that *Manigramam* was originated among a group of itinerant merchants who had no permanent centre. No doubt, literary pieces and inscriptions indicate the intra-Asian maritime commercial activities of *Manigramam* include the of Persian Gulf, Arabian peninsula, parts of north-west India, east and west coast of India, Sri-Lanka, few parts of South Burma, Thai-Malaysian peninsula and many areas of Southeast Asia and China. The first and foremost, in this respect, is *Manigramam.*

The earliest available inscriptional reference to this trade guild is referred in the Tarisappalli copper plate of Sthanu Ravi of AD 849 *(T.A.S.,* II, 9: 60-85). The origin of *Manigramam* and *Anchuvanam,* their activities etymology and so forth are problem of debate, among the historians. According to Champakalakshmi, a distinguished historian of South India, *Manigramam* is apparently a descendent of the group of traders from *Vanika-gramma* in Kaveripattinam, who, after the decline of external trade in early period, moved to interior places, especially Uraiyur and Kodumbalur and thereafter re-emerged as *Manigramam,* an organized group of traders, by the ninth century (Champakalakshmi, 1996:49). But no concrete evidence is there to prove the beginning of these organizations, in Kerala or other states of South India. The activities of *Manigramam* seem to have covered the period from ninth century to the middle of fourteenth century.

Another remarkable organization, consistent with this, is *Anchuvanam.* It is an organization, which comprised of foreign merchants, especially Jews and Christians. They had begun their commercial activities on the Southwestern coast of India during the early eighth and ninth centuries *(E.I.,* III: 68). Initially, the term *Anchuvanam* was referred to by the Jewish traders who had come to the Malabar Coast and thereafter acquired settlements (Ramesh, 1970: 253). A stone inscription of thirteenth century, found at Tittandatanapuram in the Tiruvadanaitaluk of former Ramanathapuram district also illustrate that the members of the *Manigramam* performed trade and commerce, in collaboration with *Valanjiyar* of South Sri-Lanka and the *Anchuvanam (A.R.E., 1926-27: 598).* In Visakhapatnam, an inscriptions of 1090 AD refers to a member of *Anchuvanam* who had come from Matattam in Sri-Lanka, was given by the *nagaram* of Visakhapatnam and the ruling king, the tax concession as a reward for the maintenance of a *palli. (S.I.I., XXVI: 103).* Another inscription, datable in between AD 1200-1207 mentions similar tax concessions, provided by the local chief to another member of *Anchuvanam* from Pasi on the northern coast of Sumatra for the same *palli (S.I.I., X: 211).* These inscriptions testify that the members of *Anchuvanam* are foreign merchants who settled in the littoral areas of the south India for maritime trade.

Ainnurruvar is yet another organization, in this regard. It is an organization of merchants which is originated at Aihole in the taluk of Hungund, coming under the Bijapur districts of Karnataka *(I.A., VI, 1877: 138; I.A., VIII, 1879: 237).* It is also known as Ayyavole, Aryapura and Ahichchatra and the same names are frequently used in the inscriptions. The *Ayyavole* had the base at Aihole which is associated with Raichur *doab* of northern Karnataka. The formation of the merchant group *Ainnurruvar* is probably taken place in the eight century *i.e.,* towards the close of the period of Chalukyas of Badami or the opening of the Rastrakuta rule. It was a large organization of itinerant merchants of a supra-regional character. The Aihole inscriptions which refer to the trade organization *Ayyavole* range chronologically from eighth to early twelfth centuries (Abraham, 1988: 41). *Ainnurruvar* was a trade organization of early medieval South India which participated in overseas trade also. For

163

instance, an eleventh century inscription of Sumatra illustrates the existence of *Ainnurruvar* in Southeast Asia (TIT, 1932:314-32). It is believed that *Ainnurruvar* merchants had gone to Sri-Lanka along with the army of Cholas and established the base of activity in the area, occupied by the army (Indrapala, 1971: 32-33).

The origin of *Nanadesi* is also traced from Ayyavolepura of the Chalukya Kingdom. In other words, this intra-Asian mercantile organization is constituted by members, who belonged to various castes, religions and regions. By holding the position of traders, they occupied supreme position in the professional bodies. They were also mentioned in the inscriptions of south India and Southeast Asia. It is also known by other terms, such as *Nanadesi, Ubhaya-Nanadesi, Valanjiyar, Vira Valanjiyar* and *Banajiga*. Hence, these terms are used interchangeably in various records. An inscription of thirteenth century of Pagan in Burma gives the information that a Vishnu temple had been constructed by *Nanadesi* (*E.I.* VII, 1903: 137-8). It also records the installation of door and lamp in the temple by Kulasekhara Nambi of Mahodayapattanam in Kerala. By land and sea routes, they visited Chera, Chola, Pandya, Malaya, Magadha, Kausala, Saurashtra, Nepal, Lambakarna, in addition to Sri Lanka and Myanmar (*E.C.,* IV: 158; *A.R.E.,* 1928:29:156). Considering the nature of work, the *Nanadesi* traded elephants, well breed horses, precious stone, spices, perfumes, drugs, cotton cloth, pepper and areca nut. No doubt, by conceding with the commercial activities, *Nanadesi* is conferred upon the status of an intra-Asian nature of the merchant organization. *Valanjiyar* is another important trade guild that operated in various places of south India and Sri Lanka. (*A.R.S.I.E.,* 1928-9: 31;1924:10). Considering the nature of inscriptions and other evidences, it can be evolved that vast maritime network was established with the relentless service of *Valanjiyar*.

The dominant role of the South Indian trading organization in the overseas trade and commerce is established by the continuous occurrence of their name in the inscriptions of Sri-Lanka, Thailand, Sumatra and Burma. A remarkable fact is that northern India was disrupted by incessant wars and external aggrandizements but southern region experienced with rapid economic development, by virtue of the aforesaid trade organizations. The Chola kingdom provided relative stability in South India and their expansion in Southeast Asia opened new markets for merchants and producers of South India. Merchant organizations of South India possessed dominant position amongst the earliest traders of India who had conducted trade in Southeast Asia. Needless to say, maritime trade with South India by Southeast Asia and Sri-Lanka, in early times had been continued during the medieval times with the advantage of these mercantile organizations. The same view is upheld by literary sources, archaeological evidences, in the form architecture, sculptures, pottery and other cultural materials, obtained from the respective countries. With the exploration and excavation of new archaeological sites across India and Southeast Asia, fresh materials were unearthed, including ceramics to reaffirm the above inference.

The expansion of maritime trade contacts of South India is confirmed by the inscriptions, dated from fourth century, comprising the commodities, imported from Southeast Asia and China in sizeable quantities. The presence of Indians in the Southeast Asian countries was not confined only to rulers, military officials, priests, Brahmins and traders and professional craftsmen had also migrated to these countries, as can be noted from the corpus of inscriptions discovered across the entire region. The Tamil inscriptions at Nakon Si Thammarat in Thailand, Barus in Sumatra and Jakarta Museum in Indonesia authenticate the presence of south Indian settlements in various parts of Southeast Asia

(Shanmugam, 2010:210). The inscriptions also confirm that south Indian merchants had constructed temples and other structures like temple tanks and halls, all to serve their own community in Southeast Asian cities. The Chola style of Buddha figure, recovered from Barus is an important thing in understanding the overall context of South Indian involvement at Sumatra (McKinnon, 2011: 137-138). It was probably erected by merchants, especially adherents of a form of syncretic mercantile Buddhist or Siva cult known as Cholappauttam, originally imported from peninsular India (*Ibid.*). Further, three Tamil inscriptions reported from Sumatra and one each from Aceh, Barus and an inland site in Minangkabu province, indicate the south Indian traders, who had penetrated and settled in the hinterland and coastal centres (Guy, 2011: 251-52). Chinese sources state that silk, porcelain, camphor, cloves, sandalwood, cardamoms, and gharuwood were all imported by Malabar coast ports from the East (Goitein, 1973: 190).

South Indian communities, including Brahmins, settled in peninsular Thailand also have left an inscriptional record, in contemplation with this. (Pollock, 2006: 511) The reference about the Brahmins who had engaged in trade becomes clear from a direct mention of a Brahmins who engaged in trade along with *Valanjiyar* in Ennayiram near South Arcot in Tamil Nadu is a remarkable example *(A.R.E.* 1917:343). The Chola rulers frequently granted conquered regions to Brahmin communities for developmental purposes and therefore the respective communities served as trade organization in the construction of temple. Moreover inscriptional evidence of southern India and Sri-Lanka, in the early medieval period state that these organizations were generous patrons of Buddhism, Hinduism and in some instance Jainism (McKinnon, 2011: 137-138). Political, religious and cultural contacts improved the trade contacts between India and other nations of the world. Indian goods were in great demand in foreign ports and market centres. The expansion based on commercial and cultural interactions was long lasting. The most outstanding visible monuments of this cultural synthesis are to be seen in the magnificent temples of Angkor in Cambodia. The perusal proves the close economic and cultural relationship of peninsular India with Southeast Asia

References :
Primary Sources
Annual Reports of South Indian Epigraphy, Archaeological Survey of India, New Delhi, 1887-2001.
Annual Reports on Indian Epigraphy Archaeological Survey of India, New Delhi, 1887-1996.
Epigraphia Indica, Archaeological Survey of India, New Delhi, 1892-1977.
Indian Antiquary, Vol. III, XX, XXX Madras/Bombay, 1872.
South Indian Inscriptions, Vols. I-XXVII, Archaeological Survey of India, New Delhi, 1886-2001.
Travancore Archaeological Series, Vols. I-IX, eds., T.A. Gopinatha Rao, K.V. Subrahmanya Iyer and A.S.R. Aamanatha Iyer, Thiruvananthapuram,1910-41.

Secondary Sources
- Abraham, Meera, 1988, *Two Medieval Merchant Guilds of South India*, New Delhi: Manohar.
- Champakalakshmi, R., 1986, 'Urbanization in Medieval Tamil Nadu', in S. Bhattacharaya and Romila Thapar, ed., *Situating Indian History*, New Delhi: Oxford University Press.
- Goitein, S.D., 1973, Letters *of Medieval Jewish Traders*, Princeton: Princeton University Press.

- Guy, John, 2011, Tamil Merchants and the Hindu-Buddhist Diaspora in Early Southeast Asia in Pierre-Yves Manguin, Geoff Wade *et.al.,* eds., *Early Interactions between South and Southeast Asia: Reflections on Cross-Cultural Exchange,* Singapore: Institute of Southeast Asian Studies.
- Hall, Kenneth R., 2014, *Networks of Trade, Polity and Societal Interaction in Chola-Era South India c.875-1279,* New Delhi: Primus.
- Indirapala, K., 1970, 'Some Medieval Mercantile Communities of South India and Ceylon,' in *Journal of Tamil Studies,* Vol. 2, no.2, Pt. 1.
- Karashima, Noboru, 2009, *Ancient to Medieval South Indian Society in Transition,* New Delhi, Oxford University Press.
- Kurian, Martiz, 2012, 'Manigramam Merchant Guild and their Activities in Early Medieval Kerala,' *Journal of Indian History,* Vol. XCI.
- Mahalingam, T. V., 1967, *South Indian Polity,* Madras: University of Madras. McKinnon, Edwards E, 2011, 'Continuity and Change in South Indian Involvement in Northern Sumatra: The Inferences of Archaeological Evidence from Kota Cina and Lamreh,' in Pierre-Yves Manguin & Geoff Wade eds., *Early Interactions between South and Southeast Asia: Reflections on Cross-Cultural Exchange,* Singapore: Institute of South East Asian Studies.
- Pollock, Sheldon, 2006, *The Language of the Gods in the World of Men: Sanskrit, Culture, and Power in pre-Modern India,* Berkely: University of California Press.
- Sastri, K.A. Nilakanta '1949, Takuapa and its Tamil Inscription,' *JMBRAS,* Vol., XXII.
- Sastri, K.A. Nilakanta, 2009, *A History of South India: from Prehistoric Times to the fall of Vijayanagar,* rpt. New Delhi: Oxford University Press.

- Sastri, K.A., Nilakanta., 1949, *South Indian Influences in the Far East*, Bombay: Hind Kitabs.
- Shanmugam, P., 2010, *South Indian Economy: Reflections on Tamil Country*, Chennai: Sekar Pathippagam.

Assistant Professor & Head,
Department of History,
St. Thomas College, Kozhencherry,
Kerala, India

प्राचीन भारत में अंतर्राष्ट्रीय व्यापार : दक्षिण पूर्व एशिया के विशेष संदर्भ में

डॉ. गजेन्द्र सिंह

शोध सारांश

प्राचीन काल में भारत दक्षिण पूर्वी एशियाई देशों के साथ हुई व्यापारिक एवं वाणिज्यिक उन्नति के कारण विश्व का एक प्रमुख समृद्ध राष्ट्र बन गया था। भारतीय वणिकों ने समाज में अनेक व्यवसाय और उद्योग प्रारम्भ किया था। उनका व्यापार केवल भारत वर्ष में ही सीमित नहीं रहा बल्कि दक्षिण पूर्व एशियाई देशों में भी फैला था। भारतीयों ने दक्षिण पूर्वी एशिया के देशों में अपने उपनिवेश स्थापित किए। भारतीय सत्ता की स्थापना, शासन और व्यापार के कारण व्यापारिक व्यवस्था में परिवर्तन आया। व्यापार पर एकाधिकार से प्रतियोगिता तथा प्रतिद्वंद्वता का वातावरण बना। व्यापार में एकाधिकार से कृषि और उद्योगों में परिवर्तन हुआ जिससे इन उपनिवेशों में हिन्दुओं का व्यापारिक एवं सांस्कृतिक साम्राज्य भी स्थापित हुआ।

मुख्य शब्द : सुवर्णभूमि, व्यवसायीकरण, विनियम, अर्थव्यवस्था, वणिक, सार्थवाह

प्रस्तावना :

दक्षिण–पूर्वी एशिया का प्राचीन भारत वास्तव में प्राचीन भारतीयों द्वारा उस क्षेत्र में किये गये राजनीतिक तथा सांस्कृतिक कार्यकलापों की ही कहानी है, जिसे पढ़ने से यह स्पष्ट हो जाता है कि हमारे पूर्वज कितने उद्यमी और साहसी थे। दुस्तर पहाड़ी, जंगली और नदी मार्गों से हजारों मील की दूरी तय कर उन देशों में जाना, वहां अपना निवास स्थान बनाना और कालांतर में अपने धर्म तथा संस्कृति द्वारा वहां के निवासियों को प्रभावित कर विशाल साम्राज्यों की स्थापना करना, वास्तव में विश्व इतिहास का एक ऐसा गौरवोज्वल अध्याय है, जिसका दृष्टांत अन्यथा कहीं मिलना दुर्लभ है। इतिहास के विद्यार्थी इस बात को अच्छी तरह जानते हैं कि विशाल साम्राज्यों की स्थापना हजारों लाखों निर्दोष व्यक्तियों की कब्र पर होती रही है, किन्तु भारतीयों ने उन देशों में जिन साम्राज्यों की स्थापना की, उनके लिए न तो लड़ाई ही लड़ी गयी और न ही एक बूंद खून ही बहाया गया। शब्द के सही अर्थ में यह एक अभूतपूर्व रक्तहीन क्रांति थी।

दक्षिण पूर्व एशिया से अभिप्राय :

दक्षिण पूर्व एशिया या दक्षिण पूर्वी एशिया– एशिया का एक उपभाग है, जिसके अन्तर्गत भौगोलिक दृष्टि से चीन के दक्षिण, भारत के पूर्व न्यू गिनी के पश्चिम और आस्ट्रेलिया के उत्तर के देश आते हैं। दक्षिण पूर्व एशिया को दो भौगोलिक भागों में बांटा जा सकता है : मुख्यभूमि दक्षिण पूर्व एशिया, जिसे इंडोचायना भी कहते हैं[1] के अंदर कंबोडिया, लाओस, बर्मा (म्यांमार), थाईलैंड, वियतनाम और प्रायद्वीपीय मलेशिया आते हैं और समुद्री दक्षिण पूर्व एशिया, जिसमें ब्रुनेई, पूर्व मलेशिया, पूर्वी तिमोर, इंडोनेशिया, फिलीपींस, क्रिसमस द्वीप और सिंगापुर शामिल है।

भारत और पाकिस्तान से पूर्व दक्षिण तथा चीन से दक्षिण में स्थित ये देश अपनी समृद्ध प्राकृतिक सम्पदा एवं सुदृढ़ भौगोलिक स्थिति के कारण प्राचीनकाल से ही धनी थे। कुछ शताब्दी उपरान्त ये प्रदेश विशेषकर हिन्देशिया के प्रदेश खनिज सम्पदा, सुगंधित द्रव्य, मसाले, कपूर एवं कीमती लकड़ियों के लिए काफी प्रसिद्ध हुए। इसी पृष्ठभूमि में इन देशों को 'सुवर्ण भूमि' और 'सुर्वण द्वीप' भी कहा गया।[2] वर्मा से मलाया तक के क्षेत्र को संभवतः 'सुवर्ण भूमि' कहा जाता था। हिन्द–चीन के प्रायद्वीप (कम्बोडिया, लाओस और वियतनाम) तथा वर्तमान हिन्देशिया के द्वीप (सुमात्रा, जावा, बाली, बोर्नियो, सेलिवीज आदि) सुवर्ण द्वीप के नाम से जाने जाते थे।[3]

दक्षिण पूर्व एशिया का भौगोलिक दर्शन :

सुदूर पूर्व अथवा दक्षिण पूर्व एशिया के देश बहुत ही प्राचीन समय से व्यापार एवं धर्म–प्रचार के माध्यम से भारत से सम्बन्धित थे। अदम्य उत्साही, स्वर्ण–प्राप्ति के इच्छुक भारतीय व्यापारियों ने अपनी भारतीय सीमा से दूर जाकर अज्ञात स्थलों को ढूंढा और उन्हें प्रमुख व्यापारिक क्षेत्र में परिणत किया। ये प्रदेश अपनी आर्थिक सम्पन्नता के कारण भारतीयों के लिए आकर्षण के केन्द्र तो बने ही, इन्होंने 9वीं एवं 10वीं शताब्दी में अरब व्यापारियों को तथा 15वीं–16वीं शताब्दी में यूरोपीय व्यापारियों को अपनी ओर आकर्षित किया।[4]

भारत के सबसे नजदीक का देश बर्मा है, इसके दक्षिण के भाग को श्रीक्षेत्र कहते थे।[5] जहां थल एवं जल दोनों मार्गो से पहुंचना सरल है। बर्मा से व्यापारिक मार्ग गुजरता था जो कि चीन के यूनान प्रान्त को भारत के उत्तर–पूर्व हिस्से से जोड़ता था।

वायुपुराण (गुप्तकाल) के अनुसार मलायाद्वीप जम्बूद्वीप का अंग ही था। वायुपुराण के अनुसार मलयद्वीप में पहाड़ व नदियां हैं तथा यहां पर मलेच्छ रहते हैं। कुछ इतिहासकार मलयद्वीप को सुमात्रा से जोड़ते है। टालमी का (गोल्डन खरोसनीज) भी संभवतः मलाया से ही था।

हिन्द महासागर, इंडोचीन मुख्य क्षेत्र तथा दक्षिणी चीन में समुद्र के बीच मलाया का छोटा मुख्य रास्ता था। मलाया प्रायद्वीप के दक्षिण पूर्व की ओर सुमात्रा द्वीप है। यहां श्रीविजय नामक राज्य था। इत्सिंग के अनुसार श्रीविजय राज्य में बौद्ध धर्म की प्रधानता थी।[6] सुवर्ण द्वीप क्षेत्र में जावा और सुमात्रा दोनों ही बड़े द्वीप हैं जो एक दूसरे के समीप हैं। प्राचीन काल में जावा को यवद्वीप कहते थे।[7]

वर्तमान थाईलैंड (स्याम) मलाया प्रायद्वीप का उत्तरी भाग है। इसके उत्तर पश्चिम में बर्मा, उत्तर पूर्व में लाओस, पूर्व दक्षिण में कम्बोडिया और स्याम की खाड़ी, दक्षिण में मलाया तथा पूर्व में बंगाल की खाड़ी है।[8] हिन्देशिया या इण्डोनेशिया दो हजार से अधिक द्वीपों का समूह है। जिसमें जावा, सुमात्रा, बाली, बोनियों आदि प्रमुख है। ऐतिहासिक युग में **आजिशक** पहला भारतीय मनीषी था जिसने हिन्देशिया के जावा द्वीप (यवद्वीप) में सबसे पहले राज्य स्थापित करने का श्रेय प्राप्त किया।''[9] आजिशक महाभारत युद्ध का वीर पुरूष और हस्तिनापुर का महामंत्री था।

200 ई. के लगभग पश्चिम जावा में तरूमनगर राज्य की स्थापना का पता चलता है। वह राज्य पश्चिम जावा की तरूम नदी के थाला में अवस्थित था, जिसने हिन्देशिया में शासन किया। इसके राजाओं के नाम भारतीय थे जैसे अश्वर्मन और पूर्णवर्मन।[10]

प्राचीन काल में कम्बोडिया कम्बुज के नाम से विख्यात था। यह भी भारतीयों का एक औपनिवेशक राज्य था।[11] प्राचीन कम्बुज देश की सीमायें वर्तमान कम्बोडिया से काफी अधिक विस्तृत थीं, जिनमें स्याम, कम्बोडिया, लाओस और कोचीन चीन और मेकांग तथा मेनम की घाटियां सम्मिलित थीं।[12]

हिन्दचीन के दक्षिण में कम्बोड़िया प्रान्त में फुनान का एक हिन्दू राज्य था। इसे चीनी फुनान कहते थे। इस राज्य के अन्तर्गत कम्बोडिया, कोचीन का एक भाग और मीकांग नदी के नीचे का क्षेत्र था।[13] फुनान में प्रथम भारतीय राज्य की स्थापना का श्रेय भारतीय ब्राह्मण कौण्डिन्य, जिसे हेव्न–टियन भी कहा जाता है, को दिया जाता है। कौण्डिन्य द्वारा इस राज्य की स्थापना पहली शताब्दी में हुई।[14]

वर्तमान दक्षिण वियतनाम प्रदेश प्राचीन काल में चम्पा के नाम से विख्यात था, इसे अंगद्वीप भी कहते थे।[15] जिसका आज दूसरा नाम ''अनाम'' भी है। इसकी राजधानी चम्पानगरी थी। वह व्यक्ति जिसने चम्पा में प्रथम भारतीय राज्य की नींव डाली **श्रीमार** था। श्रीमार ने ईसा की दूसरी शताब्दी में इस राज्य की स्थापना कर ली थी।

चौथी शताब्दी में बोर्नियो (बकलपुर) में भी हिन्दुओं ने अपना राज्य स्थापित कर लिया था।[16] उस काल में मूल वर्मा यहां का शासक था। लवदेश को वर्तमान में लाओस के नाम से जाना जाता था। यहां भगवान राम के पुत्र लव के नाम से एक नगरी 'लवपुरी' है। लवदेश के आदि देवता 'भद्रेश्वर' है।

टोंकिन (टोंगकिन अथवा टोंक्विन) अनम के उत्तर में है। टोकिन के पूरे क्षेत्र में लाल नदी उत्तर–पश्चिम से दक्षिण–पूर्व में बहती हुई टोंकिन की खाड़ी में गिरती है। बाली द्वीप जावा से पूर्व में स्थित है। बाली द्वीप[17] को पूर्व का मोती कहा जाता है। यह बहुत सी बातों में जावा से मिलता जुलता है। इस द्वीप की अधिकतम लम्बाई 93 मील तथा अधिकतम चौडाई 50 मील है।

व्यापार से अभिप्राय :

प्राचीन काल में अर्थ अथवा धन के उपार्जन से सम्बन्धित कार्य–विषय के लिए 'वार्ता' शब्द का व्यवहार किया जाता था। अतः वार्ता शब्द मनुष्य के आर्थिक जीवन के कार्यकलापों से संबंधित था। कौटिल्य ने वार्ता की महत्ता को स्वीकार करते हुए लिखा है कि कृषि, पशुपालन और वाणिज्य 'वार्ता' के विषय थे। धान्य, पशु, स्वर्ण, कुप्य और विष्टि (कारीगरी) जैसे 'वार्ता' के साधन से राजा अपने कोश और सेना को बलशाली करके शत्रु को अपने अधीन कर लेता था।[18]

कृषि, पशुपाल्या वाणिज्या च वार्ता। धान्या
पशुहिरण्यकुप्रूविष्टिप्रदानादौपकारिकी।
तया स्वपक्षं परपक्षं वा वशीकरोतिकोशदण्डाभ्याम्।

आधुनिक काल में वार्ता अर्थशास्त्र के रूप में परिवर्तित हो गई है जिसके अन्तर्गत साधारणतया आर्थिक लाभ प्राप्ति से वस्तुओं का किया जाने वाला क्रय–विक्रय व्यापार कहा जाता है। यह व्यापार दो प्रकार का होता है– प्रथम आंतरिक या देशी व्यापार और द्वितीय विदेशी व्यापार। आंतरिक व्यापार से अभिप्राय उस व्यापार से है जो देश के भीतर के विभिन्न प्रान्तों, क्षेत्रों और अंचलों के बीच परस्पर किया जाता है। विदेशी व्यापार से उस व्यापार का अभिप्राय है जो देश की सीमा के बाहर के देशों से किया जाता है। विदेशी व्यापार विभिन्न देशों से किया जाता है। विदेशी व्यापार आंतरिक और आंचलिक व्यापार के इस रूप में भिन्न होता है कि विदेशी व्यापार में क्रय–विक्रय की जाने वाली वस्तुओं का आवागमन नियंत्रित किया जाता है और यह व्यापार देशों के परस्पर समझौते और सहमति से होता है। विदेशी व्यापार में देश की मुद्रा का, व्यापार करने वाले को, अन्य दूसरे देशों की मुद्रा के साथ विनियम करना होता है और इस विनियत की दर निर्धारित की जाती है।[19]

दक्षिण पूर्व एशिया में व्यापार के कारण :

प्राचीन काल में भारत तथा दक्षिण पूर्व एशिया के मध्य व्यापार के निम्नलिखित कारण थे :

1. भारत एवं दक्षिण पूर्व एशिया के देशों के मध्य पहले के व्यापारिक एवं आर्थिक गठबन्धनों के कारण भारतीयों के इस क्षेत्र में बसने की शुरूआत हुई। भौगोलिक निकटता, व्यापारिक दृष्टि से इस क्षेत्र की अनुकूल स्थिति एवं गर्म मसालों जैसी वस्तुओं की उपलब्धता कुछ ऐसे कारण थे जिन्होंने भारतीय व्यापारियों एवं सौदागरों को इस क्षेत्र में आकर्षित किया। भारत के महान ग्रन्थ रामायण में स्वर्ण द्वीप एवं यावा द्वीप का उल्लेख है। द्वीप, संस्कृत में 'दोनों तरफ पानी के बीच की भूमि' को कहते है अर्थात् प्रायद्वीप या टापू, जबकि स्वर्ण का मतलब सोना एवं यावा का मतलब जौ होता है। भारत के पूर्वी तट के समुद्र में यात्रा करने वाले व्यक्तियों के बीच में बर्मा देश का नीचे का भाग एवं माले प्रायद्वीप सोने की भूमि के रुप में जाने जाते थे और यह निश्चित प्रतीत होता है कि कम से कम छठवीं सदी ई.पू. के बाद से सोने एवं टीन की खोज में भारतीय व्यापारी इन भूमियों एवं प्रायद्वीपों की समुद्र से यात्रा करते रहे थे।[20]

2. भारत की उस समय की अस्त व्यस्त परिस्थितियों की वजह से पैदा हुई जिसके कारण काफी संख्या में शरणार्थियों ने समुद्र के पार नये घर बसाने का प्रयत्न किया। कुछ विद्वानों का मत है कि तीसरी सदी ई.पू. में मौर्य सम्राट अशोक ने खून की नदी बहाकर कलिंग पर जो विजय प्राप्त की थी वह भी इस बहिर्गमन का कारण हो सकती है। दूसरा मत है कि पहली सदी ई. में उत्प्रवासन एवं बहिर्गमन समुद्रगुप्त के अभियानों के फलस्वरूप हुआ जो उसी काल में हुए थे जब दक्षिण पूर्व एशिया पर भारतीय प्रभाव पड़ना शुरू हुआ था।[21]

3. रोम साम्राज्य की मसालों की मांग ने भारतीय व्यापारियों को भारत के अतिरिक्त मसालों के उत्पादन करने वाले अन्य देशों की खोज करने पर मजबूर कर दिया क्योंकि रोम जो कि भारत के लिए सोने का अंडा देने वाली मुर्गी थी अतः वे किसी भी सूरत में इसे किसी ऐसे अन्य के साथ सीधे सम्पर्क में नहीं आने देना चाहते थे। इसी खोज के फलस्वरूप भारतीय व्यापारियों ने दक्षिण पूर्वी देशों की ओर रूख किया। रोम साम्राज्य के बीच बिचौलिये काम करने लगे और धीरे–धीरे भारतीयों के इन देशों में बस जाने से व्यापारी सबसे प्रभावशाली समूह थे। दक्षिण पूर्व एशिया के देश कृषि उत्पादन तथा खनिज पदार्थो में बहुत ही समृद्ध हैं इसीलिए यह क्षेत्र स्वर्णभूमि के नाम से जाना जाता है। मिलिन्दपन्हों के अनुसार भारतीय व्यापारी सुवर्णभूमि में जाते थे और विभिन्न व्यापारिक वस्तुओं का क्रय–विक्रय करते थे।[22]

4. भारत मे हिंन्दचीन तथा हिंदेशिया के शासको ने अनेक बार अपने प्रतिनिधि भेजे। व्यापारी वर्ग यह समझने लगे थे कि लक्ष्मी की यथेष्ट प्राप्ति बिना समुद्र मे उतरे नही हो सकती। इस कारण वे समझने लगे कि देश मे क्रय–विक्रय करने से उतना लाभ नही हो सकता जितना कि विदेशी व्यापार से। इस विचारधारा के प्रभाव के कारण बडी संख्या मे भारतीय व्यापारी दक्षिण–पूर्व एशिया मे व्यापार करने के लिये गये एवं उन्हे भी पर्याप्त लाभ हुआ एवं इस देश को भी।[23]

5. मानसून के ज्ञान के फलस्वरुप भारतीय, आलोच्यकाल में दक्षिण पूर्व एशिया से व्यापारिक संपर्क स्थापित करने में समर्थ हो गये। 47 ई0 के लगभग हिप्पलस नामक यूनानी यात्री को हिन्द महासागर में चलने वाली मानसून हवाओं का पता चल गया और तब से जहाजों के आने–जाने मे समय की बचत के साथ सहूलियत भी होने लगी।[24]

6. प्राचीन काल में व्यापारिक गतिविधियों के संचालन नदियों के अतिरिक्त सड़को के माध्यम से होता था। जिनसे शिल्प एवं व्यापार की उन्नति में बड़ी सहायता मिलती रही है। प्राचीन विद्वान महर्षि भारद्वाज लिखित ग्रन्थ ''अंशुबोधिनी''[25] इस बात की निर्मूल व अकाट्य साक्ष्य प्रस्तुत करता है कि भारत सभी प्रकार के संचार साधनों से सम्पन्न था।

7. पूर्व के देश जैसे जावा, सुमात्रा, मलाया, ब्रह्मा आदि प्राचीन काल में धन–धान्यपूर्ण देश थे। वे स्वर्ण की खानों के देश समझे जाते थे। उनकी धन–सम्पन्नता और स्वर्ण की खानों के कारण भारतवासी इन पूर्वी देशों को स्वर्ण भूमि या स्वर्ण द्वीप कहते थे। अनेक भारतीय स्वर्ण प्राप्त करने की लालसा के कारण समुद्र पार इन देशों में गए।[26]

भारत और दक्षिण पूर्व एशिया के मध्य व्यापारिक सम्बन्ध :

बर्मा, मलाया, स्याम, कम्बोडिया, अनाम आदि देश सामूहिक रूप में स्वर्ण भूमि या स्वर्ण द्वीप के नाम से विख्यात थे यहां पर सोना, चांदी बहुमूल्य खनिज, मिर्च मसाले आदि पैदा होते थे। जातकों से ज्ञात होता है कि साहसी भारतीय वणिक भृगकच्छ और ताम्रलिप्ति से जहाजों में बैठकर मार्ग में अनेक संकटों को झेलते हुए यहां पहुंचते और यहां से अतुल धन राशि लेकर लौटते थे। महाजनक जातक[27] से ज्ञात होता है कि राजकुमार महाजनक ने चम्पा से स्वर्णभूमि की यात्रा की। सुस्सोदि जातक[28] के वर्णनानुसार भारतवर्ष के पूर्वी प्रदेश के व्यापारी चम्पा नामक बन्दरगाह से सुवर्ण भूमि की यात्रा करते थे। वल्लाहस जातक[29] ताम्रपर्णि की सामुद्रिक यात्रा का वर्णन करता है। इसके अनुसार यहां सुंदर यक्षिणियां निवास करती थीं जो भूखे–भटके यात्रियों की हत्या कर डालती थीं।

पाणिनि के कुछ सूत्रों से देश के निश्चित भू–भागों के साथ व्यापार करने वाले व्यापारियों का बोध होता है। अष्टधायी[30] में प्रयुक्त गांधार वाजि, कश्मीर वाणिज और भद्र वाणिज शब्दों से प्रादेशिक वाणिज्य का बोध होता है। स्थान–स्थान पर शुल्क शालाएं थीं जहां व्यापारियों से विक्रय शुल्क लिया जाता था।[31] पाणिनि ने सांस्थानिक व्यापार का भी उल्लेख किया है जिसमें अनेक व्यापारी सम्मिलित रूप से सांझे का व्यापार करते थे।

भारत और दक्षिण पूर्व एशिया के व्यापार के पहलू :

व्यापार की वस्तुएँ :

दक्षिण पूर्वी एशिया के देश भारतीय उपनिवेशों के रूप में व्यापारिक, राजनैतिक तथा संस्कृति के केन्द्र रहे हैं। भारत तथा दक्षिण पूर्वी एशियाई देशों के अभिलेखों से व्यापार की वस्तुओं का विवरण मिलता है। पहली सदी के पेरीप्लस ऑफ द इरीथियन सी नामक ग्रन्थ में भारत में आयात होने वाली और भारत से निर्यात होने वाली वस्तुओं का वर्णन हुआ है।

मोती, सोना, चाँदी, टीन, हाथीदाँत, गैंडे के सींग, चंदन, रंगीन सूती वस्त्र, चावल, इलायची, दरियाँ, कालीमिर्च आदि मसाले और गंधक का निर्यात हिंदचीन तथा हिंदेशिया से भारत बडें मात्रा में होता था। इन वस्तुओं के अतिरिक्त बड़े हाथी, गदा, सुपाड़ी, खाले चमड़े की ढाले मोंम, चंदन आदि की लकडी, कपूर और अभ्रक भी भारत आतें थे। कुछ काले गुलाम भी कई द्वीपो से भारत तथा अन्य देशो को भेजे जाते थे।

ब्रह्मदेश और सुमात्रा द्वीप के सुवर्णकुड्य स्थान में उत्पन्न दुकूल सूर्य की किरणों के रंग का होता था।[32] सुवर्णकुड्य पत्रोर्ण सर्वश्रेष्ठ होती थी। कम्बोज देश से रघु को घोड़ों का उपहार मिला था। कम्बोज देश के अश्वों की भी भारत जैसे देशों में अधिकाधिक मांग होती थी।

व्यापारिक मंडियां :

प्राचीन भारत में व्यापारिक गतिविधियों के संचालन तथा दक्षिण पूर्वी एशिया के देशों के आयात–निर्यात व्यवस्था को सुदृढ़ता प्रदान करने के लिए भारत में अनेक व्यापारिक केन्द्रों का महत्वपूर्ण स्थान रहा है। 'पैरिप्लस' में और टोलमी की ज्योग्राफी में जिन बड़े व्यापार केन्द्रों का उल्लेख हैं,[33] वे थे : सिंध के बाबैरिकम (पार्थिसयनों द्वारा शासित सीथिया में), बैरीगाजा (भड़ौच), सोपारा (जिला थाना महाराष्ट्र) और आगे दक्षिण की और सैमिलिया (आधुनिक चोल, जो बंबई के दक्षिण में है); नौरा (कन्नौर या मंगलौर) टीडिंस (आधुनिक पौन्नानी), काडालूंगी (बेपुर के पास), मूजीरिस (आधनिक क्रेंगानोर) जो सबके सब केरल में है, चोलों के राज्य (आधुनिक तमिलनाडू) में कोल्ची (कोरकी), कमारा (कावेरीपट्टम),

पोडुचा (पांडिचेरी और सौष्टामा; कृष्णा–गोदावरी डेल्टा में, जो आधुनिक आध्रंप्रदेश है, कौंडाकसाइला (घंटाशाला) और पिटीड्रा; पालूरा (कलिंग अर्थात आधुनिक उडीसा में) निचली गंगा पर (आधुनिक पश्चिमी बंगाल में) और टैमाटाइल्स 'मिलिन्दपन्ह' (दुमें कई नाविक केन्द्रों का उल्लेख है जिनमें उपरलिखित कुछ समुद्र तटवर्ती मंडियां भी सम्मिलित हैं। व्यापारिक प्रयोजनों के लिए इन मंड़ियों का संबंध महानगरो (राजधानियों) से जुड़ा हुआ था।

व्यापार के मुख्य भागीदार :

प्राचीन काल में व्यापार का संबंध वैश्य वर्ग से माना जाता है। साहित्यिक तथा अभिलेखीय प्रमाणों से दो प्रकार के व्यापारियों का उल्लेख मिलता है। वे हैं वणिक, जिसका अपनी वस्तुओं के प्रदर्शन के लिए एक स्थायी स्थान (दुकान) होता था, और सार्थवाह, जिन्हें बोलचाल में काफिलों वाले व्यापारी कहा जाता था। सार्थवाह प्राचीन काल में देश के अंदर व्यापार और देश से बाहर अन्य देशों के साथ व्यापार, दोनों के लिए समूह बना कर चला करते थे।[34] समूह को 'सार्थ' की संज्ञा दी गई थी तथा उनके ज्येष्ठ व्यापारी को 'सार्थवाह' कहा जाता था। पद्मिनी खेटपट्टन का रहने वाला भद्रमित्र अपनी तरह अनेक वणिक–पुत्रों के साथ सुवर्णद्वीप की ओर प्रस्थित हुआ था। वहां उसने और उसके साथी व्यापारियों ने व्यापार से प्रचुर धन अर्जित करने के पश्चात् स्वदेश के लिए यात्रा प्रारम्भ की। किन्तु मार्ग में समुद्री तूफान के कारण जलपोत नष्ट हो गया और वह एक काष्ठ फलक का सहारा पाकर अकेला ही बच सका।[35]

व्यापारिक मार्ग : स्थल और जलमार्ग

भारत में प्राचीन काल से आंतरिक और बाह्य व्यापार के निमित्त स्थल और जल दोनों भागों का अनुसरण किया जाता था। आर्यों के भारत में आने के पहले से भारतीय दूसरे देशों में जाकर अपनी विभिन्न वस्तुएं बेचते थे तथा वहां से भारत के लिए अनेक वस्तुएं लाते थे।

क. स्थल मार्ग :

प्राचीनकाल में व्यापारी अपना व्यापार विशेषकर स्थल मार्ग से ही किया करते थे। वे बैल, घोड़े, ऊँट, गधे और भैसों पर सामान लादकर गन्तव्य स्थानों तक जाते थे। कभी–कभी वे गाड़ियों और रथों का भी उपयोग करते थे। वावग्रास के बलसेन ने अनेक व्यापारियों के साथ अपने नगर से बंदरगाह तक की यात्रा का वर्णन किया है। प्राचीन काल में वारि–पथ, स्थल–पथ, करि–पथ, अज–पथ, शंकु–पथ, राज–पथ, सिंह–पथ, हंस–पथ, देव–पथ आदि आवागमन के मार्ग विभिन्न नामों के रूप में समाज में प्रचलित थे।[36]

भारत और दक्षिण पूर्वी एशिया के मध्य क्रमशः आसाम उत्तरी बर्मा और अनाम तक यातायात का मार्ग था जिससे व्यापार होता था।[37] मुख्य स्थल मार्ग एवं इससे सम्बद्ध अन्य कई केन्द्रों से दक्षिण बर्मा एवं हिन्द चीन के प्रदेशों मे जाने की सुविधाएँ थी। चीनी लेखक अन्तन ने भी भारत और अनम के बीच थल मार्ग की उपस्थिति को स्वीकार किया है।[38] भारतीय प्रायः उत्तरी भारत के क्षेत्रों को पार कर बर्मा आकर वहाँ से पूरब की ओर क्रमशः थाईलैंड, कम्बोडिया आदि देशों की ओर बढ़ते अथवा दक्षिण बर्मा के क्षेत्र होते हुए उत्तरी मलाया तक भी थल मार्ग से आने की भी सुविधाएँ थी। संस्कृत तथा साहित्य, बौद्ध साहित्य आदि में ऐसे अनेक उदाहरण आये हैं। जिनसे भारतीय बन्दरगाहों एवं सुवर्णभुमि तथा सुवर्णद्वीप के बीच समुद्री यात्राओं पर प्रकाश पड़ता है।

ख. जलमार्ग :

प्राचीन काल में बड़े पैमाने पर व्यापारिक गतिविधियां जल मार्ग द्वारा होती थीं। देश के अंदर विभिन्न नदियों के माध्यम से वणिक अपने सामान दूर–दूर के नगरों तक पहुंचाते थे। बड़ी–बड़ी नाव पर विभिन्न प्रकार की वस्तुएं रखी जाती थीं जो आवश्यकतानुसार समुद्र तक पहुंचाई जाती थी।

प्राचीन काल में भारत के पूर्वी तट पर पर बंगाल की खाड़ी में ताम्रलिप्ति (तमलुक) और पश्चिमी तट पर अरब सागर में भृगुकच्छ प्रमुख बंदरगाह थे जहाँ से जहाज प्रस्थान करते थे। ताम्रलिप्ति से बंगाल की खाड़ी पर स्थित प्रदेशों, बर्मा एवं बंगाल की खाड़ी को पार कर पूर्वी द्वीप–समूह और सुवर्णभूमि की यात्रा प्रारम्भ की जाती थी। पूर्वी और पश्चिमी तट पर और भी कई बंदरगाह थे जिसका उल्लेख अज्ञात यूनानी लेखक ग्रंथ ''पेरीप्लस ऑफ द इरीथियन सी'' एवं टालमी के भूगोल में हुआ है।[39]

''पेरीप्लस ऑफ द इरीथियन सी'' के अनुसार पूर्वी तट पर कुमार (टालमी के अनुसार संभवतः कावेरी नदी के मुहाने पर स्थित आज का कावेरी पट्टनम) पोडुके (पांडिचेरी)'' और सोपत्म (मरकम जिले पहले शोपट्टिनम कहा जाता था)' तीन प्रमुख बंदरगाह थे।[40] इनके अतिरिक्त पूर्वी तट का बंदरगाह पलोश (उडीसा के गंजाम जिले मे गोपालपुर के समीप) का भी अपना महत्व था। बंदरगाहों से छोटे–बड़े जहाज व्यापार की वस्तुओं को लेकर सुदूर पूर्व देशों मे जाते थे। छोटे जहाजो को 'सगर' और बड़ें जहाज को कोलंदिया कहा जाता था।

उत्तरी भारत के विशेष कर बनारस एवं चम्पा (भागलपुर) के व्यापारी, गंगा के मार्ग से अथवा थल मार्ग से ताम्रलिप्ति पहुँचते थे।

ताम्रलिप्ति से सुवर्णभूमि के लिए अपनी यात्रा प्रारंभ करते थे। इसी क्षेत्र मे पॉग–तुक एवं प्र–पथोम नामक प्राचीन स्थल है। इससे थोड़ा उत्तर मोलमीन बंदरगाह से एक मार्ग रहेंगें नगर को जोडता था। इस मार्ग से मीनम के मुहाने तक जाया जा सकता था।[41]

खोरत प्लेटो होते हुए मीनम तथा मेकांग के बीच एक मार्ग था। इसी मार्ग पर मुन घाटी एवं सिथेप का प्राचीन स्थल था।[42]

ताम्रलिप्ति से बर्मा जाने वाले जहाजो को समुद्री तूफानों का भय नहीं होता था क्योकि उनका मार्ग समुद्र तट के साथ–साथ था। स्थल मार्ग से बर्मा के विविध प्रदेशो स्याम, कम्बुज, चम्पा तक पहुँचते थे।

मलाया प्रायद्वीप पहुँचने के उपरांत ये अपनी सुविधा के अनुसार मलाकी की खाड़ी से गुजरते हुए हिन्देशिया के विभिन्न द्वीपो तथा हिन्देचीन के देशों की ओर प्रस्थान किया करते थे। अण्डमान और निकोबार द्वीपों के बीच या अण्डमान के उत्तर से सीधे मलाया के तकुआ पा अथवा केडाह बंदरगाह पहुचते और जहाजों के सामान को उतार देते थे। यहां से वे उसे खुश्की के थल मार्ग के पूर्व की ओर ले जाते थे। इस क्षेत्र मे प्राप्त प्राचीन सामग्री प्रदेश की प्राचीनता पर प्रकाश डालती है।[43] इसी प्रकार केडाह से सिगनोरा तथा त्रंग से पथलुंग (पटलुंग) प्राचीन लिगोर एवं बंडी और क्रा से चुमपो पहुचने के सरल मार्ग थे। इन स्थलो की पुरातात्विक सामग्री इसकी साक्षी है।[44]

भारत के पश्चिमी समुद्री तट पर भरूकच्छ अथवा मरूकच्छ एवं शूपरिक दो महत्वपूर्ण बंदरगाह थे। यहां से पश्चिमी भारत के व्यापारी तटीय क्षेत्र से होते हुए अपनी यात्रा प्रारंभ करते और पूर्वी तट के बंदरगाहो पर पहुंच कर सुवर्णभूमि अथवा सुवर्णद्वीप के लिए प्रस्थान करते थे।

बन्दरगाह :

प्राचीन काल में भारतीय तटों पर बहुत सारे बंदरगाह थे जो न सिर्फ अन्तर्देशीय व्यापारिक तंत्र के हिस्से थे बल्कि वह दक्षिण पूर्वी एशिया के व्यापार के बीच कडी का काम भी करते थे। दरअसल कोई भी संकरी खाड़ी जो जहाजों के सुरक्षित लंगर डालने की सुविधा देती थी, राष्ट्रीय या अंतर्राष्ट्रीय महत्व के बंदरगाह में विकसित हुई।

यूनानी भूगोलवेत्ताओ के लेखानुसार भारत के पश्चिमी एवं दक्षिणी समुद्र तट पर इस काल मे अनेक सुरक्षित एवं बड़े बंदरगाह थे। इनमे भडौच, कल्याण, सुपारा तथा मुजिरिस के पोताश्रय मुख्य थे। इनके अतिरिक्त धरूर (हैदराबाद मे) मेलजिगिर (जयगढ) विजय दुर्ग, परिपत्तन (डभोल) तोगरूम (देवगढ) तथा पतल (मीननगर) भी अच्छे पोताश्रय थे।

कोरोमंडल किनारे पर तथा पूर्वी समुद्रतट पर चंपा तथा ताम्रलिप्ति (तमलुक) के बंदरगाहो पर बडा आगमन रहता था। शिल्पादिकारम नामक तमिल ग्रंथ मे इन व्यापारिक केन्द्रों के संबंध का पता चलता है।[45]

इस काल मे ताम्रलिप्ति पूर्व का सबसे बडा बंदरगाह हो गया था। गोदावरी तथा कृष्णा नदी के किनारे भी कई नगर थे, जिनसे कदूरा तथा घंटशाला के बन्दरगाह मुख्य थे।[46] सुदूर दक्षिण मे कावेरी पट्टन (आधुनिक पूहर) तथा तोंदै प्रसिद्ध पोताश्रय थे। इसी प्रकार पांडुदेश के समुद्र तट पर कौरके तथा सलिलपुर मुख्य थे। मालावर तट पर मुजरिस (क्रांगनूर) और पश्चिमी समुद्र तट पर कल्याण, चौल, भडौच तथा कैम्बे के बंदरगाह प्रसिद्ध थे।[47]

अरब–यात्रियों ने हिंदचीन और हिंदेशिया के अनेक बड़ें बंदरगाहों का उल्लेख किया है, जो इस काल में अरब, भारत और चीन के बीच व्यापारिक यातायात के मुख्य केन्द्र बन गये थे। इसमें री विजय और कटाह या केडा प्रधान थे। केडा का नाम अरब यात्रियों ने कलहबार या कलाहबार लिखा है और यहां के कुओं के पानी की बड़ी तारीफ की है। इस बंदरगाह पर जहाजों के झुंड के झुंड दिखाई पड़ते थे। मसाले, चंदन, नारियल और कपूर के क्रय–विक्रय का यहां भारी बाजार था। केडा उस समय सुवर्णद्वीप के शैलेन्द्रों के शासन में था। अलबेरूनी ने भी सुवर्णद्वीप का उल्लेख अपनी पुस्तक में किया है। अरब यात्रियों ने दक्षिण–पूवी टापूओं के बतूमा, कदरंज, संफ आदि अन्य कई बंदरगाहों तथा अनेक द्वीपों के भी वर्णन किये हैं।

आयात–निर्यात व्यापार की प्रावस्था :

राजनीतिक कारणों तथा प्रतियोगिता के कारण पश्चिमी जगत के साथ भारतीय व्यापारिक उद्यम में बाधा पड़ने लगी थी और इसलिए व्यापारियों ने अपना अधिक ध्यान दक्षिण पूर्व एशिया की ओर केन्द्रित कर लिया था।

क. आयात :

इस काल मे भारत से जाने–आने वाली वस्तुओं की सूची भारतीय एवं विदेशी साहित्य से पता चलता है। भारत के विभिन्न प्रदेशो से अन्न, वस्त्र तथा धातुओ की निर्मित विविध वस्तुएं हिन्दचीन तथा हिन्देशिया जाने लगी और बदले मे वहां से सोना, चाँदी, हाथी दांत, चंदन, कपूर, मसाले आदि भारत मे आने लगे।[48]

इस समय भारत मे जिन वंशो का शासन था उनमे वाकाटक–गुप्त काल प्रमुख थे। इन शासकों ने दक्षिण–पूर्व एशियाई देशो के साथ राज्यो के प्रत्यक्ष अथवा अप्रत्यक्ष नियंत्रण मे व्यापारिक मंडल नहीं भेजे किन्तु

ऐसी परिस्थितिया तैयार हुई कि स्वयं इन क्षेत्रो मे भारत का प्रधान व्यापारिक क्षेत्र बन गया।[49] ताम्रलिप्ति और चंपा के प्रसिद्ध बंदरगाह पूर्वी व्यापार के केन्द्र बने, जिनसे बर्मा, हिन्दचीन, हिंदेशिया तथा चीन के जहाज झुंड के झुंड जाने आने लगे।

चौथी शताब्दी के आरंभ तक भारतीय सत्ता बोर्नियो द्वीप के पूर्वी छोर तक जम गई। दक्षिण–पूर्व एशियाई देशो के बीच प्रायः उन सभी वस्तुओं का आयात–निर्यात रहा जिसका वर्णन शक्–सातवाहन काल मे किया जा चुका है।

इस युग मे घोड़े बडी संख्या मे भारत आते रहे। कालिदास ने घोड़े की 'वनायु' जाति का वर्णन किया है। भारत मे कंबोज के घोड़े भी आते थे। रघुवंश मे इन घोड़े का भी वर्णन मिलता है।[50] इस काल मे कलिंग–प्रदेश मे बने हुए बारीक कपडों की विदेशों मे बडी मांग थी।

दक्षिण–पूर्वी देशों से भारत मे अनेक वस्तुएं आती थी। मोती, सोना, चाँदी, टीन, हाथीदाँत, गैंडे के सींग, चंदन, रंगीन सूती वस्त्र, चावल, इलायची, दरियाँ, कालीमिर्च आदि मसाले और गंधक का निर्यात हिंदचीन तथा हिंदेशिया से भारत बडें मात्रा में होता था। इन वस्तुओ के अतिरिक्त बड़े हाथी, गदा, सुपाडी, खाले चमडे की ढाले मोंम, चंदन आदि की लकडी, कपूर और अभ्रक भी भारत आतें थे। कुछ काले गुलाम भी कई द्वीपो से भारत तथा अन्य देशो को भेजे जाते थे। बोर्निया के समुद्री डाकू यह दास व्यवसाय विशेष रूप से करते थे।[51]

दक्षिण–पूर्व एशिया के देशो से भी अनेक प्रकार की वस्तुओ का आलोच्य काल मे भारत आयात भी करता था। इन देशो से मसाले, चांदी, हाथीदांत तथा अनेक प्रकार की लकडियां भारत आती थी। मलाया के कार्दरंग प्रदेश की चमड़े की बनी हुई ढाले बहुत प्रसिद्ध थी और भारत में उनका आयात होता था।

ख. निर्यात :

भारतीय निर्यात व्यापार का और व्यापारियों के साथ सहयोग का विवरण अनेक साहित्यिक ग्रंथों में मिलता है। भारतीय व्यापारियों ने दक्षिण पूर्वी एशिया के देशों से सम्पर्क स्थापित किया तथा इन देशों के साथ व्यापार पर एकाधिकार कर लिया।

भारत से दक्षिण पूर्वी देशो को भेजी जाने वाली वस्तुओ मे मोती, चमकीले पत्थर, ऊनी और सूती कपडे सुगंधित पदार्थ, नील, औषधियाँ तथा हाथी दांत की बनी हुई वस्तुएं मुख्य थी। अब सिले हुए कपड़ों का भी व्यवसाय उन्नति पर था। दक्षिण–पूर्वी देशो को भारत से सिले वस्त्र तथा छाते जाने लगे थे।[52]

ईस्वी सन् की नवीं शताब्दी का एक अरब यात्री कहता है कि भारत के पानी मे मोती होता है, यहाँ के पहाड़ो मे जवाहारात और सोना की खानें है और जानवरों के मुँह मे हाथी दाँत है। भारत की पैदावार मे आबनूस, बेंत, जद, कपूर, लौंग जायफल, बक्कम, चंदन और सब प्रकार के सुंगन्धित द्रव्य पदार्थ है। यहां तोते, मोर तथा मुष्क और कस्तुरी वाले जानवर है।[53]

इसके अलावा सरन्द्वीप से सब प्रकार के लाल मोती, बिल्लौर और कुरूंड (जिससे जवाहरात साफ किये जाते और चमकाये जाते थे) मालाबार से काली मिर्च, गुजरात से काली मिर्च, गुजरात से सीसा, दक्षिण भारत से बक्कम और सिंध से कुट बाँस तथा बेंत पश्चिमी देंशो को भेजे जाते थे।

प्रायः सभी चीजे दक्षिण–पूर्व देशों को भी भेजी जाती थी। भारत से सूती कपडों का निर्यात इस काल मे बहुत बढ़ गया था।

व्यापारियों की सुरक्षा :

मार्ग में लुटेरों से रक्षा तथा अन्य भय से व्यापारी दल बनाकर व्यापार के लिए यात्रा को निकलते थे। कभी–कभी तो पांच सौ गाड़ियों तक की संख्या में व्यापारी व्यापारिक वस्तुएं लादकर चलते थे। मार्ग में नेतृत्व के लिए व्यापारी अपने में ही नेता चुन लेते थे जो सार्थवाह कहलाता था। एक अन्य अधिकारी थल नियामक कहलाता था जो मार्ग में जंगली पशु, डकैती और भूतप्रेत से रक्षा की व्यवस्था करता था तथा खाने पीने का प्रबन्ध भी। जातकों में इन व्यापारियों के मार्ग में लुट जाने का भी वर्णन आता है।

भारी मुनाफों को ध्यान में रखते हुए समकालीन राजसी अधिकारियों ने विदेशी व्यापार में संलग्न सौदागरों को सुविधाएं देने में गहरी रूचि दिखाई। राजसी नियंत्रण में बंदरगाहों की स्थानीय व्यापारी संगठनों की मदद से तथा राजसी अधिकारियों के माध्यम से व्यवस्था करते थे जो विदेशी व्यापारियों की देखभाल करते थे। बंदरगाहो पर विदेशी व्यापारियों के ठहरने के लिए यथोचित व्यवस्था रहती थी। उनके साथ कोई व्यक्ति बुरा बर्ताव नही कर सकता था। ऐसा करने वाले को राज्य की ओर से कठोर दंड दिया जाता था।[54]

माप तोल और मूल्य :

प्राचीन काल से क्रय–विक्रय की वस्तुएं निश्चित माप के अनुसार तोली जाती थीं और तत्पश्चात् उसके निर्धारित मूल्य ग्रहण किये जाते थे। पाणिनि ने माप और तोल का विस्तार से वर्णन किया है। उसने

परिमाण, तुला (तराजू), माप (एक सिक्के के बराबर), निष्पाव (स्वर्ण आदि तोलने का सूक्ष बटखरा), शाण (बीस रत्ती के बराबर), बिस्त, शतमान, आढक, आचित, पुरूष आदि का उल्लेख किया है। पाणिनि के काल तक कार्पापण, निप्क, पण, पाद, मापा, शाण आदि अनेक सिक्के प्रचलित हो चुके थे।[55] मिलिन्तन्पह में धारिता (समाई) के माप के रूप में एक अन्य शब्द अम्मन (संस्कृत में अर्मण) का भी उल्ेख है। इसी ग्रंथ में जाली बाटों (तलकूट) का भी जिक्र जिनका प्रयोग बिल्कुल निषिद्ध था। दक्षिण भारत से प्राप्त तत्कालीन लेखों आदि के आधार पर उस समय के खाद्य पदार्थों के मूल्य इस प्रकार ठहरते हैं :[56]

चावल	1 रूपये का	32 सेर
तेल	1 रूपये का	2.5 सेर
दालें	1 रूपये का	25 सेर
काली मिर्च	1 रूपये का	2.5 सेर
सरसों	1 रूपये का	5 सेर

विनिमय का माध्यम :

आर्थिक क्षेत्र में सुसंगठित आयोजन, विनियम के किसी माध्यम द्वारा ही संभव है। यह किसी निर्धारित मुद्रा प्रणाली द्वारा या ऐसे वस्तु–विनियम द्वारा हो सकता है, जिसमें खरीदी जाने वाली वस्तु और विनिमय में दी जाने वाली वस्तु के बीच कोई अनुपात नियत हो। इस प्रकार इन दोनों ही मामलों में मूल्य निर्धारित किया जाता है। वस्तु–विनिमय के लेन–देनों में नकद भुगतान नहीं करना पड़ता, परन्तु मुद्रा द्वारा लेन–देन में नकद भुगतान करना पड़ता है।[57]

उड़ीसा पर किया गया एक अध्ययन यह सिद्ध करता है कि 600 से 1200 ई. तक सिक्के का चलन बिल्कुल नहीं था लेकिन यह अध्ययन दक्षिण पूर्वी एशिया में व्यापार की चर्चा करता है और विदेशी व्यापार में वस्तु विनियम पर जोर देता है।

श्रेणी व्यवस्था :

प्राचीनकाल में व्यवसायियों और शिल्पकारों ने अपने–अपने व्यवसाय और शिल्प को एक निश्चित दिशा में विकसित और सुगठित किया तथा उसकी सुरक्षा और उन्नति के लिए अपने–अपने संगठन बनाए। ऐसे संगठित व्यापारिक समूह को 'श्रेणी'; 'निगम' या 'निकाय' कहा जाता था। समाज में विभिन्न व्यवसाय और शिल्प से सम्बन्धित विभिन्न संगठित समूह बन गए थे जिनका व्यापारिक और आर्थिक जीवन के निर्माण अभूतपूर्व योगदान था। मनु के टीकाकार मेघातिथि ने कारीगरों,

व्यापारियों, साहूकारों और गाड़ीवानों की श्रेणियों (गिल्ड़ो) का उल्लेख किया है, जिनकी आर्थिक तथा सामाजिक स्थिति कहीं अधिक अच्छी थी।[58]

निष्कर्ष :

प्राचीन काल में भारत और दक्षिण पूर्व एशिया के देशों के साथ व्यापार एक स्वर्णिम अध्याय है। भारत और दक्षिण पूर्वी एशिया के देशों के मध्य प्रारम्भ के आर्थिक एवं व्यापारिक सम्बन्धों के कारण भारतीयों के इस क्षेत्र में बसने की शुरूआत हुई। भौगोलिक निकटता, व्यापारिक दृष्टि से अनुकूल स्थिति तथा गर्म मसालों की उपलब्धता, सुलभ आयात–निर्यात, उन्नत मार्ग एवं संचार व्यवस्था के कारण भारतीय व्यापारियों तथा सौदागरों को इस क्षेत्र में आकर्षित किया था। कृषि फसलों से व्यवसायीकरण, नगरों और ग्रामीण क्षेत्रों में माल के बढ़ते हुए विनियम, अन्तर प्रांतीय व्यापार में वृद्धि होने से और विदेशी व्यापार के माध्यम से विनिमय होने वाले माल में वृद्धि होने से भारत में एक व्यापारिक क्रांति हुई।

प्राचीन भारत की अंतिम प्रावस्था में फलता–फूलता आयात–निर्यात व्यापार अंतरराष्ट्रीय व्यापारिक बिरादरी के सहयोग का और भारत के विभिन्न भागों में तथा दक्षिण पूर्वी एशियाई देशों में विशेषीकृत वस्तुओं के निर्माण का परिणाम था।

संदर्भ सूची :

1. के.सी. श्रीवास्तव, प्राचीन भारत का इतिहास तथा संस्कृति, इलाहाबाद, 1991, पृ. 923
2. के.सी. श्रीवास्तव, प्राचीन भारत का इतिहास तथा संस्कृति, इलाहाबाद, 1991, पृ. 923
3. सत्यकेतु विद्यालंकार, दक्षिण पूर्वी और दक्षिण एशिया में भारतीय संस्कृति, सरस्वती सदन, नई दिल्ली, पृ 11
4. आर.सी.मजूमदार, ए हिन्दू कालोनीज इन द फार ईस्ट, ढाका, 1937–38, पृ. 8
5. बी.एन लुणिया, प्राचीन भारतीय संस्कृति, अग्रवाल पुस्तक प्रकाशन, आगरा, 1966, पृ. 687
6. बी.एन लुणिया, प्राचीन भारतीय संस्कृति, अग्रवाल पुस्तक प्रकाशन, आगरा, 1966, पृ. 696

7. बी.एन लुणिया, प्राचीन भारतीय संस्कृति, अग्रवाल पुस्तक प्रकाशन, आगरा, 1966, पृ. 697
8. राधाकृष्ण चौधरी, प्राचीन भरत का राजनैतिक एवं सांस्कृतिक इतिहास, भारती भवन, पटना, 1989, पृ. 458
9. सर स्टैमफोर्ड रैफल्स, ए हिस्ट्री ऑ जावा, पृ. 69
10. प्रकाशन मंत्रालय, भारत सरकार, इंडिया एंड साउथ ईस्ट एशिया, दिल्ली, 1962 पृ0 6
11. बी.एन लुणिया, प्राचीन भारतीय संस्कृति, अग्रवाल पुस्तक प्रकाशन, आगरा, 1966, पृ. 692
12. मजूमदार, ऐन्सियेंट इंडियन कालानाइजेशन इन साउथ ईस्ट एशिया, पृ. 20
13. बी.एन लुणिया, प्राचीन भारतीय संस्कृति, अग्रवाल पुस्तक प्रकाशन, आगरा, 1966, पृ. 690
14. बैजनाथ पुरी, भारत और कम्बुज, मथुरा, पृ. 17
15. राधाकृष्ण चौधरी, प्राचीन भरत का राजनैतिक एवं सांस्कृतिक इतिहास, भारती भवन, पटना, 1989, पृ. 458
16. राधाकृष्ण चौधरी, प्राचीन भरत का राजनैतिक एवं सांस्कृतिक इतिहास, भारती भवन, पटना, 1989, पृ. 459
17. बी.एन लुणिया, प्राचीन भारतीय संस्कृति, अग्रवाल पुस्तक प्रकाशन, आगरा, 1966, पृ. 701
18. अर्थशास्त्र – कौटिलीय अर्थशास्त्र, व्याख्याकार–वाचस्पति गैरोला, प्रकाशक चौखम्बा विद्या भवन, वाराणसी, 1977
19. बी.एन लुणिया,
20. दक्षिण पूर्व एशिया में भारतीय लोग – प्रस्तावना
21. दक्षिण पूर्व एशिया में भारतीय लोग – प्रस्तावना
22. प्रारम्भिक मध्यकालीन अर्थव्यवस्था, पृ. 153
23. कृष्णदत्त वाजपेयी, भारतीय व्यापार का इतिहास, पृ. 148
24. कृष्णदत्त वाजपेयी, भारतीय व्यापार का इतिहास, पृ. 89
25. जगन्नाथ प्रभाकर, प्राचीन इंडोनेशिया और भारत, पृ. 4
26. बी.एन लुणिया, प्राचीन भारतीय संस्कृति, अग्रवाल पुस्तक प्रकाशन, आगरा, 1966, पृ. 677
27. महाजनक जातक, संख्या 239
28. सुस्सोदि जातक, संख्या 40
29. वल्लाहस जातक, संख्या 126
30. पाणिनी, अष्ठाध्यायी, 4.1.13

31. पाणिनी, अष्ठाध्यायी, 5.11.147
32. अर्थशास्त्र, 2.11
33. चोपड़ा, पुरी, दास – भारत का सामाजिक सांस्कृतिक और आर्थिक इतिहास, दिल्ली, 1975, पृ. 137
34. चोपड़ा, पुरी, दास – भारत का सामाजिक सांस्कृतिक और आर्थिक इतिहास, दिल्ली, 1975, पृ. 135
35. जयशंकर मिश्र, प्राचीन भारत का सामाजिक इतिहास, पटना, 1974, पृ. 632
36. जयशंकर मिश्र, प्राचीन भारत का सामाजिक इतिहास, पटना, 1974, पृ. 623
37. आर.सी.मजूमदार, ए हिन्दू कालोनीज इन द फार ईस्ट, ढाका, 1937–38, पृ. 4
38. जर्नल आफ द अमेरिकन ओरियंटल सोसायटी, 12, वाल्टीमोर, 1919, पृ. 461
39. आर.सी.मजूमदार, ए हिन्दू कालोनीज इन द फार ईस्ट, ढाका, 1937–38, पृ. 4
40. सोदेश, इंडियनाइज्ड स्टेटस आफ साउथ ईस्ट एशिया, पृ. 29
41. सोदेश, इंडियनाइज्ड स्टेटस आफ साउथ ईस्ट एशिया, पृ. 29
42. महाजनक जातक, संख्या 539
43. ए न्यूली एक्सपलोर्ड रूट आफ एंशियंट इंडियन कल्चर एक्सपेंशन, भाग 9, 1935, पृ. 41
44. सोदेश, इंडियनाइज्ड स्टेटस आफ साउथ ईस्ट एशिया, पृ. 8
45. शिल्पादिकारम पृ. 110
46. एस के मैथी – इकोनोमिक लाइफ आफ नार्दन इंडिया इन द गुप्ता पीरियड, पृ. 135–138
47. एस के मैथी – इकोनोमिक लाइफ आफ नार्दन इंडिया इन द गुप्ता पीरियड, पृ. 138
48. कृष्णदत्त वाजपेयी, भारतीय व्यापार का इतिहास, पृ. 111
49. परमेश्वरी लाल गुप्त, गुप्त वंश का इतिहास, वाराणसी, 1970, पृ. 103
50. कालीदास–रघुवंश, 5.7.3
51. मजूमदार, सुवर्णद्वीप (कलकत्ता 1938) भाग–2, पृ.स. 34–37
52. मोतीचंद, सार्थवाह, 1953, पृ, 62
53. सुलेमान नदवी, अरब और भारत के सम्बन्ध, अनु. रामचन्द्र वर्मा, प्रयाग, 1930, पृ. 104

54. अनन्त सदाशिव अल्तेकर, ए न्यू हिस्ट्री ऑफ इंडियन पीपुल, भाग 6, पृ. 352
55. पाणिनी, अष्टाध्यायी, 5.1.40, 5.1.31
56. अनन्त सदाशिव अल्तेकर, दि राष्ट्रकूटाज ऐंड देयर टाइम्स, पूना, 1934, पृ. 386
57. चोपड़ा, पुरी, दास – भारत का सामाजिक सांस्कृतिक और आर्थिक इतिहास, दिल्ली, 1975, पृ. 149
58. चोपड़ा, पुरी, दास – भारत का सामाजिक सांस्कृतिक और आर्थिक इतिहास, दिल्ली, 1975, पृ. 134

सहायक प्रोफेसर (इतिहास)
राजकीय महाविद्यालय, रेवाड़ी,
हरियाणा
email : dr.gajendrasinghyadav@gmail.com

दक्षिण–पूर्वी एशिया में भारतीय संस्कृति एवं कला

डॉ. सुनीता स्वामी

व्यापार एवं धर्म की सम्पदा ने भारत एवं दक्षिण पूर्व एशिया के संबंधों को प्रगाढ़ बनाया। परिणाम स्वरूप वहां अनेक भारतीय सांस्कृतिक उपनिवेश अस्तीत्व में आए, जिनकी भाषा, संस्कृति, शासन विधि, धर्म तथा कला सभी भारतीय है। इस क्षेत्र में प्रायः सभी राज्यों में हिन्दू मंदिरों, मठों, बौद्ध विहारों, स्तूपों तथा चैत्यों के अवशेष बड़ी मात्रा में विद्यमान है, जिनमें से अंगकोरवाट का मंदिर, बोरोबुदूर का स्तूप, आनंद पैगोड़ा, प्रम्बनन मंदिर, नाथ्लोंगक्योंग मंदिर, नानपाया मंदिर, जावा का चंडी कलसन का प्राचीन मंदिर, मायसोन घाटी का मंदिर, दोंग'–दुओग के मंदिर, दिएंग का चण्डी भीम मंदिर, चण्डी सरी, चण्डी सेबू बायोन का मंदिर इत्यादि प्रमुख उदाहरण है। दक्षिण–पूर्व एशिया की स्थापत्य कला तथा मूर्ति कला की न सिर्फ विषय वस्तु केवल भारतीय है बल्कि निर्माण शैली तथा निर्माण सामग्री के अवयव भी भारतीय अनुकरण ही प्रतीत होते है।[1]

प्राचीन भारत के शक्तिशाली महान सम्राटों ने मात्र शस्त्रों के माध्यम से साम्राज्य विस्तार की नीति को महत्ता प्रदान नहीं की। महान् अशोक ने विशाल भू–खण्ड, शक्तिशाली सेना एवं संसाधनों का स्वामी होते हुए भी युद्ध विजय की नीति का परित्याग कर धम्म विजय की नीति को अपनाया।[2] वास्तव में भारत के सांस्कृतिक साम्राज्य के विस्तार का पहला प्रयास सम्राट अशोक ने किया, जब उन्होंने धम्म महामात्रों को दक्षिण एशिया, चीन, मध्य एशिया, पूर्वी एशिया इत्यादि सभी भागों में धम्म प्रचारकों के रूप में भेजा। भारत के धर्म प्रचारकों ने जहां इन देशों में अपने धर्म का प्रचार किया वहां साथ ही सभ्यता के मार्ग पर उन्हें अग्रसर किया।[3] इस परंपरा का निर्वहन महान गुप्त शासकों ने भी किया तथा भारतीय सांस्कृतिक साम्राज्यवाद की पराकाष्ठा चोल शासन में प्राप्त होती है, जब पराक्रमी चोल राजाओं ने दक्षिण–पूर्व एशिया के विभिन्न देशों एवं द्वीपों को अपने आधिपत्य में लिया और भारतीय धर्म, दर्शन, संस्कृति एवं कला का वहां पर व्यापक प्रचार किया। भारत के पूर्व में बर्मा, मलेशिया, इण्डोनेशिया, श्याम देश, कम्बोडिया, लाओस, वियतनाम और फिलीपिन्स आदि देशों में न केवल भारतीय धर्म एवं संस्कृति का प्रचार करने लोग गये थे अपितु महान भारतीय सम्राटों ने वहां पर उपनिवेशों की स्थापना की थी, इसी कारण यह स्थान भारतीय संस्कृति के रंग में पूर्णतः रंग गये और वर्तमान समय में भी इनमें भारतीय संस्कृति की छाप देखी जा सकती है।[4]

इण्डोनेशिया क्षेत्र में जावा ही एक ऐसा द्वीप है जहां प्राचीन मंदिर और चैत्य इस समय भी विद्यमान है। शैलेन्द्र साम्राज्य की राजधानी श्रीविजय सुमात्रा में थी और मलाया प्रायद्वीप में अनेक समृद्ध भारतीय राज्य प्राचीन समय में विद्यमान थे। जावा के प्राचीन मंदिर एवं चैत्य अभी भी सुरक्षित है।[5] मध्य जावा में स्थित दीएंग के पठार पर यहां के सर्वप्राचीन मंदिर पाये जाते है जिनका निर्माणकाल 7वीं एवं 8वीं सदी है। इन मंदिरों को पाण्डव मंदिरों के नाम से जाना जाता है जिनकी कुल संख्या 8 है। इन मंदिरों में तथा इनके समीप विष्णु, शिव, ब्रह्मा, गणेश एवं दुर्गा आदि हिन्दू देवी–देवताओं की प्रतिमाएं मिलती है। अनेकों प्रतिमाओं में देवों के साथ उनके वाहनों को भी प्रदर्शित किया गया है। स्थापत्य की दृष्टि से दीएंग के मंदिरों की साम्यता गुप्तकालीन भारतीय मंदिरों से प्रतीत होती है।[6] गुप्तकालीन भारतीय मंदिर आकार मे छोटे, समतल छत वाले है जिनमें कालांतर में विकसित होकर शिखर का प्रयोग भी मिलता है। इनके गर्भ ग्रह में प्रतिष्ठित प्रतिमा के केवल पूजन निमित आकार–प्रकार निर्मित थे। उस स्थान पर उपासक जनता के सभा स्थल का सर्वथा अभाव था। दीएंग के मंदिरों के गर्भग्रह में भी केवल एक ही प्रवेश द्वार है और मंदिरों के ऊपर की छत चौरस है जो ऊपर की ओर छोटी होती जाती है।[7] मंदिरों के अलंकरण हेतु अत्यंत सुंदर एवं कलात्मक प्रतिमाओं का प्रयोग किया गया है। शैलेन्द्र राजाओं ने जावा में अनेक बौद्ध चैत्यों तथा स्तूपों का निर्माण करवाया था। इनमें से चण्डीकालसन का चैत्य सर्वाधिक पुराना है।[8] इस चैत्य से मिले 778 ईस्वी के अभिलेख के विवरण से यह ज्ञात होता है कि यह चैत्य शैलेन्द्र राजा ने देवी तारा के लिए बनवाया था। अभिलेख में कालस गांव के बौद्ध संघ को दान में दिए जाने का उल्लेख है। इसलिए यह चैत्य चण्डीकालसन के नाम से प्रसिद्ध हुआ। चैत्य के अवशेषों की संरचना को देखकर प्रतीत होता है कि इसका निर्माण 8वीं सदी में हुआ था।[9] यह चैत्य एक चौकोर चबुतरे पर स्थित है। इसके मुख्य द्वार के ऊपर विशाल कीर्तिमुख का अंकन किया गया है, जिसके मुख से पांच कमल निकल रहे है। द्वार पर बहुत ही सुंदर मूर्ति अंकित है जहां से छत आरंभ होती है वहां बुद्ध की मूर्तियां पंक्ति में बनी हुई है। इनमें चार ध्यानी बुद्धों–अक्षोम्य, रतन संभव, अमिताभ और अमोघ सिद्धि की मूर्तियां मिलती है। इसके साथ ही 250 मंदिरों का एक मंदिर समूह भी जावा से प्राप्त होता है जिसे चण्डीसेवु के मंदिर के नाम से जाना जाता है। इन सभी मंदिरों का निर्माण किसी एक ही व्यक्ति द्वारा नहीं करवाया गया था। ऐसी परंपरा भारतीय गुप्तकालीन एवं प्रतिहार कालीन मंदिरों में देखने को मिलती है, जहां मंदिर समूहों का निर्माण किसी एक व्यक्ति द्वारा न

करवाकर अनेक व्यक्तियों के दान दिए जाने से हुआ हो।[10] चण्डीकालसन, चण्डीसरी और चण्डीसेवु के मंदिर मध्य जावा की प्रम्मबनन घाटी में स्थित है।

कम्बोज (कम्बोडिया) में विकसित हुई स्थापत्य एवं मूर्तिकला का विकास धीरे–धीरे हुआ। एक अनुश्रुति के अनुसार भारतीय ब्राह्मण कौण्डिन्य के द्वारा यहां की राजकुमारी सौमा से विवाह किया गया तथा फूनान में अपना राज्य प्रारंभ किया। जो भारतीय उपनिवेशक प्राचीनकाल में कम्बोडिया के क्षेत्र में जाकर बसे थे, वे अपने धर्म, भाषा आदि के साथ अपनी वास्तु एवं स्थापत्य कलाओं को भी अपने साथ ले गये थे, और उन्होंने उसी के अनुसार वहां मंदिरों आदि का निर्माण किया था। यहां के प्रारंभिक मंदिर छोटे–छोटे है और गोल न होकर या तो वर्गाकार है या आयताकार। इनके बीच में गर्भग्रह है, जिनमें शिवलिंग या देव मूर्ति की प्रतिष्ठापना की जाती थी। गर्भग्रह के चारों ओर प्रायः प्रदक्षिणापथ होता था। मंदिर की छत पर शिखर का निर्माण भी किया गया है, जो ऊपर की ओर संकरा होता जाता है। मंदिर के भित्तियों पर मूर्तियों एवं चित्रावलियों को उत्कीर्ण नहीं किया गया है, पर दीवार के बाहरी ओर जो ईंटें लगाई गई है उनमें से अनेक ईंटों पर विविध प्रकार के अलंकरण किये गये है। इस प्रकार की विशेषताएं भारतीय इतिहास में गुप्तकालीन मंदिरों में प्राप्त होती है।[11] गुप्तकालीन छठी सदी के मंदिरों में शिखर का प्रार्दुभाव हुआ था। इस श्रेणी में कानपुर स्थित भीतर गांव का मंदिर तथा देवगढ़ का दशावतार मंदिर प्रसिद्ध है साथ ही गुप्तकाल का सबसे प्रसिद्ध प्रयोग ईंटों द्वारा मंदिरों का निर्माण किया जाना था। भीतर गांव का मंदिर सुंदर अलंकृत ईंटों द्वारा निर्मित विख्यात मंदिर है। मंदिरों के द्वारों के ऊपर प्रायः पत्थर के लिंटल है, जिन पर मकर आकृतियां बनाई गई है। दीवारों के बाहरी ओर जिन अलंकृत ईंटों का प्रयोग किया गया है उन पर प्रायः प्रासाद की आकृति उत्कीर्ण है, जो संभवतः मंदिर की ही अपनी अनुकृति है। छत और दीवारों के बीच में प्रायः बाहर की ओर निकली हुई कार्निस है जिस पर देवी–देवताओं के शीर्ष बने है। नक्काशी की हुई या उत्कीर्ण की हुई ईंटें इन मंदिरों की एक ऐसी विशेषता है जो भारत में गुप्त युग के मंदिरों में पाई जाती है। कम्बोज देश के प्राचीन मंदिरों एवं भवनों की तुलना में वहां की प्राचीन मूर्तियों पर भारतीय प्रभाव और भी अधिक स्पष्ट रूप से देखा जा सकता है। 8वीं सदी से पूर्व की जो मूर्तियां कम्बोडिया क्षेत्र से मिली है वे गुप्तयुग की भारतीय मूर्तियों से साम्यता रखती है। इस काल की मूर्तियों में आंखे पूरी तरह से खुली हुई है, होठों पर हल्की सी मुस्कान है और वस्त्र ऐसे कलात्मक ढ़ंग से बनाये गये है कि उनकी चुन्नटें सुंदर रूप से उभरी हुई है। गुप्तकाल की

मूर्तियों में भी यह ही बातें पाई जाती है। कम्बोडिया की इन प्राचीन मूर्तियों में संभोर के समीप हरिहर की मूर्ति विशेष रूप से उल्लेखनीय है। वेशभूषा, अलंकरण तथा कथानक के चित्रण में इन भित्तियों को विभूषित करने के लिए जो चित्र अंकित किये गये, उनके लिए रामायण, महाभारत तथा पुराणों की कथाओं का आश्रय लिया गया क्योंकि यह कथानक कम्बोज देश की संस्कृति के भी उसी प्रकार से अंग थे जैसे कि भारत की संस्कृति के थे। यहां से पौराणिक देवी-देवताओं की मूर्तियां बहुत अधिक संख्या में मिलती है। कम्बोज के लोग शैव धर्मानुयायी थे अतः शिव की मूर्तियां यहां सबसे अधिक संख्या में बनी। शिव की मूर्तियां बैठी और खड़ी दोनों ही अवस्थाओं में है।[12] शिव की मानव रूप की प्रतिमाओं के साथ-साथ कम्बोज में अनेकों शिवलिंग भी मिलते है, जिन्हें पूजा के लिए विभिन्न मंदिरों में स्थापित किया गया था। इसके साथ ही ब्रह्मा एवं विष्णु की भी अनेक चतुर्भुजी प्रतिमाओं की प्राप्ती यहां से होती है।

वर्तमान समय में जो प्रदेश दक्षिणी वियतनाम में स्थित है प्रायः वे ही प्राचीन काल में चंपा के हिन्दू या भारतीय राज्य के अन्तर्गत थे। चंपा पर धर्म, संस्कृति एवं कला में भारतीय प्रभाव स्पष्ट रूप से देखा जा सकता है। यद्यपि यहां पर कम्बोज तथा जावा के समान विशाल कलावशेषों का अभाव है तथापि ईंटों से निर्मित अनेक स्थापत्य अवशेष यहां के मायसोन, पो-नगर और दोंगदुओंग स्थानों से मिले है। मायसोन में 30 से ज्यादा मंदिरों के अवशेष मिलते है, जिनका निर्माण एक ऊंचे चबुतरे पर किया गया था। मायसोन के मंदिर मुख्यतः शैव सम्प्रदाय के है और उनमें शिव के साथ-साथ गणेश, उमा तथा स्कंद की भी मूर्तियां है। पो-नगर में प्राप्त मंदिरों की संख्या 6 है, जिनका संबंध पौराणिक हिन्दू धर्म से है और इनमें शिव तथा उनसे संबंधित देवी-देवताओं की मूर्तियां प्रतिष्ठापित है। चंपा के सभी मंदिर एक समान नहीं है उनमें बहुत से भिन्नताएं है, उनके निर्माण के लिए ईंटों का प्रयोग किया गया है तथा द्वारों, लिंटल तथा कानिष के लिए पत्थरों का प्रयोग किया गया है।[13] यहां पर भी मंदिरों का निर्माण ऊंचे धरातल पर किया गया था। प्रायः मंदिर वर्गाकार है और उनकी ऊंचाई-चौडाई-लम्बाई की तुलना में अधिक है। मंदिरों के गर्भग्रह में केवल एक द्वार है, जो प्रायः पूर्व की ओर है। शेष तीन दीवारों में आलो के रूप में नकली द्वार बनाये गये है, इन आलों में पूजा के लिए दीप रखे जाते थे और मूर्ति को गर्भग्रह के मध्य भाग में प्रतिष्ठापित किया गया था। गर्भग्रह की आंतरिक भित्तियां अपेक्षाकृत सादी मिलती है किन्तु इन पर विशेष प्रकार की पॉलिस मिलती है। इसी प्रकार द्वार के ऊपर के लिंटल के प्रस्तर पर भी सुंदर चित्र उत्कीर्ण किये गये है। गर्भग्रह और उसके सामने के औसारा जिस धरातल पर बने होते है वह चारों ओर से

भूमि से 6 फीट के लगभग ऊंचा होता है अतः उस तक पहुंचने के लिए सीढ़ियां बनाई जाती है जो औसारे के बाह्य द्वार तक पहुंचती है। मंदिर की छत पिरामिड के समान बनी है जो नीचे से ऊपर की ओर छोटी होती जाती है। पिरामिड की आकृति की इस छत में प्रायः तीन मंजिले है। प्रत्येक मंदिर के चारों कोनों पर चार बुर्ज बने रहते है जो स्वयं मंदिर की आकृति के होते है। सबसे ऊपर एक शिखर बनाया जाता है जिसका निचला भाग कमल के समान और ऊपर वाला भाग आग की लौ जैसा बनाया जाता है। मंदिर के बहीरंग को अलंकृत करने के लिए पंख फैलाये हुए हंसों, मकरों और अप्सराओं आदि की प्रतिमाओं को पत्थर पर उत्कीर्ण किया गया है। ईंटों द्वारा निर्मित इन मंदिरों में जो प्रस्तर खण्ड प्रयुक्त हुए है वे लताओं, पत्र पुष्पाओं और विभिन्न प्रकार के अन्य दृश्यों से विभूषित है।[14]

चंपा के मंदिरों पर अनेक मंजिलों वाली ऐसी छतें बनाने की प्रथा थी, जो नीचे की तुलना में ऊपर की ओर लगातार छोटी होती जाती थी, यह संभवतः भारत की द्रविड शैली से ली गई थी। 7वीं सदी में निर्मित मामल्लपुरम् के रथ मंदिरों और कांजीवरम् एवं बादामी के मंदिरों की छतें भी प्रायः इसी ढंग की है। मामल्लपुरम् के धर्मराज रथ, अर्जुन रथ आदि मंदिरों की छतों की यदि चंपा के बहुरथ संख्यक मंदिरों की छतों से तुलना की जाये तो उनमें समानता दिखाई देगी। धर्मराज शिव का मंदिर है जिसे अत्यंत काम्पलेश्वर भी कहते है। चंपा के शम्भुभद्रेश्वर सदृश कितने ही मंदिरों के नाम भी इसी ढंग के है। भारत के जो उपनिवेशक चंपा में जाकर बसे थे, वे भारत की भाषा, शासन व्यवस्था और धर्म के समान भारत की कला को भी अपने नये देश में ले गये। चंपा से मिली कलाकृतियों में प्राचीन मूर्तियां भी शामिल है, जिनमें इस देश की मूर्ति निर्माण कला एवं उस पर भारतीय प्रभाव का विश्लेषण किया जा सकता है। यहां से शिव की दो मानवाकार खड़ी मूर्तियां मायसोन से मिली है। जावा, कम्बोज, चंपा आदि दक्षिण–पूर्वी एशिया देशों में पुराने भग्नावशेषों में सैंकड़ो–हजारों मूर्तियां एवं उनके खण्ड विद्यमान है, जो उनके पौराणिक हिन्दू धर्म के व्यापक प्रचार के स्पष्ट प्रमाण है। भारत में हुए तुर्क आक्रमण के कारण यहां प्राचीन भारतीय संस्कृति के विकास में बाधा उत्पन्न हो गई थी। इस घटनाक्रम के बाद दक्षिण–पूर्व एशिया से भारतीय संबंध उतने प्रगाढ़ नहीं रह पाये, जितने पहले थे। इस प्रकार कहा जा सकता है कि दक्षिण–पूर्व एशिया में विकसित हुई संस्कृति एवं सभ्यता के विकास में भारतीय संस्कृति के विभिन्न तत्वों का प्रचुर योगदान रहा है।[15]

सन्दर्भ सूची :
1. वसुदेव उपाध्याय, प्राचीन भारतीय स्तूप, गुहा एवं मंदिर, बिहार हिन्दी ग्रंथ अकादमी, पटना, 1972, पृ. 207
2. सत्यकेतु विद्यालंकार, दक्षिण पूर्व एशिया में भारतीय संस्कृति, श्री सरस्वती सदन, नई दिल्ली, पंचम संस्करण, 1991, पृ. 106—107
3. ए.के. कुमारस्वामी, हिस्ट्री ऑफ इण्डियन एण्ड इण्डोनेशियन आर्ट, एडवर्ड, गोल्डस्टन, लंदन 1927, पृ. 180
4. सत्यकेतु विद्यालंकार, पूर्वोक्त, पृ. 212
5. वासुदेव विद्यालंकार, पूर्वोक्त, पृ. 209
6. वासुदेव उपाध्याय, गुप्त साम्राज्य का इतिहास, द्वितीय खण्ड, इण्डियन प्रेस, प्राईवेट लिमिटेड, इलाहाबाद, तृतीय संस्करण, 1970, पृ. 230
7. सत्यकेतु विद्यालंकार, पूर्वोक्त पृ. 212
8. ए.के. कुमारस्वामी, पूर्वोक्त, पृ. 181
9. आर.सी. मजूमदार, एन एंशियण्ट हिन्दू कॉलोनी इन कम्बोडिया, युनिवर्सिटी ऑफ मद्रास, 1944, पृ. 43
10. वही, पृ. 141
11. आर.सी. मजूमदार, एंशियण्ट इण्डियन कॉलोनीज इन द फार ईस्ट चम्पा, द पंजाब संस्कृत बुक डिपो, लाहौर, 1927, पृ. 239
12. वही, पृ. 236
13. वही, पृ. 237
14. सत्यकेतु विद्यालंकार, पूर्वोक्त पृ. 274
15. वही, पृ. 204

**सहायक आचार्य,
टांटिया विश्वविद्यालय, श्रीगंगानगर,
राजस्थान**

प्राचीन भारत एवं दक्षिण पूर्वी एशिया के मध्य व्यापारिक संबंधो का ऐतिहासिक अध्ययन

डॉ. सीमा मिश्रा

प्राचीन काल से ही मनुष्य अपनी दैनिक आवश्यकताओं की पूर्ति के लिये एक दूसरे पर निर्भर रहा है। इस उद्देश्य की पूर्ति हेतु उसने परस्पर आदान–प्रदान की प्रक्रिया को जन्म दिया। कालांतर में आदान–प्रदान की यह प्रक्रिया और सुदृढ़ होकर व्यापार में परिवर्तित हो गयी। व्यापार के माध्यम से देश–विदेश में व्यापारिक संबंधो का विकास हुआ जिसने सामाजिक एवं सांस्कृतिक पक्षों को भी प्रभावित किया।

इस दृष्टि से यदि प्राचीन भारत के आर्थिक जीवन की बात की जाय तो यह स्पष्ट होता है कि भारत की भौगोलिक स्थिति भारत के व्यापारिक संबंधो के विकास में सहायक सिद्ध हुई। पश्चिम में स्थित अरब सागर, दक्षिण में हिन्द महासागर तथा पूर्व में बंगाल की खाड़ी ने भारत को पाश्चात्य जगत और दक्षिण एवं दक्षिण पूर्वी एशिया के अनेक देशों के साथ व्यापारिक संबंधो को स्थापित करने में महत्वपूर्ण सहयोग प्रदान किया।

भारत के व्यापारिक संबंधो पर यदि दृष्टिपात करें तो यह स्पष्ट है कि अत्यन्त प्राचीन काल से ही भारतीय जन संबंध मिस्त्र, यूनान, ईरान, ईराक, (मेसोपोटामिया), रोम, मध्य एशिया के अनेक देशो से व्यापार करते थे। पश्चिमी तथा मध्यदेशों के सदृश ही भारत का दक्षिण पूर्वी एशियाई देशो से भी घनिष्ठ व्यापारिक संबंध था।

भारत तथा दक्षिण–पूर्व एशिया के पारस्परिक संबंधो की पुष्टि साहित्य एवं पुरातत्व दोनो से होती है। इसके अतिरिक्त समय–समय पर आने वाले अनेक विदेशी यात्रियों के विवरणों में भी इसकी सूचना संग्रहित है। भारत तथा दक्षिण–पूर्व एशिया के पारस्परिक संबंधो के विकास में कई कारकों का योगदान रहा है जिनमें राजनीतिक, धार्मिक, एवं व्यापारिक मुख्य कारक रहे हैं। इनमें भी व्यापारिक अथवा आर्थिक कारक विशेष रूप से महत्वपूर्ण है। जहाँ तक दक्षिणी पूर्वी एशियाई द्वीप समूह की बात है तो यह अपनी भौगोलिक स्थिति के साथ–साथ अपनी आर्थिक संपन्नता के कारण भी अत्यन्त महत्वपूर्ण रहे हैं।[1] आर्थिक संपन्नता के कारण ही भारतीय व्यापारीयों द्वारा इन द्वीपो को ''सुवर्णभूमि'' तथा ''सुवर्णद्वीप''की संज्ञा दी गई थी। क्योंकि उन्हें यहाँ के व्यापार से अत्यधिक मुनाफा प्राप्त होता था।[2] कुछ विद्वानों के अनुसार पूर्वी भूमध्य सागर क्षेत्र की व्यावसायिक आवश्यकताओं की पूर्ति हेतु भारतीय व्यापारी

मसालों, मूल्यवान पत्थरों एवं स्वर्ण की अधिकता वाले इन द्वीपों की ओर उन्मुख हुए।[3] 'सुवर्णभूमि' तथा 'सुवर्णद्वीप' के नामों से प्रसिद्ध इन स्थलों का उपरोक्त नामोल्लेख प्राचीन भारतीय साहित्यिक स्त्रोतों से भी प्राप्त होता है।

दक्षिण पूर्वी एशिया के किस प्रदेश को सुवर्णभूमि कहा जाता था तथा सुर्वणद्वीप किन द्वीप समूहों के लिए प्रयुक्त होता है, इस विषय में विद्वानों में परस्पर मतभेद है लेकिन 'सत्यकेतु विद्यालंकार ने माना है कि संभवतः बर्मा से मलाया तक का भू–भाग सुवर्णभूमि कहा जाता था और उसके पूर्व में स्थित इन्डोचायना का प्रायद्वीप जिसमें कम्बोडिया, लाओस और वियतनाम के भू–भाग भी सम्मिलित थे और वर्तमान इन्डोनेशिया के सुमात्रा, जावा, बाली, बोर्नियों आदि को 'सुवर्णद्वीप' के नाम से जाना जाता था।[4] ये सभी द्वीप सुंगधित मसालों के अतिरिक्त स्वर्ण के लिये भी विख्यात थे। इनकी प्रसिद्धि व्यापारियों के प्रलोभन का मुख्य कारण थी और जब ईसापूर्व द्वितीय एवं प्रथम शताब्दी में बर्बर जातियों के गतिविधियों से बहुमुल्य धातुएँ लाये जाने वाले पश्चिमी मार्ग असुरक्षित हो गये तब भारतीय ,व्यापारियों ने बहुमुल्य धातुओं की पूर्ति के लिये 'सुवर्णभूमि' का रूख किया।[5] स्पष्ट है कि बरमा में इरावदी और उसकी सहायक नदियाँ स्वर्ण के लिये मलाया स्वर्णखान तथा इन्डोनेशिया के विभिन्नद्वीप बहुमूल्य धातुओं गरममसाले, कीमती लकडियाँ आदि के लिये विख्यात थे।[6]

आर. सी. मजूमदार का भी कहना है कि भारतीय सीमा के दक्षिण पूर्व एवं चीन के दक्षिण में अवस्थित ये देश, प्राकृतिक संसाधनों और सुदृढ़ भौगोलिक स्थिति के कारण अत्यन्त समृद्ध थे, अतः कालांतर में ये क्षेत्र खनिज पदार्थो, सुंगधित द्रव्यों, मसाले, कपूर, इत्यादि के लिये अत्यन्त प्रसिद्ध हुये।[7]

'सुवर्ण भूमि' तथा सुवर्णद्वीप' नाम से भारतीय साहित्य में प्रसिद्ध ये सभी क्षेत्र अपनी खनिज संपदा स्वर्ण तथा अन्य बहुमूल्य वस्तुओं के कारण व्यापारियों में इसी नाम से जानी जाती थी। अन्य विद्वानों ने भी इस बात का समर्थन किया है कि बंगाल की खाड़ी के परे हिन्दचीन तथा मलयद्वीप समूह है जहाँ आदिम जातियाँ निवास करती थीं[8] संसार के मसाले पर उनका अधिकार था। खनिज पदार्थों से परिपूर्ण ऊपजाऊ भूमि ने शीघ्र ही भारतीयों का ध्यान अपनी ओर आकर्षित किया।

इन क्षेत्रों का वर्तमान नाम 'दक्षिण पूर्वी एशिया', 20 वीं सदी की संकल्पना है जिसके अन्तर्गत बर्मा, थाईलैण्ड, कम्बोडिया, लाओस, वियतनाम, मलाया, बोर्नियो, जावा, सुमात्रा, बाली आदि सम्मिलित रूप से शामिल हैं।[9]

उपरोक्त विवरणों के आधार पर यह कहा जा सकता है कि भारत और दक्षिण पूर्व एशियाई,देशों के मध्य आर्थिक कारक सर्वाधिक महत्वपूर्ण थे। लेकिन यह भी सत्य है कि भारतीय व्यापारियों द्वारा इन क्षेत्रों की यात्रा के परिणामस्वरूप भारतीय संस्कृति का पर्दापण भी इन क्षेत्रों में हुआ, भारतीय शासकों की साम्राज्यवादी और धार्मिक नीतियों ने भी इस प्रकिया को दृढ़ता प्रदान की तथा इन क्षेत्रो में भारतीय संस्कृति का विस्तार हुआ जिसके फलस्वरूप इन द्वीपों के सामाजिक, तथा सांस्कृतिक जीवन को भारतीय संस्कृति ने गहरे रूप से प्रभावित किया। संस्कृतिकरण की यह प्रक्रिया इस क्षेत्र के अनेक द्वीपों को सभ्य एवं संस्कृत बनाने में सहायक सिद्ध हुई।

भारत तथा दक्षिणपूर्व एशिया के मध्य व्यापारिक संबंध –

प्राचीन काल में भारत और दक्षिणपूर्वी एशिया के मध्य होने वाले व्यापार की जानकारी विभिन्न ऐतिहासिक साक्ष्यों में प्राप्त होती है। सामान्यतया प्राचीन साहित्य में इसके लिये 'स्वर्णभूमि' शब्द का प्रयोग मिलता है। यद्यपि दक्षिणपूर्वी एशिया में भारतीयों के जाने के पीछे कई राजनीतिक तथा धार्मिक कारण रहे लेकिन इस क्षेत्र के अनेक देशों के साथ भारत का व्यापारिक संबंध ही पहले स्थापित हुआ।[10] व्यापारिक संबंधो की स्पष्ट जानकारी हमें बौद्ध साहित्य के अर्न्तगत जातकों से प्राप्त होने लगती है। महाजनक जातक[11] में उल्लिखित है कि चंपा के व्यापारी सुवर्णभूमि (दक्षिण बरमा) जाते थे। ये व्यापारी नदी मार्ग के द्वारा ताम्रलिप्ती पहुँचते थे और फिर ताम्रलिप्ती से सुवर्णभूमि की समुद्री यात्रा करते थे।[12] सुवर्णभूमि में बर्मा, मलाया, स्याम, कम्बोडिया, अनाम आदि देश आते थे। फाहियान[13] ने भी ताम्रलिप्ति को महत्वपूर्ण बंदरगाह बताया है जहाँ से अनेक जहाज श्रीलंका, चीन और पूर्वी द्वीप समूह जाते थे। ताम्रलिप्ति के अतिरिक्त श्रीलंका (ताम्रपर्णि) भी भारत के पश्चिमी बंदरगाह से आने वाले व्यापारियों के लिये महत्वपूर्ण स्थल था, जहाँ से होकर व्यापारी दक्षिणी–पूर्वी एशियाई देशों की यात्रा करते थे। प्रायः ये व्यापारी कई महिनों की कष्टप्रद यात्रा कर इन द्वीपों पर पहुँचते । प्राकृतिक आपदाओं, समुद्री तूफानो तथा समुद्री डाकुओं का भय ऐसी यात्राओं में निरंतर बना रहता था। लेकिन इन क्षेत्रों की संपन्नता और आर्थिक लाभ व्यापारियों के आकर्षण का केन्द्र बिन्दु थी। बलाहस्स जातक[14] में ताम्रपर्णि की समुद्री यात्रा के दौरान व्यापारियों को समुद्र में रहने वाली यक्षिणी द्वारा मार डालने का विवरण है। इसी प्रकार पंडर जातक[15] में 500 यात्रियों के कुछ दिन यात्रा करने के उपरांत डूब जाने का विवरण मिलता है। महावणिज जातक[16] तथा सुप्पारक जातक[17] में भी व्यापारियों द्वारा भिन्न–भिन्न देशों में कष्टप्रद यात्रा करने तथा धन कमाकर स्वदेश

आने की सूचना वर्णित है। मिलिन्दपन्ह[18] में भी बंगाल, मलयप्रायद्वीप, चीन, पूर्वी द्वीप समूह समेत अनेक प्रदेशों में भारतीय जहाजो के जाने का वर्णन मिलता है। इन यात्रियों के विषय में ऐसा कहा जाता था कि दक्षिण पूर्वी एशिया में जो व्यापारी जाता है या तो वह वापस नही लौटता और लौट आता है तो इतना धन लेकर आता था कि इसकी दो पीढ़ी तक समाप्त नही होता। स्पष्ट है कि इन क्षेत्रों में स्वर्ण की बहुलता तथा बहुमूल्य वस्तुओ की प्रचुरता व्यापारियों के आर्कषण का प्रमुख कारण थी। अतः कई बार भरूकच्छ (भड़ौच) के व्यापारियों द्वारा पूरे पश्चिमी और पूर्वी समुद्र तट के सहारे ताम्रपर्णि (श्रीलंका) से होते हुए सुवर्णभूमि तक की यात्रा की जाती थी।

विदेशो से भारतीय संपर्क का प्राचीन प्रमाण स्याम (थाईलैण्ड) के 'उर' नामक नगर में 2500 ई0पू0 से पहले नीलगिरि की पहाड़ियों से निकले भारतीय हरे पत्थर के आयात और इसके अवशेषों में भारतीय सागौन की लकड़ी के प्रयोग में मिलता है।[19] इन विवरणों से पता चलता है कि जातकों की रचना के पूर्व ही भारत और दक्षिण पूर्वी एशियाई देशों के बीच व्यापारिक संबंध विकसित हो चुके थे, यद्यपि उनका विकास मौर्यात्तर युग में तीव्र गति से हुआ।

जैन ग्रंथ आवश्यक चूर्णि[20] में भी चंपा, ताम्रलिप्ति, सुर्वणद्वीप, कालियाद्वीप की आर्थिक गतिविधियों का उल्लेख मिलता है। रामायण[21] में सुवर्णद्वीप और यवद्वीप का उल्लेख मिलता है। आन्ध्र, कलिंग और बंगाल के नाविक बर्मा, मलाया सुमात्रा, जावा आदि देशों की यात्रा करते थे।

भारतीय लेखकों एवं साहित्य के अतिरिक्त ग्रीक, रोमन अरब तथा चीनी यात्रियों ने भी अपने ग्रन्थों में स्वर्ण भूमि तथा स्वर्णद्वीप का वर्णन किया है। ''पेरिपलस ऑफ द इरीथियन सी'' में इसके लिये 'चिसी'' तथा प्लिनी द्वारा 'चिसी द्वीप शब्द का उल्लेख किया गया है। इसी प्रकार टालमी ने 'स्वर्ण भूमि के लिये चिसी – कोरा' शब्द का उल्लेख किया है। इन सबका अर्थ सुवर्णभूमि तथा सुवर्णद्वीप है।[22] अलबरूनी तथा इत्सिग के ग्रन्थों में भी इनको सुवर्णभूमि, सोने की भूमि तथा किन–च्यू (सुवर्णद्वीप) कहा गया है।[23] इनके अतिरिक्त अर्थशास्त्र[24] विभिन्न पुराण तथा कथासरितसागर, बृहत्कथामंजरी से भी जलमार्ग द्वारा व्यापारियों के सुवर्णद्वीप जाने तथा मार्ग में अनेक कठिनाइयों के वर्णन प्राप्त होते हैं। इनके संदर्भों में इन्द्रद्वीप, कशेरूमान, ताम्रपर्णि, नागद्वीप, वारूण, कटाह, नारिकेल द्वीप, अंगद्वीप, मलयद्वीप, शंखद्वीप, कर्पूरद्वीप, कुशद्वीप, वराहद्वीप, जैसे नाम मिलते हैं। जिसमें इन्द्रद्वीप को बरमा, कशेरूमान को मलाया, वारूण को बोर्नियो, कटाह को मलायाप्रायद्वीप में कडाह, नारिकेल द्वीप को निकोबार द्वीप, सिंहलद्वीप को श्रीलंका, कर्पूरद्वीप को बोनिर्यो तथा

कुछ ने सुमात्रा का उत्तर–पश्चिमी भाग, अंगद्वीप को बंगाल की खाड़ी में सियाम के तट पर स्थित कहा गया है।[25] शंखद्वीप को श्रीविजय राज्य के अन्तर्गत कहा गया। यद्यपि उपरोक्त नाम विभिन्न स्त्रोतों में भिन्नता के साथ वर्णित किए गए है। लेकिन सभी द्वीप दक्षिण पूर्वी एशिया में विद्यमान थे।[26]

उपरोक्त उद्धरणों में स्पष्ट है कि प्राचीन भारतीय शासकों ने जब अपनी धार्मिक तथा साम्राज्यवादी नीतियों से प्रेरित हो कर दक्षिण पूर्वी एशिया की ओर ध्यान दिया, उसके बहुत समय पूर्व ही इन द्वीपों के साथ भारतीय व्यापारीयों का सम्पर्क स्थापित हो चुका था । कुछ इतिहासकारों का मानना है कि दूसरी शताब्दी तक भारतीयों का सुदूर पूर्व में सुदृढ़ व्यापारिक संबंध स्थापित हो चुका था।[27]

व्यापार के साथ– साथ परवर्ती कालों में भारतीय शासकों द्वारा अपनायी गयी विभिन्न नीतियों के अन्तर्गत भी दक्षिण पूर्व एशिया से संपर्क ज्ञात होता है। अर्थशास्त्र[28] में यह निर्दिष्ट है कि जनसंख्या की वृद्धि स्वरूप उत्पन्न दबाब के कारण भी सामूहिक रूप से देश देशान्तरों में स्थानान्तरण करना चाहिये। इस संदर्भ के आलोक में कुछ विद्वान मानते हैं कि कलिंग युद्ध के पश्चात् युद्ध के फलस्वरूप त्रस्त लोगों ने दक्षिण पूर्व में आश्रय लिया।[29] महावंश तथा दीपवंश में अशोक द्वारा सोण तथा उत्तर नाम बौद्ध भिक्षुओं को सुवर्णभूमि भेजने का वर्णन मिलता है।[30] कुछ विद्वान यह भी मानते है कि प्रथम शताब्दी ईसवी के लगभग विदेशी आक्रमण के फलस्वरूप भी विशाल जनसंख्या वहाँ जाकर बस गयी।[31]

यद्यपि उपरोक्त संदर्भों में आर्थिक कारक का भान नही हो पाता और ऐसे संदर्भो में धार्मिक कारण अथवा अन्य कारणों के फलस्वरूप भारतीयों को दक्षिण पूर्व एशिया की ओर रूख करना स्वीकार किया गया है। परन्तु मौर्योत्तर काल में पुनः इन क्षेत्रों की उपेक्षा तत्कालीन भारतीय शासक न कर सके। इसके व्यापारिक महत्व को समझते हुये मौर्यात्तर काल में शासकों ने बृहद स्तर पर दक्षिण पूर्वी देशों के साथ व्यापारिक संपर्क को बढ़ावा दिया।

मौर्यात्तर काल के पश्चात जहाँ एक ओर तत्कालीन भारत पश्चिमोत्तर सीमा पर इण्डो–ग्रीक, शक, पहलव आदि के झंझावतों का सामना कर रहा था वहीं दक्षिण में सातवाहनों के नेतृत्व में भारतीय व्यापार पश्चिमी देशों के साथ–साथ श्री लंका तथा पूर्वी द्वीप समूह के जावा, सुमात्रा आदि देशों के साथ वाणिज्यिक तथा व्यापारिक गतिविधियों को दृढ़ कर रहा था। पेरिपलस ऑफ द इरीथियन सी, मिलिन्दपन्ह तथा टॉल्मी ने इस समय की व्यापारिक गतिविधियों का उल्लेख किया है। पेरीपलस में पेडुका में निर्मित ऐसे जहाजों का उल्लेख मिलता है जो

स्वर्णभूमि की यात्रा पर जाते थे। मानसूनी हवा का पता चलने से भी भारतीय माल के लिये एक नया बाजार खुल गया तथा भारतीय बंदरगाह का महत्व अत्यन्त बढ़ गया।[32] यह वहीं समय था जब भारत रोम व्यापार अपनी समृद्ध अवस्था में था। कुषाण काल में भारतीय व्यापार पश्चिमी देशो से अधिक दृढ़ हुआ लेकिन गुप्तकाल में पश्चिमी देशो के स्थान पर दक्षिणी'पूर्वी एशियाई देशों के साथ व्यापारिक संपर्क स्थापित हुआ। समुद्रगुप्त के दिग्वितय में जिन राजाओं का उल्लेख प्रयाग –प्रशस्ती में मिलता हैं उसमें सिंहल तथा सर्वद्वीपवासिभी का भी उल्लेख मिलता है।[33] सिंहल का तात्पर्य श्रीलंका तथा सर्वद्वीपवासी का तात्पर्य दक्षिण पूर्वी एशिया के द्वीपो से लगाया गया है। सिंहल के राजा श्री मेघवर्ण द्वारा भारतीय शासक समुद्रगुप्त के पास एक दूतमण्डल भेजकर सिंहली भिक्षुओं के लिये बोधगया में एक विहार बनवायें जाने की सहर्ष अनुमति समुद्रगुप्त द्वारा प्रदान करने का पता चलता है।[34] इन उद्धरणों से स्पष्ट है कि दक्षिण पूर्वी क्षेत्रों की व्यापारिकता महत्ता को देखते हुये ही समुद्रगुप्त ने इन्हें अपने प्रभाव क्षेत्र में लाने हेतु राजनीतिक तथा धार्मिक नीतियों का अवलम्बन लिया होगा। उदयनारायण राय का मानना है कि उसके द्वारा पराजित शासकों ने भी इस क्षेत्र में शरण ली थी।[35] लेकिन गुप्तकाल में दक्षिण पूर्वी एशिया के साथ संबंध को दृढ़ करने के पीछे व्यापारिक कारण अधिक प्रभावी जान पड़ता है क्योकिं इसी समय रोमन साम्राज्य के पतन के कारण भारतीय शासक तथा व्यापारियों ने दक्षिण पूर्व एशिया के साथ होने वाले व्यापार पर अपना ध्यान केन्द्रित कर लिया था।

गुप्तों के पश्चात दक्षिण भारतीय चोल शासकों की राजनीतिक नीति में दक्षिण पूर्वी एशिया का महत्वपूर्ण स्थान था। 9वीं से 13वीं सदी के बीच दक्षिण में शासन करने वाले चोल महत्वपूर्ण वंश था जिन्होने अपनी साम्राज्यवादी नीतियों तथा आर्थिक संपन्नता के लिये इन क्षेत्रों को शक्तिशाली नौसेना के बल पर विजित किया। चोल शासक राजराज प्रथम द्वारा श्रीलंका तथा मालदीव द्वीप समूह पर विजय प्राप्त कर सुमात्रा तथा श्री विजय साम्राज्य से मित्रता पूर्ण संबंध स्थापित किया जहाँ के राजा ने नागपट्टनम में एक विहार बनवाया।[36] नौसेना के बल पर श्रीलंका की राजधानी अनुराधापुर को नष्ट किया तथा नयी राजधानी बनाया। पुनः उसके पुत्र राजेन्द्र चोल ने भी लंका के दक्षिणी भाग को विजित किया तथा दक्षिणी पश्चिमी समुद्र तट से आगे 12000 द्वीपो वाले मालदीव पर अधिकार किया।[37] उसने नौसेना के बल पर श्रीविजय पर विजय की तथा मलाया के पश्चिमी तट पर स्थित कडारम पर अधिकार कर लिया। इन घटनाओं की पुष्टि करन्दै ताम्रपत्र, तंजौर अभिलेख से होती है। इन विजयों से साम्राज्य विस्तार के साथ–साथ भारत का पूर्वी एशिया के साथ

वाणिज्यिक संपर्क भी दृढ़ हुआ। वही दूसरी ओर विशुद्धानंद पाठक[38] ने लिखा है कि राजेन्द्र की युद्धजनित विजय की आकांक्षा के साथ, हितो की रक्षा और चीन तथा दक्षिण पूर्वी द्वीपों के साथ राजनयिक संबंधो के उतार–चढ़ाव के तन्तु भी छिपे हुये थे। चोलों का चीन से व्यापारिक संबंध था जिसमें श्रीविजय रूकावट पैदा कर रहा था। अपने इसी व्यापारिक हितों की रक्षा के लिये चोल शासकों ने दक्षिण–पूर्व में स्थित श्रीविजय और उसके आस–पास के अन्य द्वीपों को विजित किया। विद्वान भी मानते हैं कि यह वही समय था जब चीन, श्रीविजय का शैलेन्द्र वंशीय साम्राज्य, दक्षिण भारतीय चोल, अरब और फारस के व्यापारी पश्चिम से पूर्व तथा पूर्व से पश्चिम की ओर होने वाले समुद्री व्यापार के क्षेत्र में एक भारी प्रतियोगिता में फसें हुये थे।[39] निःसन्देह यह क्षेत्र भारतीय शासकों की नीति के केन्द्र बिन्दु थे।

आयात–निर्यात – साहित्यिक ग्रंथो के विवरणों से ज्ञात होता है कि दक्षिणी पूर्वी एशिया के प्रदेशों से अनेक वस्तुएँ भारत में आयात की जाती थी। यहाँ के द्वीपों से रेशम, लौंग, चंदन, कपूर, चीनी के बर्तन, बालछड़, सुपारी, पान केला, कटहल, खजूर आदि भारत में आयात किये जाते थे। श्रीलंका से मोती, टिन तथा अदरक के अतिरिक्त महीन कपड़े भी भारत आते थे।

विभिन्न देशो को निर्यातित वस्तुओं में चन्दन, जायफल लौंग, कबाबचीनी, सूती बारीक कपड़े, हाथी दाँत, तथा मसालों आदि का उल्लेख मिलता है। संभवतः दक्षिणी पूर्वी देशो से आयात की जाने वाली अनेक वस्तुओं को पश्चिमी देशों के बाजारों में भेजा जाता था। सातवाहनों के शासन काल में जावा आदि देशों के साथ होने वाला काली मिर्च का व्यापार अत्यन्त समृद्ध था। व्यापारी इसे मलय के पूर्वी तट पर अवस्थित धर्मपत्तन बंदरगाह से लादकर भारत के समुद्री बंदरगाह पर उतारते थे और फिर भारतीय व्यापारी अरबों के हाथों रोम साम्राज्य के लिये इसका सौदा करते थे।[40] गुप्त युग में भी ऐसे जल सार्थवाह का उल्लेख मिलता है जो इन द्वीपान्तरों से होने वाले व्यापार से स्वर्ण रत्न कमाकर लौटते थे और सवा पाव से लेकर सवा मन सोने का दान करते थे।[41] महाभारत[42] के दक्षिण सागर के द्वीपो से चंदन, अगर, रत्न, मुक्ता सोना, चाँदी हीरा, तथा मूँगा लाने का उल्लेख है।

व्यापारिक मार्ग – भारत के व्यापारी दक्षिणी पूर्वी एशिया के विभिन्न द्वीपो की यात्रा जल तथा स्थल दोनो मार्गों से करते थे, जिसमें जल मार्ग ज्यादा सुरक्षित तथा लोकप्रिय मार्ग था। भारत के पूर्वोत्तर क्षेत्र से कामरूप से बरमा (वर्मा) और हिन्दचीन तथा पूर्वी देशों को आने–जाने वाले व्यापारिक मार्ग थे।[43] गंगा के मुहाने से कुमारी अंतरीप तल के

समुद्रतट के बंदरगाहो से अनेक भारतीय जलमार्गो से समुद्री— यात्रा करते हुए इन देशो और द्वीपो की यात्रा में की जाती थी।[44] इस सन्दर्भ में ताम्रलिप्ति एक महत्वापूर्ण बन्दरगाह था, जहाँ से अधिकतर व्यापारी इन देशो की ओर प्रस्थान करते थे। पेरिपलस तथा टाल्मी ने ताम्रलिप्ति से पलोरा होते हुये मलयद्वीप तक जाने वाले व्यापारिक मार्ग का उल्लेख किया।[45] अंडमान तथा निकोबार द्वीप से भी एक सीधा मार्ग मलाया की ओर जाता था।[46] स्थल मार्ग के द्वारा बंगाल, मणिपुर, असम, वर्मा से होकर पूर्वी द्वीप समूह पहुचा जाता था।[47] कभी—कभी व्यापारी पूर्वी द्वीपो से पश्चिम की ओर निकल पड़ते थे तथा विशाल हिन्द महासागर पारकर मिस्त्र, यूनान जैसे पश्चिमी देशो की ओर बढ़ जाते थे।[48]

निष्कर्षतः यह स्पष्ट है कि प्राचीन काल से लेकर वर्तमान तक दक्षिणपूर्वी एशियाई क्षेत्र न केवल व्यापारिक दृष्टि से महत्वपूर्ण रहे है अपितु सांस्कृतिक दृष्टि से भी भारत के लिये इनका महत्वपूर्ण स्थान रहा है।

सन्दर्भ सूची :

1. उपाध्याय, डॉ. विद्यानंद, दक्षिण पूर्व एशिया का राजनीतिक इतिहास, बिहार हिन्दी ग्रंथ अकादमी, पटना प्रथम संस्करण — 1987 पृष्ठ —01
2. विद्यालंकार, सत्यकेतु—दक्षिण पूर्वी और दक्षिण एशिया में भारतीय संस्कृति, नयी दिल्ली, चौदहवाँ संस्करण—2015, पृष्ठ—11
3. सिंह, डॉ0 फणीश सिंह—दक्षिण—पूर्व एशिया पर भारतीय संस्कृति का प्रभाव, वाणी प्रकाशन, नयी दिल्ली, प्रथम संस्करण 2014, पृष्ठ—5
4. दक्षिण पूर्वी और दक्षिणी—एशिया में भारतीय संस्कृति नयी दिल्ली, 2015, पृष्ठ — 11
5. राय, उदय नारायण—विश्व सभ्यता का इतिहास, इलाहाबाद, (लोक भारती प्रकाशन) संस्करण — 2017, पृष्ठ — 348।
6. विद्यालंकार, सत्यकेतु, दक्षिण पूर्वी और दक्षिण एशिया में भारतीय संस्कृति नयी दिल्ली 2015, पृष्ठ — 11
7. मजूमदार, आर.सी.—हिन्दू कॉलोनीज इन द फार ईस्ट कलकत्ता 1963, पृष्ठ —08
8. मजूमदार, राय चौधरी, दत्त, भारत का बृहद इतिहास, मद्रास, 1971, पृष्ठ—182
9. द्रष्टव्य, उपाध्याय, डा. विद्यानंद, दक्षिण पूर्व एशिया का राजनीतिक इतिहास, बिहार हिन्दी ग्रंथ अकादमी, पटना प्रथम संस्करण—1987 पृष्ठ —01

10. विद्यालंकार, सत्यकेतु, दक्षिण पूर्वी और दक्षिण एशिया में भारतीय संस्कृति नयी दिल्ली 2015, पृष्ठ – 11
11. महाजनक जातक, 239
12. प्रकाश ओम एवं गौरव प्रशांत–प्राचीन भारत का सामाजिक एवं आर्थिक इतिहास, राजकमल प्रकाशन, नयी दिल्ली–पृष्ठ 228
13. लेग्गे, जेम्स, ट्रेवेल्स ऑफ फाहयान, दिल्ली, भारतीय प्रकाशन 1971 पुर्नमुद्रण 1972 पृष्ठ – 100
14. बल्लाहस्स जातक, 196
15. पंडर जातक 518
16. महावणिज जातक–239
17. सुप्पारक जातक, 463
18. मिलिन्दपन्ह – 359
19. मुखर्जी, राधा कुमुद : प्राचीन भारत, राजकमल प्रकाशन, नयी दिल्ली, संस्करण 2021 पृष्ठ–167
20. आवश्यक चूर्णि–पृष्ठ 69 द्रष्टव्य–संह, डॉ0 धीरेन्द्र प्राचीन भारत में बंदरगाह : एक ऐतिहासिक अध्ययन, नई दिल्ली, संस्करण 2015 पृष्ठ –6
21. ''यत्नवन्तो यवद्वीपं सप्तराज्योपशोभितम्।
सुवर्ण रूप्यकद्वीपं सुवर्णाकर मण्डितम।।'' रामायण–2.11
22. विद्यालंकार, सत्यकेतु, दक्षिण पूर्वी और दक्षिण एशिया में भारतीय संस्कृति नयी दिल्ली 2015, पृष्ठ–14
23. वहीं पृष्ठ–15
24. अर्थशास्त्र 2.11
25. विद्यालंकार, सत्यकेतु, दक्षिण पूर्वी और दक्षिण एशिया में भारतीय संस्कृति नयी दिल्ली 2015, पृष्ठ –15–17
26. वहीं पृष्ठ – 17
27. मजूमदार, राय चौधरी, दत्त, भारत का बृहद इतिहास, मद्रास, 1971, पृष्ठ–182
28. अर्थशास्त्र 2.1–1
29. राय, उदय नारायण–विश्व सभ्यता का इतिहास, इलाहाबाद, (लोक भारती प्रकाशन) संस्करण–2017, पृष्ठ– 347
30. द्रष्टव्य–श्रीवास्तव, डॉ0 ए.एल.–प्राचीन विश्व की सभ्यताएँ किसलय प्रकाशन इलाहाबाद, द्वितीय संस्करण–1979, पृष्ठ–269
31. राय, उदय नारायण–विश्व सभ्यता का इतिहास, इलाहाबाद, (लोक भारती प्रकाशन) संस्करण–2017, पृष्ठ–347
32. चन्द, मोती, सार्थवाह, पटना, संस्करण–1953–पृष्ठ–108

33. ''सर्व्व–द्वीप–वासिभी आत्म निवेदन–कन्योपायनदान–स्वविषय भुक्ति–शासन–याचना''–प्रयाग–प्रशस्ती–पंक्ति–23–24उपाध्याय, वासुदेव, गुप्त अभिलेख, इलाहाबाद – 1939 पृष्ठ 123
34. गोयल, श्रीराम, गुप्त साम्राज्य का इतिहास, विश्वविद्यालय प्रकाशन, वाराणसी – 1991, पृष्ठ – 143
35. राय, उदय नारायण–विश्व सभ्यता का इतिहास, इलाहाबाद, (लोक भारती प्रकाशन) संस्करण–2017, पृष्ठ–347
36. मुखर्जी, राधा कुमुद : प्राचीन भारत, राजकमल प्रकाशन, नयी दिल्ली, संस्करण 2021 पृष्ठ – 161
37. पाठक, विशुद्धानंद, दक्षिण भारत का इतिहास, लखनऊ, पृष्ठ 397
38. वहीं
39. वहीं
40. चन्द, मोती, सार्थवाह, पटना, संस्करण–1953–पृष्ठ – 9
41. वहीं पृष्ठ 12
42. महाभारत 2.27.25–26
43. लूनिया, बी0एन0 प्राचीन भारतीय संस्कृति, संस्करण 2011, आगरा, पृष्ठ – 686
44. वहीं
45. द्रष्टव्य–राय, उदय नारायण–विश्व सभ्यता का इतिहास, इलाहाबाद, (लोक भारती प्रकाशन) संस्करण–2017, पृष्ठ–346
46. वहीं
47. वहीं
48. प्रसाद, जयशंकर–प्राचीन भारत का सामाजिक इतिहास, पटना, संस्करण 2013, पृष्ठ 632

सहायक प्रवक्ता,
इतिहास विभाग,
सामाजिक विज्ञान संकाय,
काशी हिन्दू विश्वविद्यालय, वाराणसी
email : mishrasima03@gmail.com

प्राचीन भारत और दक्षिण–पूर्व एशिया के मध्य सांस्कृतिक संपर्को के साहित्यिक और पुरातात्विक अवशेष

दिलीप कुमार यादव

अनेक लेखकों द्वारा वृहतर भारत की संज्ञा देना दक्षिण–पूर्व एशिया के लिए एक अलग विचार उत्पन्न करता हैं। दक्षिण–पूर्व एशिया के इतिहास का अध्ययन करने पर पता चलता है कि व्यापार ने अपने साथ भाषा, धर्म, सभ्यता, राजतंत्र और कला का भी फैलाव किया, जिससे दक्षिण–पूर्व एशिया के देशों को भारत के सांस्कृतिक साम्राज्य के अन्तर्गत मानना सर्वथा उपयुक्त हैं। दक्षिण–पूर्व एशिया के विविध प्रदेशों में न केवल भारतीय राजाओं के ही शिलालेख प्राप्त हुए है, अपितु भारतीय व्यापारियों द्वारा उत्कीर्ण कराये हुए लेख भी वहाँ से मिलते हैं क्योंकि भारत के साहसी व्यापारी प्राचीन काल में बड़ी संख्या में इन देशों में व्यापार के लिए जाया–आया करते थें।

दक्षिण–पूर्व एशिया के विविध देशों के साथ भारत का संबंध पहले व्यापार द्वारा हुआ था। जिसने शनैः शनैः भारतीय संस्कृति का फैलाव किया। सांस्कृतिक संपर्क का अगर अवलोकन साहित्यिक दृष्टि से करते है तो बौद्ध साहित्य, अर्थशास्त्र, कथासरित्सागर, पुराणों, बृहत्कथा, मिलिन्दपण्हो, पेरीप्लस आफ इरिथ्रियन सी, टॉलमी का भूगोल आदि का स्थान महत्वपूर्ण हैं।

बौद्ध साहित्य में जातक कथाओं का विशिष्ट स्थान हैं। बुद्ध के पूर्व जन्मों को निमित्त बनाकर उनमें बहुत सी ऐसी कथाएँ दी गई है, जो प्राचीन इतिहास पर प्रकाश डालती हैं। इन जातक कथाओं में व्यापार हेतु सुवर्णभूमि व सुवर्णद्वीप जानेवाले साहसी व्यापारियों का कथानक भी विद्यमान हैं। जातक कथाओं का संबंध भारतीय इतिहास के बौद्ध युग से है, और उसके द्वारा उस युग की दशा पर प्रकाश पड़ता हैं। महाजनक जातक के अनुसार मिथिला के राजकुमार महाजनक ने धन कमाने के उद्देश्य से एक ऐसे जहाज द्वारा सुवर्णभूमि की यात्रा की थी, जिस पर सात सार्थवाह अपने पण्य के साथ व्यापार के लिए जा रहे थें।

कथासरित्सागर की अनेक कथाओं में जलमार्ग द्वारा सुवर्णद्वीप जाने वाले व्यापारियों का वृतान्त दिया गया हैं। एक कथा के अनुसार समुन्दषुर नाम के व्यापारी ने जहाज से सुवर्णद्वीप के लिए प्रस्थान किया था, और वह कलसपुर के बन्दरगाह पर गया था। व्यापार हेतु सुवर्णद्वीप जाने वाले

ईश्वर वर्मा और यशकेतु नामक व्यापारियों की कथाएँ भी कथासरित्सागर में विद्यमान हैं। एक अन्य कथा के अनुसार कटाह द्वीप की राजकुमारी का जहाज भारत की ओर आते हुए मार्ग में सुवर्णद्वीप के पास नष्ट हो गया था और राजकुमारी ने उस द्वीप में शरण प्राप्त की थी। कथासरितसागर की अन्य कई कथाओं से व्यापारियों का विवरण प्राप्त होता है साथ ही अन्य जानकारियॉ भी प्राप्त होती हैं।

भारतीय व्यापारियों द्वारा यात्रा के समय अनेक तरह के कष्टों का विवरण दिया गया है। बौद्ध ग्रंथ महाकर्मविभांग में व्यापारिक यात्रा के समय होने वाले कष्टों का वर्णन है। अशोक द्वारा बौद्ध धर्म के प्रचाार हेतु अनेकों बौद्ध भिक्षुओं को भेजा गया। स्वर्ण भूमि में बौद्ध धर्म का प्रचार हेतु सोन और उत्तर के स्थविरों को भेजा गया, महावंश बौद्ध ग्रंथ मे यह वर्णित है। एक अन्य बौद्ध भिक्षु गवाम्पति भी धर्म प्रचार हेतु स्वर्णद्वीप गया था। भारत के बाहर के बौद्ध ग्रंथ से भी भारत द्वारा धर्म प्रचार हेतु दक्षिण पूर्व एशिया में गए यात्रियों का विवरण प्राप्त होता है। तिब्बत के बौद्ध अनुश्रुति के अनुसार धर्मपाल नामक व्यक्ति 7वी सदी में तथा दिपंकर श्री ज्ञान अतिश ने 11वी सदी में बौद्ध धर्म के प्रचार प्रसार हेतु दक्षिण पूर्व एशिया गया। बौद्ध धर्म के अनेक ग्रंथ जैसे महावंश, दिव्यावदान, महाकर्मविभंष, शासनवंश, आदि में यात्रा में होने वाले कष्टों तथा अनेक यात्रियों का वर्णन है जो यात्रा में गये थे। दिव्यावदान के अनुसार स्वर्णभूमि को पृथ्वी का महत्वपूर्ण स्थान बताया गया है। अनेकों बौद्ध ग्रंथो के अलावा भारतीय साहित्य तथा पौराणनिक धर्म ग्रंथो में भी स्वर्णभूमि तथा स्वर्णद्वीप का पाया जाना यह बताता है कि भारत से दक्षिण पूर्व एशिया का संबंध काफी प्रचीन व प्रगाढ़ रहा है।

दक्षिण–पूर्व एशिया के विविध द्वीपों में भारतीयों ने जब अपने उपनिवेश स्थापित किए तो भारतीय साहित्य को भी अपने साथ ले गए और वहॉ उसका पठन–पाठन होता रहा। इन प्रदेशों में संस्कृत का कितना अधिक प्रचार था, यह वहॉ उपलब्ध हुए संस्कृत अभिलेखों में स्पष्ट हैं।

भारत और दक्षिण पूर्व एशिया के संबधो सबसे महत्वपूर्ण स्त्रोत जावा का प्राचीनतम साहित्य है इससे भारत के साथ सांस्कृतिक संबंधों की विशिष्ट जानकारी होती हैं, साथ ही भारतीयों द्वारा ले जाये गए संस्कृति व पाली भाषा के ग्रंथ भी उपलब्ध है। इस तरह भारत से गए भाषा व साहित्य तथा वहां उपलब्ध भाषा व साहित्य का समावेशित अध्ययन होने लगा तथा अनेक नवीन धर्म ग्रंथो की रचना हुई। जावी भाषा में प्रथम धर्म ग्रंथ की रचना हुई जिसका नाम अमरमाला रखा गया।

यह ग्रंथ संस्कृत के अमरकोष की शैली में रचित है। इसी समय में जावी भाषा में एक अन्य ग्रंथ रामायण भी लिखी गई। यह ग्रंथ भी भारतीय बाल्मिकी रचित रामायण से प्रभावित तो है ही लेकिन कुछ जगहों पर इसकी कहानी रामायण से थोड़ी भिन्न प्रतीत होती है। इसमें राम द्वारा सीता की अग्नि परीक्षा का वर्णन है। जिसके बाद राम ने सीता को अपना लिया था परन्तु सीता का अंतिम वर्ष बाल्मिकी ऋषि के आश्रम में बीते ऐसा नही कहा गया है। जावी भाषा के साहित्यिक ग्रंथो की रचना उस युग में हुई जब भारतीय संस्कृति दक्षिण पूर्व एशिया में प्रभावी हो चुकी थी। भारतीय शासक धर्मवंशक के शासन काल में अनेक साहित्यों की रचना हुई। साथ ही भारतीय धर्म ग्रंथो का जावी भाषा मे अनुवाद भी हुआ है। महाभारत, आदिपर्व, विराटपर्व, भीष्मवंश का अनुवाद जावी भाषा में हुआ। एक–एक कर अनेकों भारतीय ग्रंथो का अनुवाद जावी भाषा में भारतीय राजाओं के प्रभाव द्वारा हुआ। राजा एलैग के समय सुमनसान्तक, और कृष्णायन नामक काव्य की रचना हुई। कृष्णायन की रचना त्रिगुन के द्वारा की गई और उसमें कृष्ण और रूकमनी की कथा का वर्णन है।

सुमनसान्तक काव्य का आधार रधुवंश के राजा दशरथ की माता और राजा अज की रानी इन्दुमती की वह कथा हैं, जिसमें एक सुमन द्वारा उसकी मृत्यु का वर्णन हैं। राजा जयभव के समय भी कडिरी में जावी साहित्य की बहुत उन्नति हुई। इस समय भारती युद्ध नामक प्रसिद्ध ग्रथ की रचना हुई। जिसमें भारतीय ग्रंथ महाभारत की कथा का सजीव वर्णन दिखाई पड़ता है। इस ग्रंथ में महाभारत के सभी पात्रों भीष्म, द्रोण, कर्ण, आदि है। भाषा और शैली की दृष्टि से इसे काफी उच्च कोटि का माना जाता है। प्रपंच के द्वारा एक अन्य ग्रंथ नागरकुतागम की रचना की गई। जावी साहित्य में यह एक उत्तम कोटि का ग्रंथ माना जाता है। इस ग्रंथ की रचना में मज पेहीत के प्रसिद्ध राजा राजशनगर के जीवनवृत को आधार बनाया गया है। जिससे जावा के राज दरबार में राजाओं संबंधी और शासन संबंधी महत्वपूर्ण जानकारी प्राप्त होती है। जावा में रचित लगभग सभी प्राचीन ग्रंथो का मूल आधार भारतीय साहित्य ही रहा है। इस ग्रंथो के कथानक भारतीय ग्रंथ रामायण, महाभारत, के इर्द–गिर्द ही घुमते रहते है। कभी–कभी इन कहानियों से जावी संस्कृति की मूल परम्पराओं को भी जोड़ा गया। इन साहित्यिक ग्रंथो से भारत और दक्षिण पूर्व एशिया के सांस्कृतिक मेल–जोल का ठोस आधार प्राप्त होता है।

भारत के समान जावा में भी पौराणिक साहित्य विद्यमान हैं। जावी भाषा के पुराण ग्रंथों में ब्राह्मण पुराण सर्वप्रथम हैं। यह भारत के ब्रह्माण्ड पुराण से अधिक भिन्न नहीं हैं। एक अन्य पुराण–ग्रन्थ अगस्त्य पर्व है, जिसमें पुराणों की शैली में सृष्टि की उत्पत्ति का निरूपण किया गया हैं।

जावी भाषा के साहित्य में इतिहास विषयक अनेक ग्रंथ भी विधमान हैं। जावा में धार्मिक साहित्य की भी कोई कमी नहीं हैं। भारत से गये उपनिवेशक वैदिक और पौराणिक साहित्य को भी अपने साथ ले गये थें। उसका पठन–पाठन वहॉ जारी रहा और उसके आधार पर जावी भाषा में अनेक ग्रंथों की रचना की गई। साथ ही, अनेक ग्रंथो का मूल संस्कृत से भी अनुवाद किया गया। उपनिषदों और दर्शनों की परंपरा के अनुसार भी वहॉ जावी ग्रंथ की रचना हुई। भारत के समान जावा का प्राचीन इतिहास भी अत्यन्त समृद्ध था। यद्यपि अब जावा से हिन्दू और बौद्ध धर्मों का अन्त हो चुका हैं, पर इन धर्मो के अनेक महत्वपूर्ण ग्रंथ अब भी जावी साहित्य में विद्यमान हैं। भारतीय संस्कृति की जो परंपरा जावा तथा दक्षिण–पूर्व एशिया के अन्य देशों मे विकसित हुई थी, इस्लाम भी उसे पूर्णतया नष्ट नही कर सका हैं। उसकी छाप अब भी वहॉ की संस्कृति, भाषा व कला पर देखी जा सकती हैं।

संस्कृत भाषा में बहुत से अभिलेख कम्बोडिया और दक्षिणी वियतनाम में भी मिले है। इनकी संख्या 100 से भी ज्यादा है। इनके अध्ययन से चम्पा की शासान व्यवस्था, सामाजिक दशा तथा धार्मिक क्रियाकलाप का जो चित्र प्राप्त होता है, उससे भारत के प्रभाव की स्पष्ट झलक मिलती है। कम्बुज देश की तरह चम्पा प्रदेश में संस्कृत भाषा को राजकीय संरक्षण प्राप्त था। भारतीय धर्म ग्रंथ का अध्ययन होता था तथा भारतीय पौराणिक देवी देवताओं तथा बोधिसत्वों की मूर्तियॉ मंदिरों में स्थापित कि गई थी। सामाज का आधार वर्णाश्रम था। भारतीय धर्म ग्रंथ का सामाजिक आधार इतना मजबूत था कि वहां प्राप्त अभिलेखों में इन भारतीय धर्मग्रंथो के पात्रों का नाम देकर, उससे वहां के राजाओं की तुलना की गयी है। प्रमुख भारतीय धर्मग्रंथ रामायण के दशरथ और उनके पुत्र राम का उल्लेख उन अभिलेखों में अनेक बार है। गोर्वधन को अपनी अंगुली पर उठाने वाले कृष्ण से उन अभिलेखों में अनेकों बार तुलना की गई है। भारतीय पौराणिक देवी–देवताओं की कहानियॉ चम्पा के समाज में काफी दृढ़ स्थान बनाए हुए है। भारत के लौकिक तथा धार्मिक साहित्यों का अध्ययन, चम्पा में भारत के समान ही दिखाई देता है। एक चीनी ग्रंथ से पता चलता है कि चम्पा में भारतीय धर्म ग्रथों की काफी संख्या थी। चीनी ग्रंथ से पता चलता है कि चीन के सेनापति लियफंग ने 605 ई0 में जब चम्पा पर आक्रमण किया तो चम्पा से लुटा गया सारा सामान वे अपने देश ले गए, उसमें से 1350 केवल बौद्ध ग्रंथ प्राप्त हुए।

मलेशिया और इण्डोनेशिया के क्षेत्र में जावा ही एक ऐसा द्वीप हैं, जहॉ प्राचीन मंदिर और चैत्य इस समय भी विद्यमान हैं। शैलेन्द्र साम्राज्य

की राजधानी श्रीविजय सुमात्रा में थी और मलाया प्रायद्वीप में भी समृद्ध भारतीय राज्य प्राचीन समय में विद्यमान थें। इनमें भी बहुत से विशाल मंदिरों और चैत्यों का निर्माण किया गया पर वहाँ के पुराने पौराणिक व बौद्ध धर्मस्थान अब नष्ट हो चुके है, और उनके खण्डहर ही कहीं–कहीं दिखायी देते हैं। पर जावा के प्राचीन मंदिर व चैत्य पर्याप्त रूप से सुरक्षित दशा में हैं।

दिएंग का मंदिर :

जावा के मध्य में दिएंग में, जावा का सबसे पुराना मंदिर स्थित हैं, जिसका निर्माण सातवीं या आठवी सदी में हुआ था। दिएगं का यह मंदिर पाण्डवों के मंदिर के नाम से विख्यात है, और इनकी कुल संख्या आठ हैं। इनमें या इनके समीप जो मूर्तियॉ प्राप्त हुई हैं, वे शिव, गणेश, ब्रह्मा, विष्णु आदि पौराणिक देवी–देवताओं की हैं। कतिपय मूर्तियों में उनके वाहन भी बनाये गये हैं। दिएंग के इन मूर्तियों का वर्णन करते हुए एक यूरोपियन लेखक ने लिखा था कि विलक्षण तथा शांत मैदान में भीम का मंदिर बायीं ओर खड़ा है और अर्जुन का दायीं ओर। पहाड़ों और आकाश की पृष्ठभूमि में उनके गहरे मटमैले रंग का, पृथ्वी के हरे और आकाश के नीले रंग के साथ अदभुत मेल हैं। स्वच्छ आकाश के कारण कभी तो वे इतने समीप मालूम होते है मानो उन्हें छुआ जा सके, पर अगले क्षण वे बहुत दुर हो जाते है, इतनी दूर कि वहाँ पहुँचा ही नही जा सकता। मैदान के चारो ओर पहाड़ की ढ़लान तथा चोटी तक घर, पुराने ध्वंसावशेष विद्यमान हैं यहाँ कुछ पाषाण स्तंभ खड़े है। लोक प्रचलित कथानक के अनुसार वहाँ अर्जुन अपने हाथियों को बॉधा करता था। उसकी गौयें रात को वहाँ विश्राम करती थी। पुराने समय की पुष्करणियों, दिवारें, सीढ़ियॉ और मकानों की नीवें इन मंदिरों के चारो ओर विद्यमान है। इस विवरण से स्पष्ट है कि किसी प्राचीन समय में दिएंग पौराणिक धर्म का एक अत्यंत महत्वपूर्ण केन्द्र रहा होगा। यह स्थान जावा के किसी भी राज्य की कभी राजधानी नही रहा। यह एक तीर्थस्थान था, जहाँ बहुत से मंदिर विद्यमान थें। दिएंग के मंदिर गुप्तकाल के शैली के है। वे परिमाण में विशाल न होकर छोटे आकार के घन आकृति के हैं। गर्भगृह में केवल एक–एक प्रवेशद्वार हैं, और मंदिर के उपर की छत चौरस हैं, जो उपर की ओर छोटी होती जाती हैं। मंदिरो के अलंकरण अत्यंत सुंदर और कलात्मक हैं।

चण्डी कालसन : शैलेन्द्र राजा बौद्ध धर्म का अनुयायी था। अपने राज्य का विस्तार करते हुए जब उन्होनें जावा को भी अपने अधीन कर लिया तब वहां भी उन्होंने बौद्ध धर्म का प्रचार किया। उन्होने वहाँ बहुत से

चैत्य और स्तूपों का निर्माण कराया। ऐसा सबसे पुराना चैत्य या मंदिर चण्डी कालसन का हैं, जिसके 778 ई0 के अभिलेख से यह सूचित होता है कि उसे एक शैलेन्द्र राजा ने देवी तारा के लिए बनवाया था। अभिलेख में गॉव के बौद्ध संघ को दान में दिये जाने का उल्लेख है। चिरकाल तक उपेक्षित रहने के कारण इस मंदिर का बहुत–सा भाग नष्ट हो गया हैं। पर जो शेष बचा है, वह आठवीं सदी की वास्तुकला तथा धार्मिक दशा का परिज्ञान कराने हेतु पर्याप्त हैं। मंदिर एक चौकोर चबूतरे पर खड़ा है, जो बारह फीट तक बाहर निकला हुआ हैं। मंदिर का मुख्य भाग भी चौकोर है। उसके प्रधान द्वार के उपर विशाल कीर्तिमुख बना हुआ हैं, जिसके मुख से पॉच कमल लटक रहे हैं। द्वार पर बहुत–सी सुन्दर मूर्तियॉ अंकित हैं। द्वार के दोनों ओर दीवारों के उपरी भाग पर सुन्दर रूपावलियॉ है। जहॉ से छत प्रारंभ होती है, वहॉ बुद्ध की मूर्तियॉ पंक्ति में बनी हुई हैं। इनमें चार ध्यानी बुद्धों की मूर्तियॉ हैं।

चण्डी सरी : चण्डी कालसन से आधा मील उत्तर में चण्डी सरी का मंदिर हैं, जो अब अत्यंत ध्वस्त दशा में हैं। मूल दशा में यह एक दो मंजिली इमारत थी, जिसकी लंबाई 57 फीट और चौड़ाई 33 फीट थी। दोनों मंजिलों पर तीन सिंहासन थे, जिन पर बौद्ध मूर्तियॉ प्रतिष्ठापित की गई थी। मंदिर को सब ओर से विविध कलात्मक मूर्तियों द्वारा विभूषित किया गया था। जो मूतियॉ अब शेष बची है, वे अत्यंत सुन्दर हैं।

चण्डी सेबू : चण्डी सरी के पूर्व में चण्डी सेबू का मंदिर हैं। यहॉ 782 ई0 का एक अभिलेख मिला हैं, जिससे इस मंदिर के प्रारंभिक काल में निर्मित होना पता चलता हैं। यहॉ कोई एक मंदिर न होकर बहुत से मंदिर है, जो एक लम्बे–चौड़े दायरे में बने है। 600 फीट लंबे और 540 फीट चौड़े एक विस्तृत आंगन के चारों ओर दो पंक्तियों में मंदिर बनाये गये है, जिनकी संख्या 168 हैं। आंगन के मध्य में मुख्य मंदिर हैं, जो दो अन्य पंक्तियों में बने 72 मंदिरों से घिरा हुआ हैं। इस प्रकार यहॉ कुल मिलाकर 240 मंदिर थें, जिनसे बीच का मुख्य मंदिर घिरा हुआ था। इसके अतिरिक्त दस अन्य मंदिरों के चिन्ह भी यहॉ विद्यमान हैं, जो मंदिरो मे भीतरी और बाहरी पंक्तियों के बीच में हैं। मुख्य मंदिर की दीवारों को अंगकृत करने के लिए पत्र–पुष्पों, पशु–पक्षियों तथा अन्य आकृतियों का प्रयोग किया गया हैं। मंदिर और मूर्तियों के अलंकरण जो वहॉ विद्यमान थे, वे अब प्रायः ध्वस्त व लुप्त हो चुके हैं। पर जो अब भी शेष हैं, वे चण्डी सेबू के महत्व को प्रमाणित करने के लिए पर्याप्त हैं।

चण्डी मेन्दुत और चण्डी पवान : ये भी आठवीं सदी के लगभग के है और ये बौद्ध और पौराणिक दोनों के साथ संबंध रखते हैं। यद्यपि बहुत

से मंदिर ध्वस्त दशा में हैं, पर वहॉ चण्डी मेन्दुत और चण्डी पवान के मंदिर इस समय भी पर्याप्त रूप से अच्छी दशा में हैं। मंदिर की दीवारों पर सुन्दर मूर्ति–पंक्तियॉ है, जिनमें मध्य के मूर्ति–पंक्ति के उत्तर–पूर्व में पदमासना अष्टभुजा देवी की मूर्ति हैं। इस देवी के दोनो ओर प्रभामंडित दो मनुष्य मूर्तियॉ हैं, जिनके एक हाथ में कमल और दूसरे में चक्र हैं। देवी के दायें हाथों में शंख, वज्र, बिल्व तथा माला हैं, और बॉये हाथ में परषु, अंकुष, पुस्तक ओर कोई गोल वस्तु हैं। इस मूर्ति पंक्ति के सामने की ओर पदमसर से तीन पदमासन उठते हुए दिखाये गए हैं, जिनमें बीच वाला अन्य दो से ऊंचा हैं। मेन्दुत के इस मंदिर में बुद्ध और बोधिसत्वों की भी बहुत–सी मूर्तियॉ हैं। इनमें एक पत्थर से बनी इस फीट ऊंची बुद्ध–मूर्ति हैं, जिसके पादपीठ में एक चक्र के दोनों ओर दो मृग बने हैं। इस मूर्ति में बुद्ध को धर्म–चक्रप्रवर्तन करते हुए दिखाया गया हैं। बुद्ध की मूर्तियॉ साधारण चीवर में बिना किसी सजावट के हैं, पर अवलोकितेश्वर और मज्जुश्री की मूर्तियों को वस्त्राभूषणों से अलंकृत रूप से बनाया गया हैं। चंडी में दूत की ये तीन मूर्तियॉ दक्षिण–पूर्व एशिया की मूर्तिकला के सर्वश्रेष्ठ उदाहरण हैं। भारत में भी बुद्ध की इतनी सुन्दर मूर्तियॉ गुप्त–युग में ही बनी थी।

बरोबदुर : यहाँ का महाचैत्य प्राकृतिक दृष्टि से काफी आकर्षक है तथा वास्तुकला भी काफी मनमोहक है। बनावट की दृष्टि से यह महाचैत्य नौ चबूतरों का बना है और प्रत्येक के ऊपर का चक्कर अपने से नीचे वाले की तुलना में थोड़ा भीतर की ओर खिसका हुआ है। सबसे ऊपरी चबूतरे पर घण्टाकार चैत्य है और उनके मध्य में दीवारों पर अनेक आकृतियां बनी हुई है और उनके मध्य में गवादा बने है जिनमें से प्रत्येक में बुद्ध की एक–एक मूर्ति स्थापित है। इन आकृतियों में नााग, यक्ष, किन्नर राक्षस काल मकर, पारिजात कल्पवृक्ष, हंस तथा अनेक पशु–पक्षी अंकित है। इन चित्रों का अंकन बुद्ध के जीवन के किसी प्रसंग के साथ जोड़ कर किया गया है। इस महाचैत्य में अंकित चित्रों की संख्या इतनी अधिक है कि यदि उन्हे एक साथ लगा दिया जाए तो उनकी लंबाई कई मील तक हो जायेगी।

इस महाचैत्य में लगभग–1500 आकृतियाँ बनी है जो बुद्ध से संबंधित है। ये सब आकृतियां बुद्ध के जीवन या बुद्ध के पूर्वजन्मों की कथा है। इस आकृतियों में कही सर्वसाधारण के दैनिक जीवन के चित्र है तो कही नरक की कठोर प्रताड़ना और कही स्वर्ग का सुखमय चित्र अंकित किया गया है। कुछ आकृतियों के नीचे छोटे–छोटे विवरण भी वर्णित है। बौद्ध ग्रंथ ललित विस्तर के अनुसार महाचैत्य के सबसे निचले चक्कर की ऊपरी पंक्ति में बुद्ध का जीवन अंकित है और निचली पंक्ति

में जातकों की कथाएं वर्णित है। अन्य पंक्तियों में उत्कर्षण चित्र तथा विवरण किसी न किसी बौद्ध ग्रंथ के अनुसार ही किया गया है। दक्षिण पूर्व एशिया के प्राचीन अवशेषो में बरोबदुर का यह महाचैत्य सबसे महत्वपूर्ण एवं विशाल है इसे भारतीय संस्कृति की अमिट छाप माना जाता है और संसार के आश्चर्यो में रखा गया है।

चण्डी लर जोंग्रड्गु : यहॉ भी भारत की प्राचीन संस्कृति के अवशेष प्राप्त होता हैं। यहॉ मंदिर के चारों ओर सात फीट चौड़ा प्रदक्षिणापथ हैं। मंदिर, चबूतरा और उसका जंगला बहुत–सी रूपावलियों द्वारा अलंकृत हैं, जिनमें रामायण की कथा को अंकित किया गया हैं। शिव मंदिर की रूपावलियों में लंका पर अभियान तक के दृश्य पाये जाते हैं और आगे की कथा ब्रह्मा के मंदिर की रूपावलियों में अंकित की गई हैं। मध्यवर्ती शिव मंदिर के दोनो ओर ब्रह्मा और विष्णु के मंदिर हैं। विष्णु के मंदिर में कृष्णलीला संबंधी चित्र भी उत्कीर्ण हैं, यहॉ के मंदिर कला, सौंदर्य तथा विशालता की दृष्टि से बरोबदूर के प्रायः समकक्ष हैं। रामायण आदि के जो चित्र इनमें अंकित है, कला और सजीवता में वे बरोबदूर के चित्रों से हीन न होकर उत्कृष्ट ही हैं। इस मंदिरो का निर्माण काल नौवीं सदी माना जाता हैं।

पूर्वी जावा के मंदिर : इस मंदिर में जो मूर्ति है, वह बुद्ध की है, और इसका निर्माण काल तेरहवीं सदी मानी जाती हैं। इस युग में जावा में बौद्ध और पौराणिक धर्मों में समन्वय की प्रवृति विकसित हो गई थी, और शिव और विष्णु में अभेद प्रतिपादित किया जाने लगा था। इसलिए पूर्वी जावा के इन मंदिरों में भी बौद्ध और पौराणिक धर्मो में समन्वय के प्रमाण पाये जाते हैं। चण्डी जगी के बौद्ध मंदिर में कृष्ण का चरित्र भी अंकित हैं, और चण्डी जावा के मंदिर में शिव की मूर्ति के ऊपर बुद्ध की भी मूर्ति हैं।

पूर्वी जावा के मंदिरों में सब से प्रसिद्ध पनतरन में विद्यमान वे मंदिर है, जिनका संबंध पौराणिक हिन्दू धर्म के साथ हैं। मुख्य मंदिर का जो निचला भाग शेष है, उस पर अनेक रूपावलियॉ उत्कीर्ण हैं, जिनमें रामायण और कृष्णायन से संबंद्ध चित्र अंकित हैं। पनतरन के मंदिर न किसी एक समय में बने थे, और न उन्हें किसी पूर्वनिर्धारित योजना के अनुसार ही बनाया गया था। तेरहवीं से पन्द्रहवी सदियों तक उनका निर्माण होता रहा था।

मूर्तिकला : कम्बुज देश के प्राचीन मंदिरों और भवनों की तुलना में वहॉ की प्राचीन मूर्तियों पर भारत का प्रभाव और भी अधिक स्पष्ट हैं। ख्मेर काल से पहले की जो मूर्तियॉ कम्बोडिया क्षेत्र में मिली है, वे गुप्त युग की भारत की मूर्तियों से इतनी अधिक समता रखती हैं कि उन्हें या तो

भारत से ले जाया गया समझा जा सकता है और या उन शिल्पियों द्वारा बनाया गया जो कि भारत से कम्बोडिया गये थें। इस काल की मूर्तियों में आखें पूरी तरह से खुली हुई हैं, ओठों पर हल्की–सी मुस्कान हैं और वस्त्र ऐसे कलात्मक ढंग से बनाये गये है कि उनकी चुन्नरें सुन्दर रूप से उभरी हुई हैं। गुप्तकाल की मूर्तियों में भी ये ही बातें पायी जाती हैं। कम्बोडिया की इन प्राचीन मूर्तियों में सम्बोर के समीप प्रसत अन्देत से उपलब्ध हरिहर की एक मूर्ति विशेष रूप से उल्लेखनीय है, जो इस युग की मूर्तिकला की उत्तम उदाहरण हैं।

ख्मेर काल में कम्बोडिया की मूर्तिकला का और अधिक विकास हुआ। भारतीय प्रभाव उस पर पूर्ववत बना रहा, पर ख्मेंर लोगों ने अपनी प्रतिभा से उसमें कतिपय मौलिक तत्त्वों का भी समावेश किया। वेशभूषा, अलंकरण तथा कथानक के चित्रण में इन भित्तियों को विभूषित करने के लिए जो चित्र अंकित किए गए हैं, उनके लिए रामायण, महाभारत तथा पुराणों की कथाओं का आश्रय लिया गया, क्योंकि ये कथानक कम्बुज देश की संस्कृति के भी उसी प्रकार से अंग थे, जैसे की भारत की संस्कृति के।

दक्षिण पूर्व एशिया में कंबुज देश जहां पौराणिक देव–देवताओ की मूर्तियां काफी संख्या में प्राप्त हुई है, में हिन्दू धर्म का प्रमुख प्रसार माना जाता है। वहां प्राप्त मूर्तियों में शिव, विष्णु ब्रहमा, हरिहर, गणेश, उमा, पार्वती, लक्ष्मी, बलराम, गरूड़, आदि सभी कि मूर्तियां प्राप्त हुई है। इन देवी–देवताओ से जुड़े रोचक प्रसंग भी चित्रों में अंकित किए हुए प्राप्त हुए है। कंबुज में शिव की मूर्तियां भिन्न–भिन्न मुद्राओं में और काफी संख्या में प्राप्त हुई है। इससे पता चलता है कि शैव धर्म प्रमुख धर्म रहा होगा। शैव धर्म को मानने वाले की संख्या अधिक रही होगी। शिव की मूर्तियों को मानने वाले की संख्या अधिक रही होगी। शिव की मूर्तियां कही खड़ी और कही बैठी दोनों अवस्थाओं में मिली है। प्रसिद्ध नन्दी पर बैठे शिव पार्वती की मूर्ति भी वहाँ मिली है। एक अन्य मूर्ति में मुड़े हुए घुटने पर पार्वती को बैठा हुआ बनाया गया है। रावण, शिव का बहुत बड़ा भक्त था, इस बात का प्रमाण वहाँ भी रावण द्वारा कैलाश उठाने की मूर्ति से पता चलता है। शिव पार्वती की उनके गणो के साथ भी मूर्ति मिली है। शिव की अनेकों मूर्तिया मिली है। जिसमें त्रिनेत्र चंन्द्रमा, त्रिशूल जटा, सभी का अंकन मिला है।

शिव के समान विष्णु की भी पूजा वहाँ प्रसिद्ध थी। इनकी भी अनेक मूर्ति मिली है जिसमें शेषनाग पर लेटी विष्णु की मूर्ति तथा पैर के नजदीक बैठी लक्ष्मी की मूर्ति काफी प्रसिद्ध है। विष्णु की मूर्तियों में उनके हाथों चक्र, शंख पद्य और गदा से सुशोभित किया गया है और उनका

मुख–मंडल सूरज की प्रभा की तरह दमकता हुआ दिखाया गया है। ब्रहमा की मूर्ति भी मिली है। ब्रहमा की सवारी हंस पर उनके बैठे हुए का चित्रांकन मिला है। अन्य मूर्तियों में चार हाथ, चार मुख भी मिले है। शिव और विष्णु का संयुक्त रूप माने जानेवाले हरिहर की मूर्ति भी कम्बुज में मिली है।

निष्कर्ष : अंततः हम कह सकते है कि अनेक नवीन संस्कृतियों के इन क्षेत्रों मे हावी होने के बाद भी हजारों वर्षो पहले फैली भारतीय संस्कृति दक्षिण–पूर्व एशिया में किसी–न–किसी रूप में देखने को मिल जाती हैं। प्राचीन भारतीय संस्कृति के पुरातात्विक अवशेष आज भी जीर्ण–शीर्ण रूप में वहाॅ स्थित हैं। चाहे हिन्दु धर्म से जुड़े कथानक हो या बौद्ध धर्म से जुड़े जातक कथाओं का पुरातात्विक अवशेष आज भी वहाॅ पाए जाते हैं। दक्षिण–पूर्व एशिया से प्राचीन भारतीय संस्कृति का जो परस्पर संबंध था उसका साक्षात उदाहरण बरोबदूर का महाचैत्य है जिसे संसार के आश्चयों में स्थान प्राप्त हैं। दूसरी तरफ कम्बूज देश में हिन्दू धर्म से जुड़ी इतनी मूर्तियाॅ मिली हैं कि भारतीय संस्कृति का वृहतर रूप दिखायी देता हैं।

संदर्भ सूची :

1. दक्षिण–पूर्व एशिया का राजनीतिक इतिहास – डॉ0 विद्यानन्द उपाध्याय
2. दक्षिण–पूर्व एशिया में भारतीय संस्कृति – एस0एल0 नागौरी
3. दक्षिण–पूर्वी और दक्षिणी–एशिया में भारतीय संस्कृति– सत्यकेतु विद्यालंकार
4. दक्षिण–पूर्व एशिया – रघुनाथ सिंह
5. दक्षिण–पूर्व एशिया – डॉ0 शैलेन्द्र प्रसाद पांथरी
6. पूर्व एशिया का आधुनिक इतिहास – हेराल्ड एम्0 विनाके
7. मध्य एशिया इतिहास – महापंडित राहुल सांकृत्यायन

सहायक प्रोफेसर (इतिहास),
लंगट सिंह महाविद्यालय, मुजफ्फरपुर,
email : dkyadav.dk62@gmail.com

दक्षिण–पूर्वी एशिया की संस्कृति में शिव और शिवत्व

डॉ. दीपशिखा पाण्डेय

विश्व मानचित्र में भारत की स्थिति के अनुसार दक्षिण पूर्व एशिया के अन्तर्गत वियतनाम, लाओस, कम्बोडिया (सम्मिलित रूप में हिन्द चीन कहलाते थे), हिन्देशिया, फिलीपींस द्वीप समूह, मलाया (मलेशियायी, बोर्निया सहित) तथा थाइलैण्ड और बर्मा का नामोल्लेख किया जा सकता है।

फिटरजेराल्ड ने लिखा है कि दक्षिण–पूर्व एशिया को एतिहासिक दृष्टि से तीन भागों में बॉटा जा सकता है। एक भाग उत्तरी तथा दक्षिणी वियतनाम है जिसे सभ्यता चीन से प्राप्त हुई। दूसरा भाग है कम्बोडिया, थाईलैण्ड, बर्मा, और पूर्ववर्ती समय में मलाया तथा हिन्देशिया या पश्चिमी भाग–बाली.जावा, सुमात्रा और बोर्नियों का भाग। तीसरे भाग में फिलीपीन्स द्वीपसमूह, हिन्देशिया के पूर्वी द्वीप, सेलेबीज, अम्बोयना आदि की गणना की जाती है।[1]

साहित्यिक एवं पुरातात्विक साक्ष्यों से दक्षिण पूर्व एशिया और भारत के निकटतम सम्बन्धों पर प्रकाश पड़ता है। साहित्यिक स्रोतों में जातक ग्रन्थ, कथासरित्सागर, अर्थशास्त्र, बृहत्कथाकोश, मिलिन्दपन्हो, पेरीप्लस ऑफ द एरिथ्रियन सी, टॉलमी, पुराण इत्यादि आते हैं। सिंहली साहित्य दीपवंश तथा महावंश से भी प्रकाश पड़ता है कि सोण तथा उत्तर में सुवर्ण भूमि में बौद्ध प्रचारक आते जाते रहे। जातक गन्थों में भी मरूकच्छ बन्दरगाह का जिक्र आता है। रामायण में भी यवद्वीप की जानकारी है, पेरीप्लस ऑफ द एरिथ्रियन सी में, टॉलमी के भूगोल में स्वर्ण द्वीप का उल्लेख प्राप्त होता है। कम्बुज (कम्बोडिया), चम्पा, ब्रह्मदेश (बर्मा) इत्यादि हिन्दू राज्यों में भारतीय संस्कृति की स्पष्ट छाप उनके कलात्मक अवशेषों पर दिखायी पड़ती है। बौद्ध धर्म के एवं व्यापारियों के आने जाने से हिन्दू संस्कृति एवं बौद्ध संस्कृति के बहुत सारे साक्ष्य वहॉ की सामान्य जनजीवन तथा कलात्मकता पर दिखलायी पड़ते हैं।

दक्षिण पूर्व एशिया के व्यक्तियों के लिए, विशेषतौर पर शासको के लिए भारतीय प्रभाव का मतलब संस्कृत भाषा, साहित्य एवं लिखने की कला पर आधारित एक विकसित संस्कृति, ब्राहाण एवं बौद्ध धर्म, हिन्दू पौराणिक कथाओं, विशेष कलात्मक पद्धतियों एवं तकनीकों, राजतंत्र के बारे में हिन्दू विचारधारा, नियम संहिता एवं प्रशासन के तरीकों का प्रभाव था।

दक्षिण पूर्वी एशियाई देशों में भारतीय पौराणिक देवी–देवताओं की पूजा ठीक उसी प्रकार से की जाती थी जिस प्रकार से भारत में सर्वत्र व्याप्त थी सभी पौराणिक देवी–देवताओं में शिव की महत्ता अधिक थी।[2] शिव पूजन के साथ ही शिव–परिवार से सम्बद्ध देवी–देवताओं की पूजा की जाती थी।[3] जिस प्रकार सैन्धव सभ्यता में लिंग और योनि पूजा का विधान था, उसी प्रकार दक्षिणी पूर्वी एशिया के धार्मिक जीवन में लिंग और योनि पूजा प्रचलित थी।[4] यहॉ के कुछ राज्यों के शासकों ने शैव धर्म को अपना कर उसे राज्य धर्म घोषित कर दिया था।[5]

पुरातात्विक एवं साहित्यिक दोनों साक्ष्यों से दक्षिण पूर्वी एशिया में शैवधर्म की महत्ता के विषय में विषद जानकारी प्राप्त होती है। शिव की आराधना सौम्य एवं रौद्र दोनों रूपों में की जाती थी, और ऐसा विश्वास किया जाता था कि शिव ही लौकिक तथा पारलौकिक सुखों के नियन्ता है। जीवन और मृत्यु का आधार एकमात्र शिव ही है। शिव के मानवाकृति सौम्य स्वरूप को समस्त सुखों का प्रदाता माना जाता था। शिव को असीम शक्तियों से युक्त देवता माना जाता था।[6]

दक्षिण पूर्वी एशिया के शासकों द्वारा स्थापित विभिन्न शिव मंदिरों एवं मूर्तियों के अवशेष आज भी विद्यमान हैं। साथ ही अभिलेखीय साक्ष्यों में शिव का महिमण्डन, शैव धर्म के प्रति अगाध श्रद्धा एवं विश्वास को प्रद्रर्शित करता है।[7]

दक्षिण पूर्व एशिया में शिव पूजा का सबसे पुराना साक्ष्य तीसरी शताब्दी ई0 का प्राप्त होता है[8] जिससे यह प्रमाणित होता है कि भारत के समान यहॉ भी शैव धर्म का प्रभाव अति प्राचीन काल से रहा होगा। यहॉ के कुछ नगरों का नामकरण भी शिवत्व संस्कृति को प्रदर्शित करता है। यहॉ की संस्कृति में सूर्य को भी शिव का विरूद मानकर प्रदिष्ट किया गया,[9] जिससे यह आभास होता है कि शिव सम्पूर्ण जगत को प्रकाशवान करने वाले देवता के रूप में पूजित थे। मानवाकृति शिव, शिवलिंग, लिंगमुख शिव के अलावा शिव के अर्धनारीश्वर स्वरूप की पूजा का प्रमाण भी दक्षिण पूर्व एशिया से प्राप्त होता है। बाद में जब यहॉ बौद्ध धर्म का प्रभाव बढ़ने लगा और भारत में बुद्ध को विष्णु का नवॉ अवतार माना जाने लगा। तब जिस प्रकार भारत में विष्णु और शिव को एक साथ सम्मिलित कर हरिहर स्वरूप की मूर्तियों का निर्माण किया जाता था, ठीक उसी प्रकार दक्षिण–पूर्वी एशिया के देशो में बुद्ध और शिव को एक साथ सम्मिलित कर हरिहर की मूर्तियॉ बनाई जाने लगीं तथा शिव के हरिहर स्वरूप की पूजा का विधान यहॉ की संस्कृति में भी शामिल कर लिया गया।[10]

जावा (इण्डोनेशिया) के मेदांग (मातराम) के राजवंश के संस्थापक संजय के चंगल अभिलेख (622 ई0) से जानकारी मिलती हैं कि यहॉ पौराणिक सनातन धर्म का वर्चस्व था और सभी भारतीय देवी–देवताओं की पूजा की जाती थी। देवताओं में शिव का प्रधान स्थान था, और शैव धर्म मतराम का राजवंश का राजधर्म था। पल्लव लिपि के इस अभिलेख से पता चलता है कि राजा संजय ने केडू प्रदेश के बुकर पहाड़ी पर एक शिवलिंग की स्थापना की थी।[11] यहॉ से एक प्राचीन शिव मंदिर का अवशेष भी मिला है। अभिलेखीय साक्ष्यों से इस तथ्य की पुष्टि होती है कि मतराम राजवंश के शासक महाशम्भु की उपाधि धारण करते थे। पूर्वी जावा के शासक सिंदोक (629 ई0) के दानपत्रों से पता चलता है कि उसके शैव मंदिरों को दान दिया था। उसे शैव धर्म का प्रतिस्थापक बताया गया है।[12]

जावा, सुमात्रा, मलाया, बाली आदि इण्डोनेशिया के क्षेत्र से प्राप्त पुरावशेषों से प्रमाणित होता है कि इन प्रदेशों में धार्मिक कर्मकाण्ड भारतीय पौराणिक पद्धति के अनुरूप होता था। ब्रह्मा, विष्णु और महेश के अलावा अन्य देवी–देवताओं की पूजा की जाती थी। सभी देवताओं में शिव का स्थान सर्वोच्च था। शिव की पूजा उनके सौम्य और रौद्र दोनों रूपों में की जाती थी। यहॉ से गणेश और कार्तिकेय की मूर्तियॉ भी प्राप्त होती हैं। इसके अलावा कुछ ऐसी मूतियॉ भी मिली है जिनमें 3 मुख बने हुए हैं, जिससे ज्ञात होता है कि त्रिमूर्ति ब्रह्मा, विष्णु और महेश की पूजा की जाती थी।[13]

जावा से प्राप्त कुछ हरिहर मूर्तियॉ शिव और बुद्ध के समन्वय का प्रतीक है।सम्भवतः यहॉ शिव और बुद्ध को एक साथ सम्मिलित करके एक नवीन सम्प्रदाय बनाया गया होगा। जिसके अनुयायियों को बुद्ध–शिव मार्गी कहा जाता था।

मध्य जावा में स्थित दिएंग पठार से कुछ पौराणिक हिन्दू देवी–देवताओं की मूर्तियॉ प्राप्त होती हैं, जिनमें शिव, गणेश, कार्तिकेय, ब्रह्मा, विष्णु दुर्गा इत्यादि प्रमुख हैं। दिएंग के प्राचीन मंदिर ॠंखला को पाण्डव मंदिर के नाम से जाना जाता है।[14]

जावा के प्रबनन्न घाटीघाटी से सम्भवतः 9वीं शताब्दी ई के कुछ प्राचीन मंदिर प्राप्त होते हैं। इन प्राचीन मंदिरों की संख्या लगभग आठ हैं, जिसे चण्डीलर जोंग्रड0 मंदिर समूह के नाम से जाना जाता है। ये सभी मंदिर शिव देवता को समर्पित हैं। प्रबनन्न घाटी में ही स्थित बनोन के प्राचीन मंदिर से प्राप्त मूर्तियॉ दक्षिण पूर्वी एशिया के निवासियों के धार्मिक जीवन में शिवत्व की महत्ता को प्रदर्शित करती हैं। पूर्वी जावा में

पनतरन नामक स्थान से कुछ प्राचीन मंदिरों के साक्ष्य प्राप्त होते हैं। निर्माण की दृष्टि से इन मंदिरों का काल 13वी–15वीं शताब्दी ई माना जा सकता है। यहॉ से प्राप्त मूर्तियॉ अपेक्षाकृत अच्छी दशा में है जो शिव, ब्रह्मा, विष्णु इत्यादि देवताओं से सम्बन्धित है।[15]

चीनी साक्ष्यों से ज्ञात होता है कि दक्षिण पूर्व एशिया के इण्डो–चाइना क्षेत्र में स्थित फूनान का राज्य भारतीय संस्कृति द्वारा पल्लवित था। यहॉ के शासकों ने पौराणिक हिन्दू देवी–देवताओं के लिए विभिन्न मंदिरों का निर्माण कराया। फूनान के शासक शैव धर्म के पोषक थे तथा यहॉ के निवासियों द्वारा शैव धर्म से सम्बन्धित सभी अनुष्ठान ठीक उसी प्रकार किए जाते थे जिस प्रकार भारतीयों के धार्मिक क्रियाओं में शामिल थे।[16]

फूनान राज्य के उत्तर में कम्बुज राज्य स्थित था। यहॉ के निवासियों का धार्मिक जीवन भी पूर्णतया भारतीयों के समान था। यद्यपि यह राज्य आरम्भ में फूनान की अधीनता स्वीकार करता था तथापि सातवीं सदी में इस राज्य में अपनी स्वतंत्र सत्ता स्थापित की। यहॉ के निवासियों में शिव के प्रति अगाध विश्वास था। कम्बुज के लोग शिव की आराधना के लिए शारीरिक मूर्ति एवं लिंग मूर्ति का निर्माण करते थे। जिस प्रकार भारत में शिव का नामकरण स्थान विशेष, संस्थापक विशेष अथवा किसी अन्य महत्ता के आधार पर किया जाता है, ठीक उसी प्रकार कम्बुज के अभिलेखों में भी प्राप्त होता है जैसे– रूद्रेश्वर, गम्भीरेश्वर, व्योमेश्वर, निकम्बेश्वर, पिंगलेश्वर, कदम्बेश्वर इत्यादि। कम्बुज से प्राप्त शिव मूर्तियॉ सुडौल, कंतियुक्त एवं त्रिनेत्रधारी हैं। शिव की जटाओं से गंगा निकलती हुई प्रद्रर्शित की गयी है। मस्तक पर चन्द्रमा, गले में सर्पो की माला, त्रिशूलधारी एवं हाथों में डमरू अत्यन्त कुशलता से बनाया गया है। इन मूर्तियों की निर्माण कला भारतीय परम्परा से बिल्कुल अभिन्न हैं। मानवाकृति शिव मूर्तियों के अलावा लिंग स्वरूप की मुर्तियॉ भी कम्बुज प्रदेश से प्राप्त होती है। शिव के वाहन नंदी की मूर्तियॉ भी स्थापित की जाती थी।[17]

कम्बुज क्षेत्र से प्राप्त विभिन्न अभिलेखीय साक्ष्यों से ज्ञात होता है कि कम्बुज के शासक भववर्मा के बहनोई सोमशर्मा ने त्रिभुवनेश्वर महादेव की मूर्ति का निर्माण करावाया था।

9वीं शताब्दी ईस्वी में कम्बुज के शासक यशोवर्मा का शैव धर्म में अपार विश्वास था उसने शैव धर्म का अपना राज्य धर्म बनाया और कई शिव मंदिरों का निर्माण करवाया। शैव धर्म के प्रति उसकी श्रद्धा के कारण ही उसके मृत्यु के उपरान्त उसे परमशिवलोक का विरूद मान

लिया गया।[18] बात चकेत स्तेल अभिलेख (912 ई0) से पता चलता है कि यशोवर्मा का पुत्र हर्षवर्मा अपने पिता के समान ही परम् शिव भक्त था एवं उसकी मृत्यु के उपरान्त उसके लिए रूद्रलोक का विरूद स्वीकार किया गया।

रूमेर भाषा में लिखित प्रसत आन्दोन अभिलेख से ज्ञात होता है कि कम्बुज के शासक जयवर्मा प्ट ने अपनी नवनिर्मित राजधानी कोहकेर में कई शिवमंदिरों का निर्माण कराया था।[19] इसने यहॉ लगभग 120 फीट ऊॅचे आधार पर एक शिवलिंग की स्थापना करवाया था। इसकी परमशिव पर की उपाधि से विभूषित किया गया था। यहॉ से प्राप्त फनोम वाचन अभिलेख में कम्बुज के शासक हर्षवर्मा प्प को उत्पन्नकेश्वर शिव का परमभक्त कहा गया है। इसी प्रकार इस राजवंश का शासक जयवर्मा पंचम (968–1001 ई) भी शिव का अनन्य भक्त था। अपने दीर्घ शासनकाल में इसने अनेक शिव मंदिरों का निर्माण कराया था।

वर्तमान विएतनाम को प्राचीन काल मे चम्पा के नाम से जाना जाता था। यहॉ की संस्कृति, भारतीय संस्कृति की एकरूप थी। चम्पा की राजनीतिक, सामाजिक एवं धार्मिक जीवन भारतीय सनातन संस्कृति द्वारा उज्जीवित और पोषित थी। यहॉ का धार्मिक कर्मकाण्ड और देव पूजन विधान भारतीयों के समान था। पौराणिक हिन्दू देवी–देवताओं की पूजा की जाती थी, परन्तु यहॉ शैव धर्म की महत्ता सर्वोपरि थी। चम्पा क्षेत्र से प्राप्त प्राचीन अभिलेखों मंदिरों और मूर्तियों के अवशेषों से सहज ही अनुमान लगाया जा सकता है कि शैव धर्म यहॉ का राजधर्म रहा होगा। यहॉ के शासकों द्वारा निर्मित मंदिरों एवं मूर्तियों के अवशेष उनकी शैव धर्म के प्रति अटूट विश्वास को आज भी प्रदर्शित करती हैं।[20] दक्षिण पूर्वी एशिया से प्राप्त अभिलखों से पता चलता है कि चम्पा के शासकों द्वारा निर्मित शिव मंदिरों का नामकरण शासकों के नाम में ईश्वर प्रत्यय लगाकर रखा गया है। जैसे चम्पा का सबसे प्राचीन शिव मंदिर भद्रेश्वर शिव मंदिर है जिसका निर्माण यहॉ के शासक भद्रवर्मा (5वी शदी) ने करवाया था। ठीक उसी प्रकार शम्भूभद्रेश्वर, इन्द्रभ्रेश्वर, विक्रान्तभदेश्वर शिव मंदिर क्रमशः शम्भूवर्मा, इन्द्रवर्मा और विक्रान्तवर्मा ने स्थापित करवाए थे।[21]

शिव की शक्ति के रूप में उमा, पार्वती, महादेवी इत्यादि की पूजा का विधान था। चम्पा से शिव के सम्बद्ध देवियों की मूर्तियों बहुलता में प्राप्त होती हैं। इसके अलावा गणेश और कार्तिकेय की मूर्तियॉ भी चम्पा से प्राप्त होती है। जो शिव परिवार से सम्बद्ध प्रमुख देवता हैं और दोनों की पूजा शिव के पुत्र के रूप में शैव धर्म के अनुयायी करते है। चम्पा

क्षेत्र से प्राप्त शिवमूर्तियों की यह विशेषता है कि उनमें मुखों का निर्माण भी किया गया है जिसे शिव लिंग मुखलिंग कहा जाता है। इन शिवलिंगों या दो,तीन, चार, पॉच और छः मुख आकृतियॉ बनाई गयी है।[21]

चम्पा से प्राप्त पुरातात्विक अवशेषों (अभिलेख, मंदिर, मूर्तियॉ इत्यादि) से ज्ञात होता है कि दक्षिण पूर्व एंशिया में प्राचीन काल में शैव धर्म का अत्याधिक प्रभाव था तथा शैव धर्म यहॉ का राजकीय धर्म था। शिव को समस्त शक्तियों से युक्त माना जाता था, और शिव के विभिन्न स्वरूपों की पूजा सुख, सम्पन्नता, तथ विजय के लिए की जाती थी। आम जन द्वारा शिव की पूजा भारतीय भाषाओं के अनुरूप ही की जाती थी।[22]

भारत में शैव धर्म का प्रमाण सैन्धव काल से प्राप्त होता है।[23] शैव धर्म का साहित्यिक विवरण उत्तर वैदिक काल से प्राप्त है। शिव की पूजा दो स्वरूपों में की जाती है, प्रथम सौम्य स्वरूप – सृष्टि कर्ता, दूसरा रौद्र स्वरूप – विनाशक। दक्षिण पूर्वी एशिया में भारतीयों ने प्राचीन काल में अपने उपनिवेश स्थापित किए और अपनी सांस्कृतिक परम्पराओं का पल्लवन इस क्षेत्र में किया। फलस्वरूप दक्षिण पूर्वी एशिया के सांस्कृतिक जीवन में शिव की महत्ता स्थापित हुई। शैव धर्म से यहॉ का शासक वर्ग भी प्रभावित हुआ, और भारतीय धार्मिक जीवन के समरूप दक्षिण पूर्वी एशिया के देशों में भी शैव धर्म और शिवत्व संस्कृति का विकास हुआ ।

सन्दर्भ सूची

1. http://www.apnimaati.com/2021/07/blogpost55html?m=1
2. गोंडा, जे0, ए0 मुक्ती अली, अन्य, रिलीजन, लेडन/कोल, ई0जे0ब्रिल, 1975
3. टॉम लॉवेनस्टेन, सिविलाइजेशन ऑफ एशिंयट इंडिया एण्ड साउथइस्ट एशिया, रॉसेन पब्लिसिंग, न्यूयार्क, 2015
4. मजूमदार, आर0सी0, एशियंट इंडियन कालोनीस् इन द फॉर इस्ट चम्पा, बृहत्तर भारत परिषद ग्रंथावली, द पंजाब संस्कृत बुक डिपो, लाहौर, 1927
5. हॉल, डी0जी0ई0, ए हिस्ट्री ऑफ साउथ ईस्ट एशिया, मैकमिलन एशियन हिस्ट्री सीरीज, मैकमिलन, यू0एस0ए0, 1968
6. विद्यालंकार, सत्यकेतु, दक्षिण–पूर्वी और दक्षिणी एशिया में भारतीय संस्कृति, श्री सरस्वती सदन, नई दिल्ली, 1991

7. www.esamskriti.com, shiva Temples in Combodia by Diglissia-2014
8. विद्यालंकार, सत्यकेतु, दक्षिण–पूर्वी और दक्षिणी एशिया में भारतीय संस्कृति, श्री सरस्वती सदन, नई दिल्ली, 1991
9. लेवी, पॉल एन्ड्रू, द फार्म, मीनिंग एण्ड आइकोनोग्राफी ऑफ हरियाणा इन एंशियन खामेर सिविलाइजेशन, यूनिवर्सिटी ऑफ कैलिफोर्निया, लॉस एंजिल्स, 1998
10. छबरा, बहादुर चन्द्र, एक्पेंशन ऑफ इण्डो–आर्यन कल्चरल डूरिंग पल्लव रूल, मनोहर राम मुंसीलाल, न्यू दिल्ली, 1965
11. www.esamskriti.com, shiva Temples in Combodia by Diglissia-2014
12. वासिनी, ए0 कमला, आइकोनोग्राफी ऑफ शिवा, बी0आर0 पब्लिसिंग कारपोरेशन, न्यू दिल्ली, 1992
13. गूर, लूसियस वेन, ए शार्ट गाइड टू द रनड टेम्पल इन द प्रमबनन प्लेन, द दिएंग प्लेट एण्ड गडौन्ग सान्गा, (ट्रॉसलेटड बाइ बैनर एच0एस0) पब्लिशर लैण्डसड्रक्करेरी, वेल्टेवरडेन, (डिजीटल वर्जन), 2007
14. पेरी, व्यास मनगुएन, ए. मणि, जीओफ वाडे, अर्ली इनट्रेक्सनस् बिट्वीन साउथ एण्ड साउथइस्ट एशिया, आई0एस0इ0ए0एस0 पब्लिसिंग, सिंगापुर, 2011
15. www.esamskriti.com, shiva Temples in Combodia by Diglissia-2014
16. फ्रेडरिक, लूइस, द टेम्पलस् एण्ड स्कल्पचर ऑफ साउथइस्ट एशिया, थॉमस एण्ड हुडसन, लन्दन, यू0के0, 1965
17. मजूमदार, आर0सी0, एशियंट इंडियन कालोनीस् इन द फॉर इस्ट चम्पा, बृहत्तर भारत परिषद ग्रंथावली, द पंजाब संस्कृत बुक डिपो, लाहौर, 1927
18. www.esamskriti.com, shiva Temples in Combodia by Diglissia-2014
19. www.esamskriti.com, shiva Temples in Combodia by Diglissia-2014
20. रॉव, बी0वी, हिस्ट्री ऑफ एशिया, न्यू डॉन प्रेस, आइ0एन0सी0, यू0के0, यू0एस0ए0, इंडिया, 2005
21. www.esamskriti.com, shiva Temples in Combodia by Diglissia-2014

22. मजूमदार, आर0सी0, एशियंट इंडियन कालोनीस् इन द फॉर इस्ट चम्पा, बृहत्तर भारत परिषद ग्रंथावली, द पंजाब संस्कृत बुक डिपो, लाहौर, 1927
23. थपल्याल, किरण कुमार, सिन्धु सभ्यता, उत्तर प्रदेश हिन्दी संस्थान, लखनऊ, 1996

असिस्टेन्ट प्रोफेसर,
आर्य कन्या डिग्री कालेज, प्रयागराज,
उत्तर प्रदेश

दक्षिण–पूर्वी एशिया के देशों का सामाजिक अध्ययन

पुँज प्रकाश शरण

प्राचीन काल से समृद्ध व्यापार परंपरा के कारण भारत और दक्षिण–पूर्व एशिया का आपसी संबंध काफी प्रगाढ़ रहा हैं। मौर्य शासक अशोक द्वारा जब धर्म के माध्यम से अन्य देशों को विजय करने की नीति को अपनाया गया, जिसमें भारत से इन प्रदेशों में बौद्ध धर्म के प्रचार–प्रसार हेतु स्थाविर और बौद्ध भिक्षु भेजे गये। तीसरी सदी ईस्वी पूर्व तक इन देशों में किसी उन्नत सभ्यता का विकास नही हुआ था। भारत से आए व्यापारियों, धर्मप्रचारकों आदि ने अपने साथ–साथ व्यापार, धर्म का प्रचार–प्रसार आदि भी किया। साथ ही सभ्यता के मार्ग पर उन्हें अग्रसर भी किया। बौद्धों के अतिरिक्त शैव, वैष्णव आदि पौराणिक धर्मो के प्रचारक भी इन देशों में गये और वहॉ के निवासियों को उन्होने अपने धर्मों का अनुयायी बनाया।

भारतवासी वहॉ व्यापार के अलावा अपने साथ अपनी सभ्यता–संस्कृति भी लेकर गये थें। वहॉ उन्होनें अपना उपनिवेश स्थापित करना शुरू किया। मौर्योत्तर युग से इन स्थापित बस्तियों का फैलाव होने लगा। दक्षिण–पूर्व एशिया के विविध देशों में भारतीय उपनिवेशों की स्थापना की यह प्रक्रिया शुंग–सातवाहन युग में प्रारंभ हुई थी और गुप्त साम्राज्य के समय तक इसका चरम विकास हो गया था। प्रायः तेरहवी सदी तक क्षेत्र के ये भारतीय राज्य कायम रहे। इनके राजा भारतीय थे, और इनकी भाषा, संस्कृति, शासन विधि तथा धर्म आदि सब भारतीय था।

दक्षिण–पूर्व एशिया के प्रायः सभी प्रदेशों में हिन्दू मन्दिरों, मठों, बौद्ध विहारो, चैत्यों और स्तूपों के अवशेष बड़ी संख्या में आज भी विधमान हैं। संस्कृत, पालि, प्राकृत आदि भारतीय भाषाओं के शिलालेख भी इन प्रदेशों से बड़ी मात्रा में उपलब्ध हुए हैं। दक्षिण–पूर्व एशिया के विविध प्रदेशों में न केवल भारतीय राजाओं के ही शिलालेख प्राप्त हुए हैं, अपितु भारतीय व्यापारियों द्वारा उत्कीर्ण कराये हुए लेख भी वहॉ से मिलते हैं, क्योंकि भारत के साहसी व्यापारी प्राचीन काल में बड़ी संख्या में इन देशों में व्यापार के लियें जाया–आया करतें थें। धर्मप्रचार के उदेश्य से इन प्रदेशों में जाने का सूत्रपात बौद्ध द्वारा किया गया था, पर उनका अनुकरण कर बहुत से शैव तथा वैष्णव प्रचारक भी इन देशों मे गये और वहॉ के निवासियों को उन्होने अपने धर्मो का अनुयायी बनाया। यही कारण है कि जो शैव और वैष्णव मंदिर भी इन देशों में अच्छी बड़ी संख्या में निर्मित हुए और उनके अवशेष वर्त्तमान समय में भी विद्यमान हैं। भारतीय धर्मो

तथा संस्कृति का प्रभाव इन देशों से अब तक नष्ट नही हुआ हैं। स्याम, वर्मा और कंबोडिया आदि देशों के लोगों का धर्म अब भी बौद्ध है और वे भारत को अपनी धर्मभूमि मानते हैं। मलेशिया और इण्डोनेशिया के लोग अब धर्म से मुसलमान हैं, पर उनकी भाषा, रहन–सहन, प्रथा–परंपरा, संस्कृति आदि पर भारत की बहुत गहरी छाप हैं। वस्तुतः दक्षिण–पूर्व एशिया के इन देशों का विकास भारत के उपनिवेशों के रूप में हुआ था और एक सहस्त्र वर्ष से भी अधिक समय तक ये भारत के अंग रहे। इतने लम्बे समय तक जुड़े रहने के कारण इस क्षेत्र के देशों को वृहत्तर भारत की संज्ञा दी जाती हैं। इसमें सन्देह नहीं कि यदि भाषा, धर्म, सभ्यता, संस्कृति, राजवंश और कला आदि की दृष्टि से देखा जाए, तो दक्षिण–पूर्व एशिया के इन देशों को भारत के सांस्कृतिक साम्राज्य के अन्तर्गत मानना सर्वथा युक्तियुक्त हैं।

समृद्ध व्यापार के कारण भारतवासी दक्षिण–पूर्व एशिया के देशों को सुवर्णभूमि और सुवर्णद्वीप कहा करते थे, क्योंकि इनके साथ व्यापार में इन्हें बहुत अधिक लाभ और इनकी खानों से वे सोना भी प्राप्त करते थें। संभवतः बरमा से मलाया तक का प्रदेश सुवर्णभूमि कहलाता था, और उससे पूर्व में स्थित इन्डो चायना का प्रायःद्वीप (कम्बोडिया, लाओस और वियतनाम) तथा वर्तमान इन्डोनेशिया के अन्तर्गत विविध द्वीप (सुमात्रा, जावा, बाली, बोर्नियो आदि) सुवर्णद्वीप के नाम से जाने जाते थें। बरमा में इरावदी और उसकी सहायक नदियों की रेत से अब तक भी सोना निकाला जाता हैं, और मलाया में भी सोने की खानें विद्यमान हैं। अतः प्राचीन भारतीयों द्वारा इस प्रदेश को सुवर्णभूमि कहा जाना उचित ही था।

दक्षिण–पूर्व एशिया से भारत का प्रगाढ़ संबंध प्राचीन काल से ही रहा हैं, इसकी प्रमाणिकता साहित्यिक ग्रंथों से भी मिलती हैं। इसमें बौद्ध साहित्य के जातक कथाओं से वर्णित व्यापारियों के कथानक से उस युग के समृद्ध व्यापार परंपरा की जानकारी होती हैं। साहित्यिक ग्रंथों में वर्णित कहानियों से पता चलता है कि सुवर्णभूमि तक पहुचने हेतु प्राचीन भारत के व्यापारियों को अनेक दुर्गम मार्गों से गुजरना पड़ता था और अनेक कठिनाईयों का सामना करना पड़ता था।

दक्षिण–पूर्व एशिया के क्षेंत्र को सुवर्णभूमि व सुवर्णद्वीप कहने की परंपरा केवल भारतीयों तक ही सीमित नही थी। उनके अनुकरण में ग्रीक, रोमन, अरब, तथा चीनी लोग भी इसे इन्ही नामों से कहा करते थें। पामपोनियस मेला ने रोमन सम्राट क्लोडियस के शासन काल में लिखें अपने ग्रंथ दि कोरोग्राफिया में चिसी द्वीप का उल्लेख किया हैं, जिसका शब्दार्थ सुवर्णद्वीप हैं। पेरिप्लस आफ एरिथ्रियन सी में भी चिसी का जिक्र आता हैं और प्लिनी ने भी अपने भूगोल में इसका उल्लेख किया हैं। बाद

में अन्य अनेक ग्रीक और रोमन लेखको के ग्रन्थों में भी चिसी द्वीप का वर्णन हैं। टालमी ने चिसी के बजाय चिसी–कोरा शब्द का प्रयोग किया है, जो सुवणभूमि शब्द का अनुवाद हैं।

दक्षिण–पूर्व एशिया के जिन प्रदेशों व द्वीपों में भारतीयों ने अपना व्यापार प्रारंभ किया, वहाँ अनेक जातियों का निवास था, जो सभ्यता और संस्कृति की दृष्टि से विविध स्तरों पर थी।

कम्बुज देश में भारतीय संस्कृति का प्रभाव :

कम्बुज देश से उपलब्ध हुए अभिलेखों से समाज का जो स्वरूप हमारे सम्मुख उपस्थित होता हैं, उसका आधार चातुर्वर्ण्य हैं। जयवर्मा के से–फोंग अभिलेख में चार वर्णो का स्पष्ट रूप से उल्लेख हैं। भारत के समान कम्बुज देश में भी चार वर्णों की सत्ता थी, जिनमें ब्राह्मण वर्ण का स्थान सर्वोपरि था। जिन भारतीयों ने इस सुदूर देश में अपने उपनिवेश स्थापित किए थें, वे प्रायः ब्राह्मण वर्ण के ही थे। कम्बुज की प्राचीन अनुश्रूति के अनुसार कौण्डिन्य नामक ब्राह्मण ने वहाँ जाकर अपना राज्य स्थापित किया था और वहाँ के मूल निवासियों की रानी के साथ विवाह किया था। यह अनुश्रूति इस तथ्य को प्रकट करती है कि जिन भारतीयों ने कम्बुज देश में अपने उपनिवेश बसाये थें, वे ब्राह्मण वर्ण के थे। भारतीयों के संपर्क में आकर उन्होने सभ्यता एवं संस्कृति के क्षेत्र में उन्नति की और भारत के ही धर्म, आचरण, संस्कृति आदि को अपना लिया। भारत से जाकर जो ब्राह्मण कम्बुज देश में बसे थे, उन्होने वहाँ की स्त्रियों से विवाह किया और इन विवाहों से जो संतान उत्पन्न हुई, जातीय दृष्टि से वह वर्णसंकर थी क्योंकि उसने अपने पिता की संस्कृति, भाषा, धर्म आदि को अपना लिया था, अतः उसे भी ब्राह्मण माने जाने लगा।

कम्बुज की प्राचीन अनुश्रुति की पुष्टि चीनी इतिवृत द्वारा भी होती हैं। एक चीनी ग्रंथ के अनुसार "तुअब–सिअन" नगरी में एक हजार से भी अधिक ब्राह्मणों का निवास था और उन्होने वहाँ के मूलनिवासियों की कन्याओं के साथ अपने विवाह किये हुये थें। भारतीय उपनिवेशकों की एक अन्य मंडली चौथी सदी के अन्त व पाँचवी सदी के प्रारंभ में कम्बुज गई थी। उसके नेता को भी कौण्डिन्य ब्राह्मण कहा गया है, जिससे सूचित होता है कि भारतीय उपनिवेशकों के इस दूसरे दल के लोग भी जाति से प्रायः ब्राह्मण ही थें। बाद में भी अनेक ब्राह्मण भारत से जाकर कम्बुज में बसते रहे, और वहाँ के राजाओं से उन्होंने सम्मान प्राप्त किया। राजा जयवर्मा द्वितीय के समय में हिरण्यदामा नामक ब्राह्मण भारत से कम्बुज गया था वह तन्त्र–मन्त्र में प्रवीण था, और उसने राजा के लिए

एक ऐसा विधान तैयार किया था, जिससे कम्बुज यवद्वीप के अधीन न रहे और जयवर्मा अपने देश में स्वतंत्र चक्रवर्ती की स्थिति प्राप्त कर सके। भारद्वाज गोत्र के हृषिकेश नामक ब्राह्मण पंडित राजा जयवर्मा सप्तम के समय में कम्बुज गये थें। राजा ने उन्हें "श्रीजयमहाप्रधान" की उपाधि से सम्मानित किया और अपना राजपुरोहित नियुक्त किया। इसमें सन्देह नही कि कम्बुज के समाज में ब्राह्मणों का स्थान अत्यन्त महत्व का था। संभवतः वहॉ के भारतमूलक निवासियों में बहुसंख्या भी ब्राह्मणों की ही थी।

ब्राह्मणों के समान ही क्षत्रिय वर्ण का भी कम्बुज देश के समाज में उच्च स्थान था। वहॉ के राजकुल प्रायः क्षत्रिय वर्ण के थें। यह भी संभव हैं कि, वहॉ के निवासियों में जो उच्च कुलों के लोग थें और जिन्होने भारत के धर्म संस्कृति आदि को अपना लिया था, उन्हें भी क्षत्रिय वर्ण के अन्तर्गत मान लिया गया था। यवन, शक आदि जिन जातियों ने भारत पर आक्रमण कर इस देश में अपने राज्य स्थपित किये थें, बाद में उन्हे भी क्षत्रिय वर्ण में सम्मलित कर लिया गया था क्योंकि भारत के संपर्क में आकर संस्कृति की दृष्टि से वे भारतीय बन गये थें। संभवतः यही प्रक्रिया कंबुज देश में भी हुई थी। कम्बुज के अभिलेखों में कतिपय राजाओं या उनकी रानियों को क्षत्रान्वयन कहा गया है तो दूसरे को "ब्रह्मक्षत्रांशभव" बताया गया हैं। कम्बुज देश में ब्राह्मणों और क्षत्रियों में परस्पर विवाह–संबंध होना बहुत प्रचलित था। न केवल ब्राह्मण क्षत्रिय कन्याओं से विवाह करते थें अपितु क्षत्रिय पुरूष ब्राह्मण कन्याओं से भी विवाह संबंध स्थापित किया करते थें। इस प्रकार वहॉ एक संकर जाति विकसित हो गयी थी, जिसे "ब्रह्मक्षत्र" कहा जाता था। कम्बुज अभिलेख में वैश्यों का भी उल्लेख विद्यमान हैं। यशोवर्मा मे प्रसत कीमनप अभिलेख में वैश्यों का भी स्पष्ट रूप से उल्लेख हैं। भारत से जाकर जो उपनिवेशक दक्षिण–पूर्व–एशिया के इन प्रदेशों में आबाद हुये थें, उनमें वैश्य भी अवश्य रहें होंगें। हमें ज्ञात है कि भारत के व्यापारी स्थल और जल–मार्गो से दूर–दूर के देशों में व्यापार हेतु जाया–आया करते थें। यह सर्वथा संभव हैं, कि ऐसे बहुत–से व्यापारी इन देशों में स्थायी रूप से बस भी गये हो और वे भी वहॉ के समाज के अन्यतम अंग बन गये हों। कम्बुज के अभिलेखों में उनका पृथक रूप से उल्लेख नहीं हुआ है, उसका कारण शायद यह है कि ये अभिलेख प्रायः वहॉ के राजाओं, पुरोहितों एवं उच्च राजपदाधिकारियों द्वारा अपने दानपुण्य के प्रसंग में उत्कीर्ण कराये गये हैं। कम्बुज के समाज में शूद्रों की भी सत्ता थी, जिनकी स्थिति दासों के सदृश थी। वहॉ के अभिलेखों एवं चीनी विवरणों से इन दासों पर अच्छा प्रकाश पड़ता हैं।

कम्बुज के राजा अपने देश में समाज संगठन को भारत के चातुर्वर्ण्य पर आधारित समाज के अनुरूप बनाने हेतु प्रयत्नशील रहते थें। "प्रसन न केओं" अभिलेख में राजा सूर्यवर्मा के विषय में यह कहा गया है कि उसने अपने राज्य में वर्ण–व्यवस्था की स्थापना की थी और शिवाचार्य नामक विद्वान को श्रेष्ठत्त्व की स्थिति प्रदान की थी। वे अपने देश की विशिष्ट परिस्थितियों एवं आवश्यकताओं को दृष्टि में रखकर वे समाज को एक नया रूप देने में भी संकोच नही करते थें। राजा जयवर्मा पंचम ने दो नए वर्णो का निर्माण किया, जिन्हें ख्मुक और कर्मान्तर कहते थें। इन वर्णो के जो व्यक्ति विद्या, शील और आचार में श्रेष्ठ हो, उन्हें "आचार्य–चतुराचार्य–प्रधान" सदृश महत्त्वपूर्ण पदों पर भी नियुक्त किया जा सकता था।

वर्ण का आधार कर्म न होकर जन्म था ब्राह्मण कुल में उत्पन्न व्यक्ति ब्राह्मण ही होता था, चाहे वह कोई भी व्यवसाय व कार्य करता हो। राजा हर्षवर्मा तृतीय के "पल्हल स्तेल" अभिलेख से सूचित होता है, कि कम्बुज देश के ब्राह्मण कुलों के व्यक्ति कतिपय ऐसे कार्य भी करते थे, जिनका ब्राह्मणों से कोई संबंध नही था। ऐसे जिन कार्यों का इस अभिलेख में वर्णन है, उनमें हाथी के महावत का काम, शिल्पी का काम तथा गणिका का कार्य उल्लेखनीय हैं। इन कार्यो को कराने वालों को भी ब्राह्मण ही माना जाता था, यदि उनका जन्म ब्राह्मण कुल में हुआ हो।

रहन–सहन भोजन : तेरहवीं सदी में शू–ता–कुवान नामक चीनी यात्री के वृतान्त से कम्बुज के निवासियों का रहन–सहन, भोजन आदि पर प्रकाश पड़ता हैं। उसने लिखा है कि पुरूष और स्त्री दोनों सिर पर अपने केशों का जुड़ा बॉधते हैं। वे केवल एक लुंगी पहनते है और बाहर जाने पर चादर भी ले लेते हैं। उनके सबसे अच्छें तथा बारीक कपड़े भारत से आते हैं। राजा बड़े–बड़े मोतियों की एक माला और हाथ–पैर में रत्नजड़ित कर–कंकण पहनता हैं। एक अन्य चीनी ग्रंथ में कम्बुज के विषय में लिखा गया है कि वहॉ के आदमी कद में छोटे व काले रंग के होते हैं। लेकिन स्त्रियों में कोई–कोई साफ रंग की भी होती हैं। कानों में कंडल पहनते हैं। वे दृढ़ और कर्मठ होते हैं। वे दाये हाथ को शुद्ध और बायें को अशुद्ध समझते हैं। वे प्रतिदिन प्रातःकाल स्नान करते हैं और वृक्ष की लकड़ी से दॉत साफ करते हैं। पोथी पढ़ने के बाद वे प्रार्थना करते हैं, फिर स्नान करते है और उसके बाद भोजन हेतु वे घी, मलाई, चीनी, चावल और बाजरा–जिसकी वे रोटी बनाते हैं, का प्रयोग करते हैं। इस देश के सभी घर पूर्वाभिमुख होते हैं। लोग बैठते भी पूर्व की ओर मुख करके हैं। अतिथि के सत्कार में सुपारी, कपूर तथा सुगन्ध प्रदान करने

की प्रथा हैं। कोई शराब नही पीता, पर जब परिवार के बड़े न हो तो पति–पत्नी घर के भीतर शराब पीते हैं। अंकोरवाट की रूपावलियों में पुरूष और स्त्रियों के जो चित्र अंकित है, उसमें पुरूष और स्त्रियों को धोती पहने हुये दिखाया गया हैं। धोती को कमर के चारों ओर बॉधा जाता था और उसमें चुन्नटें भी होती थी। दुप्ट्टा या उत्तरीय कन्धों पर ओढ़ा जाता था और सिर पर उॅची मुकुट रहती थी। राजा जयवर्मा सप्तम के प्रोह्म अभिलेख में "चीनाशुंक" का भी उल्लेख आया हैं, जिससे सूचित होता है कि कम्बुज देश में रेशम को भी वस्त्रों के लिए प्रयुक्त किया जाता था। आभूषण पहनने का रिवाज बहुत अधिक था। पुरूष और स्त्रियॉ दोनों ही आभूषण पहना करते थें। यहॉ के परिवार प्रधानतया पितृसत्तात्मक थे, पर अभिलेखों द्वारा कतिपय मातृसतात्मक कुलों की सत्ता का भी संकेत मिलता हैं। इस देश के जीवन गान, वादन और नृत्य का भी महत्वपूर्ण स्थान था। इन कलाओं के प्रदर्शन के प्रधान स्थान मंदिर थें, जिनमें गान, नृत्य आदि के लिए राजाओं तथा अन्य संपन्न व्यक्तियों द्वारा इन कलाओं में प्रवीण स्त्री–पुरूषों के भी प्रदान किये जाने की प्रथा थी। यहॉ अनेक उत्सव भी सामुहिक रूप से मनाये जाते थें, जिनमें नर्तक तथा नर्तकियॉ अपनी कला का प्रदर्शन किया करती थीं।

इन्डोनेशिया का सामाजिक जीवन :

दक्षिण–पूर्व एशिया के विविध भारतीय राज्यों का सामाजिक जीवन भी चातुर्वर्ण्य पर आधारित हैं। जावा के पुराने साहित्य में स्थान–स्थान पर ब्राह्मण आदि चार वर्णो का उल्लेख मिलता है। जिस प्रकार भारत में ब्राह्मणों का कार्य यज्ञादि धार्मिक कृत्य कराना था, वैसे ही जावा में भी था। वहॉ के कितने ही अभिलेखों में ब्राह्मणों द्वारा यज्ञ कराने और उन्हें दान–दक्षिणा दियें जाने का वर्णन मिलता हैं।

बाली द्वीप में भी हिन्दू धर्म की सत्ता हैं। वहॉ के समाज में भी चार वर्ण है, ब्राह्मण, क्षत्रिय और वैश्य को वहॉ द्विजाति कहते हैं और शूद्र को एक जाति। अनुलोम विवाह वहॉ अनुमत है जिसके अनुसार उच्च वर्ण का पुरूष अपने से हीन वर्ण की स्त्री से विवाह कर सकता हैं, पर प्रतिलोम विवाह को बहुत बुरा माना जाता हैं, जिसके कारण कोई पुरूष अपने से उच्चतर वर्ण की स्त्री से विवाह नही कर सकता। संकर विवाहों की संतान का वही वर्ण होता है जो पिता का हो। ब्राह्मणों के वहॉ दो वर्ण हैं, शैव, ब्राह्मण और बौद्ध ब्राह्मण। दक्षिण–पूर्व एशिया में पौराणिक और बौद्ध धर्मों में जो समन्वय हो गया था, उसके कारण बौद्ध धर्म भी, पौराणिक देवी–देवाताओं के उपासकों के धर्म में विलीन हो गया और बौद्ध स्थविरों और पुराहितों को भी ब्राह्मण माने जाने लगा। बाली में

क्षत्रिय को देव कहा जाता हैं, और वैश्यों को आर्य। वहॉ शुद्रों को अछुत नही समझा जाता। वे प्रायः खेती तथा विविध शिल्पों द्वारा अपना निर्वाह करतें हैं।

बाली में आधुनिक समय तक भी सती प्रथा रही है, यद्यपि केवल राजघरानों तथा कतिपय अन्य संभ्रान्त कुलों में ही इस प्रथा का अनुसरण किया जाता था। दास प्रथा भी वहॉ विद्यमान थी। यद्यपि कुछ दास जन्म के कारण भी होते थें, पर बहुसंख्यक दास ऐसे होते थे जिन्होने कर्ज अदा न कर सकने या निर्धनता के कारण कुछ समय हेतु दासवृति स्वीकार कर ली ही। युद्ध में बन्दी हुए व्यक्ति भी दास बना लिये जाते थें। बाली की यह दास प्रथा ठीक वैसी ही हैं, जैसे कि कौटिल्य अर्थशास्त्र के दासकल्प प्रकरण में वर्णित हैं। इन भारतीय राज्यों में स्त्रियों की स्थिति हीन नहीं मानी जाती थी। जावा के अनेक अभिलेखों में उन स्त्रियों का उल्लेख मिलता हैं, जो वहॉ के राजसिंहासन पर आरूढ़ हुई थी, जो महामंत्री सदृश उच्च पदों पर नियुक्त थी। पूर्वी जावा के प्रतापी राजा श्री ईशानतुंगदेव के बाद उसकी पुत्री ईशान तुंगविजया राजसिंहासन पर आरूढ़ हुई थी। परदा प्रथा इन देशों में प्रचलित नहीं थीं। बाली की स्त्रियॉ आजकल भी पर्दा नहीं करती हैं। जावा के पुराने साहित्य में अनेक स्थलों पर स्वयंवर का उल्लेख मिलता हैं जिससे विवाह के मामले में स्त्रियों की स्वतंत्रता सूचित होती हैं। स्त्रियों की स्थिति के संबंध में एलैग के अभिलेख की यह बात महत्त्व की है, कि उसकी राजसभा में मंत्रियों तथा वीरों के साथ ललनाओं की उपस्थिति भी हैं।

जावा में उपलब्ध मूर्तियों, रूपावलियों तथा चित्रफलकों से वहां के पुराने निवासियों की वेशभूषा का परिचय प्राप्त किया जा सकता हैं। भारत के समान जावा में भी अधोंवस्त्र और उत्तरीय प्रधान परिधान थे। पुरूष और स्त्री दोनों ही आभूषण पहना करते थें। उनके भोजन में चावल का प्रधान स्थान था, ताम्बूल का सेवन भी वहॉ किया जाता था और विविध प्रकार की मदिराऍ भी वहॉ प्रयोग में लायी जाती थी। द्यूतक्रीड़ा, शतरंज तथा कुक्कुटों की लड़ाई आमोद–प्रमोद के साधन थें। संगीत और नाटकों द्वारा भी वहॉ के लोग मनोरंजन में तत्पर रहते थें। जावा की रूपावलियों में वीणा, मृदंग, वांसुरी और सितार बजाती हुई तथा नृत्य करती हुई स्त्रियों के चित्र भी विद्यमान हैं। छायानाटकों का वहॉ बहुत चलन था। इन्हें बयांग कहतें थे। दक्षिण–पूर्व एशिया के जावा, बाली तथा मलाया आदि में आज भी इनका बहुत चलन हैं।

दक्षिण–पूर्व एशिया के प्राचीन राज्यों की स्थिति द्वीपों में थीं अतः स्वाभाविक रूप से उनका आर्थिक जीवन सामुद्रिक व्यापार तथा नौकायन

पर आधारित था। इस क्षेंत्र के प्रधान बंदरगाह श्रीविजय और कटाह थे, जहॉ दूर–दूर के व्यापारी अपना पण्य लेकर आया करते थें। यहॉ से अन्य देशों मे जाने वाले पण्य में मसालों, सोना, चॉदी, मोती, कपूर, चन्दन, इलायची, हाथी दांत, अगुरू और मूंगा प्रधान थे। जावा कृषि प्रधान देश था, और वहॉ का चावल अन्य देशों में भी बिकने के लिए जाया करता था। मुद्रापद्धति भी वहॉ विकसित दशा में थी। जावा से बहुत से सिक्के मिले है, जो चांदी और तांबे के हैं, ये वहां के पुराने सिक्के हैं।

चम्पा का सामाजिक जीवन : चम्पा का सामाजिक जीवन भी वर्णाश्रम व्यवस्था पर आधारित था। ब्राह्मण और क्षत्रिय वर्णो के लोग अधिक थें। वैश्य वर्णों की संख्या कम थी परंतु शुद्र लोग भी भारत से जाकर चम्पा में बसे हों, यह कह सकना कठिन हैं। पर चम्पा के अभिलेखों से ज्ञात होता है कि वहॉ के समाज में दासों और दासियों की संख्या अच्छी थी और राजा तथा अन्य संपन्न लोग मंदिरों के लिए जब धन–संपत्ति प्रदान करते थे, तो साथ में बहुत से दासों और दासियों को भी दान करते थें। ये दास शूद्र स्थानीय थे और ये भारत के उपनिवेशकों में से न होकर चम्पा के मूल निवासियों में से थे, यह कहना असंगत नहीं होगा। युद्ध में परास्त नर–नारियों को भी बन्दी बनाकर ले जाने और उसे दास बना लेने की परंपरा दक्षिण–पूर्व एशिया के विविध राज्यों में विधमान थी। चम्पा के समाज में भी ब्राह्मण, क्षत्रिय विशेष थे। कम्बुज देश के समान यहॉ भी ब्राह्मण क्षत्रिय में आपसी विवाह संबंध होता था। चम्पा के राजा पड़ोस के भारतीय राज्यों से भी विवाह संबंध किया करते थे। चम्पा के आर्थिक जीवन का मुख्य आधार खेती थी। वहॉ मुख्यतया चावल की खेती होती थी और वही लोगों का मुख्य भोजन था। गेहूॅ का उल्लेख चम्पा के किसी अभिलेख में नहीं हैं। सिंचाई के लिए नदियों पर बॉध बनाकर नहरें भी निकाली जाती थी। वहॉ भी शिल्प–उद्योग और वेश–भूषा कंबुज के समान ही प्राप्त हुए हैं।

लंका पर भारतीय संस्कृति का प्रभाव : भौगोलिक दृष्टि से लंका भारत का ही अंग हैं। उसका प्राचीन इतिहास प्रायः वैसा ही रहा हैं, जैसा कि भारत के अन्य जनपदों प्रदेशों का था। बौद्ध युग में काशी और कोशल, मगध और वज्जिसंघ, वत्स और अवन्ति में जैसे युद्ध होते थे, या मध्यकाल में राष्ट्रकूट और चालुक्य तथा पाल और गुर्जर–प्रतिहारों में जिस ढंग के संघर्ष होते रहते थे, प्रायः वैसे ही संघर्ष लंका के राजाओं के दक्षिणी भारत के चोल व पाण्ड्य राजाओं के साथ हुए। कभी चोल या पाण्ड्य राजा विजयी हुए और संपूर्ण लंका या उसके उत्तरी प्रदेशों पर

अपना प्रभुत्व स्थापित करने में सफल हुए और कभी लंका के राजा विजय–यात्रा करते हुए मदुरा तक आ पहुँचें। इस प्रकार राजनीतिक क्षेत्र में भारत और लंका का घनिष्ठ संबंध रहा।

भाषा, धर्म तथा साहित्य के अतिरिक्त लंका की कला पर भारत का प्रभाव स्पष्ट रहा हैं। लंका में बनाये गये विहारों और स्तूपों का निर्माण भारतीय वास्तुकला के अनुसार हुआ है और ये प्रायः उसी ढ़ंग के है जैसे कि प्राचीन काल के भारतीय स्तूप और विहार थें। कोलम्बों के संग्रहालयों में कतिपय ऐसी प्राचीन मूर्तिया भी है, जो भारतीय शिल्पियों द्वारा निर्मित प्रतीत होती हैं। लंका में कतिपय पौराणिक हिन्दू मंदिरों का भी उस काल में भी निर्माण किया गया था, जबकि वहॉ चोल राजाओं का आधिपत्य था। इस हिन्दू मंदिरों में कुछ वर्त्तमान समय में भी विद्यमान हैं, और शेष खण्डहरनुमा बन गये हैं। आजकल जो मंदिर वहॉ हैं, उनमें उसी प्रकार के गर्भगृह, अन्तराल, अर्धमण्डप और मण्डप आदि है, जैसे भारतीय मन्दिरों में होते हैं। लंका के हिन्दू मंदिरों के भग्नावशेषों में नटराज शिव, पार्वती, कार्तिकेय, विष्णु, लक्ष्मी, बालकृष्ण, हनुमान आदि की कितनी ही मूर्तियॉ मिली हैं, जो ताम्र या कांस्य से निर्मित हैं। ये सब हिन्दू मूर्तिकला के अनुसार हैं। भारत की गुप्त और पल्लव शैलियॉ में निर्मित ये मूर्तियॉ लंका में भारत के सांस्कृतिक प्रभाव को निरूपित करती हैं।

निष्कर्ष : प्राचीन काल से ही दक्षिण–पूर्व एशियाई देशों की कला, स्थापत्य, सांस्कृतिक परिदृश्य पर भारतीय छाप आज भी परिलक्षित होती हैं। ग्रंथ–लेखन की परंपरा भी भारत से चलकर इन देशों में पहुंची। संस्कृत–पाली भाषाओं के ग्रथों से प्राचीन ज्ञान एवं दर्शन का प्रसार हुआ हैं। धर्म के क्षेंत्र में भी वैष्णव, शैव, सनातन हिन्दू, बौद्ध तथा इस्लाम का भी प्रचलन भारतीय लोगों के जरिए हुआ। इन देशों में शासन व प्रशासन पर भी भारतीय राजनीतिक प्रणाली का प्रभाव रहा हैं। दक्षिण–पूर्व एशिया के समाजिक व्यवस्था पर भी भारतीय वर्णाश्रम व्यवस्था का प्रभाव स्पष्ट दिखायी देता हैं। वहॉ निर्मित चैत्य, विहार, स्तूप या मूर्तियॉ सभी पर भारतीय वास्तुकला तथा भारतीय शिल्पियों का योगदान स्पष्ट दृष्टिगोचर होता है। खान–पान, रहन–सहन, पहनावा आभूषण सभी भारतीयता से विभूषित प्रतीत होते हैं। वहॉ के साहित्यिक कहानियों के कथानक का नाम और कहानियॉ भी भारतीय धर्मग्रंथों से ली गयी हैं। दक्षिण–पूर्व एशिया के लगभग सभी देशों का सामाजिक अध्ययन एक समान ही चित्र प्रस्तुत करता हैं और वह भारत से काफी लगाव रखता हैं।

संदर्भ ग्रंथ सूची :

1. डॉ0 विद्यानन्द उपाध्याय ,दक्षिण–पूर्व एशिया का राजनीतिक इतिहास
2. एस0एल0 नागौरी , दक्षिण–पूर्व एशिया में भारतीय संस्कृति –
3. सत्यकेतु विद्याालंकार, दक्षिण–पूर्वी और दक्षिणी–एशिया में भारतीय संस्कृति
4. आर0सी0 मजूमदार, कंबुज देश
5. बी0आर0चटर्जी, हिन्दू इन्फलूऐंस इन कम्बोडिया
6. आर0सी0 मजूमदार , हिन्दू कालेनी इन फार ईस्ट

शोधार्थी (इतिहास विभाग),
बी0आर0ए0बी0यू0 मुजफ्फरपुर, बिहार
email : punj8102@gmail.com

दक्षिण–पूर्वी एशिया में प्राचीन भारतीय धर्म–संस्कृति का प्रसार : एक अध्ययन

डॉ. नरेश कुमार

भारतीय धर्म–संस्कृति अति प्राचीन है। जब संसार के बहुत से भागों में गाँव भी नहीं बसे थे, अनेकानेक क्षेत्रों में लोग बोलना नहीं जानते थे और जंगली जीवन जी रहे थें, उस समय भी भारत के भिन्न–भिन्न क्षेत्रों में शिक्षा–संस्कृति के अटालिक खड़ी थीं। यहाँ के आश्रमों में जगह–जगह वैदिक मंत्र गुंजते थें तो विहारों में ''बुद्धं शरणं गच्छामि''। कालांतर में सनातन वैदिक हिन्दू और बौद्ध दोनों भारतीय संस्कृतियों का प्रसार भारत से बाहर ''सुदूर दक्षिण पूर्व एशिया'' के देशों में फैला। इन प्रसारों के प्रमाण आज भी वहाँ देखे जा सकते हैं।

दक्षिण पूर्व एशिया के जिन प्रमुख देशों में भारतीय धर्म–संस्कृतियों की धाक रही, वे देश है :– इंडोनेशिया, कंबोडिया, मलाया, थाईलैण्ड, हिन्द चीन, म्यानमार (बरमा) आदि। यहाँ न केवल हिन्दू धर्म के बड़े–बड़े साक्ष्य हैं, बल्कि बौद्ध धर्म के भी कई बड़े प्रमाण मौजूद हैं।

उपरोक्त देशों में भारतीय धर्म, संस्कृति और उपनिवेश की जानकारियों के ठोस साक्ष्य उपलब्ध हैं। प्राचीन पालि साहित्य, जातक कथाएं, स्थानीय अनुश्रूतियां, चीनी साहित्य, रामायण और पुराण, अर्थशास्त्र तथा अनेकानेक पुरातात्विक सबूत (मंदिर, विहार, मूर्तियां और अभिलेख) इनके प्रमाण हैं। यहाँ के देशों में भारतीय धर्म–संस्कृति का प्रसार व प्रभाव दर्शनीय हैं :–

1. इंडोनेशिया (जावा–सुमात्रा) : यहाँ अनेक द्वीप हैं। इनमें से एक ''जावा'' है, जिसका प्राचीन नाम ''यवद्वीप'' था। यहाँ भारतीय उपनिवेश, धर्म व संस्कृति सुदृढ़ था। यहाँ पर व्यापारियों ने भारतीय संस्कृति का प्रसार किया क्योंकि बड़े पैमाने पर भारतीय व्यापारी यहाँ आते–जाते थें। फाहियान के विवरण से पता चलता है कि यहाँ ''शैव'' और ''वैष्णव'' धर्म का बहुत प्रचार था। जब फाहियान भारत से लौटते समय जावा पहुँचा था, तो उसके साथ जहाज में दो सौ (200) भारतीय व्यापारी भी थे। इससे अनुमान लगाया जा सकता है कि इंडोनेशिया जावा के साथ कितना घनिष्ठ व्यापारिक संबंध था। प्राचीन व्यापारी लोग इस क्षेत्र को ''सुवर्णद्वीप'' (सोने की द्वीप) कहते थे। यहाँ व्यापारियों को बहुत सोना प्राप्त होता था।

यहाँ ब्राह्मण धर्म के अलावे बौद्ध धर्म भी फैला। प्रो० राम शरण शर्मा अपनी पुस्तक ''प्राचीन भारत'' में इस प्रकार लिखते है– ''यह अद्भुत

बात है कि सबसे विशाल "बौद्ध मंदिर" भारत में नहीं, बल्कि इंडोनेशिया के "बोरोबदुर" में है। यह संसार का सबसे बड़ा बौद्ध मंदिर माना जाता है। इसका निर्माण आठवीं सदी में हुआ। इस पर बुद्ध के 436 चित्र उत्कीर्ण है।" चौथी और पाँचवीं सदी में "बाली" एवं "सुमात्रा" में पूर्णतः भारतीय उपनिवेश स्थापित हो चुके थें। यहाँ के मुख्य राजाओं में अश्व–वर्मन, देव–वर्मन, मूल–वर्मन आदि थे, जिन्होंने भारतीय आदर्शों के अनुसार शासन किया। यहाँ के राज्य **"श्रीविजय"** के रूप में प्रसिद्ध थे। इंडोनेशिया के विभिन्न द्वीपों में ब्राह्मण धर्म और बौद्ध धर्मों की सत्ता पन्द्रहवीं सदी तक बनी रही। बाद में यहाँ मुस्लिम शासन स्थापित हो गया। बावजूद आज भी यहाँ पौराणिक हिन्दू धर्म का प्रभाव विद्यमान है। इंडोनेशिया में रामायण पर आधारित नाटक अब भी दिखाया जाता है।

2. कंबोडिया (कंबोज–चम्पा) : प्राचीन काल में यहाँ "कंबोज" और "चम्पा" दो शक्तिशाली भारतीय राज्य थे। इसके शासक शैव थे। यहाँ के हिन्दु राजाओं ने कंबोज को **"संस्कृत–विद्या का केन्द्र"** बना दिया था। यहाँ से बड़े पैमाने पर संस्कृत के अभिलेख मिले हैं।

सातवीं सदीं में यहाँ ईशान वर्मा प्रसिद्ध राजा थे, जिन्होंने "कम्बुज" (कंवोडिया) में अनेक आश्रम बनवाये थे। इनमें संन्यासी रहते थे और शैव–वैष्णव धर्मों का प्रचार–प्रसार करते थे। राजा ईशान वर्मा के समय ही शिव व विष्णु की सम्मिलित मूर्तियां बनायी गई। भारतीय राजाओं के शासन काल में कंबोडिया में वेद, पुराण, रामायण, महाभारत आदि का उसी प्रकार अध्ययन– अध्यापन होता था, जैसा कि भारत में होता था। वहाँ भारतीय धर्म व संस्कृति का इतना प्रभाव था कि "अंकोरवाट" का विशाल हिन्दू मंदिर बना, जो बोरोबुदुर के मंदिर से भी बड़ा है। यह संसार के उत्कृष्टतम कला कृतियों में से एक है। इस मंदिर की दीवारों पर रामायण और महाभारत की कहानियां उमड़ी हुई है। यह वहाँ भारतीय धर्म व संस्कृति के उदय व उत्थान के उत्तम उदाहरण हैं।

3. थाईलैण्ड (सियाम) : थाईलैण्ड को प्राचीन काल में सियाम कहा जाता था। सियाम में हिन्दू राज्य की स्थापना प्राचीन काल में ही हो गया था। पांचवी छठी सदी में यहाँ के राजा "शैव" थे।

यह भी सुखद आश्चर्य है कि यहाँ के हिन्दू राज्य को द्वारवती तथा राजधानी को "अयोध्या" कहा जाता था। यह स्थान अब भी "अयुदिया" कहलाती है। बारहवीं–तेरहवीं सदी में थाई नामक जाति ने सियाम में प्रवेश किया और उसे जीतकर अपने अधीन कर लिया। थाई लोगों की प्रधानता के कारण बाद में इसका नाम "थाईलैण्ड" ही हो गया। यह भी कम आश्चर्य की बात नहीं है कि थाई लोग मूलतः चाईनिज थे और

विजेता भी। लेकिन इन्होंने सिआम के हिन्दू राज्य में आकर इसको नष्ट नहीं किया, बल्कि खुद हिन्दू धर्म व संस्कृति को ही अपना लिया। इस संबंध में सत्यकेतु विद्यालंकार लिखते हैं ''राजनीतिक दृष्टि से यद्यपि थाई लोग विजेता थे, पर सिआम में आकर उन्होंने प्राचीन भारतीय सभ्यता और धर्म को स्वीकार कर लिया था।''

थाईलैण्ड का सिआम हिन्दू धर्म–संस्कृति के साथ–साथ बौद्ध धर्म का भी केन्द्र था। बौद्ध धर्म वहाँ भारत से ही पहुँचा था। थाईलैण्ड में मिला ''बुद्ध का मुण्ड'' दक्षिण पूर्व एशिया और भारतीय कला के उत्कृष्टतम उदाहरण है।

4. मलाया : मलाया देश के प्राचीनता के संबंध में जानकारी हमें चीनी साहित्य से मिलती है। चीनी लेखकों के अनुसार यहाँ प्राचीन राज्य ''लंग किया सु'' था, जिसकी स्थापना दूसरी सदी ई0 पूर्व में हुई थी। चीनी नाम से विदित होता है कि इस पर चीन का प्रभाव था। लेकिन छठी सदी के आरंभ में यहाँ का राजा भारतीय था। उस राजा का नाम ''भागदन्त'' था और उन्होंने ''आदित्य'' नाम के राजदूत को चीन भेजा था।

चीनी साहित्य के अलावा पुरातात्विक साक्ष्यों से भी मलाया के ऐतिहासिकता की जानकारी होती है। मलाया के गुनाग पर्वत के निकट ''विशाल हिन्दू मंदिर'' के अवशेष है। इससे भी प्रतीत होता है कि यहाँ भारतीय संस्कृति फैली हुयी थी।

इसी तरह यहाँ बौद्ध विहार के अवशेष भी मिले है। मंदिर और बौद्ध मठों के निकट संस्कृत के बहुत से शिलालेख मिले है। ये शिलालेख पांचवी सदी के है। श्री विष्णु वर्मन नामक भारतीय राजा की मुद्राएं भी मिले हैं। मलाया में भारतीय धर्म–संस्कृति के फैलाव के संबंध में सत्यकेतु विद्यालंकार लिखते है– ''प्राचीन स्तुपो, स्तम्भों और अन्य प्रकार की इमारतों के भी बहुत से अवशेष मलाया में मिले है, जिनसे इस बात में कोई संदेह नहीं रह जाता, कि कंबोडिया, जावा, सुमात्रा आदि के समान यह देश भी प्राचीन समय में भारत का उपनिवेश था और यहाँ भी भारतीय सभ्यता और संस्कृति भली–भांति स्थापित थी।'' मलक्का, मलाया का हीं सबसे महत्वपूर्ण बंदरगाह था। प्राचीन काल में मलाया आर्थिक रूप से मजबुत रहा होगा। लेकिन चौदहवीं सदी आते–आते वहाँ के हिन्दु और बौद्ध धर्म क्षीण हो चुके थे। फलतः यहाँ भी इस्लाम का शासन स्थापित हो गया।

5. म्यानमार (बरमा) : प्राचीन अनुश्रुति के अनुसार यहाँ भी भारतीय उपनिवेश थे। यहाँ का प्रथम राजा ''वाराणसी'' से आया था। उन्होंने यहाँ

''सभावती द्वीप'' को बसाया था। बौद्ध साहित्य के अनुसार सम्राट अशोक के समय बौद्ध धर्म का प्रचार–प्रसार विदेशों में किया गया था, उसी समय यहाँ भी प्रचार–प्रसार हुआ। अनेक बौद्ध भिक्षु बरमा भेजे गये थे। इससे श्रीलंका की तरह यहाँ भी बौद्ध धर्म स्थाई रूप से स्थापित हुआ। कुछ विद्वानों के अनुसार बरमा के बहुत से निवासी शैव धर्म के अनुयायी भी थे। लेकिन धीरे–धीरे बरमा के भारतीय उपनिवेशों के प्रायः सभी निवासी बौद्ध हो गये।

बरमा (वर्मा) के पेगु और मोलमेन ''सुवर्ण–भूमि'' कहलाते थे। यह साबित करता है कि यह क्षेत्र भी व्यापार के लिए प्रसिद्ध था। धन–धान्य से भरे होने के कारण इसकी तुलना ''सोने के भूमि से की जाने लगी, जैसा कि इंडोनेशिया (जावा) को स्वर्ण द्वीप (सोने के द्वीप) कहा जाता था। भड़ौच, वाराणसी और भागलपुर के व्यापारी बरमा के साथ व्यापार करते थे और खुब धन अर्जन करते थे। भारतीय व्यापारी के साथ बौद्ध संस्कृति का विकास गुप्तकाल तक यहॉ होता रहा। रामशरण शर्मा के अनुसार ''वर्मा में गुप्त काल के काफी संख्या में बौद्ध अवशेष मिले है''। उपर्युक्त वर्णन से स्पष्ट है कि आर्थिक पक्ष के साथ धार्मिक पक्ष, खासकर भारतीय बौद्ध धर्म का व्यापक प्रभाव म्यांनमार (वरमा) पर था। यही कारण है कि इस महत्वपूर्ण भारतीय संस्कृति की पताका वहां आज भी फहरा रही है।

निष्कर्ष :– अंत में कहा जा सकता है कि प्राचीन काल में भारतीय धर्म संस्कृति का व्यापक प्रभाव दक्षिण पूर्व एशिया के अनेक देशों पर था। वहाँ ब्राह्मण तथा बौद्ध धर्म व संस्कृति को पहुँचाने का श्रेय कई कारकों का है। यह कार्य ब्राह्मण–विद्वानों के प्रयास, राजाओं के योगदान, बौद्धों के मेहनत तथा सबसे अधिक व्यापारियों के कार्यों का नतीजा था। इतिहासकारों के अनुसार यह धर्माकांक्षी, विजयाकांक्षी तथा व्यापारियों की देन है। सबके श्रम से भारतीय धर्म दूर–दराज के देशों में ''समुद्र पार कर'' पहुँचा और स्थापित हुआ। उस काल का सांस्कृतिक प्रभाव आज भी वहाँ दिखाई देता है। ये उपलब्धियाँ भारतीयों के लिए गर्व व गौरव से परिपूर्ण है।

संदर्भ सूची :

1. शर्मा, रामशरण प्राचीन भारत, अनुवाद—गुणाकर मूले नई दिल्ली, 2016
2. सरदेसाई डी० आर० दक्षिण पूर्व एशियाः भूतकाल एवं आधुनिक काल का विकास, नई दिल्ली 1981
3. विद्यालंकार, सत्यकेतु दक्षिण पूर्वी और दक्षिणी एशिया में भारतीय संस्कृति, श्री सरस्वती सदन, नई दिल्ली 2019
4. वर्मा, दीनानाथ, एशिया का आधुनिक इतिहास, भारती भवन, पटना, 1987
5. नीलकंठ शास्त्री आस्पेक्ट आफ इण्डियन हिस्ट्री आफ कल्चर, दिल्ली, 1974
6. कविराज, डॉ० गोपीनाथ प्रधान संपादक, संस्कृतिः आदित्य नाथ झा, अभिनंदन ग्रंथ, दिल्ली 1969

असिसटेंट प्रोफेसर,
(इतिहास विभाग)
हरिराम कालेज, मैरवा (सीवान)
जय प्रकाश विश्वविद्यालय, छपरा

भारतीय संस्कृति का दक्षिण पूर्व एशिया के स्थापत्य एवं मूर्तिकला पर प्रभाव

सरिता कुमारी

प्रस्तावना

दक्षिण पूर्व एशिया अर्थात मलेशिया, इंडोनेशिया, वियतनाम, कम्बोडिया, म्यांमार, लाओस, फिलिप्पीन आदि देशों के साथ भारत का व्यापारिक और सांस्कृतिक संबंध प्राचीनकाल से ही चला आ रहा है। ऐतिहासिक दृष्टि से काफी उपेक्षित रहा यह इलाका अनुकूल परिस्थितियों के बीच भारतीय सभ्यता के साये में फला फूला। भारत के निवासियों ने वहां बगैर किसी स्वदेशी मान्यताओं को नष्ट किए बिना कला, साहित्य और स्थापत्य कला पर अपना गहरा प्रभाव डाला। आज भी वहां के नगर निर्माण, स्थापत्य कला तथा मूर्तिकला में भारतीयों का प्रभाव दिखता है। इन देशों से न केवल भारतीय राजाओं के शिलालेख बल्कि भारतीय व्यापारियों द्वारा उत्कीर्ण कराये गए लेख भी मिले हैं। अनेक भारतीय राजाओं ने वहां अपना उपनिवेश स्थापित किये। जिसके परिणाम स्वरूप वहां की भाषा, धर्म, कला, शासनविधि आदि में भारतीय संस्कृति की झलक दिखती है।

इन क्षेत्रों से पर्याप्त मात्रा में हिन्दू मंदिर, बौद्ध बिहार, स्तूप, चैत्य, मठ के साक्ष्य मिले हैं। जिनमें **कम्बोडिया के अंकोरवाट का मंदिर, म्यामांर, बर्मा के आनंद विहार, इंडोनेशिया, जावाद्वीप के बोरोबुदूर स्तूप, प्रम्बानन त्रिमूर्ति मंदिर, चंपा का मीसोन, नाथ्लौंग क्योंग मंदिर, नानापाया मंदिर, जावा का चण्डी कलसन का प्राचीन मंदिर, दिएंग का चंडी भीम मंदिर, चंडी सरी मंदिर, चंडी सेबू, लर जोग्रंग के मंदिर और पोनगर मंदिर** आदि शामिल हैं। इनमें भारतीय गुप्त, पल्लव, चोल और चालुक्य कला शैली का अनुकरण किया गया है। दक्षिण पूर्व एशिया की स्थापत्य कला तथा मूर्तिकला का न सिर्फ विषयवस्तु केवल भारतीय है बल्कि निर्माण शैली और निर्माण सामग्री के अवयव भी भारतीय अनुकरण के प्रतीत होते हैं। दक्षिण भारत के मंदिरों की तरह दक्षिण पूर्व एशिया के पुराने संरचनाओं में तोरण द्वार आज मिलते हैं। वहां के लोगों के रहन–सहन को भी भारतीयों ने प्रभावित किया।

भारत और दक्षिण पूर्व एशिया के बीच व्यापारिक संबंध के पुरातात्विक प्रमाण पांच सौ ईसा0 पू0 से मिलते है। थाइलैंड के यूथंग, क्रबी और मलेशिया के कुआला शेलिनसिंग में हुए उत्खनन से हमें इस

काल के भारत निर्मित तथा तराशे गए कार्नेलियन के मनके मिले हैं।1 द्वितीय शताब्दी तक भारतीयों का इन देशों के साथ घनिष्ठ व्यापारिक और सांस्कृतिक संबंध था। भौगोलिक निकटता, बहुमूल्य खनिज पदार्थ तथा गरम मसाले जैसी वस्तुओं की उपलब्धता की वजह से व्यापारियों का ध्यान इस ओर आकृष्ट हुआ था। भारत से वहां पहुंचे व्यापारी अपनी संस्कृति के साथ इन देशों में बौद्ध और हिन्दू धर्म को भी लेकर गए। प्रसिद्ध चीनी यात्री फाह्यान भारत से लौटते वक्त 414 ई0 में जावा (इंडोनेशिया) पहुंचा था। वे जिस जहाज पर सवार थे उसमें दो सौ भारतीय व्यापारी भी शामिल थे। फाह्यान लिखते हैं कि जावा में शैव और वैष्णव धर्म काफी लोकप्रिय था।2

टॉलेमी ने दूसरी शताब्दी में जावा, सुमात्रा और मलय प्रायद्वीप के प्रधान व्यापारिक केंद्रों का वर्णन किया है। इसके अलावा रामायण, दि पेरिप्लस आफ दि एरिथ्रियन सी, बौद्ध ग्रंथों, जातक कथाओं तथा कथासरित्सागर में भी इसकी विस्तृत जानकारी मिलती है। जिनमें व्यापारियों के सुर्वणभूमि (म्यामांर) जाने के क्रम में समुद्री यात्रा की विवरण मिलता है।3 धर्म प्रचार के लिए इस इलाके में जाने की शुरुआत मौर्य सम्राट अशोक ने किया था। महावंश में उल्लेखित अनुश्रुति के मुताबिक सम्राट अशोक के समय सोण और उत्तर नामक स्थविर सुर्वणभूमि धर्म प्रचार के लिए गए थे। दक्षिण पूर्व एशिया में न केवल बौद्ध बल्कि शैव और वैष्णव धर्म प्रचारक भी अपने–अपने धर्म प्रचार के लिए गए थे। वहां के स्थानीय लोगों इन धर्म प्रचारकों का स्वागत किया था तथा इनके अनुयायी भी बने थे। जिसके परिणाम स्वरूप इन देशों में कई बौद्ध, शैव तथा वैष्णव मंदिरों का निर्माण हुआ। जिसका अवशेष वर्तमान में भी मिलते हैं। प्रसिद्ध इतिहासकार रामशरण शर्मा लिखते हैं कि दक्षिण पूर्व एशिया में भारतीय संस्कृति फैली लेकिन यह बौद्ध के कारण नहीं बल्कि शैव और वैष्णव धर्म की वजह से थी। वह आगे लिखते हैं कि ''ये सोचना गलत होगा कि इन देशों में अकेले धर्म ने भारतीय संस्कृति के प्रसार में अपना योगदान दिया। दक्षिण पूर्व एशिया के देशों में धर्म प्रचारकों के लिए व्यापारियों और विजेताओं का पूर्ण समर्थन प्राप्त था। व्यापार ने स्पष्ट रूप से दक्षिण पूर्व एशिया के साथ भारत के संबंधों को स्थापित करने में अपनी महत्वपूर्ण भूमिका निभाई थी।4

प्राचीन काल में इन देशों में हिन्दू धर्म ने अनेक साम्राज्य और सभ्यताओं को जन्म दिया। इसमें वियतनाम के दक्षिणी हिस्से में चंपा सभ्यता, कंबोडिया में फुनान साम्राज्य, इंडो चीन में खमेर साम्राज्य, लंका सुका राज्य, मलय प्रायद्वीप में गंगा नेगर और पुराना केड्डा राज्य, सुम्राता

में श्री विजय राज्य, जावा, बाली, फिलीपींस द्वीप समूह में सिघसारी राज्य एवं मजपहित साम्राज्य प्रमुख है। इन राज्यों के लोगों की भाषाओं, लिपियों, पंचागों और कलात्मक अभिरूचियों में भारतीय सभ्यता का स्पष्ट प्रभाव दिखता है।5

स्थापत्य एवं मूर्तिकला पर प्रभाव

भारतीय कला तथा संस्कृति का प्रभाव कम्बुज(कंबोडिया), म्यामांर तथा जावा (इंडोनेशिया) के लोगों पर विशेष रूप से दिखता है। जहां स्थापत्य कला का महत्व भारतीय नमूनों से भी बढ़कर समझी गई है। इन देशों में कई ऐसे मंदिर हैं जो दक्षिण और उत्तर भारत के मंदिरों के वास्तुकला से मेल खाते हैं।

कंबोडिया : कंबोडिया के अंकोरवाट मंदिर की योजना अनोखी है। यह विष्णु मंदिर है जो कई मंजिलों में बना हुआ है। इसमें कई गुंबद बने हैं। कंबोडिया के इस मंदिर का गुंबद दो सौ तेरह फुट ऊंचा है।6 इस मंदिर के दीवारों में प्राचीन कथाओं तथा भारतीय संस्कृति के प्रसंग को आकर्षक तरीके से दर्शाया गया है। देव–असुर संग्राम, राक्षसों का युद्ध, समुद्र मंथन, कुरूक्षेत्र, मारीच वध, बाली–सुग्रीव युद्ध, अशोक बाटिका में हनुमान का प्रवेश, लंका संघर्ष तथा पुष्पक विमान में प्रभु राम की यात्रा आदि का दृश्य बहुत ही बारीकी से इसमें उकेरे गए हैं।7 कंबोडिया के सिमरिप शहर में स्थित यह मंदिर संसार का सबसे बड़ा हिन्दू मंदिर है। जिसकी स्थापना खमेर राजा सूर्यवर्मन द्वितीय ने किया था। इस मंदिर के चारों तरफ गहरी खाई है। पश्चिम दिशा की और इस मंदिर पर पुल बना हुआ है। जिसके माध्यम से मंदिर में प्रवेश किया जाता है। इस मंदिर में गोपुरम (मंदिरों में हिन्दू द्रविड़ शैली की विशेषता) बना हुआ, जो कांची के मंदिर से मिलता–जुलता है।8 ऐसे देखा जाए तो अंकोरवाट मंदिर में दक्षिण भारतीय मंदिरों की झलक स्पष्ट रूप से मिलती है। इस विशाल मंदिर को न केवल कंबोडिया के राष्ट्रध्वज में शामिल किया गया है बल्कि ये यूनेस्को के विश्व धरोहरों में एक है। कंबोडिया में शैव और वैष्णव धर्म मानने वाले काफी लोग थे। वहां के शासक वैदिक परंपरा मानने वाले थे। वर्तमान में भी कंबोडिया में अधिकतर मंदिर हिन्दू देवी–देवताओं के हैं। इनमें शिव तथा विष्णु के मंदिर अधिक संख्या में मिलते हैं।

इंडोनेशिया : यह आश्चर्यजनक है कि बौद्ध धर्म का गढ़ रहे भारत में सबसे विशाल बौद्ध मंदिर न होकर जावा (इंडोनेशिया) के बोरोबुदर में है। विश्व का सबसे बड़ा इस मंदिर का निर्माण आठवीं शताब्दी में शैलेंद्र शासकों ने कराया था। इंडोनेशिया के शैलेंद्र शासक बौद्ध धर्म के

अनुयायी थे। उसका राजनीतिक संबंध भारत के पाल एवं चोल शासकों के साथ था। शैलेंद्र शासकों ने विहार के नालंदा तथा नागपट्टम में बौद्ध मठ का निर्माण कराया था। जिसमें भारतीय शासकों ने उन्हें सहायता की थी। वह कला प्रेमी के साथ निर्माणकर्ता भी थे। बोरोबुदर का मंदिर उनकी शक्ति और वैभव को दर्शाता है।9 इस मंदिर को देखने के लिए विश्व भर के लोग यहां आते हैं। इस पर उकेरे गए बुद्ध के चार सौ छत्तीस चित्र उनके पूरे जीवन को दर्शाते हैं।10 यह विशाल बौद्ध मंदिर एक पहाड़ी के चोटी पर बना है। मंदिर से नीचे का नजारा काफी सुंदर है। यहां से हरे भरे मैदान तथा उसके चारों और पहाड़ियों का श्रृंखला को देखा जा सकता है, जो लोगों को सुकून देता है। नैसर्गिक सौंदर्य की दृष्टि से यह जगह जितनी मनोरम है, भारतीय वास्तुकला ने इसमें चार चांद लगाने की कोई कसर नहीं छोड़ी है। इस स्तूप का निर्माण नौ पत्थर के चबूतरे को मिलाकर किया गया है। जिनमें प्रत्येक ऊपरी चबूतरा नीचे वाले चबूतरों की तुलना में छोटा है। सबसे ऊपर वाले चबूतरे के ऊपर घंटाकार चैत्य का निर्माण कराया गया है।11 जिसमें गुप्तकालीन स्थापत्य शैली की झलक दिखती है। यहां सैकड़ों की संख्या में बुद्ध की प्रतिमा मौजूद थी लेकिन अधिकतर रखरखाव की कमी की वजह से क्षतिग्रस्त हो चुकी है।

इंडोनेशिया के जावा द्वीप के योग्यकर्ता शहर के समीप प्रबांनन मंदिर है। जिसकी स्थापना नौवीं सदी में की गई थी। यह मंदिर त्रिमूर्ति को समर्पित है, जिसमें संसार के रचयिता ब्रह्मा, पालनकर्ता विष्णु तथा विनाशकर्ता शिव के स्वरूप को दर्शाया गया है। मूलतः इस मंदिर के परिसर में 240 अन्य मंदिरें हैं, जो ब्रह्म, विष्णु और शिव के वाहन हंस, गरुड़ और नंदी, दुर्गा, गणेश आदि देवी देवताओं से संबंधित हैं।12 मध्य जावा स्थित दिएंग के पठार पर यहां अति प्राचीन मंदिर पाए जाते हैं, जिनका निर्माण काल सातवीं–आठवीं सदी मानी जाती है। इन मंदिरों को पांडव मंदिर के नाम से भी जाना जाता है। इन मंदिरों की संख्या आठ हैं।13 जावा के अन्य प्रसिद्ध बौद्ध मंदिरों में चंडीसेवी (सहस्त्र मंदिर) जो चार श्रेणियों में 246 छोटे मंदिरों के समूहों से घिरा हुआ है एवं चंडी प्लाओ सोन जहां तारा और पद्मिनी की कलात्मक प्रतिमाएं मिलती है, प्रसिद्ध है।14 जावा के समीप बाली द्वीप के लोग हिन्दू धर्म के मानने वाले थे, जो विभिन्न देवी–देवताओं की प्रतिमाओं की पूजा करते थे। वर्तमान में भी वैदिक देवता वरुण के तीन मंदिर वहां अवस्थित हैं। यहां के अनेक हिन्दू मंदिरों तथा वहां की संस्कृति में देवी देवताओं की पूजा प्रथाओं को देख यह अनुमान लगाया जा सकता है कि इन द्वीपों पर कभी भारतीय संस्कृति एवं राजनीतिक उपनिवेश रहा होगा।15

थाइलैंड : थाइलैंड (स्याम) में कुछ बौद्ध मंदिर और उसमें स्थापित अमरावती कला की बुद्ध प्रतिमाओं के अवशेष मिले हैं, जैसे थाइलैंड की राजधानी बैंकॉक में 380 फुट विशाल बौद्ध स्तूप गुप्तकालीन स्थापत्य की पहचान करता है। लैम्पून नामक शहर से ईंटों का बना हुआ एक वर्गाकार पांच मंजिला बौद्ध स्तूप है। इसके दोनों तरफ बुद्ध की 60 खड़ी प्रतिमाएं आज भी विद्यमान है। लेबपुरी से भी बुद्ध के प्रतीक हरिण तथा धर्मचक्रप्रवर्तन मुद्रा में बुद्ध की प्रतिमा तथा पांच खंडों में निर्मित बुद्ध की एक 25 फुट उच्ची विशाल प्रतिमाएं मिली है।16 बैकॉक के हिन्दू मंदिरों में श्री महा अरिअम्मन मंदिर प्रमुख है। इसे 'वाट खाक' मंदिर या उमा देवी मंदिर के रूप में जाना जाता है। भारतीय कला संस्कृति को केंद्रित कर बना यह मंदिर दक्षिण भारतीय वास्तुकला पर आधारित है।

बर्मा : बर्मा के प्राचीन काल के शासकों ने जिन स्तूपों, विहारों और मंदिरों का निर्माण कराया था वह पूरी तरह भारतीय वास्तुकला के मुताबिक निर्मित थे। यहां अनेकों बौद्ध स्तूपों के अवशेष मिले हैं, जिसमें आनंद पैगोड़ा अधिक प्रसिद्ध, भव्य और विशाल भवन है। इस विशाल बौद्ध मठ के प्रत्येक पार्श्व की लंबाई 175 फीट है। जिसके चारों और 564 फीट लंबा चौड़ा आंगन है। मठ के बीचों बीच आठ फीट ऊंचे सिंहासन पर बुद्ध की 31 फीट लंबाई वाली प्रतिमा स्थापित की गई है। मठ के दीवारों पर बुद्ध के जीवन से जुड़ी घटनाओं का उल्लेख किया गया है। इस मंदिर के स्थापत्य कला के बारे एक फ्रांसीसी विद्वान का कहना है कि–''इसमें कोई संदेह नहीं कि जिन वस्तु शिल्पियों ने आनंद मठ का निर्माण किया था, वे भारतीय ही थे। शिखर से लेकर मठ के आधार तक इस विहार में जो कुछ मौजूद है, सभी भारतीय है। इसके गलियारों में पत्थर की जो मूर्तियां है और इसकी दीवारों तथा ढलानों पर मिट्टी की जो रूपावलियाँ हैं, सब पर भारत की प्रतिमा तथा शिल्प की छाप स्पष्ट रूप से विद्यमान है। इस आनंद मठ का निर्माण बर्मा में हुआ था पर इसे भारतीय विहार ही माना जा सकता है।''17

बर्मा की पुरानी राजधानी यांगुन (रंगून) में श्वेदागोन 'पैगोड़ा' है, जिसे 'गोल्डेन पैगोड़ा' भी कहा जाता है। जिस पर सोने का पानी चढ़ा हुआ बौद्ध स्तूप है। राजा अनिरुद्ध द्वारा निर्मित इस स्तूप के चारों और तीस मंदिरें स्थापित किए गए हैं। श्वेदागोन के महास्तूप तथा इनके समीप के स्तूप का निर्माण भारतीय वस्तुकला के अनुसार किया गया है।18

बर्मा के यांगून शहर में ही श्री काली मंदिर है, जिसका निर्माण 10वीं शताब्दी में तमिल प्रवासियों ने किया था। यह मंदिर अपनी रंगीन

वस्तुकला, विशेष इसकी छत के लिए विश्वविख्यात है। जिसमें कई हिन्दू देवी–देवताओं की प्रतिमाओं की नक्काशी की गई है। यह मंदिर मदुरै के मीनाक्षी मंदिर का स्मरण दिलाता है। बर्मा के बागान क्षेत्र में एक बौद्ध मंदिर है, जिसे महाबोधि मंदिर कहा जाता है, जो बौद्ध गया के महाबोधि मंदिर का प्रतिरूप है। इसके अलावा यहां के मंदिरों में मनुहा मंदिर, नानपाया मंदिर आदि प्रमुख है।

वियतनाम : प्राचीन काल में वियतनाम के दक्षिण भाग को चंपा नामक नगर के नाम से जाना जाता था। जहां दूसरी शताब्दी में भारतीय हिन्दू राज्य की सत्ता थी। चंपा के प्रथम भारतीय राजा श्रीमार थे। चंपा की भाषा संस्कृत थी और राजाओं के नाम भी भारतीय थे। इन राजाओं द्वारा शिलालेखों में खुदाई कराए गए संस्कृत भाषाओं के अनेक लेख दक्षिणी वियतनाम में आज भी मिलते हैं। चंपा के राजाओं में भद्रवर्मन सर्वाधिक श्रेष्ठ था जो वेदों का ज्ञाता था। भद्रवर्मा ने माइसोन में भद्रेश्वर स्वामी का विशाल शैव मंदिर का निर्माण कराया था। यह मंदिर बाद में चंपा के धर्म और संस्कृति का महान केंद्र बन गया था। इसकी कृति पूरे दक्षिण पूर्वी एशिया में फैली हुई थी।19 इसके अलावा शक्ति, गणेश, कार्तिकेय, नंदी, कृष्ण, राम, विष्णृ लक्ष्मी ब्रह्म, चंद्र, यम, सूर्य सहित अन्य देवी देवाओं के भी मंदिर मिले।

मलेशिया : मलाया(मलेशिया) में गुनांग जरई पर्वत की उपत्यका में एक विशाल हिन्दू मंदिर का खंडहर अभी मौजूद है। इसके समीप ही एक बौद्ध मंदिर का अवशेष मिला है। इन स्थानों पर संस्कृत के अनेक शिलालेख मिले हैं जो पांचवी सदी के हैं। प्राचीन स्तूप, स्तम्भ तथा अन्य प्रकार की इमारतों के भी अवशेष यहां मिले हैं। जिसे भारतीय सभ्यता एवं संस्कृति की झलक स्पष्ट रूप से दिखती है।20 मलेशिया की राजधानी कुआलालम्पूर के गौम्बैक जिले में श्री सुब्रमण्यम स्वामी का मंदिर है, जिसे 'मुरुगन' मंदिर भी कहा जाता है। यह एक हिन्दू मंदिर है जो भगवान मुरुगन(कार्तिकेय) को समर्पित है। यहां भगवान मुरुगन के 140 फूट ऊंची प्रतिमा है। इसके अलावा फिलिपिंस और लाओस में भी भारतीय स्थापत्य कला की छाप दिखती है।

निष्कर्ष : उपर्युक्त वर्णनों के अनुसार हम कह सकते हैं कि प्राचीन काल से ही कला एवं संस्कृति का दक्षिण पूर्व एशिया के सभ्यताओं पर गहरा प्रभाव रहा है। इन देशों में विद्यमान विहारों, स्तूपों, मठों, मंदिरों तथा विद्यापीठों पर प्रभाव पड़ा। मूर्तिकला को देख यह कहा जा सकता है कि उनकों समृद्ध तथा विकसित करने में भारतीयों का बहुत बड़ा योगदान रहा है। यहां के मूर्तियों के अंकन में भारतीयता की स्पष्ट झलक दिखती

है। इन देशों में जहां कंबोडिया, जावा, सुमात्रा आदि में हिन्दू धर्म की प्रधानता थी और शिव, विष्णु, ब्रह्मा, शक्ति, कार्तिकेय, दुर्गा, लक्ष्मी, नंदी, सूर्य, चंद्र गरुड़, यम आदि देवी–देवताओं की प्रमुखता थी। वहीं बर्मा, थाइलैंड देशों में बौद्ध धर्म का विशेष महत्व था। भारतीय धर्मों तथा संस्कृति का प्रभाव इन देशों में आज भी देखा जा सकता है। वियतनाम, बर्मा, थाइलैंड आदि देशों में लोगों का धर्म अभी भी बौद्ध है। ये लोग भारत को अपनी धर्म भूमि मानते हैं। वहीं मलेशिया और इंडोनेशिया के लोग समय के साथ मुस्लिम धर्मावलंबी हो गए लेकिन भाषा, संस्कृति और कला पर भारत की गहरी छाप है। जावा एवं बाली द्वीपों में हिन्दू धर्म आज भी किसी न किसी रूप में पाया जाता है। आज भी वहां रामायण तथा महाभारत काफी लोकप्रिय है। अतः प्राचीन काल में जो भारतीय संस्कृति यहां तक पहुंची वह किसी ने किसी रूप में आज भी विद्यमान है।

संदर्भ ग्रंथ

1. सिंह उपपिन्द्र,, प्राचीन एवं पूर्व मध्यकालीन भारत का इतिहास, पियरसन पब्लिकेशन, नई दिल्ली, 2017 पृष्ठ संख्या 442

2. माथुर जैन, आधुनिक विश्व इतिहास, जैन प्रकाशन, जयपुर, 2016, पृष्ठ संख्या 414

3. पाठक सुशील माधव, विश्व का प्राचीन सभ्यताओं का इतिहास, बिहार हिन्दी ग्रंथ अकादमी, पटना, 2014, पृष्ठ संख्या 465

4. शर्मा आर0 एस0, भारत का प्राचीन इतिहास, ऑक्सफोर्ड यूनिवर्सिटी प्रेस, नई दिल्ली, 2018, पृष्ठ संख्या 268

5. कुमार रवि,, इंडोनेशिया में हिन्दू पुनरुत्थान, प्रभात प्रकाशन, नई दिल्ली, 2020 पृष्ठ संख्या 21

6. पाठक सुशील माधव, पूर्वोक्त, पृष्ठ संख्या 467

7. उपाध्याय वासुदेव,, प्राचीन भारतीय स्तूप, गुहा एवं मंदिर, बिहार हिन्दी ग्रंथ अकादमी, पटना, 1972 पृष्ठ 322

8. वहीं, पृष्ठ संख्या 322

9. मजूमदार आर0सी0, प्राचीन भारत, मोतीलाल बनारसीदास पब्लिशर्स, दिल्ली, 2019 पृष्ठ संख्या 423

10. शर्मा आर0एस0, पूर्वोक्त, पृष्ठ 269

11. विद्यालंकार सत्यकेतु,, दक्षिण पूर्वी और दक्षिण एशिया में भारतीय संस्कृति, श्री सरस्वती सदन, नई दिल्ली, 1991 पृष्ठ संख्या 109

12. कुमार रवि, पूर्वोक्त, पृष्ठ संख्या 26
13. कुमार प्रशांत, सिंह गौरव, दक्षिण पूर्व एशिया में प्राचीन भारत के सांस्कृतिक साम्राज्य का समीक्षात्मक अध्ययन, अपनी माटी पत्रिका 2021
14. मुखर्जी राधाकुमुद, राजकमल प्रकाशन, दिल्ली, 1962, पृष्ठ संख्या 184
15. वहीं, पृष्ठ 184
16. मिश्र गिरजाशंकर प्रसाद,, प्राचीन भारत का इतिहास, जयपुर पब्लिशिंग हाउस,जयपुर, 1996 पृष्ठ संख्या 322
17. विद्यालंकार सत्यकेतु, पूर्वोक्त पृष्ठ 298
18. वहीं पृष्ठ 298
19. विद्यालंकार सत्यकेतु, एशिया का आधुनिक इतिहास, सरस्वती सदन मसूरी, 2015 पृष्ठ 279
20. वहीं, पृष्ठ संख्या 300

शोधार्थी, इतिहास विभाग
विनोबा भावे विश्वविद्यालय, हजारीबाग,
झारखंड़
email : ojhasarita03@gmail.com

मध्यकालीन भारत में विदेशी व्यापार : दक्षिण पूर्व एशिया के साथ संबंधो का पुनःपरीक्षण

डॉ. प्रवीण कुमार झा

प्राचीन काल में ही नहीं बल्कि मध्यकालीन भारतीय समाज में भी भिन्न–भिन्न व्यापार–व्यवसाय का प्रचलन रहा है। हमारे देश के व्यापारिक संबंध दीर्घकाल से दक्षिण पश्चिमी यूरोप, मध्य एषिया, सुदूर पुर्वी देशों, दक्षिण पूर्वी एशिया आदि देशों के साथ रहे हैं। सभी युगों में व्यापार–वाणिज्य राष्ट्रीय और अंतर्राष्ट्रीय स्तरों पर फलते–फूलते रहे हैं। यद्यपि कभी–कभार राजनीतिक परिस्थितियों ने विदेशी व्यापारिक गतिविधियों को प्रभावित किया है, तथापि इस युग में अनेकों शासकों ने आर्थिक पक्ष को मजबूत रखने के लिए उच्च व्यापारिक लक्ष्य को प्राप्त करके एवं सुदृढ़ रखने का निरंतर प्रयास भी किया है। यूरोप, अफ्रीका, मध्य एशिया तथा सुदूर पूर्व (चीन, जापान और कोरिया) के समान दक्षिण–पूर्वी एशिया भी भारत के सांस्कृतिक साम्राज्य का महत्वपूर्ण क्षेत्र होने के साथ–साथ व्यापारिक दृष्टि से भी महत्वपूर्ण था।

प्राचीन काल में भारतीय, दक्षिण–पूर्व एशिया के अनेक देशों से परिचित थे[1] और भारतीय इन्हे सुवर्ण भूमि[2] और सुवर्णद्वीप कहा करते थे, क्योंकि यहाँ व्यापार हेतु आने–जाने के क्रम में अधिकाधिक लाभांश प्राप्त होता था और खानों से सोना भी प्राप्त करते थे। विभिन्न शासकों के काल में व्यापार को समृद्ध बनाने के लिए व्यापारियों की सुरक्षा तथा व्यापारिक मार्गो के विकास हेतु सभी आवश्यक कदम उठाये गए जिससे व्यापार–व्यवसाय को जबरदस्त प्रोत्साहन प्राप्त हुआ। नगरीकरण, कृषि उत्पादन, मुद्रा व्यवस्था तथा आवश्यक एवं निर्धारित वस्तुओं के उत्पादन ने व्यापार में उत्तरोत्तर वृद्धि की और आर्थिक गतिविधियों को तीव्रतर कर दिया।

व्यापार और व्यापारिक मार्ग :

मध्यकालीन भारत में व्यापार–वाणिज्य की अनुकूल परिस्थितियाँ मौजूद थीं। भारत का आंतरिक व्यापार समृद्ध अवस्था में था, साथ ही साथ व्यापार भी स्थल एवं जल दोनों ही मार्गो से होने के कारण समृद्धशाली होता जा रहा था। लेकिन जल–मार्गों से बाह्य व्यापार सबसे अधिक होता था, कारण यह था कि जल मार्ग अधिक सुविधाजनक थे।

हिन्द महासागर पिछले दो शताब्दियों में सबसे पुराना और सबसे अधिक पारगम्य समुद्री मार्ग रहा है। यह गहन व्यावसायिक गतिविधियों

के केन्द्र के रूप में जाना जाता है। एक जल मार्ग फारस की खाड़ी के बंदरगाहों और दूसरा जल मार्ग लाल सागर के बंदरगाहों को ले जाता था, जहाँ से सामान मिस्र एवं भूमध्य सागर के बंदरगाहों पर पहुँचता था। यहाँ से इतालवी व्यापारियों द्वारा माल की आपूर्ति पश्चिमी यूरोपीय देशों को की जाती थी।[3] इस तरह अंतर्राष्ट्रीय स्तर पर भारत अरब सागर के माध्यम से दक्षिण पष्चिम एषिया और भूमध्यसागर क्षेत्र से एवं बंगाल की खाड़ी के माध्यम से दक्षिण पूर्व एशिया के साथ विशिष्ट रूप से व्यापार करता था। भारतीय माल हरमुज के बंदरगाह द्वारा इराक एवं खुरासान पहुँचता था। लाल सागर के मार्ग पर जद्दा एवं अदन प्रमुख बंदरगाह थे, जहाँ भारतीय व्यापारियों की एक बड़ी बस्ती थी। इसके निकटवर्ती धोफर नामक बन्दरगाह से भारत घोड़ो का आयात करता था। देबल (सिंध) का प्रमुखतम आरंभिक बंदरगाह था परंतु 15वीं सदी के अंत तक निचले सिंध में लहरीबंदर का महत्व बढ़ने लगा। गुजरात का प्रमुख बंदरगाह कैम्बे था। इसके अलावा सूरत तथा रान्देर गुजरात के अन्य बड़े बंदरगाह थे। सूरत का बंदरगाह भारत को फारस की खाड़ी और लाल सागर से जोड़ता था। मछलीपट्टनम और हुगली के बंदरगाहों ने दक्षिण पूर्व एशियाई क्षेत्रों के साथ व्यापारिक संबंधों को पोषित किया। मालाबार एक ओर श्रीलंका, मलक्का एवं मसाला द्वीपों तथा दूसरी ओर फारस की खाड़ी, लाल सागर एवं पूर्वी अफ्रीका से समान दूरी पर स्थित था।[4]

16वीं सदी के आरंभ में थल मार्ग द्वारा भारत का विदेशों से बड़े पैमाने पर होता व्यापार होता था। बाबर कहता है कि हिन्दुस्तान और खुरासान मार्ग के मध्य काबुल और कन्धार में दो बड़े बाजार थे।[5] याहिया के अनुसार, दिल्ली में अनेक खुरासानी व्यापारी रहते थे। इस समृद्धशाली शहर में उनकी भव्य हवेलियाँ हुआ करती थी।[6] अफ्रीका के तट पर बसे हुए अरब के लोगों ने गुजरात और पूर्वी अफ्रीका के मध्य व्यापार को उन्नतशील बनाया। मलक्का, दक्षिण पूर्वी एश्यिा का एक महत्वपूर्ण अंतर्राष्ट्रीय बंदरगाह था, जहाँ कैम्बे, रान्देर, कालीकट, श्रीलंका, कोरोमण्डल, बंगाल एवं थाइलैण्ड के बंदरगाहों से व्यापारिक जहाज आते थे। मलक्का में गुजरात, जावा, एवं उसके समीपवर्ती द्वीपों के नागरिक आकर बस गये थे, जो व्यापारिक गतिविधियों में पूर्णतया भाग लेते थे। अल्बुकर्क के कथनानुसार ''गुजरातियों को अन्य राष्ट्र के नागरिकों की अपेक्षा उस क्षेत्र की जहाजरानी का अच्छा ज्ञान है क्योंकि उनका वहाँ के लोगों से व्यापारिक संबंध था।'' पेगू उस क्षेत्र का एक अन्य बंदरगाह था। मलक्का का एक व्यापारिक केन्द्र के रूप में उदय से पहले चीनी जहाज लाल सागर के प्रवेश द्वार तथा फारस के खाड़ी तक ही जा पाते थे लेकिन 14वीं सदी के बाद केवल कोरोमण्डल तट तक ही जाने लगे।

इसी तरह भारतीय व्यापारिक जहाज भी अब मलक्का में ही रूक जाते थे।[7] फलतः भारतीय सामुद्रिक उद्यम में तीव्र गिरावट होता हुआ भी दिखाई पड़ता है।

सल्तनतकालीन सुल्तानों ने व्यापार के विकास हेतु समय–समय पर उचित प्रयास किए। यद्यपि जल मार्ग द्वारा व्यापार को यातायात की दृष्टि से वरीयता दी जाती थी। खिलजी काल में दिल्ली सल्तनत में गुजरात विजय से सल्तनत और फारस की खाड़ी के और लाल सागर के मध्य व्यापारिक संबंध में इजाफा हुआ था क्योंकी गुजरात इसके मध्य व्यापारिक मार्गो द्वारा जुड़ा हुआ था।[8] हरमुज तथा अदन पर मुसलमानों का वर्चस्व था परंतु मलक्का पर गुजराती व्यापारियों का नियंत्रण था। 16वीं सदी के प्रथम दशक में आने वाला यूरोपीय यात्री टॉम पायर्स कैम्बे (गुजरात) के बारे में एक आश्चर्यजनक सूचना प्रदान करता है कि कैम्बे (खम्भात) अपने दोनों हाथ आगे फैलाता है। अपने दाहिने हाथ से वह अदन पहुँचता है और दूसरे हाथ से मलक्का। पायर्स आगे कहता है की ''मलक्का केम्बे के बिना नही रह सकता और केम्बे मलक्का के बिना नहीं, अगर ये दोनों समृद्धशाली बनना चाहते हैं तो। अगर केम्बे को मलक्का के साथ व्यापार न करने दिया जाए तो इसका अस्तित्व समाप्त हो जायेगा क्योंकि फिर इसके पास आपने माल के आवागमन के लिए कोई अन्य मार्ग नही रह जाएगा।''[9]

इसी बीच वाणिज्यवाद के विकास ने अनेकानेक राष्ट्रों के मध्य व्यापारिक प्रतियोगिता उत्पन्न कर दी, इससे वैश्विक संसाधनों पर अधिकार करने के लिए परस्पर संघर्ष का दौर आरंभ हुआ। मालाबार तट पर 1498 ई0 में प्रसिद्ध तीर्थ यात्री वास्कोडिगामा उत्तमाशा अंतरीप का रास्ता पता करते हुए पहुँचा था[10] और इसके बाद लगभग एक शताब्दी (1500–1600) तक भारतीय व्यापार पर पुर्तगालियों का एकाधिकार रहा।[11] निःसंदेह पुर्तगाली कम्पनी ने समुद्र को राजनीतिक गतिविधि का केन्द्र बनाकर व्यापारिक वर्चस्व के एक नवीन युग का सूत्रपात किया।[12] पुलीकट, कासिमबाजार पटना बेलसर, नागापट्टम तथा कोचीन में उनकी फैक्ट्रियां थीं। अरब व्यापारी जो पहले कभी व्यापार में उनकी अधिक हिस्सेदारी हुआ करती थी अब लगभग–लगभग व्यापार से हटा दिए गए थे। 1603 ई0 में डच (हॉलैण्ड) भी व्यापार में भाग लेने लगे।[13] इसी प्रकार अंग्रेजी एवं फ्रांसीसी व्यापारिक कम्पनियों का भी प्रभाव बढ़ने लगा और बाह्य व्यापार पर वैयक्तिक नियंत्रण के स्थान पर अब विदेशी व्यापारिक कम्पनियों का वर्चस्व स्थापित हो गया।

वस्तुओं का आयात :

भारतीय विदेशी व्यापार की सर्वाधिक महत्वपूर्ण विशेषता बहुमूल्य पदार्थो का संग्रह होना था। यह कोई अस्थिर विशेषता नहीं थी और सर

थॉमस रो का चुटकूला कि एशिया को धनाढ्य करने के लिए यूरोप खून बहाता है– सामयिक यूरोपीय मान्यता का प्रतिनिधित्व करता है। डब्लू0 एच0 मोरलैण्ड के अनुसार भारत में प्रतिपादित कानूनों में सोना और चाँदी का संग्रह मान्य था। यद्यपि इस संग्रह का कारण उस समय प्रतिपादित आर्थिक परिस्थितियाँ थी।[14]

भारतीय सामान की विदेशों में सर्वाधिक मांग थी और इसके बदले हमें मुख्य रूप से सोना प्राप्त होता था। विश्व के भिन्न–भिन्न भाग के व्यापारी अपना सोना देकर यहाँ की वस्तुएँ खरीद कर ले जाते थे।[15] भारत में जिन देशों से आयात किया जाता था उनमें प्रमुख रूप से मध्य एशिया, चीन और तुर्की प्रमुख देश थे। किन्तु कालांतर में इनकी सीमाएँ बढ़ती गई और यह व्यापार यूथोपिया, अफ्रीका, ईरान, मलाया, पेगू, सुमात्रा, मिस्र, सिकन्दरिया तक फैल गया।[16] निश्चित रूप से विदेशी व्यापारियों के लिए भारत एक प्रमुख आकर्षण था। यहाँ उनके वस्तुओं की माँग तथा खपत अधिक होती थी। सल्तनत युग के आरंभ से ही उन्होंने दिल्ली सुल्तानों को प्रभावित करके काफी लाभ प्राप्त किया। इस काल में आयात की प्रमुख वस्तुओं में उच्च वर्ग की विलासिता के प्रसाधनों के अलावा घोड़े, दास, खच्चर इत्यादि थे।[17]

मध्यकालीन भारत में आयात की वस्तुओं में सोना–चाँदी, ताँबा, जस्ता, अफीम, केसर, सिन्दुर, चीनी मिट्टी, सिल्क, कपूर, घोड़े, विलासी वस्तुएँ, संगमरमर, बहुमूल्य पत्थर इत्यादि थे। मुहम्मद बिन तुगलक के शासन काल में राजसी वैभव का सामान सिकन्दरिया से आता था।[18] लोदी शासन में भी बहुत सी वस्तुएँ जैसे– आभूषण, बहुमूल्य मोती, कस्तूरी, केसर, सिन्दूर, इत्र, हथियार के अलावा अन्य विभिन्न धातुएँ आयात की जाती थीं। इनको निर्यात करने वाले देश पेगू, सुमात्रा, सीलोन, चीन आदि थे।[19] आयात की दूसरी वस्तुएँ घोड़े और दास–दासियाँ थे।[20] आयातित वस्तुओं में अरब से अरबी घोड़ो का आयात किया जाता था और इसकी माँग भी अधिक थी। चीन, जापान, मलक्का एवं अफ्रीका से सोने, चाँदी तथा ताँबे का आयात होता था। अफ्रीका से हाथी दाँत एवं लाख का भी आयात होता था। सिन्ध के लाहरी बन्दरगाह पर अरब और फारस से अनेक जहाज आते थे। बोर्नियों से कपूर, पेगू से मूँगा और श्रीलंका से दालचीनी एवं कीमती पत्थर मँगाए जाते थे। अफगानिस्तान से सूखे मेवे, फल, अम्बर, हींग, लाल पत्थर आदि आयात किए जाते थे।[21]

इसके अलावा गर्म कपड़ा जिसे इंगलिश रिकार्डस में 'ब्रॉड क्लॉथ' के नाम से जाना जाता है, इंग्लैण्ड से आता था। परंतु इस कपड़े की अधिक माँग नहीं थी।[22] इण्डोनेशिया भारत को मसाले और कच्चा माल

भेजा करता था। मेकास्कर के चन्दन की लकड़ी का प्रयोग फर्नीचर के रूप में दिल्ली के सुल्तान किया करते थे। कम्बोडिया तथा मलाया की लकड़ी एवं सुमात्रा की लोहबान का प्रयोग दिल्ली दरबार में होता था।[23]

वस्तुओं का निर्यात :

मध्ययुगीन भारत में न केवल वस्तुओं का आयात किया जाता था बल्कि निर्यात के मामले में भी यह देश अग्रणी था। भारत से निर्यात की वस्तुओं में वस्त्र, अनाज, चीनी, तेल, तिलहन, नील, शोरा, कपूर, लौंग, नारियल, सुगंधित पदार्थ, चंदन की लकड़ी, केसर, अफीम, काली मिर्च, मसाले, पारा, औषधि, मोती, पशुओं की खाल इत्यादि थे। यह व्यापार थल मार्ग के साथ–साथ जल मार्गो द्वारा भी होता था। भौगोलिक रूकावटें किसी भी तरह से बाह्य व्यापार में बाधक नहीं थी। फलस्वरूप भारत समृद्धि की ओर बढ़ रहा था।

दक्षिण पूर्व एशिया के देशों में भारतीय वस्त्रों की माँग ज्यादा थी। जावा, सुमात्रा, बोर्नियो, मलाया, पेगू एवं स्याम को भिन्न–भिन्न प्रकार के वस्त्र निर्यात किए जाते थे। इसके अलावा अरब, तुर्की एवं यूरोपीय देशों को भी कपड़े निर्यात किए जाते थे। इंग्लैण्ड तथा हॉलैण्ड में भी भारतीय सूती वस्त्रों की अधिकाधिक माँग थी। उड़ीसा, बंगाल एवं मलाया में उत्पादित लाख अरब तथा फारस की खाड़ी के देशों को निर्यात की जाती थी। अफीम उत्पादन का केन्द्र बिहार एवं मालवा था और इसका निर्यात पेगू, जावा, मलाया, चीन को होता था। पूर्वी अफ्रीका को कपड़े, मसाले एवं मनके भेजे जाते थे। अरब एवं फारस की खाड़ी देशों को नारियल, केसर, नील, बहुमूल्य पत्थर, सुगंधित पदार्थ, चंदन की लकड़ी, औषधि, मोती का निर्यात किया जाता था। जहाँ एक ओर श्रीलंका को खाद्यान्न एवं कपड़े निर्यात किए जाते थे, वहीं दूसरी ओर ईरान, काबूल एवं फ्रांस को चीनी निर्यात की जाती थी। भारत निर्मित शक्कर और मिस्री का निर्यात सिंध मार्ग से अरब के देशों को किया जाता था। भारतीय जड़ी–बूटी की मांग विदेशों में अधिक थी। ईरानी शासक गजन खाँ के प्रधानमंत्री रशीदुद्दीन द्वारा भारत भ्रमण का प्रमुख उद्देश्य जड़ी–बूटी प्राप्त करना भी था और बाबरनामा में भी इसका उल्लेख मिलता है। इसके अतिरिक्त भारत से निर्यात की अन्य वस्तुओं में लोहा, तम्बाकू, फल, शीशा, लकड़ी की वस्तुएँ, तलवार, खंजर, भाले, तीर, लाल मोती (अफीम) पान, केसर, आदि मुख्य थे।[24]

वस्त्रों का विषेष निर्यात :

निर्यातित वस्तुओं में कपड़ा सबसे पहले पायदान पर था, क्योंकि भारतीय वस्त्र एशिया ही नहीं विश्व के लिए अंतर्राष्ट्रीय मुद्रा की भाँति था। विश्व के भिन्न–भिन्न भागों में भारतीय वस्त्रों का निर्यात होता था।

अंग्रेजी सौदागर सूती वस्त्र को 'केलिको' के नाम से पुकारते थे।[25] कपड़ा –सूती, सिल्क (रेशमी) होता था। सूती कपड़ों की विदेशों में सर्वाधिक माँग थी।

यूरोपीय, पश्चिम और दक्षिण–एशियाई बाजार में जिन अन्य वस्तुओं की माँग थी, उनमें रेशम, जरबप्त (सोने की जरी वाला कपड़ा) और गुजरात का पटोला या दोहरे इकत वाला कपड़ा सम्मिलित था। यह कपड़ा भारत और इंडोनेशिया दोनों में कुछ भिन्नताओं के साथ मिलता था। इस तरह वस्त्रों की भिन्न–भिन्न किस्में थी, जैसे– मलमल, बफ्त, छींट इत्यादि। सुन्दर कपड़े मुख्यतः साड़ी के लिए बनारस प्रसिद्ध था। इसी कारण विदेशी व्यापारी भी इसकी ओर आकृष्ट हुए और कपड़ों के कारण ही इस नगर की समृद्धि हुई। सूती एवं सिल्क का कपड़ा तथा सोना–चाँदी के तारों पड़ा कपड़ा बड़ी संख्या में तैयार होता था।[26]

दक्षिण–पूर्वी एशिया में लंका, मलाया, इण्डो–चायना, पूर्वी द्वीप समूह भारतीय वस्त्र के बाजार थे। पूर्वी द्वीप समूह में मुख्य रूप से भारतीय कपड़े की भारी माँग थी। अनेक यूरोपीय कम्पनियाँ, विशेषकर डचों का मूल व्यापारिक उद्देश्य पूर्वी देशों से मसाला प्राप्त करना था, पूर्वी द्वीप समूह वाले भी अपने मसाले के बदले कपड़ा चाहते थे, इसी वजह से डचों ने भारत में अपनी फैक्टरी स्थापित की।[27] भारतीय सूती कपड़ा फिलीपाइन, बोर्नियों, जावा, सुमात्रा और दूसरे–दूसरे द्वीपों को भेजा जाता था, जहाँ स्त्रियाँ उस कपड़े को बिना काटे हुए उसका एक भाग पेटीकोट के रूप में और शेष भाग कमर और सिर को ढ़कने के लिए प्रयोग करती थी।[28] जावा और सुमात्रा के दक्षिण पूर्वी भाग को कोरोमण्डल तट से और सुमात्रा के उत्तर–दक्षिणी भाग को गुजरात (सूरत) से कपड़ा निर्यात किया जाता था।[29] ऐसे में अन्य यूरोपीय कम्पनियों को दक्षिण पूर्व एशियाई मसालों एवं अरब उत्पादनों को खरीदने के लिए सोने–चाँदी के द्वारा भारतीय वस्त्र खरीदना होता था, इससे एशिया से किसी भी वस्तु का व्यापार करने पर भारत को सम्पन्न करना अनिवार्य था।[30]

मुगलकालीन भारत में सूती सामान के निर्यात के तीन प्रमुख क्षेत्र थे– बंगाल, गुजरात तथा कोरोमण्डल तट। इनमें से अंतिम दो सबसे प्रमुख व्यापारिक केन्द्रो के रूप में स्थापित हो गए। इंगलिश ईस्ट इंडिया कम्पनी एवं डच ईस्ट इंडिया कम्पनी द्वारा एषियाई व्यापार में प्रवेश करने पर समुद्री व्यापार को एक उच्च स्तर पर ले जाया गया। जहाँ एक ओर इंगलिश ईस्ट इंडिया कम्पनी मुख्य रूप से सूरत से कपड़े का निर्यात करती थी। वहीं दूसरी ओर डच कम्पनी के लिए कोरोमण्डल वस्त्र निर्यात का प्रमुख केन्द्र थी। डच कम्पनी ने 1665–1669 के पाँच वर्षो में सूरत से 3737 पार्सल, कोरोमण्डल तट में से 27880 पार्सल एवं बंगाल से 620

पार्सल कपड़ा निर्यात किया।[31] इस प्रकार यह ऑकड़े कपड़ों के निर्यात की बढ़ती मात्रा तथा व्यापारिक समृद्धि की पुष्टि करती है। अतः सूती कपड़ों को बुनना भारत का सबसे बड़ा उद्योग और उत्पादन की प्रचूरता ने विदेशी व्यापारियों को तो प्रभावित किया ही साथ ही पर्यटकों को भी टिप्पणी करने के लिए प्रेरित किया। व्यापक मात्रा में उत्पादन से प्रभावित होकर पैरार्ड ने लिखा था कि "कन्याकुमारी से लेकर चीन तक सभी स्त्री एवं पुरूष सिर से पैर तक भारतीय वस्त्रों को पहनते हैं।"[32] भले ही यह कथन अतिशयोक्तिपूर्ण प्रतीत होता है, फिर भी अरबसागरीय एवं उसके पारवर्ती बर्मा एवं पूर्वी द्वीपों पर भारतीय सूती वस्त्रों का एकाधिकार था। भारतीय कपड़ों की श्रेष्ठता और उनकी लोक लुभावनी डिजाईनें तेरहवीं सदी के लेखक अमीर खुसरों को भी खासा प्रभावित की।[33]

इस तरह 17वीं एवं 18वीं सदी में वस्त्र उद्योग के क्षेत्र का विकास एक महत्वपूर्ण विशेषता है और इसे विदेशी राष्ट्रों द्वारा अपनाया जाना एक महत्वपूर्ण घटना। निःसंदेह इसी सदी में सूती वस्त्रों की लोकप्रियता एवं स्वीकृति में वृद्धि होने लगी। बंदरगाहों द्वारा मध्ययुग में निर्यात की जाने वाली वस्तुओं को निम्न तालिका द्वारा प्रस्तुत किया गया है[34]–

सत्रहवीं शताब्दी के प्रारंभ में भारतीय विदेशी व्यापार की रूपरेखा

क्र0 सं0	**तटीय क्षेत्र एवं प्रमुख बन्दरगाह**	**निर्यात की प्रमुख सामग्री**	**निर्यात दिशा/नियत स्थान**
1	सिन्ध–लाहिरी बंदर	सूती वस्त्र	अरब की खाड़ी, तटीय क्षेत्र से गोवा
2	गुजरात–कैम्बे, गोवा, दीव, सूरत	सूती वस्त्र, धागा, नील, (तीर्थ यात्रियों का आवागमन भी सम्मिलित था)	लाल–सागर, फारस की खाड़ी, प्राचीन तटीय क्षेत्र से गोवा
3	कोंकण–चोल,दामेल, राजापुर	प्रमुख सूती वस्त्र तथा दर्षनीय माल, कुछ मात्रा में काली मिर्च (कुछ संख्या में तीर्थ यात्री भी)	लाल–सागर, फारस की खाड़ी, अचीन व तटीय क्षेत्र से गोवा
4	गोवा–भतकल, डीकेण्ड	पोतांतरण, कुछ स्थानीय निर्यात	फारस की खाड़ी, पूर्वी अफ्रीका,

			लिस्बन, मलक्का, लंका
5	मालाबार—कालीकट, कोचीन, अन्य छोटे–छोटे बंदरगाह	काली मिर्च	कोचीन से लिस्बन तथा लंका व मलक्का, कालीकट और छोटे बन्दरगाह व लाल सागर
6	दक्षिणी तट—क्वीलन, तूतीकोरीन, नागापट्टनम	सूती वस्त्र, काली मिर्च	मुख्यतः तटीय क्षेत्र के साथ नेगापुरम से मलक्का तथा आगे
7	कोरोमण्डल तट—दक्षिण सैंट थोमे, पुलीकट	सूती वस्त्र, दर्शनीय वस्तुएँ, गलीचे, मलमल, धागा	मलक्का व आगे, अचीन, पेगू व तेन्नास्सरीम, गोवा, तथा मालाबार
8	उत्तर—मसूलीपट्टनम	सूती वस्त्र, गलीचे, दर्शनीय वस्तुएँ, मलमल, धागा	मलक्का तथा इससे आगे, अचीन, पेगू तथा तेन्नास्सरीम, फारस की खाड़ी, उत्तर तथा दक्षिण तटों से
9	जिंगेली तट—विशाखा पट्टनम, बिमलीपट्टम	घरेलू सामग्री (चावल तथा तिलहन)	मुख्यतः तटीय क्षेत्रों में
10	बंगाल—हुगली, पिपली, बालासोर व चटगांव	खाद्य सामग्री (चावल, चीनी, तिलहन, मलमल)	पेगू एवं तेन्नास्सरीम मलक्का तथा इससे आगे अचीन, विस्तृत तटीय व्यापार

भारतीय व्यापारियों का विदेशी व्यापार में योगदान :

भारत के समुद्री व्यापार में अरब तथा तुर्की के व्यापारियों ने महत्वपूर्ण भूमिका अदा की। खुरासानी व्यापारी चीन, फारस, अरब तथा भूमध्य स्थित देशों के साथ हमारे थल व्यापार में सक्रिय थे। लेकिन यह कहना गलत होगा कि भारतीय व्यापारियों ने व्यापारिक जिम्मेदारी उन्हें सौंप रखी थी।[35] हाँ यह अवश्य था कि सत्रहवीं सदी के प्रारंभ में यूरोपीय व्यापारियों को दक्षिण पूर्वी एषिया एवं पश्चिम एशिया में अपने व्यापार का विकास करने के लिए भारतीय व्यापारियों से कड़ा प्रतियोगिता करना पड़ा।

उत्तर भारत के मुल्तानी, गुजराती बनिये, राजपुताना, मध्य भारत और गुजराती बंजारे, जो कुछ ऐसे व्यापारी थे, जिन्होंने विदेशी राष्ट्रों के साथ व्यापार–वाणिज्य आरंभ किया। बड़े व्यापारी जिन्हें, सेठ, वोहरा या मोदी के नाम से जाना जाता था, व्यापार में पूर्णरूपेण सक्रिय थे। इन व्यापारियों के पास अपने जहाज हुआ करते थे, जो अदन, मक्का, फारस के अलावा द0 पू0 एशिया में जावा, सुमात्रा और बोर्नियों तक जाया करते थे।[36] इटली के यात्री निकोलो कोण्टी (1419–1444) बताता है कि इन व्यापारियों में से एक व्यापारी इतना धनवान था कि उसके पास अपना माल ढ़ोने के लिए 40 जहाज थे। इन व्यापारियों में सूरत के प्रसिद्ध व्यापारी विरजी वोहरा थे, जिन्होंने गुजरात क्षेत्र में अपना वर्चस्व स्थापित किया था। अहमदाबाद के शांतिदास, मालाबार के हाजी सैयद बेग, मनोहर दास व मालय चेट्टी के नाम से प्रसिद्ध थे।[37] इसी तरह एक अन्य गुजराती व्यापारी अब्दुल गफुर वोहरा भी काफी धनवान था, जो अपनी मृत्यु के समय 89 लाख रूपये और 17 समुद्री जहाजों का मालिक था। इसी दौर में मारवाड़ी साहूकार हीरानन्द साहू आम्बेर से आकर बिहार में मान सिंह का साहूकार हो गया और उसका पुत्र माणिकचंद्र बंगाल में मुर्शिद कुली खाँ का साहूकार बना और इतना धन अर्जित किया की उसे 'जगत सेठ' कहा जाने लगा।[38] आसावोरा और रूस्तमजी मानकजी विदेशी व्यापार में रूची लेते थे। बेनीदास इंगलिश ईस्ट इण्डिया कम्पनी को तो ब्याज पर रूपया उधार देता था। खेमचन्द्र अंग्रेजी कम्पनी का ब्रोकर था और बालासोर का ख्याति प्राप्त व्यापारी था। इसी प्रकार मालाबार तट और कोरोमण्डल तट से स्थानीय व्यापारी अपने जहाजों को मलाया, पूर्वी द्वीपसमूह, फारस की खाड़ी और अरब देशों को भेजकर व्यापार करते थे।[39] अतः यह कहना उचित प्रतीत होता है कि तत्कालीन उद्योग एवं व्यापार ने अनेक व्यापारिक समुदायों को भी जन्म दिया जो हिन्द महासागर में सर्वाधिक सक्रिय महत्वपूर्ण व्यापारिक समूहों में से एक बन गए।

निष्कर्ष :

इस प्रकार मध्यकाल में भारत का वैदेशिक व्यापार आर्थिक दृष्टिकोण से समृद्धि का काल था। इस काल में भारतीय सामग्री के बाजार विदेशों में थे क्योंकि इसकी माँग अधिक थी। यह कहा जा सकता है कि आयात की अपेक्षा निर्यात अधिक था। निर्यातित वस्तुओं में शोरा, नील, चाय, गेहूँ, दवाईयों के अलावा विशेषकर सूती कपड़े की विदेशों में बड़ी माँग थी। भारतीय वस्त्र की वैश्विक माँग इस तथ्य की पुष्टि करती है कि भारत में वस्त्र उद्योग व्यापक था और शासक वर्ग के साथ–साथ औपनिवेशिक काल में भी विभिन्न यूरोपीय कम्पनियों ने इसे संरक्षित तथा पोषित करते हुए लाभ प्राप्त किया। अतः व्यापारिक संतुलन भारत के पक्ष में था। इस काल में भारतीय व्यापारी बाह्य व्यापार से अत्यधिक मुनाफा कमाया करते थे। साथ ही विदेशी सौदागरों को भी अधिक सुविधाएँ प्रदान कर मुगल बादशाह भी विदेशी व्यापार को प्रोत्साहन दे रहे थे।

निःसंदेह विभिन्न यूरोपीय कम्पनियों में अंग्रेजों की व्यापारिक वर्चस्वता स्वयं की चतुराई तथा प्रतिर्स्पधा के कारण स्थापित हो गई थी। परंतु यह प्रतिर्स्पधा भारतीय व्यापारियों के साथ भी बनी रही। 17वीं सदी के अंतिम चतुर्थांश तक विदेशी व्यापार में भारतीय व्यापारियों का बोल–बाला था, लेकिन कालांतर में व्यापार का रूप–स्वरूप आमूल–चूल परिवर्तन के साथ प्रभावित भी हुआ। मध्यकाल में भारत का विदेशी राष्ट्रों के साथ महत्वपूर्ण व्यापारिक सम्बन्ध था, विषेषकर दक्षिण–पूर्वी एशिया के साथ निकट का संबंध था, जिसमें वांछनीय प्रगति एवं विकास हुआ। इस दृष्टि से मध्यकाल का भारत समृद्धशाली प्राचीन परम्परा एवं विरासत का विस्तार था।

संदर्भ ग्रंथ सूची एवं टिप्पणियाँ

1. दक्षिण–पूर्वी एशिया के क्षेत्र में महाद्वीप के पूर्वी छोर पर स्थित बर्मा, मलयेशिया (मलाया), सिंगापुर, हिन्दचीन (कम्बोडिया, लाओस उत्तर तथा दक्षिण वियतनाम) थाईलैण्ड और दक्षिण प्रशान्त महासागर में स्थित दो द्विपीय देश फिलीपिन और हिन्देशिया शामिल हैं।
2. व्यापारियों को अधिक लाभांश प्राप्त होता था। इनकी खानों से वे सोना भी प्राप्त करते थे। संभवतः बरमा से मलाया तक का प्रदेश सुवर्णभूमि कहा जाता था और उससे पूर्व में स्थित इन्डोचायना का प्रायद्वीप कम्बोडिया, लाओस और वियतनाम) तथा वर्तमान इन्डोनेशिया के अंतर्गत विविध द्वीप (सुमात्रा, जावा, बाली, बोर्नियों आदि) स्वर्णद्वीप के नाम से जाने जाते थे।

3. लईक अहमद, मध्यकालीन भारतीय संस्कृति, इलाहाबाद, 2009 पृ0 217

4. वहीं, पृ0 218

5. जहीरउद्दीन मुहम्मद बाबर, बाबरनामा, अनु0 श्रीमती बेवरिज, खण्ड—2, नई दिल्ली, 1970 पृ0— 202

6. याहिया बिन अहमद सरहिन्दी, तारीख—ए—मुबारकशाही, अनु0 के0 के0 बासु, बड़ौदा, 1932, पृ0 107—108

7. लईक अहमद, पूर्वोद्धृत, पृ0—218

8. रहीस सिंह, मध्यकालीन भारत की सामाजिक, आर्थिक एवं राजनीतिक व्यवस्था, न्यू दिल्ली, 2015, पृ0—16.4

9. वही

10. के0 एस0 लाल, ट्विलाइट ऑफ दि सल्तनत, बम्बई, 1963, पृ0—282

11. पी0 एन0 चोपड़ा, बी0 एन0 पुरी0, एम0 एन0 दास, भारत का सामाजिक, सांस्कृतिक और आर्थिक इतिहास, खण्ड—2, मद्रास, प्रथम संस्करण, 1975, पृ0—106

12. नीरज श्रीवास्तव, मध्यकालीन भारत, प्रशासन, समाज एवं संस्कृति, नई दिल्ली, 2010, पृ0—242

13. पी0 एन0 चोपड़ा, बी0 एन0 पुरी0, एम0 एन0 दास, पूर्वोद्धृत, पृ0—107

14. डब्ल्यू0 एच0 मौरलैंड, फ्रॉम अकबर टू औरंगजेब, दिल्ली, 1972, पृ0—53

15. विलियम फोस्टर, अर्ली ट्रेवल्स इन इंडिया, ऑक्सफोर्ड यूनिवर्सिटी प्रेस, लन्दन, पृ0—112

16. अशोक श्रीवास्तव, भारत का सामाजिक एवं आर्थिक इतिहास, गोरखपुर, सप्तम संस्करण,2003, पृ0 255

17. राधेश्याम, सल्तनत कालीन सामाजिक तथा आर्थिक इतिहास, इलाहाबाद, 1987, पृ0—419

18. निजामुद्दीन अहमद, तबकात—ए—अकबरी, अनु0 यू0 एन0 डे0, भाग—1, कलकत्ता, 1963, पृ0—198

19. इंडियन हिस्टोरिकल क्वार्टरली, कलकत्ता,1948, पृ0—131

20. राधेश्याम, पूर्वोद्धृत, पृ0—420

21. लईक अहमद, पूर्वोद्धृत, पृ0—219

22. ओम प्रकाश सिंह, भारत का आर्थिक इतिहास (मुगलकाल), नई दिल्ली, 1996, पृ0—150

23. तपन रामचौधरी एवं इरफान हबीब, दि कैम्ब्रिज इकोनोमिक हिस्ट्री ऑफ इण्डिया, भाग–1, दिल्ली, 1982, पृ0–143
24. रहीस सिंह, पूर्वोद्धृत, पृ0–16.5
25. ओम प्रकाश सिंह, पूर्वोद्धृत, पृ0–151
26. निकोलो मनूची, स्टोरियो–दो–मोगोर, (सम्पादित), विलियम इरविन, खण्ड– द्वितीय, लंदन, 1907–08, पृ0–83,428
27. एच0 टेपेस्ट्रा डे, नेदरलैंड इनवूर–इंडी, एर्म्सडम, 1947, पृ0–82–85
28. जे0 बी0 टैवर्नियर, ट्रेवेल्स इन इण्डिया (सम्पा0 वी0 बाल), भाग–दो, लन्दन, 1889, पृ0–5
29. ओम प्रकाश सिंह, पूर्वोद्धृत, पृ0–153
30. नीरज श्रीवास्तव, पूर्वोद्धृत, पृ0–245
31. ओ0 पी0 सिंह, सूरत एण्ड इट्स ट्रेड इन दि सेकेण्ड हॉफ ऑफ दि सेवेन्टींथ सेंचुरी, पब्लिकेशन डिविजन, दिल्ली विश्वविद्यालय, दिल्ली, 1977, पृ0–145
32. डब्ल्यू0 एच0 मोरलैंड, इण्डिया एट द डेथ ऑफ अकबर, न्यू दिल्ली, 1972, पृ0–168
33. के0 एम0 अशरफ, लाइफ एण्ड कण्डीशन ऑफ दि पीपुल ऑफ हिन्दुस्तान, दिल्ली, 1970, टिप्पणी–I, पृ0–127
34. डब्ल्यू0 एच0 मोरलैंड, अकबर से औरंगजेब तक (भारत के आर्थिक इतिहास का अध्ययन), अनु0 के0 के0 त्रिवेदी, ग्रंथ षिल्पी, न्यू दिल्ली, पृ0–51–52
35. पी0 एन0 चोपड़ा, बी0 एन0 पुरी, एम0 एन0 दास, पूर्वोद्धृत, पृ0–106
36. जॉन हैरिस, ए कम्प्लीट कलैक्षन ऑफ वोयेज एण्ड ट्रेवल्स, खण्ड–1, लन्दन, 1764 पृ0–772
37. पी0 एन0 चोपड़ा, बी0 एन0 पुरी, एम0 एन0 दास, पूर्वोद्धृत, पृ0–106
38. हरिश्चन्द्र वर्मा, मध्यकालीन भारत, खण्ड–2, (1540–1761), नई दिल्ली, 2015, पृ0–461
39. ओम प्रकाश सिंह, पूर्वोद्धृत, पृ0–159–160

सहायक प्राध्यापक,
इतिहास विभाग,
राजेन्द्र कॉलेज, छपरा,
बिहार

दक्षिण एशिया के क्षेत्रीय एकीकरण की चुनौतियाँ एवं समाधान (सार्क के संदर्भ में)

डॉ. अनिता कुमारी

सार्क देश आपस में साझी संस्कृति, धर्म और पहचान से जुड़े होने के बावूजद नस्ल और राष्ट्रवाद की भावना के कारण क्षेत्रीय एकीकरण की अवधारणा को चुनौती देते हैं। वर्तमान में इन आठ देशों ने एक साझा संगठन दक्षिण एशियाई क्षेत्रीय सहयोग संगठन (SAARC) बना रखा है किन्तु नस्लवाद, धार्मिक असहिष्णुता और उग्र राष्ट्रवाद के कारण संगठन अपेक्षाकृत सफलता प्राप्त करने में असमर्थ रहा है। समय के साथ ये चुनौतियाँ बढ़ती जा रही हैं जिनके कारण निकट भविष्य में क्षेत्रीय एकीकरण की इन बाधाओं को दूर करना मुश्किल प्रतीत होता है।

दक्षिण एशिया (SAARC) में मुख्यतः निम्नलिखित आठ देश आते हैं–

(1) अफगानिस्तान (2) बांग्लादेश
(3) भूटान (4) भारत
(5) मालदीव (6) नेपाल
(7) पाकिस्तान और (8) श्रीलंका

दक्षिण एशिया की जनसंख्या लगभग 1.9 अरब है जो दुनिया की एक चौथाई आबादी है। यह दुनिया का सबसे अधिक और सबसे सघन आबादी वाला क्षेत्र है।[1] धार्मिक दृष्टिकोण से देखें तो इस क्षेत्र में हिन्दु, मुसलमान, सिख, जैन और पारसी धर्म को मानने वाले लोगों की सबसे बड़ी आबादी निवास करती है। इसके अतिरिक्त ईसाई, बौद्ध, आदिवासी जनजातियाँ और किसी भी धर्म को न मानने वाले व्यक्ति (No Religion Person) भी बहुत बड़ी संख्या में निवास करते हैं। मुख्य जाति समूहों की बात करें तो यहाँ नीग्रोईड (Negroid), ऑस्ट्रेलॉइड (Australoid), मंगोलोईड (Mongoloid) और कॉकेसोईड (Caucasoid) प्रजाति के लोग पाए जाते हैं जिनके रंग, रूप और शारीरिक बनावट में अंतर के कारण हजारों वर्षों से चला आ रहा भेदभाव और पूर्वाग्रह आज भी क्षेत्रीय एकीकरण (यहाँ तक कि राष्ट्रीय एकीकरण) में बहुत बड़ी चुनौती है।[2]

इस क्षेत्र में भिन्न भिन्न भाषा समूह यथा इंडो–आर्यन, द्रविड़, ऑस्ट्रो– एशियाटिक और तिब्बत–बर्मन पाए जाते है।[3] इनमें लगभग 650

भाषाएँ आती हैं जिनमें हिन्दी, उर्दू, बंगाली, असमिया, इत्यादि प्रमुख है। भाषा को लेकर इस क्षेत्र में अकसर विवाद होता रहता है जो क्षेत्रीय, राष्ट्रीय और सांस्कृतिक एकीकरण में बहुत बड़ी बाधा है।

नवजीवन नाम की एक पत्रिका में भारत डोगरा के 6 जनवरी 2019 को प्रकाशित लेख में कहा गया है कि दक्षिण एशिया में गरीबी, भूख और कुपोषण की समस्याएँ बहुत बड़े पैमाने पर मौजूद है। लेकिन तरह–तरह के तनाव, आतकंवाद की घटनाओं और युद्ध की संभावना के बीच जो वास्ताविक लड़ाई भूख और गरीबी के विरूद्ध आगे बढ़नी चाहिए वह पीछे रह जाती है।[4] इन्होनें दक्षिण एशिया मानव विकास रिपोर्ट के हवाले से बताया है कि इन देशों में विध्वंसक हथियारों पर होने वाले खर्च अहम बुनियादी जरूरतों या विकास कार्यो पर होने वाले खर्च से ज्यादा है जो निम्न रूप से स्पष्ट किया गया है–

हथियारों और बुनियादी जरूरतों का गणित

1.	टैंक की कीमत	40 लाख बच्चों के टीकारकरण का खर्च
2.	मिराज 2000–5 हवाई जहाज की कीमत	30 लाख बच्चों की प्राथमिक स्कूली शिक्षा के एक वर्ष का खर्च
3.	आधुनिक पनडुब्बी व उसमें जुड़े उपकरण	6 करोड़ लोगों को एक वर्ष तक साफ पीने का पानी देने का खर्च

निःसन्देह दक्षिण एशिया में हथियारों की होड़, विशेषतया परमाणु हथियारों की होड़ को बढ़ावा देने में नस्लवाद, धर्म और राष्ट्रवाद का बहुत बड़ा हाथ रहा है। इस क्षेत्र में नस्लवाद और धार्मिक असहिष्णुता की जड़ें हजारों साल पुरानी हैं किन्तु राष्ट्रवाद का उदय लगभग 200 साल पहले औपनिवेशिक शोषण की प्रतिक्रिया के रूप में हुआ। इसका दमन करने के लिए औपनिवेशिक ताकतों यथा ब्रिटिश प्रशासकों ने इस क्षेत्र में जाति और धर्म के आधार पर फूट डालो और राज करो की नीति अपनाई। 1905 के बंगाल विभाजन, पृथक निर्वाचक क्षेत्र इत्यादि को इनके द्वारा हथियार के रूप में प्रयोग किया गया जिसने स्वतंत्रता आंदोलन में फूट डाल दी। पृथक निर्वाचन क्षेत्र सिर्फ धर्म के आधार पर मुसलमान, सिख और ईसाईयों को ही नहीं बल्कि हिन्दु धर्म के दलित वर्ग को भी देने का प्रस्ताव था जिससे सर्वत्र सामाजिक वैमनस्य की लहर उठ गई और भारतीय उपमहाद्वीप अशांत हो गया।

नृजातीय समूह (Ethnic Group) :

दक्षिण एशिया के प्राचीन इतिहास से वर्तमान समय तक अलग–अलग स्तरों पर अलग–अलग संस्कृतियों और उनके पारस्परिक अंतर्संबंधों का दर्शन होता है। कुछ संस्कृतियाँ आपस में मिल जुलकर रहने लगती है, कुछ अलग–थलग रहती है और कुछ में इनता गहरा वैमनस्य उत्पन्न हो जाता है जो वर्तमान समस्याओं का जनक बन जाता है। उदाहरणार्थ आर्यो का आगमन द्रविड़ों के साथ उनके वैमनस्य से शुरू कर वर्तमान समय में दक्षिण भारत के राज्यों द्वारा हिन्दी भाषा के विरोध के रूप में प्रकट होता है। आर्य, द्रविड़ मंगोल इत्यादि भिन्न नृजातीय समूह हैं जिनमें आज भी भाषा, संस्कृति परंपराओं इत्यादि के अंतर के कारण राष्ट्रीय एकता स्थापित करना एक चुनौती बना हुआ है। पाकिस्तान और बांग्लादेश मुसलिम बहुल देश होते हुए भी भाषा और संस्कृति की भिन्नता के कारण दो अलग देश में टूट गए। बंगाली भाषी बांग्लादेश में उर्दू भाषा को राष्ट्रीय भाषा के रूप मे लागू किया जाना पश्चिमी पाकिस्तान के लिए घातक सिद्व हुआ। यहाँ धर्म अथवा धार्मिक एकता सांस्कृतिक–भाषाई भिन्नता के आगे बिखर गई।

नृजातीय समूह प्रायः ऐसे समुदाय को कहते हैं जो साझी सांस्कृतिक विरासत का हिस्सा होते हैं।[5] दक्षिण एशिया में लगभग 2000 नृजातीय समूह पाए जाते हैं जिनमें से कुछ की जनसंख्या करोड़ों में तो कुछ की जनसंख्या कुछ सौ मात्र है।[6] नृजातीय समूहो द्वारा अपने समूहों के अंदर खान–पान सामाजिक संबंध इत्यादि मान्यताओं का प्रभाव इनके शिक्षा, रोजगार, विकास इत्यादि में स्पष्ट रूप से देखा जा सकता है जो अन्य क्षेत्रों की तुलना में काफी पिछड़ी हुई है। यहाँ सरकारी नीतियाँ भी कई बार इन मान्यताओं को ध्यान में रखकर बनाई जाती है। इसी कारण इस क्षेत्र में हर आयु समूह में पुरूषों की संख्या महिलाओं से अधिक होती है क्योंकि इस क्षेत्र में लड़कों को सांस्कृतिक वरीयता प्राप्त है। दक्षिण एशिया के सभी देश निम्न आय वाले माने जाते है। यहाँ कृषि मुख्य व्यवसाय है और रहवास ग्रामीण संस्कृतियों के अनुरूप विकसित हुए है। एक जाति, धर्म अथवा भाषा के लोग एक गाँव–टोले या मुहल्ले में साथ रहते है। शहरीकरण की गति काफी धीमी है और समाजीकरण उससे भी कम।

दक्षिण एक्षिया के सभी देश धार्मिक, नस्लीय एवं जातीय तनावों के कारण कई समस्याओं का सामना करते हैं जिनमें से कुछ प्रमुख समस्याएँ निम्न हैं :

- ❖ क्षेत्रीय स्तर पर अफगानिस्तान–पाकिस्तान में आंतकवाद की समस्या, जिसका बहुत बड़ा शिकार भारत है।
- ❖ आर्थिक पिछड़ापन– विश्व बैंक की 2006 की एक रिपोर्ट के अनुसार आर्थिक दृष्टि से दक्षिण एशिया विश्व में सबसे कम एकीकृत क्षेत्र है।[7]
- ❖ युद्ध का भय– भारत और पाकिस्तान में अब तक चार सैनिक युद्ध क्रमशः 1947, 1965, 1971 और 1999 में हो चुके है। दोनों देश की सीमाओं पर अब भी तनाव बना हुआ है और दोनों देश परमाणु युद्ध के कगार पर खड़े प्रतीत होते है। इनके मध्य घृणित दुष्प्रचार भी एक बहुत बड़ी समस्या है।
- ❖ अफगानिस्तान का पतनः– दक्षिण एशिया में अफगानिस्तान की सामरिक स्थिति के कारण सोवियत संघ और अमेरिका दोनों उसके आंतरिक मामलों में हस्तक्षेप करते रहते है। 1979 में जब सोवियत संघ ने अपनी सेनाएँ अफगानिस्तान में उतार दी तो अमेरिका पाकिस्तान के माध्यम से दूसरे कबीलों को सैनिक सहायता देने लगा। प्रत्युतर में सोवियत संघ ने तालिबान लड़ाकों को प्रशिक्षित किया जिन्होनें 14 अगस्त 2021 को अफगानिस्तान की चुनी हुई सरकार को हथियार के बल पर हटाकर अपनी तथाकथित धार्मिक (शरिया कानून को मानने वाली) सरकार बनाई। अभी अफगानिस्तान मानवाधिकार की गहन समस्याओं से जूझ रहा है और सार्क में भी उसकी स्थिति कमजोर हो गई है।
- ❖ महिलाओं एवं कमजोर वर्गो की दयनीय स्थिति :– नस्लवाद, जातिवाद और धार्मिक असहिष्णुता संस्कृतियों के टकराव की ओर लेकर जाती है जिसका सबसे बुरा प्रभाव महिलाओं, दलित, अल्पसंख्यकों और आदिवासी जनजातियों पर पड़ता है। इस क्षेत्र में सभी आठ देशों में महिलाओं की शिक्षा, स्वास्थ्य, रोजगार एवं सामाजिक स्थिति गहन सांस्कृतिक दबाव के कारण अत्यंत दयनीय है। उन्हें घर के काम करने, पर्दे में रहने, बाल विवाह, घरेलू हिंसा, अनैतिक पतन इत्यादि समस्याओं का सामना करना पड़ता है। दलित वर्गो का प्रतिनिधित्व आज भी सरकारी नौकरियों या निजी क्षेत्र के अच्छे पदों पर बहुत कम है। उनके साथ होने वाला सामाजिक भेदभाव अच्छे शिक्षण संस्थानों (यथा मेडिकल आई0 आई टी0 इत्यादि) में भी छात्रों को आत्महत्या जैसे कदम उठाने पर मजबूर कर रहा है। अल्पसंख्यक सभी देशों से पलायन करने को मजबूर हो रहे है। अनुसूचित जनजातियाँ अपनी सांस्कृतिक पहचान खोकर गरीबों की श्रेणी में शामिल हो रही है।

हमारे अध्ययन के केन्द्र बिन्दु आठ देशों में अलग–अलग धर्म की प्रमुखता है। इसे निम्न प्रकार से समझा जा सकता है :

क्रम सं0	देश का नाम	प्रमुख धर्म	प्रमुख जातियाँ / नस्ल
1.	भारत	हिन्दु	हिन्दु / मुस्लिम / सिख
2.	पाकिस्तान	मुस्लिम	मुस्लिम / हिन्दु / सिख
3.	बांग्लादेश	मुस्लिम	मुस्लिम / हिन्दु / बौद्ध
4.	श्रीलंका	बौद्ध	सिंहल / तमिल
5.	नेपाल	हिन्दु	गोरखा / मधेशी
6.	अफगानिस्तान	मुस्लिम	
7.	मालदीव	मुस्लिम	
8.	भूटान	बौद्ध	

नस्लवाद की परिभाषा : नस्लवाद वह सिद्धान्त या अवधारणा है जो किसी एक नस्ल को दूसरी से श्रेष्ठतर या निम्नतर मानती है। यह कभी धर्म आधारित, कभी क्षेत्र अधारित और कभी संस्कृति आधारित हो सकती है। इसमें भेदभाव और पूर्वाग्रह दोनों सम्मिलित होते है। दक्षिण एशिया में राजनीतिक, आर्थिक और सांस्कृतिक एकता स्थापित होने में नस्लवाद सबसे बड़ा बाधक है। भारत जैसे विशाल देश के अंदर ही कई नस्लों के लोग रहते हैं और इनके सांस्कृतिक प्रभाव के कारण भारत का पड़ोसी देशों से संबंध प्रभावित होता रहता है। उदाहरणार्थ तमिलनाडु के तमिल निवासी श्रीलंका के तमिल निवासियों को खुले तौर पर समर्थन देते हैं इससे भारत–श्रीलंका संबंध प्रभावित होता है। उत्तर पूर्वी राज्यों के कुछ समूह चीन से गोपनीय सहायता प्राप्त करते है, इससे भारत–चीन संबंध प्रभावित होता है। कश्मीर के अलगाववादियों को पाकिस्तान का खुला समर्थन भारत–पाकिस्तान संबंधो का सबसे बड़ा दुश्मन है। भारत के उत्तर–पूर्वी राज्यों के निवासियों का मूल मंगोलोयड प्रजाति में है जिसके कारण वे चीन के निवासियों जैसे दिखते हैं। इसी वजह से भारत के अन्य हिस्सों विशेषकर उत्तरी भारत में उनसे अत्यधिक नस्लीय भेदभाव होता है।

जातिवाद : जातिवाद सामाजिक स्तरीकरण का एक रूप है जिसकी जड़े दक्षिण एशिया के प्राचीन इतिहास में हैं और अब इनका प्रसार दुनिया के दूसरे हिस्सों में भी हो रहा है। यह अक्सर व्यवसाय आधारित होती है और इसमें एक जाति या एक समूह के लोगों का आपस में ही विवाह, खान–पान एवं अन्य संबंध निर्धारित होता है। इससे इस क्षेत्र में इतना

261

भेदभाव और पूर्वाग्रह स्थापित हो गया है कि दूसरे देशों से संबंध नकारात्मक दिशा में प्रभावित हुए। एक समय में हिन्दु धर्म की उच्च जातियों में यह विश्वास था कि समुद्र पार करने से उनका धर्म चला जाएगा। इससे वे बाहरी देशों विशेषतया ऐसे देश जहाँ जाने के लिए समुद्र पार करना पड़ता हो, से अच्छे संबंध बनाने में चूक गए। ब्रिटिश शासन काल में शिक्षा, रोजगार या व्यापार के लिए दूसरे देशों में जाने वाले उच्चवर्गीय हिन्दुओं को खान–पान, विदेशियों से संपर्क, धार्मिक नियमों का पालन इत्यादि में इतने परहेज करने पड़ते थे कि यह आपसी संबंधों के लिए अत्यंत हानिकारक हो जाता था। साथ ही जिन तथाकथित निम्नतर जातियों से वे अपना खान–पान, उठना–बैठना, विवाह इत्यादि अलग रखने का प्रयास करते थे वे इससे आहत हो अलगाव का रास्ता अपना लेती थी। 21 वीं सदी में इन निम्नतर जातियों का विद्रोह अब मनुस्मृति जलाने से लेकर ब्राह्मणवाद के विरोध तक पहुँच चुका है।

जातिवाद का उदय ऋग्वैदिक काल में भारतीय उपमहाद्वीप में वर्ण व्यवस्था के अंकुरण के साथ हुआ। कालांतर में दक्षिण एशिया के सभी देश इससे प्रभावित हुए। बीसवीं शताब्दी निम्न एवं अछूत समझी जाने वाली जातियों के लिए सबसे बड़े सामाजिक परिर्वतन का काल रहा। हजारों सालों से शिक्षा और अच्छे रोजगार के अवसरों से वंचित जातियों को आधुनिक शिक्षा और उसके सामाजिक–आर्थिक परिणामों का फल चखने को मिला। मूलतः जाति व्यवस्था का निर्माण कुछ निम्न समझे जाने वाले और कठोर श्रम युक्त कार्यों को करने के लिए बाध्य किए गए मनुष्यों को मनोवैज्ञानिक बंधन में बाँधने के लिए हुआ था।

राष्ट्रवाद : दक्षिण एशिया के देशों में राष्ट्रवाद, धर्म के साथ जुड़कर उग्र रूप धारण कर लेता है। इतिहास में बहुत से सामान्य सांस्कृतिक परंपराओं के बावूजद दक्षिण एशिया पिछले एक सदी से धर्म आधारित उग्र राष्ट्रवाद से जूझ रहा है। इसी क्रम में सदी के मध्य में भारतीय उपमहाद्वीप ने धर्म आधारित राष्ट्र बँटवारे के नाम पर भयानक नरसंहार देखा जिसे हॉलोकॉस्ट भी कहा गया। इससे कालांतर में दो नए देशों क्रमशः पाकिस्तान और बांग्लादेश का जन्म हुआ। बांग्लादेश के उदय ने पाकिस्तान के निर्माण की धर्म आधारित अवधारणा (दोनों मुस्लिम बहुल देश है) को गलत साबित कर दिया। प्रारंभ में दो मुस्लिम बहुल क्षेत्रों को भारत से पूर्वी पाकिस्तान और पश्चिमी पाकिस्तान का नाम देकर पृथक् किया गया लेकिन धर्म उन्हें एक न रख सका और पूर्वी पाकिस्तान, पश्चिमी पाकिस्तान से एक कड़वे स्मृति स्वरूप युद्ध (1971) के बाद

अलग हो गया। दक्षिण एशिया के जातीय, नस्लीय एवं धार्मिक सहिष्णुता में यह बहुत बड़ा बाधक है।

श्रीलंका का सिंघल राष्ट्रवाद अति की ओर बढ़ने पर तमिल राष्ट्रवाद का जन्मदाता बन गया और इसने 20 वीं सदी के अंतिम दो दशकों में दक्षिण एशिया के सबसे हिंसक संघर्ष का रूप धारण कर लिया।

अफगानिस्तान तीन मुख्य कबीलों हजारा, पश्तून और तजिक की लड़ाई और उसमें अमेरिका और रूस (त्तकालीन सोवियत संघ) के हस्तक्षेप के कारण आज भी सबसे ज्यादा हिंसाग्रस्त और विवादित क्षेत्र बना हुआ है। पाकिस्तान, भारत पर अफगानिस्तान और पाकिस्तान की सीमा रेखा पर बसे बलोचों की मदद करने का आरोप लगाता है। बलोच अपने अलग देश बलूचिस्तान की लंबे समय से मॉग कर रहे हैं। इस पूरे प्रसंग में दिलचस्प तथ्य यह है कि हजारा, पश्तून और तजिक तीनों इस्लाम धर्म को मानते है। हालॉकि उनकी भाषा ओर संस्कृति बिलकुल अलग है।

भारत वर्तमान में खालिस्तान (सिखों के लिए अलग खालसा पन्थ आधारित राष्ट्र) की मॉग से जूझ रहा है। पुनः भारत के कश्मीरी अलगाववादियों को प्रारंभ से पाकिस्तान का समर्थन प्राप्त रहा है। भारत–पाकिस्तान के पंजाब प्रान्त में बसने वाले सिक्खों द्वारा अलग खालिस्तान की मॉग को पाकिस्तान का गोपनीय समर्थन मिलने से इस क्षेत्र को बीसवीं सदी के आखिरी तीन दशकों में भयानक हिंसा का सामना करना पड़ा।

नेपाल लंबे समय तक घोषित हिन्दु राष्ट्र रहा। सदी के अंत में वह धर्म निरपेक्ष देश बन गया लेकिन वहॉ बसने वाले अलग–अलग जातियों यथा गोरखा, मधेशी इत्यादि में अभी भी हिंसक टकराव हो जाता है। मधेशियों को बाहरी और भारत समर्थक माना जाता है।

बांग्लादेश मुस्लिम बहुल होने के बावजूद हिन्दु, ईसाई और बौद्ध धर्मों के व्यक्तियों का भी निवास स्थान है। यहाँ का संविधान इस्लाम को राज्य धर्म के रूप में मानता है। लेकिन अन्य धर्मो को अपने रीति रिवाज मानने की छूट है। यहाँ की आबादी का 90% मुस्लिम है। प्राचीन काल में बांग्लादेश हिन्दु बहुल क्षेत्र था जो अब इसकी आबादी का लगभग 8% रह गए है। वर्ष 1971 के भारत पकिस्तान युद्ध और पाकिस्तान सेना द्वारा बांग्लादेशियों के उत्पीड़न के कारण बहुत बड़ी संख्या में बांग्लादेशी भारत के असम और बंगाल जैसे राज्यों में शरण लेते गए। धीरे–धीरे इन राज्यों के स्थानीय निवासी इनका विरोध शुरू कर देते है जो कालांतर में

काफी हिंसक हो गया। अभी भी भारत–बांग्लादेश सीमा पर हिंसक घटनओं से लगातार इस क्षेत्र की शांति भंग होती है। बांग्लादेश के चिट्गोंग पहाड़ियों में चकमा जनजाति रहती है जो बौद्ध धर्म को मानती है। बीसवीं शताब्दी के छठे–सातवे दशक में चकमा जनजाति स्थानीय निवासियों के उत्पीड़न के कारण बांग्लादेश से भारत के अरूणाचल प्रदेश में विस्थापित होने लगी। चकमा शरणार्थियों के मुद्दे पर भारत–बांग्लादेश सीमा पर बसने वाली जनजातियों में अक्सर हिंसक तनाव होता रहता है। बांग्लादेश–म्यांमार के मध्य रोहिंग्या मुसलमानों की वजह से काफी तनाव उत्पन्न होता रहता है। म्यांमार बौद्ध बहुल देश है जहाँ के उत्पीड़ित रोहिंग्या बांग्लादेश में भी शरणार्थी का दोयम जीवन जी रहे हैं।

दक्षिण एशिया और चीन

21 वीं सदी में दक्षिण एशिया के क्षेत्रीय एकीकरण की सबसे बड़ी चुनौती चीन है। भारत को हर तरफ से घेरने की नीति के तहत् उसने श्रीलंका, मालदीव, पकिस्तान और नेपाल को सस्ते कर्ज देकर अपने प्रभाव में ले लिया है और भारत पर सैन्य और कूटनीतिक दबाव बनाने के लिए इन देशों में आधारभूत संरचनाओं के निर्माण में काफी सहयोग कर रहा है। लेकिन चीन की सबसे खतरनाक नीति धर्म और नस्ल के नाम पर आतंक को बढ़ावा देना है। इस नीति के अंतर्गत् चीन कश्मीर में मुस्लिम अलगाववादियों को पाकिस्तान के माध्यम से सहायता पहुँचाता है और नागालैंड में नागा अंताकियों को हथियार देता है। श्रीलंका में सिंहल–तमिल संघर्ष के दौरान चीन ने खुलकर सिंहलियो का साथ दिया जो श्रीलंका सरकार समर्थित हिंसा कर रहे थे। नेपाल में माओवादी दल का उदय और सत्ता ग्रहण चीन समर्थित था जिसके कारण नेपाल और भारत के बीच सामाजिक सांस्कृतिक एकता होते हुए भी राजनीतिक दूरी काफी बढ़ चुकी है। चीन अपनी मोतियों की माला (String of Pearls) नीति से भारत को घेरने के लिए प्रयासरत है। वह सामाजिक, आर्थिक और राजनीतिक रूप से कमजोर देशों को अपना शिकार बनाता है। चीन एक साम्यवादी एवं धर्मनिरपेक्ष देश है लेकिन दूसरे देशों के आंतरिक मामलों में हस्तक्षेप करने के लिए वह धर्म, संस्कृति, पूँजीवाद सबका सहारा लेता है। चीन की मुख्य शक्ति उसकी आर्थिक संपदा है। वह इन देशों में वृहत् बुनियादी ढाँचा परियोजनाओं के निर्माण में मदद कर रहा है। 2020 में श्रीलंका के लिए इसका ऋण 4.6 बिलियन डॉलर था जो 2022 में अन्ततः श्रीलंका के आर्थिक पतन का कारण बना। चीन अलग–अलग साधनों का प्रयोग कर इन देशो को अपने नियंत्रण में रखने का प्रयास करता है। उदाहरणार्थ पत्रकारों और स्थानीय नेताओं पर दबाव बनाना, विज्ञापन खरीदना, दूतावास के साथ

मीडिया आउटलेट के लिए सहयोग की पेशकश करना, ऋण जाल तैयार कर छोटे देशों को उसमें फँसाना इत्यादि।[8] इसी अध्ययन में यह बताया गया हैं कि भारत इन चार देशों (श्रीलंका, मालदीव, पाकिस्तान, और नेपाल) की पसंद, रूचियों और आचरण पर सबसे अधिक प्रभाव डालने वाला राज्य बना हुआ है। इन देशों के साथ भारत के ऐतिहासिक राजनीतिक और सामाजिक संबंध ज्यादा गहरे है हालाँकि चीन अब इसमें घुसपैठ का पूरा प्रयास कर रहा है। चीनी पर्यटक सभी चार देशों में अपनी बढ़ती संख्या के साथ उनकी अर्थव्यवस्था का महत्वपूर्ण चालक बन गए है।

दक्षिण एशियाई देशों के आपसी सहयोग की आवश्यकता :

विश्व की 3.5 प्रतिशत भूमि और 30 प्रतिशत गरीबी वाला यह क्षेत्र अपने निकटवर्ती पड़ोसियों से मात्र 5 प्रतिशत का विश्व व्यापार करता है। यहाँ सामाजिक असमानता, गरीबी, अशिक्षा, कमजोर प्रशासन, भ्रष्टाचार इत्यादि समस्याएँ चरम पर हैं। सतत् विकास लक्ष्य 2030 को पूरा करने में ये सभी देश बहुत पीछे हैं। इन देशों में क्षेत्रीय एकता और सहयोग से आगे बढ़ने की प्रचुर संभावना है। इससे संस्थात्मक और ढाँचागत कमी को भी दूर किया जा सकता है।[9]

यह क्षेत्र हिंसक आतंकवाद से भी ग्रस्त है जिसका अन्त आपसी सहयोग से ही हो सकता है। हिंद महासागर के सामरिक महत्व को देखते हुए इन देशों का साथ काम करना आवश्यक है ताकि इस क्षेत्र में आतंकवाद, नशीली दवाओं का व्यापार, हथियारों की तस्करी इत्यादि पर रोक लगाई जा सके। 2020 के गलवान घाटी झड़प, डोकलाम विवाद अरूणाचल प्रदेश के मुद्दे इत्यादि को ध्यान में रखकर भारत को भी एक आक्रामक विदेश नीति या पड़ोस नीति अपनानी होगी। भारत एवं अन्य देशों की उपभोक्ता और औद्योगिक सामानों के लिए चीन पर निर्भरता बढ़ती जा रही है। इसे समय के साथ कम किया जाना आवश्यक है वरना दक्षिण एशियाई देश चीन का बाजार बनकर रह जाएँगे। 2022 का श्रीलंका का आर्थिक संकट और 2023 का पाकिस्तान का आर्थिक मोंचे पर लगातार चल रहा संघर्ष चीन के इन देशों पर नियंत्रण स्थापित करने के प्रयास का परिणाम है। अन्य देशों को इससे सावधान हो जाने की आवश्यकता है।

कोविड–19 महामारी ने दक्षिण एशियाई देशों की आर्थिक स्थिति पर काफी नकारात्मक प्रभाव डाला है और संभवतः इन देशों को और अधिक वित्तीय राहत की जरूरत पड़ने वाली है। ऐसे में सार्क, बिम्सटेक, हिमतक्षेस जैसे संगठनो पर भारत को अपनी पकड़ बढ़ाने की जरूरत है। चतुर्भुज देशों (भारत, ऑस्ट्रेलिया, अमेरिका और जापान) ने दक्षिण चीन

सागर और हिंद महासागर क्षेत्र की सुरक्षा के लिए अपनी प्रतिबद्धता जाहिर की है लेकिन चीन इस क्षेत्र के सभी देशों का सबसे बड़ा हथियार आपूर्तिकर्ता देश बनने के निकट है इस तथ्य को भी नजरअंदाज नहीं किया जा सकता। इसके लिए सार्क देशों के मध्य राजनीतिक, आर्थिक, सामाजिक, सांस्कृतिक सहयोग के साथ–साथ खुफिया और सैन्य सहयोग भी बढ़ाने की आवश्यकता है। भारत का बहुलतावाद और मानवाधिकारों का सम्मान करने वाला लोकतंत्र आशा की किरण है।

क्षेत्रीय एकीकरण के संभावित उपाय :

1. धर्मनिरपेक्षता : सबसे पहले दक्षिण एशिया के सभी देशों को धर्मनिरपेक्षता को भावना और आत्मा में उतारना होगा। सरकार, सेना अथवा विदेशी शक्तियों द्वारा प्रायोजित आंतकवाद को आपसी सहयोग से पूर्ण उन्मूलन कर ही क्षेत्रीय सहयोग बढ़ाया जा सकता है। आंतकवाद अपना अस्तित्व धर्म अथवा पंथ में तलाशता है। धार्मिक असहिष्णुता के प्रति जीरो टॉलरेंस की नीति सभी आठ देशों को अपनानी होगी अन्यथा यह क्षेत्र दशकों तक तनावग्रस्त रहेगा।

2. नस्लवाद की समाप्ति : नस्लवाद चाहे जाति आधारित हो, रंग–रूप आधारित हो अथवा संस्कृति आधारित, उस पर पूर्णरूपेण प्रतिबंध लगााना होगा। उच्च जातियों का निम्न जातियों के प्रति श्रेष्ठता की भावना का प्रदर्शन, गोरे और काले का भेद–भाव, उत्तर पूर्वी राज्यों के निवासियों को भारत में ही विदेशी समझा जाना, उनके शारीरिक बनावट, खान–पान, संस्कृति का मजाक उड़ाना इत्यादि दंडनीय अपराध हैं। शिक्षा और जागरूकता के माध्यम से इन्हें पूर्णरूपेण समाप्त किया जाना चाहिए। इसी प्रकार अफगानिस्तान में हजारा–पश्तून–तजिक की लड़ाई, पाकिस्तान में शिया–सुन्नी संघर्ष, नेपाल में गोरखा–मधेशी तनाव, बांग्लादेश में चकमा और रोहिंग्या के साथ भेदभावपूर्ण व्यवहार, श्रीलंका में सिंहल–तमिल जातीय संघर्ष इन सभी समस्याओं का सामाजिक समाधान निकाले बिना क्षेत्रीय एकीकरण एक दिवास्वप्न बना रहेगा।

3. जातिवाद का उन्मूलन : भारत की दृष्टि से जातिवाद एक ऐसा जहर है जो दक्षिण एशिया के प्रायः सभी धर्मो में फैला हुआ है। निम्नतर समझी जाने वाली जातियों को शिक्षा, रोजगार इत्यादि में अच्छे अवसर न मिलना उन्हें सामाजिक विद्रोह की ओर ले जा रहा है। बिहार, छतीसगढ़ जैसे आर्थिक सामाजिक रूप से पिछड़े राज्य नक्सलवाद की गंभीर समस्या से ग्रस्त है जिसमें चीन की सांस्कृतिक क्रातिं की मूल विचारधारा माओवाद ने अलग हिंसक घुसपैठ कर लिया है। बिहार जैसे राज्य में अगड़ी और पिछड़ी जातियों की लड़ाई बाकायदा रणवीर सेना, एम0सी0सी0 जैसे नाम वाले हिंसक हथियार बंद संगठनों द्वारा दशकों से

लड़ी जा रही है जिसमें अब तक सैकड़ों लोग मारे जा चुके है। अब भारत सहित कई पड़ोसी देशों में दक्षिणपंथी संगठनों और राजनीतिक दलों के उभार के कारण जातिगत तनाव घटने की बजाय बढ़ने के आसार हैं क्योंकि इनकी राजनीति का मूल आधार धर्म और जाति के आधार पर वोट हासिल करना है।

4. भाषाई और सांस्कृतिक पहचान की अक्षुण्णता : भाषा सिर्फ संवाद का माध्यम नहीं है, यह व्यक्ति की सामाजिक सांस्कृतिक पहचान भी निर्धारित करता है। किसी भी एक भाषा को सबसे महत्वपूर्ण अथवा राष्ट्रीय भाषा घोषित करना अन्य भाषा–भाषियों के लिए भावनात्मक प्रश्न बन जाता है। भारत सहित पड़ोसी देश भाषा की बहुलता और भाषाई तनाव को झेल रहे है। ऐसे में सभी देशों को प्रत्येक भाषा के सम्मान का प्रयास करना चाहिए। इसी प्रकार सभी आठ देश बहुसंस्कृतिवादी है जहाँ अँग्रेजी पसंद उच्च शिक्षित धनाढ्य वर्ग से लेकर विश्व का सबसे बड़ा मध्यम वर्ग, अत्यंत गरीब वर्ग, कबीलाई संस्कृति का पालन करने वाले समूह, सभी ज्ञात धर्मो से अलग रीति–रिवाजों का पालन करने वाली आदिवासी संस्कृतियाँ और आदिम जनजातियाँ (जरावा जनजाति अभी तक कपड़े नहीं पहनती और अंडमान के एक द्वीप पर हजारों साल पुराने तरीके से जी रही है) पाई जाती हैं। सबकी सांस्कृतिक पहचान को नष्ट किए बिना उन्हें विकास की मुख्य धारा में लाना संस्कृतियों के टकराव और उनसे उत्पन्न होने वाले तनाव को कम करेगा।

5. सामुदायिक सहजीवन : दक्षिण एशियाई क्षेत्र सामाजिक सांस्कृतिक विविधताओं के साथ आगे बढ़ने के लिए सामुदायिक सहजीवन को बढ़ावा दे सकते हैं जहाँ भिन्न धर्म, भाषा अथवा भिन्न संस्कृति के लोग साथ मिलकर रहें। उत्तरी भारत के गाँव अभी जाति आधारित टोलों में बॅटे मिलते है। पूर्व में अछूत समझी जाने वाली जातियाँ आज भी गाँव के बाहरी हिस्से में निवास करती है। धार्मिक पूर्वाग्रहों के कारण एक धर्म के लोग एक साथ रहना पंसद करते है। सामाजिक सांस्कृतिक एकीकरण का लक्ष्य प्राप्त कर लेने के बाद ही राष्ट्रीय एवं क्षेत्रीय एकीकरण का उद्देश्य प्राप्त हो सकेगा।

दक्षिण एशिया में एकता स्थापित करने में दक्षिण एशियाई क्षेत्रीय सहयोग संगठन .हिमतक्षेस, जैसे मंच अथवा चीन से उत्पन्न हो रहे खतरों के कारण चतुर्भज देशों के प्रयास तब तक सफल नहीं होंगें जब तक इस क्षेत्र में धर्म, नस्ल, जातिवाद और राष्ट्रवाद नियंत्रित नहीं होता है। सामाजिक सांस्कृतिक एकीकरण के लिए धार्मिक–राजनीतिक दुष्प्रचार पर रोक लगाना और सकारात्मक प्रयास प्रथम शर्त हैं।

सन्दर्भ सूची :

1. कुल जनसंख्या : दक्षिण एशिया https://data.worldbank.org/indicator
2. https://asiasociety.org/countries-regions
3. South Asia Most Diverse With 650 languages: The Hindu : January 8,2018 https://www.thehindu.com/news/national/karnataka/south-asia-most-diverse-with-650 languages/article22399276.ece#:~:text=The%20South%20Asian%20languages%20belong,and%20societies%2C%20the%20organisers%20added.
4. https://www.navjivanindia.com/opinion/the-basic-problems-of-south-asia-are-a-big-challenge-peace-and-tranquility-is-essential-for-solution
5. https://languages.oup.com/google-dictionary-en/
6. https://www.researchgate.net/publication/305391894_Ethnic_Groups_of_South_Asia_An_ample_study
7. समकालीन विश्व एवं भारत : प्रमुख मुदे और चुनौतिया, अरूणोदय बाजपेयी, डार्लिंग किंडरस्ले (इंडिया) प्रा०लि०,2012AP.56
8. https://carnegieendowment.org/2021/10/13/china-s-influence-in-south-asia-vulnerabilities-and-resilience-in-four-countries-pub-85552
9. https://afeias.com/wp-content/uploads/2019/07/CC-19-07-2019.pdf
10. दक्षिण एशिया में जातिय संघर्ष : मोहम्मद अमीन मीर और जुलफकार अहमद : www.jstor.org/stable/48590640

सहायक प्राध्यापक–सह–विभागाध्यक्ष ,
इतिहास विभाग,
रामजयपाल कॉलेज,
जय प्रकाश विश्वविद्यालय, छपरा,
बिहार

भारत–आसियान सम्बन्ध : एक विश्लेषण

डॉ. आजाद प्रताप सिंह

सारांश

आसियान और भारत की क्षेत्र में शांति और सुरक्षा में समान हितों को साझा करते हुए खुला, संतुलित एवं समावेशी क्षेत्रीय संरचना है। भारत हिंद महासागर से लेकर प्रशांत महासागर तक बड़े समुद्री क्षेत्रों के साथ रणनीतिक रूप से अवस्थित है। ये समुद्री क्षेत्र आसियान के कई सदस्य देशों के लिये महत्त्वपूर्ण व्यापार के रास्ते भी है। आसियान और भारत को व्यापार एवं निवेश को बढ़ावा देने के लिये प्रयासों को बढ़ाना होगा क्योंकि इन दोनों के दोहन की अपार संभावनाएँ हैं। एआईएफटीए से आगे निकलकर एक उच्च गुणवत्तापूर्ण क्षेत्रीय, व्यापक, आर्थिक साझेदारी के निर्माण के लिये काम करना होगा। इससे एक समेकित एशियाई बाजार का निर्माण होगा, जिसमें दुनिया की लगभग आधी आबादी और दुनिया की जीडीपी का एक–तिहाई हिस्सा निहित होगा। नियमों एवं विनियमनों को युक्तिसंगत बनाने से दोनों पक्षों में निवेशों को प्रोत्साहन मिलेगा, भारत की 'एक्ट ईस्ट' नीति को बढ़ावा मिलेगा और क्षेत्र में 'मेड इन इंडिया' का निर्यात सुगम होगा। भारत और आसियान को बेहतर भूमि, वायु एवं सामुद्रिक कनेक्टिविटी से काफी लाभ मिल सकता है। त्रिस्तरीय भारत–म्यामांर–थाइलैंड राजमार्ग के विस्तार के काम को गति देने की आवश्यकता है। आसियान–भारत वायु परिवहन समझौते को शीघ्र अंजाम देने से भौतिक कनेक्टिविटी को बढ़ावा मिलेगा। इससे क्षेत्र में लोगों का आवागमन बढ़ने के साथ ही दोनों पक्षों के परिवहनों हेतु नए और उभरते बाजारों, विशेषकर व्यवसाय, निवेश और पर्यटन को भी बढ़ावा मिलेगा। डिजिटल कनेक्टिविटी सहयोग का एक अन्य महत्त्वपूर्ण क्षेत्र है और यह भविष्य में दोनों पक्षों के लोगों के बीच आपसी संपर्क को आकार दे सकता है। जैसे कि भारत की 'आधार योजना' भारत–आसियान फिनटैक प्लेटफॉर्म को समन्वित करने या ई–पेमेंट प्रणालियों को कनेक्ट करने के लिये कई नए अवसरों का सृजन कर सकती है।

मूल शब्द : एक्ट ईस्ट पॉलिसी, देश, अर्थव्यवस्था, कनेक्टिविटी, भागीदारी, चुनौतियां।

एसोसिएशन ऑफ साउथईस्ट एशियन नेशंस एक क्षेत्रीय संगठन है जिसकी स्थापना एशिया–प्रशांत के उत्तर–औपनिवेशिक राज्यों के बीच

बढ़ते तनाव के बीच राजनीतिक और सामाजिक स्थिरता को बढ़ावा देने के लिए की गई थी। आसियान का आदर्श वाक्य "एक दृष्टि, एक पहचान, एक समुदाय" है।

उत्पत्ति : इसकी स्थापना 1967 में इसके संस्थापकों द्वारा आसियान घोषणा (बैंकाक घोषणा) पर हस्ताक्षर के साथ की गई थी। आसियान के संस्थापक पिता हैं: इंडोनेशिया, मलेशिया, फिलीपींस, सिंगापुर और थाईलैंड।

संस्था तंत्र : सदस्य राज्यों के अंग्रेजी नामों के वर्णानुक्रम के आधार पर आसियान की अध्यक्षता वार्षिक रूप से बदलती है।

आसियान शिखर सम्मेलन : आसियान की सर्वोच्च नीति निर्धारक संस्था है। आसियान में उच्चतम स्तर के प्राधिकरण के रूप में, शिखर सम्मेलन आसियान नीतियों और उद्देश्यों के लिए दिशा निर्धारित करता है। चार्टर के तहत, शिखर सम्मेलन वर्ष में दो बार होता है।

आसियान मंत्रिस्तरीय परिषदें : चार्टर ने शिखर सम्मेलन का समर्थन करने के लिए चार महत्वपूर्ण नए मंत्रिस्तरीय निकायों की स्थापना की।

1. आसियान समन्वय परिषद (एसीसी)।
2. आसियान राजनीतिक–सुरक्षा समुदाय परिषद।
3. आसियान आर्थिक समुदाय परिषद।
4. आसियान सामाजिक–सांस्कृतिक समुदाय परिषद।

समूहीकरण का महत्व :

दुनिया का तीसरा सबसे बड़ा बाजार : यूरोपीय संघ और उत्तरी अमेरिकी बाजारों से बड़ा। दुनिया की छठी सबसे बड़ी अर्थव्यवस्था, एशिया में तीसरी। मुक्त व्यापार समझौते (एफटीए) चीन, जापान, दक्षिण कोरिया, भारत, ऑस्ट्रेलिया और न्यूजीलैंड के साथ। विश्व स्तर पर चौथा सबसे लोकप्रिय निवेश गंतव्य।

आसियान की भूमिका : समूह ने आर्थिक पहलुओं से लेकर रणनीतिक और सुरक्षा पहलुओं तक विवादों को सुलझाने के लिए सदस्य देशों के लिए एक मंच के रूप में काम किया। क्षेत्रीय और अतिरिक्त–क्षेत्रीय बहुपक्षीय मंच आसियान को अपने संवाद भागीदारों के साथ जोड़ते हैं। इनमें वार्षिक मंत्रिस्तरीय बैठक (एएमएम), एशिया–प्रशांत आर्थिक भागीदारी (एपीईसी) और आसियान क्षेत्रीय मंच (एआरएफ) शामिल हैं। इन बहुपक्षीय पहलों के माध्यम से, आसियान ने एशिया की महान शक्तियों के साथ स्थिर संबंध बनाए रखे हैं। आसियान अब इस क्षेत्र में महत्वपूर्ण है। इसने चीन, भारत, जापान और अमेरिका सहित महान

शक्तियों के साथ क्षेत्रीय संबंधों को आकार देने में मदद की है। क्षेत्रीय शांति, स्थिरता और समृद्धि के लिए योगदान दक्षिण पूर्व एशिया से परे व्यापक एशिया–प्रशांत क्षेत्र तक जाता है। आसियान ने खुद को परमाणु हथियार मुक्त क्षेत्र घोषित किया है। दक्षिण पूर्व एशिया एक विविध और जटिल क्षेत्र है जहां दुनिया की हर प्रमुख संस्कृति और सभ्यता को जगह मिलती है। दशकों के संघर्षों का अनुभव करने वाले क्षेत्र के बावजूद, आधुनिक दक्षिण पूर्व एशिया एक साथ रहने और संपन्न होने वाली विभिन्न संस्कृतियों का उदाहरण प्रस्तुत करता है। वर्ष 2017 दक्षिण पूर्व एशियाई राष्ट्र संघ (आसियान) की स्थापना का 50वां वर्ष है।

भारत–आसियान : एसोसिएशन ऑफ साउथईस्ट एशियन नेशंस एक क्षेत्रीय अंतर–सरकारी संगठन है जिसमें दस दक्षिण पूर्व एशियाई देश शामिल हैं, जो अंतर–सरकारी सहयोग को बढ़ावा देता है और अपने सदस्यों और अन्य एशियाई राज्यों के बीच आर्थिक, राजनीतिक, सुरक्षा, सैन्य, शैक्षिक और सामाजिक–सांस्कृतिक एकीकरण की सुविधा प्रदान करता है। भारत–आसियान संबंधों को ऐतिहासिक और सांस्कृतिक संबंधों में खोजा जा सकता है। हिंदू धर्म, बौद्ध धर्म और इस्लाम भारत से इस क्षेत्र में फैले और इस साझा सांस्कृतिक विरासत की छाप कला रूपों और वास्तुकला में भी दिखाई देती है। इसके बावजूद आजादी के बाद भारत के आसियान के साथ अच्छे संबंध नहीं रहे क्योंकि शीत युद्ध काल (वैचारिक मतभेद) के दौरान आसियान अमेरिकी खेमे के अधीन था। आम खतरों और आकांक्षाओं के कारण। भारत और आसियान मुक्त और समावेशी क्षेत्रीय संरचना बनाने की इच्छा में स्वाभाविक भागीदार हैं।

संस्कृति : दक्षिण पूर्व एशिया के साथ भारत का सांस्कृतिक संबंध सदियों पुराना है और दोनों क्षेत्रों के बीच एक जीवंत कड़ी के रूप में कार्य करता है। प्रागैतिहासिक काल से सभ्यता और सांस्कृतिक संबंध हजारों साल पहले के हैं। इस क्षेत्र का रामायण के रूप में कई भारतीय शास्त्रीय कार्यों में उल्लेख किया गया है, जबकि भारतीय व्यापारियों ने पहली शताब्दी ईस्वी तक हिंदू धर्म और बौद्ध धर्म को समुद्र के पार लाना शुरू कर दिया था, जिससे सुमात्रा में श्रीविजय और जावा, बाली और मजापहित जैसे राज्यों और साम्राज्यों का विकास प्रभावित हुआ। फिलीपीन द्वीपसमूह, इंडोनेशिया में हिंदू धार्मिक प्रतीक बहुत लोकप्रिय हैं। मध्ययुगीन काल में, भारतीय राजाओं का इस क्षेत्र में काफी प्रभाव था क्योंकि जावा, इंडोनेशिया में बोरोबुदुर के हिंदू मंदिर और कंबोडिया में अंगकोरवाट मंदिर इसकी गवाही देते हैं। इसके अलावा दोनों क्षेत्रों के बीच एक समृद्ध व्यापारिक संबंध भी थे। विभिन्न तरीकों से सांस्कृतिक

सहयोग बढ़ा है : बौद्ध धर्म, योग व नालंदा विश्वविद्यालय का पुनरुद्धार, विश्वविद्यालयों में भारतीय अध्ययन पीठ (सिंगापुर, मलेशिया, इंडोनेशिया) व भारतीय सांस्कृतिक केंद्र (जकार्ता, बाली, बैंकॉक, कुआलालंपुर, सुवा, लौतोका), और स्मारकों की संयुक्त बहाली (कंबोडिया, वियतनाम, लाओस)।

25–26 जनवरी को नई दिल्ली में आयोजित आसियान–भारत मैत्री रजत जयंती शिखर सम्मेलन (ASEAN & India Commemorative Summit) और राजपथ पर भारतीय गणतंत्र की 69वीं वर्षगाँठ पर आयोजित परेड में आसियान के सभी 10 देशों के राष्ट्राध्यक्षों की बतौर मुख्य अतिथि मौजूदगी, आसियान–भारत के बीच में शांति, सहयोग व साझा समृद्धि को बढ़ाने के लिये दीर्घकालिक आसियान–भारत की भागीदारी के लिये रोडमैप पर हस्ताक्षर किये गए थे। इसका तीसरा संस्करण (2016–20) अगस्त 2015 में हुई आसियान–भारत के विदेश मंत्रियों की बैठक में अपनाया गया था। इस समयावधि में प्राथमिकता वाले क्षेत्रों की पहचान की गई है। भारत के प्रमुख साझेदार और बाजार, जैसे–आसियान एवं पूर्वी एशिया से लेकर उत्तरी अमेरिका तक पूर्व की ओर अवस्थित हैं। भूमि एवं समुद्री मार्गों से जुड़े दक्षिण–पूर्व एशिया और आसियान के साथ 'लुक ईस्ट' नीति एवं पिछले तीन वर्षों से 'एक्ट ईस्ट'नीति के तहत द्विपक्षीय संबंध और मजबूत होते जा रहे हैं। आसियान और भारत रणनीतिक साझेदार हैं और 30 व्यवस्थाओं के जरिये व्यापक आधार वाली आपसी साझेदारी को आगे बढ़ा रहे हैं। आसियान के प्रत्येक सदस्य देश के साथ भारत की राजनयिक, आर्थिक और सुरक्षा साझेदारी बढ़ रही है।

आसियान–भारत संबंध : 2012 में दोनों पक्षों के संबंधों की 20वीं वर्षगाँठ पर रणनीतिक साझेदारी में बदल गए। दोनों पक्षों के बीच एक वार्षिक लीडर्स समिट एवं सात मंत्रिस्तरीय वार्ताओं सहित लगभग 30 मंच हैं। भारत सक्रियतापूर्वक आसियान क्षेत्रीय फोरम, आसियान रक्षा मंत्रियों की बैठक एवं पूर्व एशिया समिट सहित आसियान के नेतृत्व वाले मंचों में भाग लेता है। भारत का वार्षिक ट्रैक 1.5 कार्यक्रम दिल्ली संवाद आसियान–भारत के बीच राजनीतिक–सुरक्षा और आर्थिक मुद्दों पर चर्चा के लिये है। आसियान–भारत सामरिक साझेदारी से संबंधित विभिन्न मुद्दों पर कार्यशालाओं, सेमिनारों और सम्मेलनों का आयोजन करने के लिये आसियान–भारत केंद्र की स्थापना की गई है। अंतरिक्ष प्रौद्योगिकी और मैरीटाइम सुरक्षा को और पुख्ता करने के लिये तथा आतंकवाद निरोधक उपायों के लिये भी भारत–आसियान के बीच सहयोग किया

जाता है। आसियान–भारत के बीच विज्ञान और प्रौद्योगिकी विकास कोष, आसियान–भारत सहयोग निधि, आसियान–भारत ग्रीन कोष, आसियान–भारत एसएंडटी विकास फंड के साथ–साथ राजनीतिक सुरक्षा सहयोग, सामाजिक–सांस्कृतिक क्षेत्र में भी सहयोग किया जाता है। आसियान–भारत मिलकर कृषि, विज्ञान और प्रौद्योगिकी, अंतरिक्ष, पर्यावरण और जलवायु परिवर्तन, मानव संसाधन विकास, नवीकरणीय ऊर्जा, पर्यटन आदि क्षेत्रों में विभिन्न परियोजनाओं के कार्यान्वयन के माध्यम से सहयोग कर रहे हैं।

आर्थिक सहयोग : आसियान भारत का चौथा सबसे बड़ा व्यापार भागीदार है और भारत आसियान का सातवां सबसे बड़ा व्यापार भागीदार है। आसियान के साथ भारत का व्यापार 2016–17 में बढ़कर 70 अरब डॉलर का हो गया है, जबकि 2015–16 में यह 65 अरब डॉलर था। सिंगापुर की अगुवाई में आसियान भारत का प्रमुख निवेश स्रोत है। आसियान देशों व भारत के बीच वर्ष 2000 से निवेश प्रवाह 12.5 प्रतिशत बढ़ चुका है। अप्रैल 2000 से अगस्त 2017 के बीच आसियान से भारत में निवेश प्रवाह 514.73 बिलियन डॉलर था। भारत द्वारा विदेश में किये जाने वाले निवेश का 20 प्रतिशत से भी अधिक हिस्सा आसियान के देशों में जाता है। इस क्षेत्र में भारत द्वारा किये गए मुक्त व्यापार समझौते अपनी तरह के सबसे पुराने समझौते हैं और किसी भी अन्य क्षेत्र की तुलना में सबसे महत्त्वकांक्षी हैं।

कनेक्टिविटी : आसियान–भारत कनेक्टिविटी दोनों पक्षों के लिये बेहद महत्त्वपूर्ण है। आसियान संपर्क समन्वय समिति का तीसरा संवाद साझेदार भारत 2013 में बना था। आसियान–भारत के बीच समुद्री और हवाई क्षेत्रों में संपर्क का तेजी से विस्तार हुआ है। दोनों पक्ष प्राथमिकता के आधार पर महाद्वीपीय दक्षिण–पूर्व एशिया में राजमार्गों का विस्तार कर रहे हैं। भारत–म्यांमार–थाईलैंड त्रिपक्षीय राजमार्ग को आपस में जोड़ने वाली सड़कों के साथ यात्रियों व माल परिवहन को जोड़ने के लिये काम चल रहा है। इसके परिणामस्वरूप दक्षिण–पूर्व एशिया में पर्यटन के सबसे तेजी से बढ़ते स्रोतों में अब भारत भी शामिल हो गया है। भारत इस क्षेत्र में भारत–म्यांमार–थाईलैंड त्रिपक्षीय (IMT) राजमार्ग और कलादान परियोजना जैसी कई कनेक्टिविटी परियोजनाएं कार्यान्वित कर रहा है। भारत और आसियान देशों में हाल ही में कंबोडिया में आयोजित 19वें आसियान–भारत शिखर सम्मेलन में एक व्यापक रणनीतिक भागीदारी (Comprehensive Strategic partnership) स्थापित कर अपने संबंधो को एक नई ऊर्जा प्रदान की है।

भारत और दक्षिण पूर्व एशिया

भारत की एक्ट ईस्ट नीति एशिया–प्रशांत क्षेत्र में विस्तारित पड़ोस पर केंद्रित है। जिस नीति की मूल रूप से एक आर्थिक पहल के रूप में कल्पना की गई थी, उसने संवाद और सहयोग के लिए संस्थागत तंत्र की स्थापना सहित राजनीतिक, रणनीतिक और सांस्कृतिक आयाम प्राप्त किए हैं। भारत ने इंडोनेशिया, वियतनाम, मलेशिया, जापान, कोरिया गणराज्य (ROK), ऑस्ट्रेलिया, सिंगापुर और दक्षिण पूर्व एशियाई देशों के संगठन (ASEAN) के साथ अपने संबंधों को रणनीतिक साझेदारी में उन्नत किया है और एशिया–प्रशांत क्षेत्र के सभी देशों के साथ घनिष्ठ संबंध बनाए हैं। इसके अलावा, आसियान, आसियान क्षेत्रीय मंच (एआरएफ) और पूर्वी एशिया शिखर सम्मेलन (ईएएस) के अलावा, भारत बहु–क्षेत्रीय तकनीकी और आर्थिक सहयोग के लिए बंगाल की खाड़ी पहल (बिम्सटेक), एशिया सहयोग संवाद जैसे क्षेत्रीय मंचों में भी सक्रिय रूप से शामिल रहा है। (एसीडी), मेकांग गंगा सहयोग (एमजीसी) और हिंद महासागर रिम एसोसिएशन (आईओआरए)। एक्ट ईस्ट पॉलिसी ने इंफ्रास्ट्रक्चर, मैन्युफैक्चरिंग, ट्रेड, स्किल्स, अर्बन रिन्यूअल, स्मार्ट सिटीज, मेक इन इंडिया और अन्य पहलों पर हमारे घरेलू एजेंडे में भारत–आसियान सहयोग पर जोर दिया है। कनेक्टिविटी परियोजनाएं, अंतरिक्ष में सहयोग, एस एंड टी और लोगों से लोगों का आदान–प्रदान क्षेत्रीय एकीकरण और समृद्धि के लिए स्प्रिंगबोर्ड बन सकता है।

'एक्ट ईस्ट पॉलिसी' का उद्देश्य आर्थिक सहयोग, सांस्कृतिक संबंधों को बढ़ावा देना और द्विपक्षीय, क्षेत्रीय और बहुपक्षीय स्तरों पर निरंतर जुड़ाव के माध्यम से एशिया–प्रशांत क्षेत्र के देशों के साथ रणनीतिक संबंध विकसित करना है, जिससे उत्तर पूर्वी क्षेत्र के राज्यों को बेहतर कनेक्टिविटी प्रदान की जा सके। हमारे पड़ोस में अन्य देशों के साथ अरुणाचल प्रदेश सहित। हमारी एक्ट ईस्ट पॉलिसी (एईपी) में भारत के उत्तर पूर्व को प्राथमिकता दी गई है। AEP अरुणाचल प्रदेश राज्य और आसियान क्षेत्र सहित उत्तर पूर्व भारत के बीच एक इंटरफेस प्रदान करता है। द्विपक्षीय और क्षेत्रीय स्तरों पर विभिन्न योजनाओं में व्यापार, संस्कृति, लोगों से लोगों के संपर्क और भौतिक बुनियादी ढांचे (सड़क, हवाई अड्डे, दूरसंचार, बिजली आदि) के माध्यम से आसियान क्षेत्र के साथ पूर्वोत्तर की कनेक्टिविटी को विकसित करने और मजबूत करने के लिए स्थिर प्रयास शामिल हैं। कुछ प्रमुख परियोजनाओं में कलादान मल्टी–मोडल ट्रांजिट ट्रांसपोर्ट प्रोजेक्ट, भारत–म्यांमार–थाईलैंड त्रिपक्षीय राजमार्ग परियोजना, री–टिडिम रोड प्रोजेक्ट, बॉर्डर हाट आदि शामिल हैं।

भारत और दक्षिण पूर्व एशिया

2016–20 की अवधि के लिए आसियान–भारत कार्य योजना अगस्त 2015 में अपनाई गई है जो राजनीतिक–सुरक्षा, आर्थिक और सामाजिक–सांस्कृतिक के तीन स्तंभों के साथ ठोस पहल और सहयोग के क्षेत्रों की पहचान करती है। भारत आसियान, एआरएफ, ईएएस, बिम्सटेक, एसीडी, एमसीजी और आईओआरए जैसे संबंधित क्षेत्रीय और बहुपक्षीय संगठनों के साथ घनिष्ठ साझेदारी बनाने के प्रयासों को आगे बढ़ा रहा है। सभ्यता के मोर्चे पर, लोगों के बीच नए संपर्क और जुड़ाव विकसित करने के लिए बौद्ध और हिंदू संबंधों को सक्रिय किया जा सकता है। कनेक्टिविटी के मामले में, एक सुसंगत रणनीति विकसित करने के लिए विशेष प्रयास किए जा रहे हैं, विशेष रूप से आसियान को हमारे उत्तर पूर्व के साथ जोड़ने के लिए। परिवहन अवसंरचना के निर्माण, क्षेत्र में कनेक्टिविटी बढ़ाने के लिए एयरलाइनों को प्रोत्साहित करने, शैक्षणिक और सांस्कृतिक संस्थानों के बीच संपर्क सहित कई उपाय किए जा रहे हैं। आसियान के साथ हमारे आर्थिक जुड़ाव में तेजी आई है – क्षेत्रीय एकीकरण और परियोजनाओं का कार्यान्वयन प्राथमिकताएं हैं। सेवा और निवेश में व्यापार पर आसियान–भारत समझौता 1 जुलाई 2015 से भारत और सात आसियान देशों के लिए लागू हो गया है। आसियान–भारत व्यापार वार्ता समिति को माल समझौते में आसियान–भारत व्यापार की समीक्षा करने का काम सौंपा गया है। भारत ने अंतर्राष्ट्रीय सौर गठबंधन में भाग लेने के लिए आसियान सदस्य देशों को भी आमंत्रित किया है जिसे उसने 30 नवंबर 2015 को COP-21 में फ्रांस के साथ सह–लॉन्च किया है। सामरिक मुद्दों पर, हम द्विपक्षीय और बहुपक्षीय दोनों प्रारूपों में प्रमुख भागीदारों के साथ सुरक्षा हितों पर अभिसरण बढ़ा रहे हैं। आतंकवाद का मुकाबला करने में घनिष्ठ सहयोग।

हाल ही आसियान देशों के विदेश मंत्रियों की बैठक का आयोजन किया गया है। इस भारत –आसियान विदेश मंत्रियों की बैठक (AIFMM) में भारत के विदेश मंत्री ने हिस्सा लिया है। दोनों पक्षों ने कोविड महामारी के बाद के समय में आसियान–भारत सहयोग को बढ़ाने के तरीकों पर विचार–विमर्श किया। इनमें स्मार्ट कृषि, स्वास्थ्य देखभाल, नई और नवीकरणीय ऊर्जा, डिजिटल समावेशिता और फिनटेक के क्षेत्रों में सहयोग बढ़ाना शामिल हैं। दक्षिण–पूर्वी एशियाई राष्ट्रों का संगठन (आसियान/ASEAN भारत सहयोग के क्षेत्र) आसियान भारत का चौथा सबसे बड़ा व्यापारिक भागीदार है। भारत के कुल व्यापार में आसियान की हिस्सेदारी 6 प्रतिशत है। आसियान, भारत की 'एक्ट ईस्ट पॉलिसी' और 'इंडो–पैसिफिक ओशन इनिशिएटिव (IPOI)' के केंद्र में है। भारत,

आसियान क्षेत्रीय मंच (ARF) का सदस्य है। ARF आसियान के लिए राजनीतिक और सुरक्षा पार आयामों पर ध्यान केंद्रित करता है।

प्रमुख सहयोग परियोजनाएं निम्नलिखित हैं :

मेकांग–गंगा सहयोग, भारत–म्यांमार–थाईलैंड त्रिपक्षीय राजमार्ग, कलादान मल्टीमॉडल परियोजना आदि। भारत आसियान सदस्यों के साथ अलग–अलग द्विपक्षीय सैन्य अभ्यास करता है। ये हैं: इंडोनेशिया और थाईलैंड के साथ कॉर्पेट, इंडोनेशिया के साथ समुद्र शक्ति, सिंगापुर के साथ सिम्बेक्स।

चिंता के मुख्य क्षेत्र :

1. आर्थिक निवेश में चीन का दबदबा है। परियोजनाओं को पूरा करने में भारत की ओर से देरी होती रही है।
2. आसियान 10 देशों का एक अंतर–सरकारी संगठन है। इसका उद्देश्य मुख्य रूप से अपने सदस्यों के बीच आर्थिक विकास और क्षेत्रीय स्थिरता को बढ़ावा देना है।
3. आसियान हिंद–प्रशांत के केंद्र में स्थित है, जहां से वैश्विक व्यापार का 50ः हिस्सा होकर गुजरता है। इस प्रकार, इस क्षेत्र का सामरिक महत्व बहुत अधिक है।
4. वर्ष 2022 में आसियान–भारत संबंधों के 30 वर्ष पूरे हुए हैं। इसे 'आसियान–भारत मैत्री वर्ष के रूप में मनाया जा रहा है।

चुनौतियाँ :

व्यापार और निवेश में असंतुलन हालांकि दोनों क्षेत्रों के बीच व्यापार में काफी वृद्धि हुई है, लेकिन यह भारत के खिलाफ तिरछा है। यह मुख्य रूप से आसियान के साथ मुक्त व्यापार समझौते (एफटीए) के लिए जिम्मेदार है, जिसके परिणामस्वरूप भारत में सस्ते आयातित उत्पादों की बाढ़ आ गई है। व्यापार के प्रतिकूल संतुलन के अलावा, भारत के घरेलू उत्पादकों को भी नुकसान उठाना पड़ रहा है। उदाहरण के लिए आसियान से सस्ता ताड़ का तेल, केरल में स्थानीय उत्पाद उत्पादकों को नुकसान पहुंचा रहा है। निवेश के मोर्चे पर भी भारत बैकफुट पर है। 2015 में, भारत का आसियान में कुल शुद्ध प्रवाह का केवल 1.3 प्रतिशत था और यह मुख्य रूप से वित्तीय, बीमा और रियल एस्टेट खंड में था। इसके अलावा भारत द्वारा आसियान देशों में एफडीआई का निवेश इसके कुल आउटबाउंड एफडीआई का 22ः है ये अमेरिका, यूरोपीय संघ और जापान की तुलना में बहुत कम। चीन की बढ़ती उपस्थिति दक्षिण चीन सागर के मुद्दे पर चीन और आसियान सदस्यों के बीच समस्याओं के बावजूद, चीन अपनी वन बेल्ट वन रोड पहल के माध्यम से इस क्षेत्र में

अपनी उपस्थिति बढ़ाने की कोशिश कर रहा है, जिसका भारत विरोध कर रहा है।

उदाहरण के लिए हाई स्पीड रेल लिंक के जरिए लाओस, थाईलैंड को दक्षिणी चीन से जोड़ने के लिए निवेश किया गया है। भौतिक जुड़ाव बेहतर परिवहन संपर्क भारत–आसियान संबंधों के लिए महत्वपूर्ण है। लेकिन इस मोर्चे पर भी दोनों पक्ष पीछे रह गए। रेलवे लिंक नहीं हैं, खराब सड़क सुविधाएं हैं। विभिन्न राजनीतिक और वित्तीय बाधाओं के कारण बुनियादी ढांचा परियोजनाओं– भारत–म्यांमार–थाईलैंड त्रिपक्षीय राजमार्ग, कलादान मल्टीमॉडल ट्रांजिट एंड ट्रांसपोर्ट प्रोजेक्ट, और मोरेह–मांडले बस सेवाओं को पूरा करने में देरी ने आर्थिक सहयोग की प्रगति को बाधित किया है। इसके अलावा, भारत की उत्तर पूर्व कनेक्टिविटी भी बाधित हुई है। यह देखते हुए कि म्यांमार पूर्वोत्तर राज्यों के साथ इतनी लंबी सीमा साझा करता है और भारत और दक्षिण पूर्व एशियाई बाजारों के बीच एक सेतु का काम कर सकता है, इसलिए रुकी हुई परियोजनाओं को गति देने की आवश्यकता है।

आसियान में रणनीतिक संप्रभुता का अभाव है क्योंकि क्षेत्र के प्रमुख नेता क्षेत्र की जटिल भू–राजनीति में लगे हुए हैं इसलिए आसियान को इसे एक से आगे ले जाने के लिए कई नेताओं की ओर देखना होगा। इस कमी ने भारत के लिए भी भरोसे की कमी पैदा की और अंततः संगठन के साथ भारत के संबंधों को चुनौती दी। दक्षिण पूर्व एशियाई क्षेत्र में ओबीओआर के माध्यम से चीन की बढ़ती मुखरता और उसकी सॉफ्ट पावर कूटनीति के साथ भारत के लिए इस क्षेत्र में प्रभावी रूप से जुड़ना अनिवार्य हो गया है। अनुकूल आर्थिक संबंधों के लिए प्रयास करने के अलावा, दोनों पक्षों को संबंधों में विशेष रूप से ऊर्जा सुरक्षा के अनछुए क्षेत्रों का भी पता लगाना चाहिए। आसियान देश, विशेष रूप से म्यांमार, वियतनाम और मलेशिया भारत की ऊर्जा सुरक्षा में संभावित योगदान दे सकते हैं। साथ ही क्षेत्रीय सहयोग के जरिए दक्षिण चीन सागर क्षेत्र में तेल और प्राकृतिक गैस के भंडार का पता लगाया जाना चाहिए। इसी तरह, विशाल जनसांख्यिकीय लाभांश के साथ भारत आसियान को एक मानव संसाधन आधार प्रदान कर सकता है जो कामकाजी उम्र की आबादी के कम हिस्से और श्रमिकों की उच्च औसत आयु के बोझ का अनुभव करने जा रहा है। भारत–प्रशांत क्षेत्र में भारत के भू–रणनीतिक हित इस क्षेत्र के देशों के साथ भारत के द्विपक्षीय और बहुपक्षीय संबंधों पर निर्भर करते हैं। एक संगठन के रूप में आसियान के साथ और अलग–अलग दक्षिण पूर्व एशियाई देशों के साथ सौहार्द बनाए रखना भारत के लिए महत्वपूर्ण है।

19वें आसियान–भारत शिखर सम्मेलन में उपराष्ट्रपति जगदीप धनखड़ ने कहा है कि भारत–आसियान संबंध भारत की एक्ट ईस्ट नीति का मुख्य स्तम्भ है। भारत और दक्षिण–पूर्व एशिया के बीच सभ्यतागत और सांस्कृतिक तथा आर्थिक क्षेत्र में प्रगाढ़ सम्बन्ध हैं। प्राचीन समय से चले आ रहे ये संबंध आधुनिक समय में आपसी सम्बन्धों के लिए ठोस बुनियाद उपलब्ध कराते हैं। 1992 में केन्द्रीय साझेदारी से लेकर 2022 में व्यापक रणनीतिक साझेदार के रूप में दोनों देशों के संबंध इसी आधार पर बने हैं। आसियान–भारत मैत्री के 30 वर्ष पूरे होने के अवसर पर उपराष्ट्रपति ने कहा कि इन तीन दशकों में सम्पर्क से लेकर जलवायु परिवर्तन तक, सुरक्षा, अतंरिक्ष, शिक्षा, पारिस्थितिकी और प्रौद्यागिकी से लेकर व्यापार तक सहयोग के क्षेत्र में बहुपक्षीय और बहुआयामी वृद्धि हुई है। इससे बेहतर भविष्य की दिशा में दोनों पक्षों की प्रतिबद्धता का पता चलता है। उपराष्ट्रपति ने इस बात पर बल दिया कि भारत क्षेत्रीय, बहुपक्षीय और वैश्विक क्रम के महत्वपूर्ण स्तम्भ के रूप में आसियान को बहुत महत्व देता है। उन्होंने कहा कि भारत हिन्द–प्रशान्त क्षेत्र की मौजूदा स्थिति में आसियान के केन्द्रीय पक्ष का समर्थन करता है। क्षेत्र में शांति, समृद्धि और स्थिरता सुनिश्चित करने के लिए भारत और आसियान का साझा दृष्टिकोण है। भविष्य में अनिश्चित भौगोलिक–राजनीतिक वातावरण को देखते हुए परस्पर रणनीतिक विश्वास प्रगाढ़ करने के साथ भारत–आसियान सहयोग को बढ़ाने की आवश्यकता है। इसके लिए व्यापक रणनीतिक साझेदारी मार्ग प्रशस्त करेगी।

निष्कर्ष : भारत व आसियान के बीच बहुपक्षीय संबंधों का विकास देश में आर्थिक उदारीकरण के बाद से शुरू हुआ। इसी कड़ी के 25 साल पूरे होने के मौके पर आसियान–भारत मैत्री रजत जयंती शिखर सम्मेलन में दोनों पक्षों ने भविष्य की यात्रा के लिये अपने संकल्प को दोहराया। भारत और आसियान की अर्थव्यवस्था साथ मिलकर दुनिया की तीसरी सबसे बड़ी अर्थव्यवस्था बन सकती है। भारत एवं आसियान देशों के संबंध किसी भी प्रकार की प्रतिस्पर्धा एवं दावेदारी से मुक्त हैं और दोनों के पास भविष्य के लिये एक साझा दृष्टिकोण है, जो समावेशन एवं एकीकरण, सभी राष्ट्रों की सार्वभौमिक समानता तथा व्यापार और पारस्परिक संबंधों के लिये स्वतंत्र एवं खुले मार्गों के समर्थन की प्रतिबद्धता पर आधारित है। भारत के विकास की यात्रा में देश का उत्तर–पूर्व क्षेत्र भी प्रगति के पथ पर है और आसियान देशों के साथ कनेक्टिविटी से इस प्रगति को और गति मिलेगी।

सन्दर्भ सूची :

1. डॉ. पुष्पेश संत श्री पाल जैन– अंतर्राष्ट्रीय सम्बन्ध सिद्धान्त और व्यवहार पेज, 540

2. डॉ. प्रमोद कुमार, आर्थिक राजनीतिक लाभ हेतु भारत आसियान पुनः जुड़ाव वर्ल्ड फोकस जनवरी 2013, ISSN 2231–0185

3. डॉ. प्रमोद कुमार, आर्थिक राजनीतिक लाभ हेतु भारत आसियान पुनः जुड़ाव वर्ल्ड फोकस जनवरी 2013, ISSN 2231–0185, पेज– 28,29

4. तपन विश्वाल अंतर्राष्ट्रीय सम्बन्ध, पेज 105

5. सापतनी सेन, मजूमदार पेज नं0. 7, वर्ल्ड फोकस जनवरी 2013

6- Prasant Kumar Sahu- enhancing India, increasing engagement with ASEAN Countries and China's concern, ist&138

7. तपन विश्वास पेज 107, अंतर्राष्ट्रीय सम्बन्ध।

असिस्टेंट प्रोफेसर
राजनीतिशास्त्र विभाग,
एम0एल0के0पी0जी0, कॉलेज, बलरामपुर,
उत्तर प्रदेश
email : pratapazad.singh@gmail.com

भारत की विदेश नीति और दक्षिण पूर्वी एशिया

डॉ. विनी शर्मा

प्रस्तावना

दक्षिण पूर्वी एशिया शब्द का प्रयोग उन देशों के लिए किया जाता है जो हिंद महासागर की पूर्व तथा पश्चिमी प्रशांत महासागर के क्षेत्र में आते हैं। 1945 से पूर्व यह शब्द अंतरराष्ट्रीय संबंधों से बाहर था। 1945 के बाद ही भारत के पूर्वोत्तर चीन के दक्षिण पश्चिम में स्थित देशों में म्यांमार, बरुनी, इंडोनेशिया कमपुचिया, लाओस, मलेशिया,फिलीपाइन,सिंगापुर,थाईलैंड, वियतनाम आदि देशों का क्षेत्र दक्षिण पूर्वी एशिया के नाम से जाना गया। यह क्षेत्र सामरिक तथा भौगोलिक दृष्टि से महत्वपूर्ण होने के कारण साम्राज्यवादी देशों का उपनिवेश भी रहा और इसके आर्थिक समृद्धि ने साम्राज्यवादी ताकतों को इस ओर आकर्षित भी किया। साम्यवाद के बढ़ते प्रभाव में 1945 के बाद पश्चिमी शक्तियों को नई चुनौती पेश की। इस क्षेत्र में पश्चिम द्वारा साम्यवाद का प्रसार रोकने के लिए 'इकाफे' एवं 'ग्रेट ईस्ट एशियन की प्रोस्पेरिटी' जैसे संगठनों का महत्व दिया गया। लेकिन इनसे क्षेत्र को कोई विशेष लाभ नहीं हुआ। 1954 में SEATO का गठन किया गया।[1] सैनिक संगठन होने के कारण SEATO भी इस क्षेत्र के आर्थिक विकास की समस्याओं पर अपना पूरा ध्यान केंद्रित नहीं कर पाया। इस संगठन में पश्चिमी शक्तियों की भागीदारी से चिंतित इस क्षेत्र के देशों ने आर्थिक विकास का भार स्वयं वहन करने की घोषणा की। परिणाम स्वरूप 1959 में आसियान के निर्माण का रास्ता तय किया।

ASEAN की स्थापना :

वियतनाम में अमेरिकी हस्तक्षेप, कंबोडिया में राजनीतिक संकट, ब्रिटेन व फ्रांस की एशिया नीति में परिवर्तन तथा हिंद-चीन क्षेत्र के देशों में आई राजनीतिक जागृति ने इस क्षेत्र में एक ऐसी शक्तिशाली आर्थिक संस्था स्थापित करने का रास्ता बनाया जो इस क्षेत्र के आर्थिक विकास में योगदान दे सकें। इनके परिणामस्वरूप 8 अगस्त 1967 को आसियान की स्थापना हेतु बैंकॉक घोषणा पत्र पर हस्ताक्षर किए गए। प्रारंभ में इंडोनेशिया, मलेशिया,

फिलीपींस, सिंगापुर, थाईलैंड ने इस घोषणापत्र पर हस्ताक्षर किए। बाद में अन्य देशों ने भी इसकी सदस्यता ग्रहण कर ली और सदस्यता का आंकड़ा 10 से ऊपर पहुंच गया।[2] भारत, रूस चीन को भी आसियान का संवाद सहयोगी सदस्य बना दिया गया।

ASEAN के उद्देश्य :

आसियान एक विशुद्ध असैनिक संगठन है। फिर भी बैंकॉक घोषणापत्र में सभी सदस्य देशों को क्षेत्रीय शांति हेतु सहयोग करने की अपील की गई। इसके प्रमुख उद्देश्य इस प्रकार[3] है :

- न्याय और कानून के शासन के लिए सम्मान और संयुक्त राष्ट्र चार्टर के सिद्धांत के पालन के माध्यम से क्षेत्र में शांति व्यवस्था को प्रोत्साहित करना।
- क्षेत्र में सामाजिक, सांस्कृतिक व आर्थिक विकास को प्रोत्साहित करना।
- सांझे हितों में परस्पर सहायता में सहयोग की भावना को बढ़ाना।
- शिक्षा,तकनीकी, ज्ञान, वैज्ञानिक क्षेत्र में पारस्परिक सहयोग को बढ़ावा देना।
- क्षेत्र में अनुसंधान प्रशिक्षण तथा अध्ययन को प्रोत्साहित करना।
- समाज उद्देश्यों वाले क्षेत्रीय तथा अंतरराष्ट्रीय संगठनों के साथ अधिक सहयोग करना।
- कृषि, व्यापार, उद्योग के विकास में सहयोग देना। परिवहन और संचार सुविधाओं में सुधार और लोगों के जीवन स्तर को बढ़ाने के लिए और अधिक प्रभावी ढंग से सहयोग करना।
- मौजूदा अंतरराष्ट्रीय और क्षेत्रीय संगठनों के साथ घनिष्ठ और लाभदायक सहयोग बनाए रखने के लिए प्रयासरत रहना।
- स्वतंत्रता, संप्रभुता, समानता, क्षेत्रीय अखंडता और सभी देशों की राष्ट्रीय पहचान के लिए पारस्परिक सम्मान बनाए रखना।
- एक दूसरे के आर्थिक मामलों में गैर-हस्तक्षेप, शांतिपूर्ण तरीकों से मतभेद या विवादों का निपटारा,बल खतरे के उपयोग का त्याग करना, आपस में प्रभावी सहयोग बनाए रखना।

इस तरह आसियान निर्माण का उद्देश्य आर्थिक, सामाजिक, सांस्कृतिक, वैज्ञानिक, राजनीतिक सहयोग को बढ़ावा देना है।

ASEAN के कार्य :

इनका कार्य क्षेत्र बहुत व्यापक है। यह समस्त राजनीतिक, आर्थिक, सामाजिक, सांस्कृतिक, वैज्ञानिक, तकनीकी, व्यापारिक तथा प्रशासनिक क्षेत्रों में कार्यकर रहा है। आज दक्षिण पूर्व एशिया में अनेक सामाजिक व आर्थिक समस्याएं हैं जिनको हल करने के लिए यह संगठन निरंतर प्रयासरत है। आसियान की स्थाई समिति ने जनसंख्या विस्फोट, निर्धनता, आर्थिक शोषण, असुरक्षा से संबंधित अनेक नीतियां और कार्यक्रम बनाए हैं। इसके प्रमुख कार्य इस प्रकार[4] है :

- यह दक्षिण पूर्व एशिया में मुक्त व्यापार क्षेत्र विकसित करने की दिशा में महत्वपूर्ण कार्य कर रहा है। व्यापार की उदार नीतियों को प्रोत्साहित करके इस दिशा में निरंतर प्रयास किया जा रहा है। इसका उद्देश्य सांझा बाजार स्थापित करना है।
- पर्यटन के क्षेत्र में सहयोग को बढ़ावा देना और यह अपने एक सामूहिक संगठन आसियंटा के माध्यम से कार्य कर रहा है।
- यह सदस्य देशों में सुरक्षा व शांति के लिए आणविक हथियारों पर रोक लगाने पर जोर दे रहा है।
- यह संगठन दक्षिण पूर्व एशिया के आर्थिक विकास पर जोर दे रहा है।
- यह सांस्कृतिक गतिविधियों को बढ़ावा देने के लिए रेडियो तथा दूरदर्शन के माध्यम से सहयोग को बढ़ावा दे रहा है।
- यह जनसंख्या नियंत्रण, शिक्षा का विकास, समाज कल्याण, दवाइयों का नियंत्रण, खेल आदि के कार्यक्रमों को प्रोत्साहित कर रहा है।
- कृषि को बढ़ावा देने के लिए यह तकनीकी शिक्षा का लाभ किसानों तक पहुंचाने का प्रयास कर रहा है।

इस प्रकार आसियान सदस्य राष्ट्रों में पारस्परिक आर्थिक, सामाजिक, सांस्कृतिक, वैज्ञानिक, तकनीकी व प्रशासनिक सहयोग को बढ़ावा देने के लिए प्रयास चल रहा है। यह क्षेत्र में एक सांझा बाजार स्थापित करने की दिशा में निरंतर प्रयासरत है।

दक्षिण पूर्व एशिया और भारत के ऐतिहासिक संबंध :

1954 में जवाहरलाल नेहरू के नेतृत्व में जब गुटनिरपेक्ष आंदोलन की शुरुआत हुई, तो दक्षिण एशिया के देशों का भरपूर सहयोग मिला। बाद में

इस आंदोलन में एशिया, अफ्रीका और लैटिन अमेरिका के अनेक देश शामिल हो गए। दक्षिण एशिया और हिंद महासागर के देश चाहते थे कि विश्व में शांति और सद्भाव के लिए इस आंदोलन को ज्यादा से ज्यादा देशों का साथ मिले। लेकिन अभी दक्षिण पूर्व एशिया के कई देशों में यूरोपीय और अमेरिकी अतिक्रमण जारी था। इसी दौरान सन 1967 में आसियान की स्थापना हुई और धीरे-धीरे दक्षिण पूर्व एशिया के अन्य देश भी इसमें शामिल होते चले गए। इसके बाद 1985 में दक्षिण एशियाई देशों का संघ (सार्क) बना और कुछ वर्ष बाद उसके सदस्य देशों के बीच मुक्त व्यापार के लिए साफ्टा का निर्माण हुआ। कुल मिलाकर देखें तो वैश्विक अर्थव्यवस्था में बेहतर भविष्य के लिए थोड़ी बहुत भिन्न प्रकृति के साथ आसियान, सार्क, ब्रिक्स, साफ्टा, बिम्सटेक, शंघाई सहयोग संगठन जैसे कई संगठन या संघ पूरी दुनिया में उपस्थित हो चुके थे और आगे भी ऐसे ही नए मंचो के निर्माण की संभावना निरंतर बन रही है।

1991 में सोवियत संघ के विघटन के बाद विश्व में अमेरिकी आधिपत्य की एकतरफा वर्चस्व का दौर शुरू हुआ। इस दौरान भारत के प्रधानमंत्री नरसिम्हा राव ने 'लुक ईस्ट' पूर्व की ओर देखो नीति की घोषणा की। भारत चाहता था कि आसियान की सदस्यता मिल जाए लेकिन दूसरी तरफ पाकिस्तान भी सदस्यता चाह रहा था। भारत पाक के आपसी संबंध अच्छे नहीं होने के कारण दोनों देशों को आसियान की सदस्यता नहीं मिली। परंतु भारत आसियान का विशेष आमंत्रित सदस्य बना लिया गया। नरसिम्हा राव की सरकार में डॉ. मनमोहन सिंह वित्त मंत्री थे। आर्थिक विशेषज्ञ होने के नाते वे इस बात से भलीभांति परिचित थे कि आर्थिक और सामरिक दृष्टि से दक्षिण पूर्व एशिया कितना भारत के लिए महत्व रखता है। 2004 में जब मनमोहन प्रधानमंत्री बने तो पूर्व उनकी प्राथमिक सूची में था।[5] अपनी पहली यात्रा में बिम्सटेक को एक नई गति देने के बाद भारतीय प्रधानमंत्री ने दक्षिण पूर्व और एशिया प्रशांत के देशों के साथ कई द्विपक्षीय भेंट वार्ता और विभिन्न समझौते किए।

तमाम संघों-संगठनों द्विपक्षीय समझौतों के बावजूद क्षेत्र पूरी तरह तनाव से मुक्त नहीं है। भारत-चीन का सीमा विवाद, भारत-पाकिस्तान के कटु संबंध, श्रीलंका में तमिल मूल के लोगों की समस्या और वियतनाम-कंबोडिया के खराब संबंध की वजह से चिंतित होना स्वभाविक है। भारत-

श्रीलंका संबंधों में भी समय-समय पर कड़वाहट महसूस होती रहती है। हाल के वर्षों में चीन के साथ सीमा अतिक्रमण और अरुणाचल प्रदेश के लोगों के लिए नत्थी वीजा दोनों देशों के संबंधों में खटास के प्रमुख कारण रहे हैं। इतिहास के अनुभवों को देखते हुए भारतीयों के मन में चीन के प्रति सकारात्मक विचार नहीं बन पा रहे हैं। फिर भी दोनों देशों की सरकारें व्यापारिक गतिविधियों को मजबूत करने में निरंतर लगी हुई है। तत्कालीन भारतीय विदेश मंत्री ने कहा है कि सारे मतभेदों को मिटाकर दोनों देश आर्थिक संबंधों को और गति देना चाहते हैं। दूसरी ओर चीन के विदेश मंत्री वांग यी ने अपने वार्षिक संवाददाता सम्मेलन में कहा कि हम ऐसी कोई चीज नहीं लेंगे जो हमारी नहीं है लेकिन हम अपनी जमीन के एक-एक इंच टुकड़े की रक्षा करेंगे। हालांकि चीन अपने विस्तारवादी नीति के तहत दक्षिण पूर्व एशिया में भारत को भरपूर रूप से घेरने में जुटा है। पाकिस्तान, नेपाल म्यांमार, बांग्लादेश तक सड़क मार्ग से चीन अपनी सीमा को जोड़ चुका है।

BCIM- आर्थिक कॉरिडोर (बांग्लादेश,चीन,भारत,म्यांमार इकोनोमिक कॉरिडोर) से चीन को काफी उम्मीदें हैं। सड़क मार्ग से चीन को भारत सहित बांग्लादेश और म्यांमार का बड़ा हिस्सा व्यापारिक गतिविधियों के लिए मिल सकेगा। भारत के उत्तर पूर्वी राज्यों के साथ म्यांमार की सीमा लगी हुई है इन राज्यों में अलगाववादी सक्रिय हैं। अलगाववादियों के लिए म्यांमार एक सुरक्षित देश रहा है जहां से वे अपनी गतिविधियों का संचालन करते रहे हैं। इस वजह से भारत को म्यांमार के साथ वैसे ही संबंधों की जरूरत है जैसे उसके भूटान और थाईलैंड के साथ है। म्यांमार में ऊर्जा की अपार संभावनाएं हैं। भारत वहां के गैस भंडारों का उपयोग कर रहा है, पाइपलाइन के सहारे गैस ला सकता है। भारत के पूर्वोत्तर राज्यों के विकास के लिए भी म्यांमार के साथ संबंध बेहतर करना आवश्यक है। कलादान परियोजना पर सन 2008 से काम चल रहा है। जबकि चीन के सहयोग से इरावती नदी पर बनाए जा रहे बांध पर म्यांमार ने प्रतिबंध लगाया है, क्योंकि उसका विरोध हो रहा था। यह सभी को ज्ञात है कि चीन म्यांमार के प्राकृतिक संसाधनों का दोहन करता आ रहा है। चीन नहीं चाहेगा कि म्यांमार में भारत की आर्थिक गतिविधियां बड़े। दरअसल दक्षिण पूर्व एशिया में उपज रहे असंतोष और विवादों के केंद्र में चीन रहता आया है। दक्षिण चीन सागर को लेकर चीन,जापान, वियतनाम, फिलीपींस, मलेशिया और ब्रुनेई के बीच भी एकमत बनते नहीं देख रहे हैं। ये दक्षिण चीन सागर में कई द्वीपों पर चीन की

सहायता के दावों पर सवाल उठा रहे हैं। इन देशों के समर्थन में अमेरिका द्वारा आवाज उठाए जाने को लेकर भी चीन काफी नाराज है। पिछले वर्षो में भारत और जापान काफी नजदीक आए है।दोनो देश चीनी चुनौती के आगे निरंतर मित्रता को प्रगाढ़ कर रहे हैं। भारत में विभिन्न परियोजनाएं जापानी मदद से चल रहीं हैं। दिल्ली मेट्रो, तीव्र गति की रेल, औद्योगिक गलियारा, नालंदा विश्वविद्यालय का पुनरुत्थान जैसे कार्यों में जापान भारत की खुलकर मदद कर रहा है। जापान भारत की द्विपक्षीय सुरक्षा और रक्षा सहयोग 27 मई 2022 के तहत दोनों पक्षों में अगले 5 वर्षों में जापान से भारत में सार्वजनिक एवम् निजी निवेश का वित्तपोषण हो तो 5 ट्रिलियन येन के अपने निर्णय को क्रियान्वित करने के लिए संयुक्त रूप से काम किए जाने पर सहमति हुई है। साथ ही भारत ने इस बात की भी सराहना की है कि जापानी कंपनियां भारत में अपना निवेश बढ़ा रही है और 24 जापानी कंपनियों ने विभिन्न उत्पादन संबंध प्रोत्साहन योजनाओं के तहत सफलतापूर्वक आवेदन किया है और वह हरित हाइड्रोजन सहित स्वच्छ ऊर्जा के क्षेत्र में सहयोग को और बढ़ाने पर भी सहमत हुए हैं। दोनों ही इस बात से सहमत हैं कि भारत जापान एक्ट ईस्ट फोरम भारत के पूर्वोत्तर क्षेत्र के विकास को प्राथमिकता देने में उपयोगी रहेगा।[6] भारत-आसियान के साथ बहुआयामी संपर्क भूमि,वायु,समुद्री, सांस्कृतिक सभ्यता का डिजिटल और लोगों से लोगों के भी संपर्क साधा करता है। भारत और आसियान देशों ने समानता के सिद्धांतों, एक दूसरे की क्षमताओं को समझने और एक दूसरे के बारे में ज्ञान को मजबूत करने के आधार पर संयुक्त साझेदारी सहयोग और विकास का मार्ग प्रशस्त किया है । अपने 90 के दशक के एलपी को वर्तमान एलपी में परिवर्तित करते हुए भारत सरकार ने साझेदारी को आगे बढ़ाने में एक प्रमुख घटक के रूप में कनेक्टिविटी पर जोर दिया है यह अच्छी तरह से स्थापित तथ्य है कि बेहतर कनेक्टिविटी विकास और वृद्धि के रास्ते को आगे बढ़ाती है ऐसी ही एक पहल कलादान परियोजना है जो नवनिर्मित नदी और राजमार्ग परिवहन प्रणाली के माध्यम से और चीन राज्यों को करके कोलकाता को मिजोरम से जोड़ने मे मदद करेगी। उत्तर पूर्व में यह एक वैकल्पिक मार्ग प्रदान करेगा। यह मार्ग और दक्षिण पूर्व एशिया के साथ आर्थिक संबंधों को बढ़ाने में मदद करेगा उत्पादन की सामग्री लागत को कम करके रसद लागत को कम करके यह निवेश को आकर्षित करने में मदद करता है। जो आगे रोजगार पैदा करता है और गरीबी के स्तर को कम करता है। कम व्यापार लागत के साथ एक मजबूत उत्पादन नेटवर्क सुनिश्चित करने

के लिए कनेक्टिविटी उत्प्रेरक के रूप में भी कार्य करती है। यह सब प्रमुख तत्व है जो इस क्षेत्र में आर्थिक एकीकरण की प्रक्रिया को बढ़ावा देते हैं। प्रमुख कनेक्टिविटी परियोजनाएं इस प्रकार है :

1. भारत-आसियान की प्रमुख कनेक्टिविटी परियोजनाएं :

- भारत वर्तमान में आसियान के साथ भूमि, जल और वायु के माध्यम से कई कनेक्टिविटी परियोजना पर कार्य कर रहा है।
- कनेक्टिविटी के माध्यम से आसियान भारत संबंधों को महत्व देने से इस क्षेत्र के राजनीतिक परिदृश्य में धीरे-धीरे बदलाव आएगा।
- इस संदर्भ में भारत अब पूर्वोत्तर भारत में सक्रिय रूप से बुनियादी ढांचे का विकास कर रहा है। बांग्लादेश,चीन,भारत, में म्यामार (BCIM) कोरिडोर इसी का हिस्सा है।
- यह कनेक्टिविटी परियोजनाएं न केवल मौजूदा उग्रवाद पर अंकुश लगाएगी बल्कि भारत के पूर्वोत्तर राज्यों को अपने आर्थिक क्षमता विकसित करने और भारत की मुख्य भूमि के साथ एकीकृत करने में मदद करेंगे।
- इसके अलावा भारत आसियान मुक्त व्यापार समझौता (FTA) अपने पूर्वी पड़ोसियों के साथ भारत के बढ़ते जुडाव का केंद्र है।
- यह सीमावर्ती क्षेत्रों में छोटे और मध्यम आकार के उद्यमों को व्यापार के नए अवसर तलाशने में सक्षम बनाएगा।

2. **क्रास कनेक्टिविटी परियोजनाओं के उदाहरण** :

- **भारत-म्यामार-थाईलैंड त्रिपक्षीय राजमार्ग :**

➢ यह आसियान और भारत के मध्य भूमि संपर्क हेतु प्रमुख परियोजनाओं में से एक है।

➢ वर्ष 2002 में पहली बार भारत के मोरेह (मणिपुर) को थाईलैंड के माईसॉट और माय सॉट को म्यांमार से जोड़ने का प्रस्ताव लाया गया।

➢ इसके अलावा भारत, म्यांमार और थाईलैंड मोटर वाहन समझौता (IMT MVA) अंतिम चरण में है इसके पूर्ण होने पर यह दक्षिण और दक्षिण पूर्व एशिया के मध्य पहला सीमा पार सुविधा समझौता बन जाएगा।

- **कलादान मल्टी-मॉडल ट्रांजिट प्रोजेक्ट (KMMTTP) :**

➢ जलमार्ग के माध्यम से कनेक्टिविटी विकसित करने हेतु आसियान और भारत KMMTTP पर कार्य कर रहे हैं।

➢ इसी वर्ष 2008 में भारत सरकार द्वारा शुरू किया गया था और पूरी तरह से भारत द्वारा वित्तपोषित है।

➢ भारत के पूर्वोत्तर क्षेत्र में म्यांमार से माल के परिवहन हेतु एक वैकल्पिक मार्ग की तलाश करना।

➢ यह भारत के कोलकाता को क्रमशः समुद्र और नदी द्वारा म्यांमार के सितवे (Sittwe) और पलेटवा (Paletwa)से जोड़ता है।

➢ इस पहल के साथ-साथ, भारत ने बांग्लादेश के माध्यम से एक वैकल्पिक पारगमन मार्ग हेतु म्यांमार के सितवे बंदरगाह के माध्यम से एक समुद्री लिंक को विकसित करने में सहयोग दिया है।

• **मेकांग-भारत आर्थिक गलियारा (MIEC) :**

➢ इसमें भारत के साथ चार मेकॉन्ग देशों:- वियतनाम,म्यांमार, थाईलैंड और कंबोडिया का एकीकरण शामिल है, जो 'हो ची मिन्ह सिटी',दावेई, बैंकॉक और नोम पेन्ह को चेन्नई से जोड़ता है।

➢ यह कॉरिडोर भागीदार देशों को बुनियादी अवसंरचना के विकास, अपने आर्थिक आधार को बढ़ाने और विशेष रूप से भारत एवं आसियान देशों के बीच ट्रांजिट दूरी को कम करने के अवसर प्रदान करेगा।

निष्कर्ष :

भारत पूरी दुनिया के लिए सबसे बड़ा बाजार है। वही आसियान, सार्क और बिम्सटेक जैसे सदस्य देश भारत को बड़े भाई की भूमिका के रूप में देख रहे हैं। दक्षिण चीन सागर को लेकर भी सभी की निगाहें भारत पर टिकी की हुई है। अतः इस विवाद में भारत का रणनीतिक योगदान भी अत्यधिक महत्वपूर्ण है। कुल मिलाकर दक्षिण पूर्व के देशों के बीच भारत अपनी उपस्थिति दर्ज करा पाने में सफल हो रहा है। पड़ोसी देशों में राजनीतिक स्थिरता के लिए प्रतिबद्धता और किसी के आंतरिक मामलों में हस्तक्षेप न करने की नीति भारत की विश्वसनीयता में निरंतर बढ़ोतरी कर रहा है। साथ ही और भी बहुत सी संभावनाएं हैं जिससे भारत और दक्षिण पूर्व एशियाई देशों के संबंधों में प्रगाढ़ता देखी जा सकती है जैसे - त्रिपक्षीय राजमार्ग के विस्तार (कंबोडिया, लाओस, वियतनाम) के माध्यम से यह अपने पूर्वी पड़ोसियों के साथ भारत के पूर्वोत्तर के अधिक संपर्क एवं आर्थिक एकीकरण को सक्षम कर पाएगा। दो क्षेत्रों के बीच वस्तुओं की आवाजाही और भौतिक

कनेक्टिविटी के अलावा उनके बीच डिजिटल कनेक्टिविटी को बढ़ावा देने के तरीकों का पता लगाना भी महत्वपूर्ण बन गया है। इसके अलावा सागरमाला परियोजना की शुरुआत के साथ भारत समुद्र के माध्यम से बेहतर एकीकरण और कनेक्टिविटी के लिए बंदरगाह के बुनियादी ढांचे में निवेश करने की योजना बना रहा है। यह भारत आसियान कनेक्टिविटी परियोजनाओं को बढ़ाने की दिशा में एक उत्साहवर्धक कदम साबित होगा।

संदर्भ सूची :

1. https://bit.ly/3JeZuuL
2. https://bit.ly/420cNa7
3. https://bit.ly/3kSaXqX
4. https://bit.ly/3F1uYCm
5. https://bit.ly/3KZXw2W
6. https://bit.ly/3JhyfA2
7. https://bit.ly/41O8u1h
8. https://bit.ly/3Zkatc2

सहायकाचार्या, राजनीति विज्ञान,
केंद्रीय संस्कृत विश्वविद्यालय जयपुर परिसर
email :Sharmavini1975@gmail.com

भारत–म्यांमार सम्बन्ध : एक समग्र अध्ययन

प्रमोद कुमार यादव

सारांश

म्यांमार की बदलती तस्वीर व अवस्थिति कुछ ऐसी है कि उसे देश की उभरती स्थिति के अनुरूप वार्ताकारों को अपनी रणनीति में समायोजन करने के लिए मजबूर होना पड़ता है। जो भी हो, भारत के लिए यह महत्वपूर्ण है कि वह तेजी से परिवर्तित हो रहे माहौल से अपना तालमेल बैठाये रखे, ताकि अब तक हासिल लाभों को समर्पित करने के लिए मजबूर नहीं होना पड़े। म्यांमार, भारत के लिए अपनी पूर्व की ओर देखी नीति (एलईपी) और एक्ट ईस्ट पॉलिसी के लक्ष्यों को साकार करने के लिए उपयुक्त अवसर प्रदान करता है। भारत के लिए म्यांमार की महत्ता उसकी भू–रणनीतिक अवस्थिति के कारण हमेशा बना रहेगा। भारत के समक्ष 'एक्ट ईस्ट पॉलिसी' के माध्यम से अधिकाधिक लाभ उठाने के लिए म्यांमार के सम्पर्क का इस्तेमाल कर पूर्वोत्तर क्षेत्र को दक्षिण–पूर्व एशियाई देशों के साथ एकीकृत करना एक चुनौती होगीं, चीन को यदि पूरी तरह अलग न किया जा सके तो कम से कम संतुलित तो अवश्य ही किया जाय। यदि भारत अपनी इस रणनीति पर आगे बढ़ता है तो पूर्वोत्तर क्षेत्रों को आर्थिक व रणनीतिक लाभ होगा। भारत को पहले से ही चालू परियोजनाओं को प्रभावी क्रियान्वयन करने की जरूरत है तथा दक्षिण पूर्व एशिया व पूर्वोत्तर क्षेत्रों के बीच सम्पर्क स्थापित करने के लिए म्यांमार को एक पुल के रूप में इस्तेमाल करने की जरूरत है।

मूल शब्द : लुक ईस्ट पॉलिसी, एक्ट ईस्ट पॉलिसी, भू–सामरिक, दक्षिण–पूर्व एशियाई देश,

भारत और म्यांमार के बीच द्विपक्षीय सम्बन्धों में दो पड़ोसी देशों के बीच मौजूदा राजनीतिक, आर्थिक और सामाजिक–सांस्कृतिक सम्बन्ध शामिल हैं। म्यांमार, दक्षिण–पूर्व एशिया का प्रवेश द्वार है। इसी कारण भारत के लिए महत्वपूर्ण व्यापार भागीदार और एक मात्र पड़ोसी जिसके साथ भारत भूमि तथा समुद्री सीमा दोनों समझा करता है। यह चरमपंथ और उग्रवाद का मुकाबला करने में भी एक महत्वपूर्ण सहयोगी है। 1600 किमी0 लम्बी भारत–म्यांमार सीमा पूर्वोत्तर भारत मिजोरम, मणिपुर, नागालैण्ड और अरूणाचल प्रदेश जैसे भारतीय राज्यों को काचिन राज्य, सांगिग क्षेत्र और म्यांमार में चिन राज्यों को अलग करती है। म्यांमार में भारतीय मूल के लोगों की संख्या 2.5 मिलियन है, म्यांमार के चौथे सबसे

बड़े आयात भागीदार का प्रतिनिधित्व करने वाले भारत के साथ दोनों देशों के बीच आर्थिक सम्बन्ध काफी महत्वपूर्ण है। दोनों देशों के सम्बन्धों की जड़े ऐतिहासिक, परम्पराओं, रूढ़ियों, सांस्कृतिक, भाषायी, जातीय तथा धार्मिक सम्बन्ध आदि में देखने को मिलती है।

वर्ष 1951 में दोनों देशों ने एक मैत्री संधि पर हस्ताक्षर किये थे। भारत और म्यांमार के बीच सम्बन्धों में एक नया अध्याय वर्ष 1987 में तत्कालीन प्रधानमंत्री राजीव गांधी की यात्रा से आया। अनेक समझौते द्विपक्षीय सहयोग को व्यापकता प्रदान करने के लिए हस्ताक्षरित हुए हैं। संस्थागत तन्त्र, द्विपक्षीय हितों के व्यापक मुद्दों पर नियमित संवाद की सुविधा प्रदान करने के लिए स्थापित की गयी है। वर्ष 2002 में मांडले में भारतीय महावाणिज्य दूतावास खोला गया है और म्यांमार का मई 2008 में आये ''नरगिस'' समुद्री चक्रवाती तूफान से प्रभावित म्यांमार को राहत सामग्री और अन्य आवश्यक सहायता प्रदान करने वाले में भारत पहला देश था। भारत ने मार्च 2011 में शान्त प्रान्त में आये गम्भीर भूकम्प से प्रभावित क्षेत्रों में राहत एवं पुर्नवास कार्यों के लिए 1 मिलियन अमेरीकी डॉलर की मानवीय सहायता राशि की घोषणा की थी।

वर्ष 1988 में म्यांमार में लोकतंत्र समर्थक बलों को भारत का खुला समर्थन तथा हाल की द्विपक्षीय उच्च स्तरीय यात्राओं के बीच के दो दशक ने स्पष्ट तौर पर म्यांमार में रणनीतिक व आर्थिक लक्ष्यों की प्राप्ति ने भारत की उत्कंठा को प्रदर्शित किया है, हलांकि इस क्रम में भारत के समक्ष मानवाधिकारों व लोकतांत्रिक सिद्धान्तों से समझौता किये बगैर अपने घोषित लक्ष्यों की प्राप्ति के प्रयासरत रहने की चुनौती जरूर रही है। म्यांमार के प्रति भारतीय विदेश नीति सम्बन्धी रूख में परिवर्तन वर्ष 1988 में 'राज्य कानून व व्यवस्था बहाली परिषद' शासन द्वारा लोकतंत्र समर्थक की अस्वीकृति से हुआ। इसलिए वर्ष 1991 में आल इण्डिया रेडियो की बर्मी प्रसारण में म्यांमार शासन की आलोचना बन्द करने का निर्णय लिया गया। तत्पश्चात् यांगून के साथ सम्बन्धों में सुधार की प्रक्रिया वर्ष 1993 में भारतीय विदेश सचिव की यात्रा से हुयी। भारत सरकार ने भारत में म्यांमार के छात्रों के जुंटा (सैन्य शासन) विरोधी गतिविधियों पर अंकुश लगाने के लिए एक प्रयास किया।

भारत–म्यांमार सम्बन्धों में यह समायोजन भारतीय आर्थिक क्षितिज पर महत्वपूर्ण परिवर्तन की पृष्ठभूमि में हुई। भारत में उदारीकरण 1990 के दशक में शुरू किया गया था और पूर्व की ओर देखी नीति ने भी लगभग इसी समय के आसपास अपनी शुरूआत की थी। इन घटनाओं से म्यांमार में भारत के उद्देश्यों को परिभाषित करने में मदद की। भारत

और म्यांमार के बीच बाधारहित व्यापार व कनेक्टिविटी सुनिश्चित करके भारत के उत्तर पूर्वी राज्यों में विकास की त्वरित व नितान्त आवश्यकता के लक्ष्य को प्राप्त किया जा सकता है। म्यांमार को दक्षिण–पूर्व एशिया के 'भू–पुल' के रूप में देखा गया। भारत म्यांमार सम्बन्धों में एक दूसरा महत्वपूर्ण पहलू उसकी सीमा से सटे पूर्वोत्तर राज्यों में उग्रवादी समूहों की गतिविधियों को नियन्त्रित करने की जरूरत से सम्बन्धित है।

भारत के पश्चिम में 'गोल्डेन क्रेसेन्ट' और पूर्व में 'गोल्डेन ट्राइंगल' के बीच स्थित है। इस प्रकार आर्म्स–ड्रग्स गठजोड़ से उलझा है तथा इस क्रम एक मूक आपात का सामाना करने की चुनौती भी है। म्यांमार, अफगानिस्तान के बाद दूसरा सबसे बड़ा अफीम उत्पादक देश होना भी संदग्धिता पैदा करता है।

भारत के लिए म्यांमार का सामरिक महत्व :

भारत की 'लुक ईस्ट पॉलिसी' और 'एक्ट ईस्ट पॉलिसी' के हिस्से के रूप में दक्षिण पूर्व एशिया में देश के प्रवेश बिन्दु के रूप में सेवा कर रहा है। म्यांमार की फलती–फूलती अर्थ–व्यवस्था से उत्पन्न व्यावसायिक संभावनाएं परस्पर क्रिया के नये द्वार खोलती है। 25 मई 2017 को हुए 16वें विदेश कार्यालय परामर्श में म्यांमार और भारत के विदेश मंत्री डॉ0 एस0 जयशंकर और यू क्याव टिन के बीच सीमा सुरक्षा, सीमा प्रबन्धन, कनेक्टिविटी, व्यापार और निवेश तथा अन्य मुद्दों के साथ भारतीय ऋण पर चर्चा की गयी। भारत ने अपने सागर विजन के हिस्से के रूप में म्यांमार के रखाइन राज्य में सितवे बंदरगाह का निर्माण किया। यह बंदरगाह चीनी मोर्चे वाले 'क्युकप्पू' बंदरगाह की भारतीय प्रतिक्रिया है जिसका उद्देश्य रखाइन में चीन की भूस्थैतिक उपस्थिति को संतुलित करना है।

बंगाल की खाड़ी में म्यांमार के गहरे पानी में सितवें बंदरगाह के खुलने के साथ, भारत के पास अब पूर्वोत्तर में यात्रा के लिए 'चिकन नेक' का विकल्प है। कोलकाता से मिजोरम और उससे आगे की यात्रा की लागत और दूरी कम हो जायेगी। कालादान मल्टी–मॉडल ट्रांजिट ट्रांसपोर्ट प्रोजेक्ट कोलकाता लिंक का निर्माण करेगा। कालादान नदी के माध्यम से एक नाव मार्ग म्यांमार में लशियों के साथ सितवें बंदरगाह को जोड़ेगा और वहां से भारत में मिजोरम तक एक सड़क सम्पर्क होगा।

वाणिज्यिक और आर्थिक सम्बन्ध :

1970 में एक द्विपक्षीय व्यापार समझौते पर हस्ताक्षर किये गये थे। द्विपक्षीय व्यापार जो वर्ष 1990–91 में 12.4 मिलियन डॉलर का था, वह

बढ़कर 2021–22 में 2.54 अरब डालर का हो गया है। व्यापार संतुलन म्यांमार के पक्ष में झुका हुआ है। आसियान देशों में भारत, म्यांमार का चौथा सबसे बड़ा साझीदार देश है। व्यापार पर कृषि उद्योग का प्रभुत्व है, विशेष रूप से भारत को लकड़ी, सेम और दालों की आपूर्ति। म्यांमार को भारतीय निर्यात में फार्मास्यूटिकल्स, चीनी और अन्य सामान शामिल है। 25 भारतीय उद्यमों द्वारा 740.64 मिलियन अमेरीकी डॉलर के कुल स्वीकृत निवेश के साथ, भारत वर्तमान में दसवां सबसे बड़ा निवेशक है। भारत ने मुख्य रूप से तेल और गैस में निवेश किया है। द्विपक्षीय व्यापार को बढ़ावा देने के लिए यूनाइटेड बैंक ऑफ इण्डिया ने म्यांमार में बैंको के साथ बैंकिंग सम्बन्ध स्थापित किये हैं। यांगून में भारतीय स्टेट बैंक, यूनाइटेड बैंक ऑफ इण्डिया और एक्ज़िम बैंक के प्रतिनिधि कार्यालय है। भारत सरकार म्यांमार में एक दर्जन से अधिक ढ़ाचागत और गैर ढ़ाचागत क्षेत्रों की परियोजनाओं में निवेश कर म्यांमार के विकास को गति प्रदान कर रहा है।

रक्षा सम्बन्ध :

जुलाई 2019 में भारत और म्यांमार ने एक ऐतिहासिक रक्षा सहयोग समझौते पर हस्ताक्षर किये। म्यांमार पक्ष ने भारत विरोधी गतिविधि अपने जमीन से न होने देने का वादा किया। भारत में म्यांमार के 200 से अधिक सैन्य अधिकारियों ने चिकित्सा, वायु सेवा और नौसेना की विशिष्टताओं में प्रशिक्षण प्राप्त किया। म्यांमार द्वारा 37.9 मिलियन डॉलर की लागत वाले टारपीड़ो सहित रॉकेट लॉन्चर, नाइट विजन डिवाइस, रडार और अन्य तकनीकी उपकरण भारत से खरीदे गये। भारत–म्यांमार के बीच अंतर्राष्ट्रीय समुद्री सीमा रेखा बंगाल की खाड़ी में अण्डमान और निकोबार द्वीप–समूह से सटी हुई है।

म्यांमार के साथ गहन वाणिज्यिक और सैन्य सहयोग भारत के आर्थिक और सुरक्षा हितों की रक्षा, अपनी एक्ट ईस्ट के साथ–साथ पड़ोसी पहले नीति में तेजी लाने और हिन्द महासागर क्षेत्र में चीन की उपस्थिति का मुकाबला करने के लिए आवश्यक है। लगभग एक दशक से भारतीय और म्यांमार नौसेना आईएमबीएल में समन्वित गश्त कर रही है। गश्त के अलावा दोनों देशों की नौसेनाओं ने एक मानक आपरेशन प्रक्रिया पर हस्ताक्षर किये है।

सांस्कृतिक सम्बन्ध :

भारत की बौद्ध पृष्ठभूमि को देखते हुए, भारत–म्यांमार के सांस्कृतिक सम्बन्ध, अन्य सम्बन्धों की गहराई प्रदान करते हैं। भारत इस साझा विरासत के निर्माण के लिए कई महत्वपूर्ण परियोजनाओं को लागू

कर रहा है, जिसमें बागान में आनन्द मन्दिर का जीर्णोद्धार और भारत सरकार द्वारा सारनाथ बुद्ध की मूर्ति की 16 फीट ऊंची प्रतिकृति का दान शामिल है। 6–7 अगस्त 2017 को यांगून में 'संवाद द्वितीय' इंटरफेथ संवाद हुआ। सांस्कृतिक मंडली प्रदर्शन अक्सर निर्धारित किये गये। म्यांमार के कलाकारों और मंडलियों ने भारत में आसियान और दक्षिण एशियाई सांस्कृतिक कार्यक्रमों में भाग लिया है।

म्यांमार में प्रमुख भारतीय परियोजनाएं :

1. म्यांमार की 'री–डिडिम' रोड का निर्माण और सुधार।
2. भारत, म्यांमार और थाईलैण्ड को जोड़ने वाले 4 लेन 3200 किमी0 त्रिकोण राजमार्ग पर भारत और म्यांमार द्वारा सहमति व्यक्त की गयी है। यह मार्ग 1600 किलोमीटर से अधिक नवनिर्मित या पुनर्निर्मित राजमार्गों के माध्यम से भारत के पूर्वोत्तर राज्यों से म्यांमार तक फैला हुआ है।
3. भारत त्रिपक्षीय राजमार्ग के दो भागों का निर्माण कर रहा है। म्यांमार में तामु–क्यिगोन कलेवा सड़क खण्ड और म्यांमार में कलेवा–यागयी सड़क खण्ड पर 69 पुलों का निर्माण कर रहा है।
4. कालाान मल्टीमोडल पारगमन परिवहन परियोजना का निर्माण भारत कर रहा है।
5. म्यांमार के 32 शहरों में हाईस्पीड डाटा लिंक हेतु एडीसीएल परियोजना तथा ऊर्जा क्षेत्र में ओएनजीसी, गेल तथा एस्सार की भागीदारी।
6. म्यांमार में रेल परिवहन प्रणाली के विकास हेतु भारत राइट्स लिमिटेड रेलवे कोच लोकोस व अन्य उपकरणों की आपूर्ति करता है।
7. चिंदविन नदी घाटी में एनएचपीसी द्वारा तमांथी व श्वेजाये जल विद्युत परियोजना का विकास तथा टाटा मोटार्स की सहयोग से म्यांमार के मैग्वे में टर्बो ट्रक ऐसेंबली संयन्त्र की स्थापना की गयी।
8. म्यांमार में म्यांमार–इण्डिया सेण्टर फार इंगलिश लैग्वेंज (MICELT), म्यांमार इण्डिया इंट्रीप्रेन्युरशिप डेवलपमेंट (MIEDC), इंडिया–म्यांमार सेंटर एनहांसमेंट आफ आईटी स्किल्स (IMCEITS) संचालित है।

भारत और म्यांमार सांगठनिक सहयोग :

आसियान : म्यांमार आसियान का सदस्य जुलाई 1997 में बना था। म्यांमार आसिन का एकमात्र देश है, जिसकी सीमा भारत के साथ साझा होती है। यह भारत और आसियान के बीच एक सेतु है। सहयोग के कुछ प्रस्तावों का क्रियान्वयन हुआ है और कुछ पर म्यांमार के साथ, आसियान के आईएआई, कार्यक्रम की संरचना के अंतर्गत वार्ता चल रही है।

बिमस्टे : म्यांमार बिमस्टेक का सदस्य दिसम्बर 1997 में बना था। म्यांमार, बिमस्टेक के मुक्त व्यापार समझौते के हस्ताक्षरी है। यह ऊर्जा क्षेत्र का अग्रणी देश है, जिसका बिमस्टेक क्षेत्र में थाईलैण्ड और भारत के साथ अधिकांश व्यापार है। 13वीं बिमस्टेक मन्त्रिस्तरीय बैठक का आयोजन म्यांमार में जनवरी 2011 में किया गया था।

गंगा–मेकांग सहयोग :

म्यांमार गंगा–मेकांग सहयोग (एमजीसी) का सदस्य, नवम्बर 2000 में इसके अस्तित्व के समय से ही है। गंगा–मेकांग सहयोग 6 देशों द्वारा की गयी एक पहल है, जिसमें भारत और अन्य पांच आसियान देशों में कम्बोडिया, लाओस, म्यांमार, थाईलैण्ड और वियतनाम आदि पर्यटन, शिक्षा, संस्कृति, परिवहन और संचार आदि क्षेत्रों में सहयोग के लिए सम्मिलित है।

म्यांमार में भावी सम्भावनाएं :

म्यांमार की बदलती तस्वीर व अवस्थिति कुछ ऐसी है कि उसे देश की उभरती स्थिति के अनुरूप वार्ताकारों को अपनी रणनीति में समायोजन करने के लिए मजबूर होना पड़ता है। जो भी हो, भारत के लिए यह महत्वपूर्ण है कि वह तेजी से परिवर्तित हो रहे माहौल से अपना तालमेल बैठाये रखे ताकि अब तक हासिल लाभों को समर्पित करने के लिए मजबूर न होना पड़ा। म्यांमार, भारत के लिए अपनी पूर्व की ओर देखो नीति के लक्ष्यों को साकार करने के लिए उपयुक्त अवसर प्रदान करता है। म्यांमार की महत्ता उसकी उसकी भू-रणनीतिक अवस्थिति व संक्रमण के दौर से गुजरने में निहित है। भारत के समक्ष चुनौती 'पूर्व की ओर देखो नीति' तथा एक्ट ईस्ट पॉलिसी से अधिकाधिक लाभ उठाने के लिए म्यांमार के सम्पर्क का इस्तेमाल कर पूर्वोत्तर क्षेत्र को दक्षिण पूर्व एशियाई देशों के साथ एकीकृत करना है। चीन को अलग–थलग किया जा सकता है या कम से कम संतुलित जरूर किया जा सकता है, यदि भारत अपनी इस रणनीति पर आगे बढ़ता है। भारत को अपनी राजनीतिक इच्छाशक्ति दिखाते हुए अपने पूर्वोत्तर क्षेत्रों को आर्थिक व रणनीतिक रूप से लैस करने की जरूरत है तथा पहले से ही चालू योजनाओं के प्रभावी क्रियान्वयन करने की जरूरत है तथा दक्षिण पूर्व एशिया व पूर्वोत्तर क्षेत्रों के बीच सम्पर्क स्थापित करने के लिए म्यांमार को पुल के रूप में इस्तेमाल करने की जरूरत है।

म्यांमार के साथ बेहतर सम्बन्ध बनाने की दिशा में निम्नलिखित सुझाव दिये जा सकते हैं –

1. म्यांमार में संचालित परियोजनाओं के प्रभावी क्रियान्वयन की अवधि को कम करने की जरूरत है ताकि ये जल्द से जल्द पूरी की जा सके। भारत को म्यांमार में उन्हीं परियोजनाओं में हाथ डालने की जरूरत है, जिसे म्यांमार सरकार का समर्थन प्राप्त है।
2. पहले पूर्वोत्तर क्षेत्र से फिर कनेक्टिविटी को प्राथमिकता देने तथा फिर विस्तार देने की जरूरत है।
3. बड़ी परियोजनाओं के निर्माण से अन्य सम्पर्कों के विकास का भी जुड़ाव जरूरी है।
4. सतत् कनेक्टिविटी सुनिश्चित करने के लिए पूर्वोत्तर क्षेत्रों में यूनिफार्म गेज रेलवे लाइन की विकस की आवश्यकता है।
5. पावर ट्रांसमिशन नेटवर्क व्यापक पारस्परिक लाभ सृजित करने की क्षमता रखता है।
6. परियोजनाओं के लिए निजी क्षेत्रों को सब्सिडी देने की आवश्यकता है।
7. पूर्वोत्तर क्षेत्र के पर्यटन केन्द्रों को म्यांमार के पर्यटन केन्द्रों से हेलीकॉप्टर या रेल से जोड़ा जाना चाहिए।
8. जिस प्रकार चीन अपने डायस्पोरा का उपयोग कर रहा है उसी तरह भारत को भी म्यांमार के साथ सम्बन्ध बेहतर बनने के लिए अपने डायस्पोरा का भरपूर इस्तेमाल करना चहिए।
9. सीमावर्ती क्षेत्रों में स्वास्थ्य केन्द्र स्थापित की जानी चाहिए।

म्यामांर की राजनीतिक अस्थिरता भारत के साथ बढ़ते सम्बन्धों में अवरोध पैदा करती है। 1 फरवरी 2021 को म्यांमार में सैन्य तख्तापलट के बाद से कई पश्चिमी देशों ने जुंटा शासन पर अनेक प्रतिबंध लगाये हैं हालांकि चीन और भारत जैसी क्षेत्रीय महाशक्तियों ने इस संकट पर अधिक सावधानी के साथ प्रतिक्रिया व्यक्त की है। भारत हमेशा म्यांमार में लोकतांत्रिक परिवर्तन की प्रक्रिया के समर्थन में दृढ़ रहा है। भारत की नीति में यह परिवर्तन मुख्य रूप से चीन के प्रभाव का प्रतिकार करने तथा म्यांमार के साथ लगी सीमा पर विद्रोह को दबाने का इरादा है। म्यांमार में सैन्य तख्तापलट के सम्बन्ध में भारत की रणनीति पूर्वोत्तर क्षेत्र स्वदेशी हित धारकों के लिए सुरक्षा चिंताओं की कीमत पर आती है, जो इसे राष्ट्रीय चिन्ता का विषय बना देती है। भारत सरकार सशस्त्र संघर्ष को खत्म करने, क्षेत्र को सुरक्षित करने और विकास लाने के लिए एक ऐसी नीति के रूप में एक्ट ईस्ट नीति को सही ठहराती है।

भारत ने दक्षिणपूर्व एशियाई राष्ट्रों के संघ के साथ अपने घनिष्ठ सम्बन्धों और शासन के साथ बीजिंग के विकासशील सम्बन्धों पर चिन्ता

का हवाला देते हुए 'ट्विन ट्रैक डिप्लोमेसी' के माध्यम से म्यांमार के जुंटा के साथ जुड़कर एक महत्वपूर्ण कदम उठाया है। भारत ने न केवल चीन के विस्तारवाद का विरोध करने के लिए बल्कि अपनी 'पड़ोसी पहले' नीति को मजबूत करने और लोकतंत्र को फिर से स्थापित करने के लिए म्यांमार पर दबाव बनाने के लिए म्यांमार के साथ दोहरे ट्रेक की कूटनीति अपनायी है।

भारत के समक्ष म्यांमार को लेकर विकल्पों का चुनाव करना सरल नहीं है। म्यांमार से भारत की निकटता और वहां से जुड़े उसके हित, भारत को इस बात की अनुमति नहीं देते है कि वो कुदरती तौर पर वहां के लोकतंत्र समर्थकों के साथ सहानुभूति रखे। भारत के लिए अपने पुराने सुरक्षा साझीदारों के साथ रिश्तों को सहेज कर रखना बहुत आवश्यक है। चीन, म्यांमार समेत दक्षिण पूर्वी एशिया में भारत के हितों को नकारात्मक रूप से प्रभावित कर सकता है। इसलिए भारत को बहुस्तरीय और बहुपक्षीय ढंग से म्यांमार को विश्वास में लेते हुए क्षेत्रीय सुरक्षा और आर्थिक प्रगति के लिए कार्य करना होगा।

सन्दर्भ सूची

1. Jhadav, Kamal (2019) 'India-Myanmar Relations' Gaurav Book Centre Pvt. L.t.d.

2. Kumar, Ashok (2021) 'India-Myanmar Relations A Strategic Perspective' KW Publishers Pvt. Ltd.Delhi. P. 215

3. De, Prabir (2018) 'India-Myanmar Connectivity : Current Status and Future Prospects' K.W Publishers Pvt. Ltd Delhi P.78

4. दीक्षित, जे0एन0 (2020) 'भारत विदेश नीति' प्रभात प्रकाशन प्राइवेट लिमिटेड, नयी दिल्ली , पृ0सं0 203

5. यादव, आर0एस0 (2013) 'भारत की विदेश नीति' पियर्सन शिक्षा भारत, प्रकाशन, हरियाणा। पृ0सं0 405

6. आर्य, डॉ0 राकेश कुमार (2021) 'भारत की विदेश नीति' डाइमण्ड बुक्स लिमिटेड, नयी दिल्ली, पृ0सं0 98

7. फड़िया, डॉ0 बी0एल0 (2017) 'अंतर्राष्ट्रीय राजनीति' साहित्य भवन प्रकाशन, आगरा, पृ0सं0 422

8. घई, यू0आर0 (2008) 'अंतर्राष्ट्रीय राजनीति : सिद्धान्त और व्यवहार' न्यू एकेडेमिक पब्लिशिंग कम्पनी, जालन्धर पृ0सं0 501
9. वर्ल्ड फोकस अंक सितम्बर 2022 'भरत और पड़ोसी' पृ0सं0 8,63,64
10. वर्ल्ड फोकस 'भारत की विदेश नीति' भाग–1 अंक जनवरी 2019

असिस्टेंट प्रोफेसर,
राजनीतिशास्त्र विभाग,
एम0एल0के0पी0जी0, कॉलेज, बलरामपुर,
उत्तर प्रदेश
email : pkyadavuphesc@gmail.com

भारत–वियतनाम संबंध : वर्तमान के संदर्भ में

डॉ. धनंजय पाठक

पृष्ठभूमि

वियतनाम (वियतनाम समाजवादी गणराज्य) दक्षिण –पूर्व एशिया के हिन्द चीन प्रायद्वीप के पूर्वी भाग में स्थित एक देश है। इसके उत्तर में चीन, उत्तर–पश्चिम में लाओस, दक्षिण पश्चिम में कंबोडिया और पूर्व में दक्षिण–चीन सागर है। वर्तमान में यह विश्व का 13वां बड़ा जनसंख्या वाला देश है। बौद्ध धर्म यहाँ का प्रमुख धर्म है। भारत से वियतनाम के बीच सांस्कृतिक और आर्थिक संबंध दूसरी शताब्दी से है।[1] शायद ये शोध का विषय हो सकता है कि चोल शासन एवं चीनी सभ्यता के बीच संबंध एवं व्यापारिक मार्ग में वियतनाम एक प्रमुख पड़ाव रहा होगा। समकालीन युग में भारत एव वियनताम के बीच संबंध साझा एव राजनीतिक हितों के कई क्षेत्रों में है। भारत ने वियतनाम युद्ध के दौरान खुलकर अमेरिकी कारवाई की निंदा की थी।[2] इसी प्रकार वियनताम द्वारा कंबोड़िया पर आक्रमण को सही ठहराया। जिसके कारण भारत एवं वियतनाम के बीच संबंध भविष्य में बेहतर होते गए।

भारत एवं वियनताम की स्थिति लगभग एक जैसी ही थी। भारत जहाँ ब्रिटिश शासन से मुक्त हुआ वहीं वियतनाम फ्रांसीसी शासन से मुक्त हुआ। भारत–वियतनाम संबंध की नीवं वियतनाम के राष्ट्रपति हो–ची–मिन्ह एवं भारत के राष्ट्रपति राजेन्द्र प्रसाद द्वारा रखी गई। राष्ट्रपति हो–ची–मिन्ह फरवरी 1958 में भारत आए एवं राष्ट्रपति राजेन्द्र प्रसाद ने 1959 में वियतनाम का दौरा किया। भारत अंतर्राष्ट्रीय पर्यवेक्षण और नियंत्रण आयोग (ICSC) का अध्यक्ष था, जिसका गठन 1954 के जिनेवा संधि को लागू करने एवं वियतनाम में शांति बहाली के लिए किया गया था। भारत ने फ्रांस से वियतनाम की स्वतंत्रता का समर्थन किया। भारत ने 7 जनवरी 1972 को उत्तरी वियतनाम के साथ राजनीतिक संबंध सथापित किये।[3]

आर्थिक संबंध

भारत ने वियतनाम को 1975 में ''मोस्ट फेवर्ड नेशन'' का दर्जा प्रदान किया।[4] दोनों देशों ने 1978 में एक द्विपक्षीय व्यापार समझौते और 8 मार्च 1997 को द्विपक्षीय निवेश संबंध और संरक्षण समझौते पर हस्ताक्षर किये।[5] 2003 में दोनों देशों ने व्यापक सहयोग पर एक संयुक्त घोषणा पत्र पर हस्ताक्षर किये। 2007 में एक संयुक्त घोषणा पत्र जारी

किया गया। भारत एवं वियतनाम में सूचना प्रौद्योगिकी, शिक्षा और संबंधित राष्ट्रीय अंतरिक्ष कार्यक्रमों में भी सहयोग विस्तार किया गया।

व्यापार

वर्तमान में वियतनाम भारत का 15वां बड़ा व्यापारिक भागीदार है एवं भारत, वियतनाम का 10वां बड़ा भागीदार देश है और सिंगापुर, इंडोनेशिया मलेशिया के बाद चौथा सबसे बड़ा देश है। भारत एवं वियतनाम के बीच द्विपक्षीय व्यापार 2020–21 में 11.12 बिलियन डॉलर आँका गया था। इस बीच भारत ने वियतनाम को 4.99 अरब डॉलर का सामान निर्यात किया एवं 6.12 अरब डॉलर का समान आयात किया। वियतनाम एवं भारत दोनों की अर्थव्यवस्थाओं के उदारीकरण के बाद से द्विपक्षीय व्यापार तेजी से बढ़ा है। 2000 ई0 में दोनों देशों के बीच कुल व्यापार 200 मिलियन डॉलर था, और अगले दो दशकों में बढ़कर 12.3 लाख बिलियन डॉलर हो गया। भारत में वियतनाम का निवेश मुख्य रूप से रसायन, सूचना–प्रौद्योगिकी , फार्मास्यूटिकल्स और निर्माण सामग्री में रहा है। भारत हैवी इलेक्ट्रिकल्स लिमिटेड को 2008 में नाम–चिएन हाइड्रो पावर परियोजना के निर्माण के लिए अनुबंध दिया गया। इसी तरह से टाटा पावर को सोक–ट्रांग प्रांत में 1200 मेगावाट थर्मल पावर के निर्माण के लिए अनुबंध दिया गया।

तेल के क्षेत्रों में सहयोग

भारत सरकार के स्वामित्व वाले तेल और प्राकृतिक गैस निगम (ONGC) की विदेश शाखा ने 1988 में वियतनाम में काम करना प्रारंभ किया। इस क्षेत्र को ब्लॉक 6.1 में ONGC विदेश की 45% हिस्सेदारी हैं। इसके अलावा ONGC विदेश को 2006 में ब्लॉक–127 और ब्लॉक–128 की खोज के लिए लाइसेंस दिया गया।

लेकिन भारत–वियतनाम के बीच बढ़ते व्यापार सहयोग को लेकर चीन हमेशा सशंकित रहा। सितंबर 2011 में चीन ने भारत को तेल की खोज में वियतनाम के साथ सहयोग न करने की चेतावनी दी, इस तरह की खोज को ''अवैध और अमान्य'' और चीन की संप्रभुता का उल्लंघन बताया। चीन ने इस पर हमेशा जोर दिया कि दक्षिण चीन सागर एवं उसके द्वीपों पर उसे निर्विवाद संप्रभुता प्राप्त हो।[6] लेकिन भारतीय विदेश मंत्रालय ने इस संबंध में चीन की सभी आपत्तियों को खारिज कर दिया और कहा कि वियतनाम के साथ भारत का सहयोग 'अंतर्राष्ट्रीय कानूनों, मानदंडों और सम्मेलनों के अनुसार था।

चीन की लगातार आपत्तियों के बावजूद, अक्टूबर 2011 में ONGC विदेश ने पेट्रो–वियतनाम के साथ तेल क्षेत्र में दीर्घकालिक सहयोग हेतु

तीन साल के समझौते पर हस्ताक्षर किए जिसके तहत भारत–वियतनाम में ड्रिलिंग–टू–डिस्पेसिंग से नए निवेश और उपस्थिति को मजबूत करना शामिल था।[7] इसी तरह 2019 में भारतीय कंपनी एस्सार ने वियतनाम में 11 बिलियन डॉलर तक का निवेश की घोषणा की। एस्सार ने ब्लॉक 128 क्षेत्र में तेल खोजने का वियतनाम के साथ अनुबंध किया।

सर्वाधिक महत्वपूर्ण तथ्य यह है कि वियतनाम एवं भारत दोनों ही चाइना के विस्तारवादी नीति के विरोध में हैं तथा वियतनाम किसी भी प्रकार से दक्षिण–चीन सागर में चाइना को नियत्रिंत करने के लिए भारत की उपस्थिति चाहता है। इसी कारण वह इस क्षेत्र में तेल की खोज के बहाने भारतीय कंपनियों को लाइसेंस दे रहा है एवं उनके अनुबंध का विस्तार कर रहा है। दूसरी तरफ भारत भी दक्षिण चीन सागर में वियतनाम के माध्यम से अपनी उपस्थिति चाहता है तथा हिन्द महासागर में चीन की बढ़ती सैन्य गतिविधियों के बदले दक्षिण–चीन सागर में चीन को नियंत्रित करना चाहता है।

रक्षा सहयोग

रक्षा एवं रणनीतिक साझेदारी के क्षेत्र में वियतनाम भारत का, भरोसेमंद स्तंभ के रूप में उभरा है। भारत वियतनाम के बीच रक्षा एवं रणनीतिक भागीदारी के पीछे चीन की आक्रामक विदेश एवं रक्षा नीति है जिसके कारण वियतनाम लगातार दक्षिण चीन सागर में अपने आपको असुरक्षित महसूस कर रहा है। चीन दक्षिण–चीन सागर में अपार संसाधनों (तेल एवं गैस) पर कब्जा करना चाहता है। इसके अलावा विश्व के व्यापार का एक तिहाई व्यापार इसी क्षेत्र से होता है जिसे चीन नियंत्रित करना चाहता हैं। चीन के बढ़ते आक्रामक नीति से वियतनाम असुरक्षित महसूस कर रहा है। इसी कारण भारत–वियतनाम इस क्षेत्र में सभी के लिए साझा सुरक्षा, समृद्धि और विकास हासिल करने के लिए भारत की हिंद प्रशांत क्षेत्र पहल (IPOI) और भारत–प्रशांत क्षेत्र पर आसियान के दृष्टिकोण के अनुरूप अपनी रणनीतिक साझेदारी को मजबूत करने पर सहमत हुए है।

भारत और वियतनाम दोनों मेकांग–गंगा सहयोग के सदस्य है जिसे भारत और दक्षिण–पूर्व एशिया के देशों के बीच घनिष्ठ संबंधों को विकसित करने एवं बढ़ाने के लिए बनाया गया है। वियतनाम ने संयुक्त राष्ट्रीय सुरक्षा परिषद का स्थायी सदस्य के लिए एवं एशिया–प्रशांत आर्थिक सहयोग (APEC) में शामिल होने के लिए भारत के प्रयास का समर्थन किया है।

भारत–वियतनाम ने परमाणु उर्जा के विकास में व्यापक सहयोग, क्षेत्रीय सुरक्षा को बढ़ाने, आतंकवाद, अंतरराष्ट्रीय अपराध, मादक पदार्थों

की तस्करी के विरूद्ध रणनीतिक साझेदारी भी बनाई है। 2003 के संयुक्त घोषणा–पत्र में भारत और वियतनाम ने दक्षिण पूर्व एशिया में **"आर्क ऑफ एडवांटेज एडं प्रॉस्पेरिटी"** बनाने की परिकल्पना की थी। इसके लिए वियतनाम ने भारत और दक्षिण पूर्व एशियाई देशों के संघ (आसियान) के बीच संबंधों के महत्व को बढ़ाने और भारत आसियान मुक्त व्यापार समझौते की बातचीत का समर्थन किया।[8]

जनवरी 2000 में तत्कालीन रक्षा मंत्री जार्ज फर्नांडीस ने वियतनाम को भारत का सबसे भरोसेमंद मित्र और सहयोगी बताया। ये उन्ही का विचार था कि भारत को वियतनाम के माध्यम से दक्षिण–चीन सागर में अपनी नौ–सैनिक उपस्थिति को बढ़ाना चाहिए एवं वियतनाम को उन्नत हथियार एवं प्रशिक्षण प्रदान करना चाहिए। वियतनाम भी दक्षिण–चीन सागर में भारत की नौसेनिक उपस्थिति से स्वयं को चीन से सुरक्षित महसूस करता है।

भारत सरकार की **लुक ईस्ट** एवं **एक्ट इस्ट** की नीति का वियतनाम स्वागत करता है। रक्षा के क्षेत्र में वियतनाम को भारत की सहायता की सख्त जरूरत हैं। वियतनाम भारत के मिसाइल प्रोग्राम में खास रूचि रखता है। भारत अपने उन्नत हथियार प्रणाली को वियतनाम को दे रहा है। भारत ने अपनी सतह से हवा में मार करते वाली मिसाईल आकाश को सर्वप्रथम वियतनाम को ही दिया है। इसके अलावा हल्के उन्नत लड़ाकू हेलीकाप्टरों को भी भारत, वियतनाम को दे रहा है। भारत ने अपनी उन्नत एवं विकसित सुपरसोनिक मिसाईल ब्रह्मोस को भी सर्वप्रथम वियतनाम को ही दिया है।

इसके अलावा रक्षा संबंधों में क्षमता निर्माण, पायलटों को प्रशिक्षण देना, रक्षा और अनुसंधान एवं विकास में सहयोग, सामान्य–सुरक्षा चिंताओं से निपटना भारत–वियतनाम संबंधो में अहम सहयोग है। भारत द्वारा वियतनाम को नौसेना के क्षेत्र में लगातार सहयोग किया जा रहा है ताकि वह दक्षिण चीन सागर में चीन का प्रतिरोध कर सके। इसके अलावा भारत ने वियतनाम को चीन पर नजर रखने के लिए एवं खुफिया जानकारी एकत्र करने हेतु हो–ची–मिन्ह सिटी के पास एक उपग्रह ट्रैकिंग और इमेजिंग केंद्र भी स्थापित किया है। इस केन्द्र को इसरो द्वारा 23 मिलियन डॉलर की लागत से निर्मित किया गया है। 2018 में इस प्रणाली को सक्रिय कर दिया गया।

विकास सहायता

भारत ने 1976 से ही रियायती शर्तो पर लाइन ऑफ क्रेडिट के माध्यम से वियतनाम को विकास सहायता प्रदान की है। 1976 से 2016

के बीच, भारत ने वियतनाम को कुल 364.5 मिलियन डॉलर की 18 काईन ऑफ क्रेडिट प्रदान की।[9] चिएन **जल–विद्युत** परियोजना के निर्माण के लिए 45 मिलियन की सहायता दी गई जिसे BHELने 2013 में पूरा किया। इसी प्रकार **ट्राई–14 जलविद्युत परियोजना** और **बिन्ह बो परियोजना** के लिए 19.5 मिलियन डॉलर की सहायता प्रदान की गई जिसे किर्लोस्कर कंपनी द्वारा पूरा किया गया। इसी प्रकार रक्षा खरीद के लिए 2014 में वियतनाम को 100 मिलियन डॉलर की क्रेडिट लाइन प्रदान की गई। जिसके तहत वियतनाम बॉर्डर गार्ड को लासेंन एंड टुर्ब्रो द्वारा 12 अपतटीय गश्ती जहाजों से लैस किया गया।

भारत–आसियान संगठन एवं **गंगा–मेकांग सहयोग संगठन** के माध्यम से भी भारत, वियतनाम को सहायता प्रदान करता है। गंगा–मेकांग सहयोग संगठन के जरिये भारत ने एक सहायता ट्रस्ट की स्थापना की है, जिसमें वह सालाना 1 मिलियन डॉलर का योगदान देगा और इसका उपयोग वियतनाम के त्वरित प्रभाव परियोजनाओं को पूरा करने के लिए किया जायेगा। भारत ने 2017 तक वियतनाम के 17 प्रांतो में 18 त्वरीत परियोजनाओं को पूरा किया। उसी प्रकार 2020–21 में वियतनाम के 5 प्रांतो में कुल 8 परियोजनाओं को लागू किया जा रहा है।[10]

भारत द्वारा न्हा–ट्रांग में तकनीक विश्वविद्यालय में अंग्रेजी भाषा और सूचना तकनीकी प्रशिक्षण के लिए वियतनाम भारत केंद्र की स्थापना की। इसी प्रकार मई 2006 में भारत–वियतनाम उद्यमिता विकास केन्द्र हनोई में स्थापित किया गया। दनांग में जुलाई 2007 में वियनताम–भारत अंग्रेजी भाषा केंद्र स्थापित किया गया। भारत द्वारा वियतनाम में सूचना एवं संचार में उन्नत संसाधन केंद्र स्थापित करने के लिए 2 मिलियन डॉलर खर्च किए गए। भारत द्वारा वियतनाम को सुपर कंप्यूटर ''परम'' उपहार में दिया गया जिसे हनोई के विज्ञान और प्रौद्योगिकी विश्वविद्यालय में स्थापित किया गया था। इसी प्रकार 2013 में हनोई में एक अपराध प्रयोगशाला की स्थापना भी भारत द्वारा की गई है।

इसी प्रकार भारत, ब्राजील एवं दक्षिण अफ्रीका (IBSA) द्वारा दनांग में चावल के बीज सुधार परियोजना के लिए 5,29,000 डॉलर का ऋण दिया गया। भारत सरकार द्वारा आसियान एकीकरण पहल के माध्यम से 2016–17 में वियतनाम के दूरस्थ क्षेत्रों में बच्चों की शिक्षा के लिए स्कूल एवं छात्रावासें के निर्माण के लिए सहायता प्रदान की गई। इसके अलावा हनोई स्थित भारतीय दूतावास ने विकलांग लोगों के लिए चार प्रांतो में कृत्रिम अंग (जयपुर फट) फिटमेंट कैंप स्थापित किए। भारतीय नौसेना

जलपोत आई. एन.एस. किल्टान द्वारा 2020 में बाढ़ से प्रभावित लोगों के लिए 15 टन राहत सामग्री भिजवाई गई। इसी प्रकार 2021 में वियतनाम ने भारत को कोविड–19 महामारी से लड़ने में मदद हेतु 1.5 डॉलर की राहत सामग्री दान की। जिसके तहत 109 वेंटिलेटर और 50 ऑक्सीजन जेनरेटर की पहली खेप भारत भेजी गई।

इसी प्रकार 100 वेंटीलेटर, 275 ऑक्सीजन जेनरेटर, 1300 ऑक्सीजन सिलिंडर और 50,000 मास्क की दूसरी खेप चेन्नई भेजी गई। इसके अलावे वियतनाम का बौद्ध संघ भी अपने संगठन के माध्यम से 15. 8 बिलियन डॉलर मूल्य की चिकित्सा सामग्री भारत भेजी। इस प्रकार वियतनाम द्वारा भारत सरकार को कोविड–19 से लड़ने के लिए प्रचुर चिकित्सीय सामग्री प्रदान की गई। दोनों देशों द्वारा एक–दूसरे की परस्पर सहायता परस्पर सहभागिता को दर्शाता है।

सांस्कृतिक संबंध

भारत और वियतनाम ने 1976 में एक सांस्कृतिक समझौते पर हस्ताक्षर किए। स्वामी विवेकानंद भारतीय सांस्कृतिक केंद्र की स्थापना सितंबर 2016 में हनोई में की गई थी। इसका औपचारिक उद्घाटन 20 अप्रैल 2017 में भारतीय विदेश राज्य मंत्री बी0 के0 सिंह द्वारा की गई। वियतनाम सामाजिक विज्ञान अकादमी के तत्वावधान में भारतीय और दक्षिण–पश्चिम एशियाई संस्थान का उद्घाटन 7 जनवरी 2012 में हनोई में किया गया। सितंबर 2014 में **हो–ची–मिन्ह** "नेशनल एकेडमी ऑफ पॉलिटिक्स" में भारतीय अध्ययन केंद्र की स्थापना की गई थी। जिसका उद्घाटन भारतीय राष्ट्रीयपति प्रणव मुखर्जी एवं वियतनामी राष्ट्रपति द्वारा किया गया। वियतनाम के सामाजिक विज्ञान और मानविकी विश्वविद्यालय के दक्षिण–पूर्व एशियाई अध्ययन विभाग में इंडियन स्टडी नामक विभाग है जो भारत एवं वियतनाम के मजबूत सांस्कृतिक संबंधों को दर्शाता है।

वियतनाम में प्रथम भारतीय फिल्म समारोह 12–23 सितंबर 2015 को दनांग, हनोई एवं हो–चि–मिन्ह सिटी में आयोजित किया गया। पूर्व भारतीय रक्षा मंत्री जॉर्ज फर्नाडीस भारत–वियतनाम संबंधों के पुरजोर समर्थक थे।

पर्यटन

पर्यटन के क्षेत्र में भी भारत–वियतनाम एक दूसरे के काफी निकट हैं क्योंकि बौद्ध धर्म वियतनाम का एक प्रमुख धर्म है। 2014 में 1,69,000 भारतीय ने वियतनाम का दौरा किया और 31,000 से अधिक वियतनामी लोगों ने भारत का दौरा किया। भारत ने वियतनामी नागरिकों के लिए 2014 में ई–वीजा सुविधा प्रारंभ की। इसी प्रकार भारत से वियतनाम के लिए सीधी उड़ान 2019 में प्रारंभ किया गया।

भारत और वियतनाम ने 2017 में राजनयिक संबंधों की स्थापना की। 45वीं वर्षगाठ और सामरिक साझेदारी की स्थापना की तथा 10वीं वर्षगाठ **"मित्रता के वर्ष"** के रूप में मनाने पर सहमत हुए।

निष्कर्ष

भारत की **एक्ट ईस्ट नीति** में वियतनाम की एक महत्वपूर्ण भूमिका है, जो पारस्परिक रूप से साकारात्मक संबंधों का विस्तार करती है और इस क्षेत्र में सभी के लिए सामावेशी विकास सुनिश्चित करती है। भारत–वियतनाम साझेदारी हिंद–प्रशांत क्षेत्र की नीली अर्थव्यवस्था को बढ़ावा देने के साथ–साथ सुरक्षा के लिए भी अति महत्वपूर्ण है।

संदर्भ सूची :

1. शर्मा गीतेश– वयतनाम मे भारतीय संस्कृति के निशान
2. फ्रॉस्ट फ्रैंक–वियतनाम के विदेशी संबंध
3. भारत–वियतनाम द्विपक्षीय संबंध–विदेश मंत्रालय
4. बदलते पूर्वी एशिया में भारत एवं वियतनाम–Institute of peace and conflict studies
5. भारत–वियतनाम आर्थिक और वाणिज्यिक संबंध– 10 दिसंबर 2007
6. द हिन्दू–7 अक्टूबर 2021
7. द हिन्दू–13 अक्टूबर 2011
8. Indian and Vietnam in changing East Asia-Institute of Peach and Conflict Studies 13 April 2007
9. भारत–वियतनाम द्विपक्षीय संबंध–विदेश मंत्रालय भारतीय दूतावास हनोई 8 दिसंबर 2016
10. भारत–वियतनाम द्विपक्षीय संबंध–भारतीय दूतावास हनोई जून 2021

सहायक प्राध्यापक, इतिहास विभाग,
कतरास कॉलेज, कतरासगढ,
झारखंड़
email : dhananjaypathak009@gmail.com

दक्षिण–पूर्व एशिया के भारतीयकरण के सिद्धांत : एक विवेचना

डॉ. संजय कुमार

प्राचीन काल से ही भारतीयों के द्वारा अपनी व्यावसायिक जिज्ञासाओं की पृष्ठ भूमि में भारतीय संस्कृति के प्रचार प्रसार किया जाता रहा। भारत के निवासी इस समय दक्षिण पूर्व एशिया के देशों यथा–वर्मा (ब्रह्मा) स्वर्ण भूमि, थाइलैंड (स्याम), कम्बोडिया (कंबोज), बियतनाम (स्याम), मलाया, जावा (यवद्वीप), सुमात्रा (श्रीविजय) बालि, बोंरियों आदि से परिचित थे। ब्रेन हरिसन आदि विद्वानों ने भी इसकी पुष्टि की है। बाल्मीकि रामायण, महाभारत एवं कुरान आदि में भी इन देशों में की गई यात्राओं का उल्लेख आया है। प्राप्त साहित्यिकी साधनों एवं विद्वानों के मतों से हम इसी निष्कर्ष पर आते है कि ईसा की प्रथम सदी से भारतीयों का संबंध दक्षिण पूर्व एशिया के देशों से होना प्रारंभ हो गया था। भारतीय यहाँ आकर स्थाई रूप से आबाद होने लगे थे और अपनी संस्कृति का प्रचार–प्रसार करना शुरू कर दिया था। यद्यपि भारतीय उपनिवेशीकरण की कहानी अत्यंत प्राचीन है। जिसके कारण उपनिवेशीकरण के कारणों पर प्रकाश डालना कठिन है। फिर भी इन कुछ कारणों पर विचार किया जा सकता है। यथा –

1. जनसंख्या की वृद्धि : एक सामान्य धारणा है कि भारत की बढ़ती हुई जनसंख्या ने यहाँ के लोगों को दक्षिण पूर्व एशिया के देशों में जाकर बसने के लिए प्रेरित किया। वैसे अभी तक ऐसा कोई प्रमाण नहीं मिला हैं जिनसे इस तथ्य की पुष्टि हो सके। कौटिल्य ने अर्थशास्त्र में वर्णित किया है कि जनसंख्या में वृद्धि होने पर प्रवास हेतु जनसंख्या को नवीन केंद्रों में हस्तांतरित किया जाना चाहिए। अतः संभवतः जनसंख्या की वृद्धि होने पर भारतीय इन देशों में बस गये।

2. अशोक की कलिंग विजय : कुछ विद्वानों की यह धारणा है कि अशोक की कलिंग विजय के कारण हारे हुए लोग देश छोड़ विदेशों में जाकर बसने को बाध्य हो गये। यदि ऐसा होता तो उपनिवेशन की विधि ईसा से लगभग 300 वर्ष पहले ही प्रारंभ हो चुकी होती। वैसे भी लड़ाई से उत्पन्न दुरावस्था में शरणार्थी राहत के लिए समीप के देशों में ही शरण लेता है, दूरस्थ प्रदेशों में नहीं। जबकि आवागमन के साधन भी सरल नहीं थे। वही दूरस्थ प्रदेशों में आवागमन के साधन भी सरल नहीं थे। इसका विरोध हॉल और सेदेरा ने भी किया है।

3. कनिष्क विजय का प्रभाव : प्रथम शताब्दी में यूची जाति के लोग भारत की ओर बढ़े। उन्होंने कनिष्क के नेतृत्व में भारत के बहुत बड़े प्रदेश पर विजय प्राप्त की। प्रोफेसर सिल्वा लेवी इस कुषाण विजय के प्रभाव को दक्षिण पूर्व एशिया में उपनिवेशीकरण का कारण कहा है। किन्तु, प्रोफेसर हॉल और डॉ मजूमदार ने इस विचार का खंडन किया है। इनके अनुसार कनिष्क की विजय का प्रभाव बनारस के आगे नहीं बढ़ पाया था अतः इनका उपनिवेशीकरण पर प्रभाव पड़ने का प्रश्न ही नहीं उठता।

4. राजनीतिक कारण : विद्वानों की एक समूह ने यह भी माना है प्राचीन भारत के वीर शासकों को यथा चन्द्रगुप्त मौर्य, कनिष्क, समुद्रगुप्त आदि के विजय के कारण भी यह संभव रहा हो कि ये दक्षिण पूर्व एशिया के शासक भी रहे होंगे। लेकिन इसके साक्ष्यों का अभाव है। चन्द्रगुप्त मौर्य, कनिष्क, समुद्रगुप्त आदि की सीमाऐं इतनी विस्तृत नहीं थी। कनिष्क के बाद के शासकों के पूर्व ही उपनिवेशीकारण का कार्य आरंभ हो चुका था। डॉ0 मजूमदार आदि विद्वानों ने भी इसका समर्थन किया है। सत्यता यह है कि इन शासकों के समय में भारतीय संस्कृति के प्रचार–प्रसार का अच्छा अवसर मिला था।

5. आर्यो का प्रसार : आर्यो ने अपने प्रसारों के क्रम में संभवतः दक्षिण पूर्व एशिया के देशों का उपनिवेशीकरण किया। लेकिन सत्यता यह नहीं है। इस संबंध में साहित्यिक स्त्रोतों का भी अभाव है। यदि ऐसा हुआ होता तो उपनिवेशीकरण की तिथि ईसा से कई सौ पूर्व ही होती। मानव शास्त्र के आधार पर भी इन देशों के लोगों की आकृति भारतीयों जैसी होनी चाहिए थी। लेकिन यहाँ के लोग आर्य मूल की तरह नहीं है दूसरी बात यह है कि भारतीय लोग इनकी अपेक्षा अधिक सभ्य थे। दोनों में किसी तरह का समता के लक्षण नहीं दिखते है।

6. धार्मिक कारण : प्रो0 क्रॉम और नीलकंठ शास्त्री के अनुसार दक्षिण पूर्व एशिया के उपनिवेशीकरण के कारणों में ब्रह्माण और बौद्धधर्मावलंबियों को महत्व दिया जा सकता हैं code के अनुसार, "The other circumstances of a moral nature was the development of Buddhism… by contact with for farians' प्रो0 नीलकंठ शास्त्री के अनुसार बौद्ध और हिंदुधर्मावलंबियों ने यहाँ आकर लोगों को भारतीय सभ्यता संस्कृति के रंग में रंगा। इन देशों के साथ व्यापारिक संबंध अत्यंत प्राचीन काल से थे। किंतु, धर्म प्रचार उपनिवेशीकरण का एक प्रमुख आधार बना। धर्म के बंधनों को तोड़ भारतीयों ने दक्षिण पूर्व एशिया की यात्रा की और भारतीय दर्शन का प्रचार प्रसार किया। तीसरी शताब्दी

के ईसा पूर्व में दक्षिण पूर्व एशिया में किसी उन्नत सभ्यता का विकास नहीं हुआ था। सत्यता यह है कि भारतीय सर्वप्रथम व्यापार के क्रम में इन देशों की यात्राऐं प्रारंभ की और अपने साथ ही धर्म और संस्कृति को ले गये, बाद में अशोक आदि के शासकों के प्रयास से धर्म प्रचारक यहाँ गये और धर्म का प्रचार करने के साथ–साथ यहाँ के लोगों को सभ्य बनाया। डॉ मजूमदार के अनुसार सर्वप्रथम व्यापारियों के माध्यम से यहाँ ब्राह्मण धर्म का प्रसार हो गया, बाद में बौद्ध–धर्म का आगमन हुआ। ब्राह्मण और बौद्ध दोनों धर्मों ने उपनिवेशीकरण में महत्वपूर्ण भूमिका निभाई। बौद्ध–धर्म के अतिरिक्त यहाँ शैव, वैष्णव आदि पौराणिक धर्मों का प्रचार प्रसार हुआ। यहाँ के लोग इस धर्म प्रचार से बहुत अधिक प्रभावित हुए। सेदेरा के अनुसार बौद्ध–धर्म के उत्थान ने भी औपनिवेशीकरण को प्रोत्साहित किया धर्म की मध्यावस्था लोगों को जाति व्यवस्था के बंधन से ऊपर ला रखा था। फलतः लोग व्यापारिक प्रलोभन से प्रेरित हो एक जुट हो कर समुद्र यात्रा पर निकले।

श्रीनीलकंठ शास्त्री के अनुसार ब्राह्मण पुरोहित इन प्रदेशों में आये और यही बस गये। इन्होनें धीर–धीरे अपनी संस्कृति और सभ्यता का प्रसार करना शुरू कर दिया। उपनिवेशीकरण की शुरूआत इसी प्रकार हुई। ब्राह्मण कौंडिल्य के द्वारा फुनान में राज्य की स्थापना एक प्रमाण है। अन्य धर्मों के साथ–साथ बौद्ध–धर्म का भी प्रचार प्रसार हुआ किंतु इन देशों में सर्वप्रथम जो आए वे हिन्दुधर्मावलंबी थे। प्रो0 क्रॉम नीलकंठ शास्त्री, डॉ मजूमदार आदि विद्वानों ने इस प्रकार दक्षिण पूर्व एशिया में उपनिवेशीकरण के लिए धर्म को एक कारण माना है।

7. व्यापारिक कारण : दक्षिण पूर्व एशिया में व्यापारिक घटनाओं की चर्चाऐं जातकों, कथाकोष, महावंश द्वीपवंश, मिलींदपनहों, आदि बौद्ध–साहित्य, कौटिल्य का अर्थ शास्त्र बृहतकथाकोशा, कथासरीतसागर, बृहतकथामंजरी, बृहतश्लोक, मत्स्यपुराण गरूणपुराण, बाल्मीकि रामायण में मिलती है। अन्य कारणों की अपेक्षा उपनिवेशीकरण के संदर्भ में व्यापार की अभिलाषा को सर्वाधिक महत्वपूर्ण कारण माना जा सकता है। Codes की दृष्टि ठीक ही है& "On the other hand there are a number of indications that the Indian expansion in the first centuries A.D was commercial in origin" बिना किसी फौजी प्रयास के यहाँ के व्यापारियों ने दक्षिण पूर्व के देशों मे अपनी सभ्यता संस्कृति का प्रचार किया। इसका प्राचीन इतिहास इसी भारतीय संस्कृति का अंग है। वहाँ के लोगों के नाम भारतीय थे और उनके रक्त में भारतीयता की मात्रा पर्याप्त थी। इनके पूर्वज भारतीय थे।

डॉ आर0सी0 मजूमदार ने भी माना है– As in all ages and countries, the prospect of acquiring wealth first temple the Indian traders and merchant to explore unknown territories beyond their own frontiers.

यद्यपि भारतीय उपनिवेशों की स्थापना ई0 की पहली शताब्दी में निश्चित की जाती है, किन्तु भारत का सुदूर पूर्व से व्यापारिक संबंध कई सौ वर्ष पहले ही चुका था। चीनी स्रोतों के अनुसार चीन के लोग दूसरी शताब्दी पूर्व में ही आये और बैक्ट्रिया में व्यापार करते थे। व्यापारिक संबधं के कारण दोनों देशों में मनुष्यों का आदान–प्रदान हुआ। भारत की अपेक्षा दक्षिण पूर्व एशिया के देश कम आबादी वाले देश थे। फलतः व्यापार की सुविधा एवं अपने बाजार की स्थापना और धन कमाने की इच्छा से कुछ लोगों ने इस देशों में बसना प्रारंभ भी कर दिया। व्यापार के कारण इन देशों का उपनिवेशीकरण हुआ, इसका समर्थन डॉ मजूमदार, प्रो0 हॉल एवं ब्रेन हरिसंन ने भी किया है।

दक्षिण पूर्व के देशों में जाकर व्यापार करने के कुछ ऐसे कारण थे जिनसे प्रभावित होकर भारतीय वहाँ गये और कालक्रम में अपने को वहाँ का निवासी बना लिया।

पाश्चात्य देशों से संबंध विच्छेद : ईसा के पहले भारत का संबंध पाश्चात्य देशों से अच्छा था। विलासिता संबंधी वस्तुओं का व्यापार इन देशों से विशेषकर रोम से होता था। इसके चलते जब रोम को आर्थिक क्षति होनी शुरू हुई तब रोम के शासक वास्पेशियन ने भारतीय व्यापार पर प्रतिबंध लगा दिया। सिडो महोदय के अनुसार इस स्थिति में भारतीयों ने व्यापार हेतु दक्षिण पूर्व एशिया के देशों में अपना बाजार बनाया।

स्वर्ण प्राप्ति की आकांक्षा : भारतीय साहित्य में दक्षिण पूर्व एशिया का क्षेत्र श्रीसमृद्धि से पूर्ण धनी प्रदेश के रूप में चर्चित रहा है। रोम से व्यापार बंद होने पर स्वर्ण प्राप्ति की आकांक्षा से प्रेरित होकर भारतीयों ने स्वर्ण द्वीप और स्वर्ण भूमि के देशों को अपने व्यापार का लक्ष्य बनाया और इन्हें सफलता भी मिली।

चीन का संबंध : प्राचीन काल में भारत और चीन के अच्छे संबंधों के कारण इनके बीच समुद्री मार्ग से व्यापार होना था। इसके फलस्वरूप भारतीय व्यापारियों को प्रायः दक्षिण पूर्व एशिया के क्षेत्रों से होकर गुजरना पड़ता था। इस स्थिति के कारण भी व्यापारिक आकर्षण और उसका प्रारंभ हुआ होगा।

नाविक कुशलता : इस समय तक समुद्र में नाव के माध्यम से साहसिक यात्राएँ की जाने लगी थी। बड़े – बड़े नावों में लोग 600–700 की

संख्या में ढोऐ जाते थे। मानसून हवाओं और भौगोलिक दिशाओं का ज्ञान था। मानसून हवाओं का सहारा लेकर लोग दक्षिण पूर्व एशिया के देशों में सरलता से जा पाते थे। इसके फलस्वरूप व्यापार की अच्छी प्रगति हुई। प्रो0 हॉल ने भी इसका समर्थन किया हैं इनके अनुसार इस स्थिति से लाभ उठाकर भारतीय व्यापारी यहाँ पहुँचे और व्यापार को बढ़ावा दिया।

इस प्रकार उपरोक्त परिस्थितियों ने भारतीय व्यापारियों को दक्षिण पूर्व एशिया के देशों में जाने के लिए प्रेरित किया। इस क्षेत्र में व्याप्त असभ्यता ने भारतीयों को इस क्षेत्र में व्यापारिक बाजार दिया, यहाँ कि आर्थिक संपन्नता के कारण तथा लोगों की भारतीयों के प्रति झुकाव के कारण भारतीय व्यापारी यहाँ बसने लगे। कालक्रम में भारतीय व्यापारियों ने यहाँ स्थाई प्रवास बना लिया। इस पृष्ठ भूमि से इन क्षेत्रों में भारतीय उपनिवेश की स्थापना हुई। बाद में भारतीयों द्वारा धर्म प्रचार किया जाना निश्चित रूप से उपनिवेश को सुदृढ़ करने वाला हुआ। इस प्रकार यह उपनिवेशीकरण एक महत्वपूर्ण सांस्कृतिक उपनिवेशीकरण था।

सन्दर्भ सूची :

1. आर0 सी0 मजूमदार, हिन्दू कोलोनिज इन द फार ईस्ट, हैस्ल स्ट्रीट प्रेस, 2021
2. प्रकाशन मंत्रालय, भारत सरकार, इंडिया एंड साउथ ईस्ट एशिया, दिल्ली, 1962
3. बी.एन लुणिया, प्राचीन भारतीय संस्कृति, अग्रवाल पुस्तक प्रकाशन, आगरा, 1966
4. राधाकृष्ण चौधरी, प्राचीन भारत का राजनैतिक एवं सांस्कृतिक इतिहास, भारती भवन, पटना, 1989
5. कृष्णदत्त वाजपेयी, भारतीय व्यापार का इतिहास, राष्ट्रभाषा प्रकाशन, 1951
6. आर.सी.मजूमदार, ए हिन्दू कालोनीज इन द फार ईस्ट, ढाका, 1937
7. नीलकंठ शास्त्री आस्पेक्ट आफ इण्डियन हिस्ट्री आफ कल्चर, दिल्ली, 1974

+2 वरीय शिक्षक
राज्य सम्पोषित +2 उ0 वि0 मननपुर, चानन,
लखीसराय, बिहार

भारत और आसियान संबंध के बदलते स्वरूप

डॉ. खुशबू कुमारी

सारांश

1990 के दशक के शुरू में विश्व राजनीति में दो ध्रुवी व्यवस्था के टूटने के बाद यह स्पष्ट हो गया कि राजनीतिक और आर्थिक सत्ता के वैकल्पिक केंद्र कुछ हद तक अमेरिका के प्रभुत्व को सीमित करेंगे। यूरोप में यूरोपीय संघ और एशिया में दक्षिण पूर्व –एशियाई राष्ट्रों के संगठन (आसियान) का उदय दमदार शक्ति के रूप में हुआ। यूरोपीय संघ और आसियान, दोनों ने ही अपने–अपने इलाके में चलने वाली ऐतिहासिक दुश्मनियों और कमजोरियों का क्षेत्रीय स्तर पर समाधान ढूंढा। इन्होंने अपने–अपने इलाके में अधिक शांतिपूर्ण और सहकारी क्षेत्रीय व्यवस्था विकसित करने तथा इन क्षेत्रों के देशों की अर्थव्यवस्थाओं का समूह बनाने की दिशा में भी काम किया है।

भूमिका

आसियान घोषणा पत्र पर हस्ताक्षर करने के साथ ही 8 अगस्त 1967 को थाईलैंड की राजधानी बैंकॉक में आसियान की स्थापना की गई। आरंभ में इसके 5 सदस्य थे इंडोनेशिया, मलेशिया, थाईलैंड, सिंगापुर और फिलीपींस। बाद में इस संगठन का विस्तार हो गया। 1984 में शामिल हुआ ब्रूनेई, 1995 में वियतनाम और लाओस, 1997 में मयान्मार और 1999 में कंबोडिया शामिल हुआ। इस प्रकार वर्तमान में आसियान में 10 सदस्य राष्ट्र हैं। आसियान ने 2007 में अपना चार्टर अंगीकार कर लिया। आसियान का मुख्य उद्देश्य– दक्षिण पूर्वी एशिया क्षेत्र में आर्थिक सहयोग और विकास को प्रोत्साहन करना था।

कठिन शब्द : आर्थिक सत्ता, यूरोपीय संघ, विदेश नीति, संगठन, ध्रुवीय व्यवस्था, शक्ति, सहकारी क्षेत्रीय व्यवस्था।

उत्तर शीत युद्ध काल में भारत के विदेश नीति में 2 क्रांतिकारी बदलाव दिखाई देते हैं। (1) अमेरिका के साथ घनिष्ठ सामरिक संबंधों का विकास तथा (2)– पूर्वी एशिया के देशों के साथ बहुआयामी साझेदारी का प्रयास। पूर्वी एशिया के देशों के साथ भारत के ऐतिहासिक धार्मिक तथा सांस्कृतिक संबंध रहे हैं साथ ही इस क्षेत्र में किसी देश के साथ भारत के द्विपक्षीय विवाद और मतभेद नहीं रहे हैं। इसी कारण पिछले 30 वर्षों से भारत और आसियान के मध्य संबंध तेजी से विकसित हो रहे हैं

आसियान का आदर्श वाक्य है "वन विजन, वन आईडेंटिटी, वन कम्युनिटी" है।[1]

2022 में भारत आसियान साझेदारी के 30 साल पूरे हो गए हैं, इन 30 वर्षों के दौरान दोनों पक्षों के मध्य सांस्कृतिक, आर्थिक सहयोग वर्ष दर वर्ष मजबूत होता रहा है चाहे सामरिक सहयोग की बात करें या सड़क संचार या मुक्त व्यापार जैसे मुद्दों की। तीसवॉ साल इन रिश्तों के लिहाज से काफी अलग है, गौरतलब है कि वर्ष 2022 में भारत आसियान साझेदारी के 30 साल पूरे होने के उपलक्ष्य में आसियान भारत मैत्री वर्ष के रूप में इस वर्ष को मनाया गया।

आज भारत लुक–ईस्ट पॉलिसी से काफी आगे बढ़कर एक्ट–ईस्ट पॉलिसी पर सुचारू रूप से काम कर रहा है, इसके पीछे भारत की व्यापारिक हित तो है ही इस क्षेत्र के देशों के साथ कई सदियों पुराने रिश्ते भी समायोजित हैं। इसमें रामायण और बौद्ध धर्म जैसे मजबूत पुल भी हैं जिन से गुजर कर दोनों तरफ के लोग एक दूसरे के पास आते रहे हैं। 28 अक्टूबर 2021 को आसियान की 18वीं शिखर सम्मेलन का आयोजन किया गया। भारत की ओर से प्रधानमंत्री नरेंद्र मोदी ने हिस्सा लिया इसकी अध्यक्षता ब्रुनेई दारुस्सलाम के सुल्तान हाजी हसन अल बोले के द्वारा किया गया। इस सम्मेलन का थीम "We care, we prepare, we prosper" विषय के साथ आयोजित किया गया।[2] इस बैठक की खास बात यह थी कि इसमें म्यांनमार को शामिल नहीं किया गया था इसका कारण म्यांनमार में (फरवरी 2021), जनरल के द्वारा तख्तापलट कर सैन्य शासन लागू कर दिया गया था और खुद को म्यांनमार का प्रधानमंत्री घोषित कर दिया था।[3] म्यांनमार में लोकतंत्र की हत्या तथा सैन्य शासन की स्थापना होने के कारण आसियान देशों ने म्यांनमार सेना प्रमुख को आसियान सम्मेलन में शामिल नहीं करने का निर्णय लिया।[4] मौजूदा सम्मेलन में आसियान भारत रणनीति की वर्तमान साझेदारी की समीक्षा की गई, इसके अलावा कोविड–19 के प्रभाव के साथ–साथ स्वास्थय, व्यापार और वाणिज्य, कनेक्टिविटी, शिक्षा, संस्कृति सहित कई प्रमुख क्षेत्रों में हुई प्रगति का आंकलन भी किया गया।[5] सम्मेलन मे कोविड–19 महामारी के प्रभाव में सुधार सहित कई अहम क्षेत्रीय एवं अंतरराष्ट्रीय विकास के मुद्दों पर भी चर्चा की गई।

आसियान शिखर सम्मेलन हर वर्ष आयोजित किया जाता है। यह सम्मेलन आसियान और भारत को बड़े स्तर पर जुड़ने का अवसर प्रदान करता है ताजामुल परंपराएं, भाषाएं, ग्रंथ, वस्तुकला ,संस्कृति और भोजन, भारत –आसियान संबंधों की झलक को बताता है यही वजह है कि

आसियान की एकता और केंद्रीयता भारत के लिए हमेशा से ही प्राथमिकता रही है तथा यह भारत के वैश्विक आर्थिक जुड़ाव के प्रमुख केंद्रों में से एक है। इस सम्मेलन में बोलते हुए भारत के प्रधानमंत्री नरेंद्र मोदी ने हिंद महासागर के लिए ईस्ट लुक पॉलिसी के तहत हिंद महासागर में पहल तथा सामंजस्य पर भरोसा जताया है। उन्होंने इस क्षेत्र में शांति समृद्धि और स्थिरता के लिए सहयोग पर आसियान नेताओं के साथ मिलकर काम करने की बात कही है। इन राजनेताओं ने भौतिक डिजिटल लोगों के लिए आपसी जुड़ाव के साथ–साथ भारत आसियान जुड़ाव को बढ़ाने के लिए विचारों का आदान प्रदान पर बल दिया।[6]

भारत–ऑस्ट्रेलिया सांस्कृतिक गठजोड़ को अधिक मजबूत बनाने के लिए नरेंद्र मोदी ने आसियान सांस्कृतिक धरोहर सूची तैयार करने के लिए भारत की ओर से जरूरी मदद की पेशकश की है। व्यापार और निवेश के मुद्दों पर मोदी ने आपूर्ति श्रृंखलाओ के विविधीकरण और मजबूती के साथ–साथ इंडिया आसियान FTA को और अधिक मजबूत बनाने की बात कही। सम्मेलन के दौरान की गई चर्चाओं में दक्षिण चीन सागर और आतंकवाद पर गंभीर चिंता वाले क्षेत्रीय एवं अंतरराष्ट्रीय मुद्दों को भी शामिल किया गया।[7]

भारत आसियान संबंधों की शुरुआत :

आसियान के साथ भारत के संबंध हमारी विदेश नीति की आधारशिला के रूप में उभरे हैं। यह संबंध 1990 के दशक के शुरुआत में बनाए गए लुक ईस्ट पॉलिसी से उभरे हैं इसकी वजह से भारत 1992 में आसियान का सेक्टोरल वार्ता साझेदार, 1996 में पूर्ण वार्ता –साझेदार और 2002 में एक शिखर स्तरीय भागीदार बना। वर्ष 2012 में नई दिल्ली में भारत आसियान संबंधों की बीसवीं सालगिरह के दौरान दोनों पक्षों के बीच सामरिक रिश्तों की शुरुआत हुई, इसके बाद 2014 में 12वीं शिखर सम्मेलन के दौरान एक्ट ईस्ट पॉलिसी की घोषणा से इन संबंधों को नई गति मिली। एक्ट ईस्ट पॉलिसी में भारत आसियान एकीकरण के लिए कनेक्टिविटी, वाणिज्य और सांस्कृतिक संबंधों पर ध्यान दिया गया। आसियान और भारत सुरक्षा के समान हितों को साझा करते हैं।[8] भारत आसियान, हिंद महासागर से लेकर प्रशांत महासागर तक रणनीतिक रूप से महत्वपूर्ण है, यह समुद्री क्षेत्र आसियान के कई सदस्य देशों के लिए महत्वपूर्ण व्यापारिक मार्ग भी हैं ऐसे में यह देखना आवश्यक हो जाता है कि आसियान के हर एक देशों के साथ भारत के रिश्ते कैसे हैं?

1. भारत और थाईलैंड : थाईलैंड आसियान देशों में से एक महत्वपूर्ण व्यापारिक साझेदार के रूप में उभर कर सामने आया है तथा भारत में

निवेश करने वाले देशों में से एक है। भारत और थाईलैंड के बीच पिछले दशक द्विपक्षीय व्यापार बढ़कर दोगुना से अधिक हो गया है यहां आसियान के पूर्वी एशिया शिखर सम्मेलन और बिम्स्टेक के लिए एक घनिष्ठ सहयोगी है।

2. भारत और वियतनाम : भारत का वियतनाम के साथ ऐतिहासिक रूप से घनिष्ठ और सद्भाव पूर्ण संबंध है, इन संबंधों की जड़े विदेशी शासन से मुक्ति के लिए एक जैसे संघर्ष और राष्ट्रो के लिए स्वतंत्रता संग्राम से जुड़ी है। जहां एक और महात्मा गांधी और राष्ट्रपति हू चिंग मिंग जैसे महान नेताओं ने उपनिवेशवाद के खिलाफ लड़ाई में ऐतिहासिक नेतृत्व प्रदान किया था वही द्विपक्षीय व्यापार एवं रक्षा सहयोग भारत और वियतनाम के बीच सामरिक सहयोग के बीच रिश्तों में प्रगाढ़ता लाता है।

3. भारत और इंडोनेशिया : भारत और इंडोनेशिया के बीच हजारों सालों से सांस्कृतिक संबंध कायम है भारत के पहले प्रधानमंत्री पंडित जवाहरलाल नेहरू और इंडोनेशिया के पहले राष्ट्रपति सुकरणों ने जो मैत्री का बीज बोया था वह आज भी दोनों देशों के संबंधों के मध्य दिखाई दे रहा है।

दोनों देशों के मध्य समानताएं :

- इंडोनेशिया भी भारत की तरह एक धर्मनिरपेक्ष देश है जिसमें हिंदू, मुस्लिम, सिख, ईसाई सभी धर्म को मानने वाले लोग निवास करते हैं।
- भारतीय लोगों की भांति यहां के लोग भी रामायण, महाभारत के प्रति श्रद्धा रखते हैं।
- 'इंडोनेशिया का एक द्वीप बाली तो हिंदू बहुल होने के वजह से 'हिंदू बाली' के नाम से भी जाना जाता है।
- भारत और इंडोनेशिया में कई ऐसे मंदिर हैं जो दुनिया भर में अपने विशिष्ट नमूनों की वजह से प्रसिद्ध है। दुनिया का सबसे बड़ा बौद्ध मंदिर बोरोबुदुर विहार इंडोनेशिया के जावा प्रांत में स्थित है। 9वी सदी में निर्मित इस मंदिर पर भारत के गुप्तकालीन कला का गहरा प्रभाव भी झलकता है। 'भारत और इंडोनेशिया दुनिया के सबसे बड़े लोकतंत्र में से एक है दोनों G-20, G7 (देशों) गुटनिरपेक्ष आंदोलन और संयुक्त राष्ट्र के सदस्य हैं।[9]

आर्थिक एवं वाणिज्यिक संबंध– इंडोनेशिया एशिया क्षेत्र में भारत का दूसरा सबसे बड़ा व्यापार भागीदार बन गया है। द्विपक्षीय व्यापार जो वर्ष 2007–08 में 6.9 बिलियन अमेरिकी डॉलर था वर्ष 2014–15 में बढ़कर 19.03 अमेरिकी डॉलर हो गया। भारत, इंडोनेशिया से कच्चे खजूर तेल

का सबसे बड़ा क्रेता है। कोयला, खनिज, रबर, लुगदी एवं कागज तथा हाइड्रोकार्बन का आयात करता है। भारत परिष्कृत पेट्रोलियम उत्पाद, मकई, वाणिज्यक गाड़ी, दूरसंचार उपस्कर, तिलहन, पशु–आहार, कपास, इस्पात के उत्पाद और प्लास्टिक के सामान इंडोनेशिया को निर्यात करता है। साथ ही साथ भारत इंडोनेशिया को औषधीय पदार्थ और इनसे बने उत्पाद भी प्रचुर मात्रा में निर्यात करता है।[10]

भारत–म्यांनमार संबंध : भारत के लिए म्यांनमार भौगोलिक रूप से महत्वपूर्ण है क्योंकि यह भारत और दक्षिण पूर्व एशिया के भूगोल के केंद्र में अवस्थित है। यह एकमात्र दक्षिण पूर्व एशियाई देश है जो पूर्वोत्तर भारत के साथ थल सीमा साझा करता है, यह सीमा लगभग 1624 किलोमीटर तक फैली है।[11] दोनों देश बंगाल की खाड़ी में 725 किलोमीटर लंबी समुद्री सीमा साझा करते हैं। म्यांनमार एकमात्र ऐसा देश है जो भारत की ''नेबरहुड फर्स्ट नीति ''और ''एक्ट ईस्ट नीति'' दोनों के लिए समान रूप से महत्वपूर्ण है।[12]

भारत–मलेशिया संबंध : ऐतिहासिक पृष्ठभूमि– इतिहास पर नजर डालें तो पाएंगे कि वर्ष 1962 के भारत –चीन युद्ध में मलेशिया अकेला ऐसा दक्षिण पूर्वी देश था जिसकी सेना ने खुलकर भारत का साथ दिया था बल्कि भारत को युद्ध में सहायता देने के लिए भी एक आर्थिक कोष की स्थापना की थी, वहीं भारत ने भी वर्ष 1965 में इंडोनेशिया मलेशिया विवाद में मलेशिया का साथ दिया था।[13] इसके चलते भारत और इंडोनेशिया के संबंधों में खटास आ गई थी।

शीत युद्ध के दौरान दोनों ही देश गुटनिरपेक्ष देशों के दल के साथ रहे और उन्होंने पारस्परिक संबंधों को मजबूत बनाए रखा। एक मुस्लिम बहुल देश होने और पाकिस्तान की तमाम कोशिशों के बावजूद मलेशिया और भारत के संबंध मधुर बने रहे।

भारत सरकार के वर्ष 1992 में लुक ईस्ट नीति के अनावरण ने संबंधों को एक नया आयाम दिया। वर्ष 2014 में चुनी गई नई सरकार ने कूटनीति के अगले चरण में मलेशिया समेत अन्य पूर्वी एशियाई देशों में पहल करते हुए लुक ईस्ट नीति को एक्ट ईस्ट नीति में तब्दील कर दिया। मलेशिया भारत सरकार की एक्ट ईस्ट नीति के केंद्र में हैं।

- राजनीतिक सुरक्षा, आर्थिक तथा सामाजिक, सांस्कृतिक स्तंभों पर भारत और मलेशिया का आपस में सहयोग काफी महत्वपूर्ण है।
- गौरतलब है कि मलेशिया आसियान समूह का एक अत्यंत महत्वपूर्ण सदस्य है और आसियान दुनिया की सबसे तेजी से बढ़ती अर्थव्यवस्था वाले देशों का एक समूह है। आसियान भारत का चौथा सबसे बड़ा

कारोबारी साझेदार और इस 10 सदस्यों के समूह में भारत छंठा सबसे बड़ा व्यापारिक साझेदार है।[14]

- भारत और मलेशिया ने द्विपक्षीय सहयोग के कई समझौतों को अंजाम दिया। जिनमें मलेशिया इंडिया कंप्रिहेंसिव इकोनामिक कोऑपरेशन एग्रीमेंट, 2011 और इन्हें रेस्ट स्ट्रैटेजिक पार्टनरशिप 2016 प्रमुख है।[15]

भारत और फिलीपींस संबंध : भारत और फिलीपींस दोनों देशों ने स्वतंत्रता प्राप्त करने के बाद 1949 में औपचारिक रूप से राजनयिक संबंध स्थापित किया और ऐतिहासिक साझा मूल्यों और समानताओं के साथ दोनों देश अपने संबंधों को बेहतर करने की दिशा में निरंतर प्रयास जारी रखे हुए हैं। भारत ने 1992 से लुक ईस्ट पॉलिसी की शुरुआत करते हुए आसियान के साथ साझेदारी में वृद्धि की।[16] जिसके फलस्वरूप फिलीपींस के साथ द्विपक्षीय और क्षेत्रीय संबंधों में तेजी आई। एक्ट ईस्ट पॉलिसी के तहत भारत फिलीपींस संबंधों में अधिक विविधता देखने को मिली है।

भारत और सिंगापुर : भारत और सिंगापुर लंबे वक्त से एक दूसरे के साथ सांस्कृतिक, वाणिज्यिक और सामरिक संबंध साझा करते आ रहे हैं। भारतीय मूल के 30,0000 से अधिक लोग सिंगापुर में रहते हैं। 1965 में सिंगापुर की आजादी के बाद सिंगापुर चीन के समर्थित कम्युनिस्ट खतरों के साथ–साथ मलेशिया और इंडोनेशिया के प्रभुत्व से परेशान था इसलिए भारत के साथ घनिष्ठ संबंध समय की मांग थी। जिससे चीनी प्रभाव को कम करने तथा क्षेत्रीय सुरक्षा प्राप्त करने में भागीदार के रूप में देखा गया। सिंगापुर भारत में निवेश का आठवां सबसे बड़ा स्रोत है और आसियान सदस्य राष्ट्रों में सबसे बड़ा है। भारत के आर्थिक उदारीकरण और इसकी 'लुक ईस्ट' नीति ने द्विपक्षीय व्यापार में एक बड़ा विस्तार किया है।[17]

भारत कंबोडिया संबंध : खमेर, कंबोडिया और भारत के बीच संबंध प्राचीन काल से है। कंबोडिया में भारत का प्रभाव अंगकोरवाट के हिंदू शैली के मंदिरों से लिखित खमेर तक दिखाई देती है, जो वर्तमान दक्षिणी भारत से पल्लव लिपि का व्युत्पन्न है।[18] दोनों देश गुटनिरपेक्ष आंदोलन का हिस्सा है, कंबोडिया के तीन दिवसीय दौरे पर आए उपराष्ट्रपति श्री जगदीप धनखड़ ने 12 नवंबर 2022 को कंबोडिया के नोम पेन्ह में 19वें आसियान भारत शिखर सम्मेलन में विदेश मंत्री एस जयशंकर सहित भारतीय प्रतिनिधिमंडल का नेतृत्व किया। शिखर सम्मेलन में आसियान और भारत ने व्यापक रणनीतिक साझेदारी के लिए मौजूदा रणनीतिक

साझेदारी की उन्नति की घोषणा करते हुए एक संयुक्त बयान को अपनाया दोनों पक्षों ने भारत प्रशांत क्षेत्र में शांति स्थिरता समुद्री सुरक्षा और सुरक्षा नेविगेशन की स्वतंत्रता सहित अन्य क्षेत्रों में भी सहयोग हेतु प्रयास करेंगे।[19]

भारत और ब्रुनेई संबंध : ब्रुनेई और भारत के बीच द्विपक्षीय विदेशी संबंधों को संदर्भित करते हैं। नई दिल्ली में ब्रुनेई का एक उच्च आयोग है और भारत में बंदर सेरी बेगावान में एक उच्च आयोग है।[20] दोनों देशों के बीच संबंध 10 मई 1984 को स्थापित किए गए थे। महामहिम सुल्तान हस्सनल बोलकियाह ने सितंबर 1992 में भारत की राजकीय यात्रा की 1929 में ब्रुनेई में तेल और कृषि सेवा क्षेत्रों में काम करने के लिए पलायन किया। बाद में कई भारतीय लोग शिक्षक की भूमिका निभाने हेतु ब्रुनेई गए तो कई भारतीयों ने ब्रुनेई के स्थानीय लोगों के साथ अंतर –विवाह किया सरकार के आधिकारिक सूत्रों के अनुसार 2013 तक ब्रुनेई में लगभग 10000 भारतीय रह रहे थे।[21]

आर्थिक संबंध भारत का ब्रुनेई से मुख आयात कच्चा तेल है जबकि भारत ने मुख्य रूप से ब्रुनेई को पेशेवर और अर्थ कुशल श्रमिकों के रूप में अपनी जनशक्ति का निर्यात किया है भारतीय व्यापारियों ने ब्रुनेई के वस्त्र क्षेत्र में लगभग एकाधिकार स्थापित किया है और ब्रुनेई ने अधिकांश डॉक्टर भारत के हैं।[22]

भारत और लाओस संबंध : लाओस दक्षिण पूर्व एशिया में एकमात्र स्थल बौद्ध देश है। लाओस वर्ष 1953 में फ्रांसीसी शासन की समाप्ति के बाद स्वतंत्र हुआ। परंतु लंबे समय तक साम्यवाद से प्रभावित रहा। लाओस वर्ष 1997 में दक्षिण पूर्व एशियाई देशों के संगठन (Association of Southeast Asian Nations - ASEAN) का तथा वर्ष 2013 में विश्व व्यापार संगठन (World Trade Oraganisation-WTO) का सदस्य बना। लाओस एक गरीब देश है जिसकी जनसंख्या कृषि संबंधित कार्यों में संलग्न है हालांकि यहां जलविद्युत की अपार संभावना होने के कारण लाओस स्वयं को दक्षिण पूर्व एशिया के बैटरी (Battery of Southeast Asia) के रूप में देखता है।

भारत और लाओस का आपस का व्यापार लगभग 193.63 (वर्ष 2017–18) मिलियन डॉलर था। सांस्कृतिक संबंध की बात की जाए तो दोनों देश प्राचीन बौद्ध सभ्यता को साझा करते हैं। लाओस पीडीआर के राष्ट्रीय प्रतीक थलंग लुपा स्तूप भगवान बुद्ध से संबंधित है, की पुनरबहाली करने के लिए भी एक समझौता ज्ञापन पर हस्ताक्षर किए गए थे।

आसियान के सदस्य देश पूर्वी तिमोर को आसियान के 11 वें सदस्य के रूप में स्वीकार करने के लिए सैद्धांतिक रूप से सहमत हुए हैं। भारत और पूर्वी तिमोर के बीच अंतरराष्ट्रीय संबंध मौजूद है। जकार्ता, इंडोनेशिया में भारत के दूतावास को समवर्ती रूप से पूर्वी तिमोर के लिए मान्यता प्राप्त है। भारतीय व्यापारी चंदन की लकड़ी की तलाश में इस द्वीप की यात्रा करते थे।

निष्कर्ष : भारत और आसियान के बीच बहुपक्षीय संबंधों का विकास देश में आर्थिक उदारीकरण के बाद से शुरू हुआ। भारत और आसियान देशों के संबंध में किसी भी प्रकार की आपसी प्रतिस्पर्धा और दावेदारी से मुक्त है और दोनों के पास भविष्य के लिए एक साझा दृष्टिकोण है जिसके जरिए दक्षिण पूर्व एशिया के देशों का विकास सभी क्षेत्रों में सही रूप से हो सके।

संदर्भ सूची :

1. https://en.wikipedia.org
2. https://hindustantimes.com
3. https://www.usasiain.stutute.org
4. https://www.insightsonindia.com
5. https://www.icwa.in
6. https://www.investindia-gov.in
7. www.drishtiias.com
8. http://patrika.com
9. www.sansarlochan.in
10. https://www.drishtiias.com
11. www.bbc.com
12. www.wikipedia.com
13. www.orfonline.org
14. प्रतियोगिता दर्पण नवंबर 2014।
15. दैनिक भास्कर 21 नवंबर 2015।
16. प्रभात खबर 13 नवंबर 2020।
17. प्रतियोगिता दर्पण नवंबर 2022।
18. खमीर (कंबोडिया) वर्णमाला, उच्चारण और भाषा www.omniglot.com

19. इंडिया सिंगापुर इकोनॉमिक्स एंड कमर्शियल रिलेशन।
20. इकोनॉमिक्स रिलेशन हाई कमीशन ऑफ इंडिया (ब्रूनेई दारुसलम) मूल से 6 मार्च 2014 को पूरालेखित, अभिगमन तिथि, 17 फरवरी 2014 ।
21. जकार्ता, इंडोनेशिया में तिमोर लेस्टे का दूतावास। दूतावास दुनिया भर में। 2019– 03–03 को पुनः प्राप्त।
22. भट्टाचार्य, विकास कुमार. (2018–06–07) "द तिमोर लेस्टे ट्री हाउ ईस्ट तिमोर नियरली लॉस्ट इट्स इलस्ट्रेटेड सैंडल बूड।" समाचार लेंस, अंतरराष्ट्रीय संस्करण। 2019 03 03 को पुनः प्राप्त।

Assistant Professor,
Department of Political Science,
M.M. Mahila College Ara, Bihar
email : khushbu.K.135@gmail.com

भारत की विदेश नीति में दक्षिण पूर्व एशिया का महत्व

किरण

दक्षिण पूर्व एशिया अर्थात् म्यांमार (बर्मा) थाईलैण्ड (श्याम) मलाया (मलेशियसी बोर्नियो), फिलीपींस, वियतनाम,लाओस और कम्बोड़िया (जो सामूहिक रूप से हिन्द–चीन कहलाते है) इंडोनेशिया, सिगांपुर और ब्रुनेई देश शामिल है, इन देशों को सुवर्ण भूमि एवं सुवर्ण–द्वीप की भी संज्ञा दी गई हैं।[1] इनकी संस्कृति प्राचीन भारतीयों की अत्यन्त परिष्कृत एवं महत्वपूर्ण देन है। आज से वर्षों पहले ये देश व्यापार एवं धर्म–प्रचार के माध्यम से भारत के सान्निध्य में आ चुके थे और इस पृष्ठभूमि में इन देशों का भारतीयकरण शुरू हुआ और कालक्रम में भारतीय इन देशों के सामाजिक, सांस्कृतिक तथा राजनीतिक जीवन के प्रेरणा बन बैठे। उन्होने इन देशों के निवासियों को भारतीय सस्कृति के रंग में रंग दिया। प्रारम्भ में भारतीय ब्राह्मण, राजकुमार, राजाओं के दूत, धर्म प्रचारक और व्यापारीयों का आना एवं धर्म प्रचारकों द्वारा कुछ समय के बाद यहॉ स्थायी निवासी के रूप में रह जाना,इस प्रक्रिया ने भारतीय संस्कृति को प्रतिष्ठित करने में महत्वपूर्ण भूमिका निभाई है। यहॉ से प्राप्त पुरातात्विक सामग्रीयॉ महत्पूर्ण है, जिनसे इन देशों का इतिहास ज्ञात होता है। ईसा की प्रथम शताब्दी से लगभग पन्द्रह–सोलह वर्षों तक यहॉ भारतीय सभ्यता संस्कृति फलती–फुलती रही।[2] इसलिए इन देशों का सांस्कृतिक रूप से भारत के साथ धनिष्ठ सम्बंध है।

दक्षिण–पूर्व एशिया शब्द का प्रयोग अन्तरराष्ट्रीय रूप से प्रशांत महायुद्व (1941–45 ई.) के दौरान मान्य किया जाने लगा। ''बृहत्तर भारत'' (जिस क्षेत्र में भारतीय सभ्यता संस्कृति का प्रसार हुआ) तथा ''सुदूरपूर्व'' (जिसका प्रयोग सामान्यतः चीन और जापान के लिए किया जाता है)[3] और अब जिसे प्रायः पूर्व एशिया कहते है का भी इन क्षेत्रों के लिए प्रयोग किया जाता है।[4] वेल्स के अनुसार दक्षिण–पूर्व एशिया के दो भाग है पूर्वी तथा पश्चिमी जिसमें क्रमशः जावा, चम्पा तथा कम्बोड़िया को और लंका, मध्य स्थान, मलाया तथा सुमात्रा को गिना जाता है। दक्षिण–पूर्व एशिया हिन्द चीन और हिन्देशिया में विभिक्त है।

दक्षिण–पूर्वी एशियाई देश सांस्कृतिक रूप से भारत के अत्यन्त निकट है। इस क्षेत्र पर भारत का सांस्कृतिक प्रभाव स्पष्ट रूप में दिखाई देता है। थाईलैंड, म्यांमार, बौद्व धर्म प्रधान देश है, इंडोनेशिया का नाम

इंडिया से प्रभावित है।[5] इंडोनेशिया मे आज भी रामलीला का मंचन होता है और सिंगापुर पर भारतीय शहरों के नाम का प्रभाव है। इस प्रकार इन देशों के साथ भारत के सांस्कृतिक सम्बंधों के साथ–साथ भारत के राजनीतिक सम्बंध भी है। भारत की विदेश नीति में इन देशों का महत्वपूर्ण स्थान है। स्वतन्त्रता के बाद भारत के प्रथम प्रधानमंत्री नेहरू ने अपनी विदेश नीति में इन देशों को महत्वपूर्ण स्थान प्रदान किया इस सन्दर्भ में उनका प्रथम प्रयास एशियाई सम्मेलन (1948) था। भारत ने इण्डोनेंशिया की स्वतंत्रता के लिए नई दिल्ली में एशियाई सम्बंधो की बैठक (वर्ष 1948) में आयोजित की। भारत ने बाडूंग सम्मेलन (वर्ष–1955) में एशियाई अफ्रीकी एकता के विचार का समर्थन किया। पंड़ित नेहरू ने इंडोनेशिया के प्रधानमंत्री सुकार्नो के साथ गुटनिरपेक्ष आंदोलन की नीव रखीं, वियतनाम की मुक्ति का भारत ने सदैव समर्थन किया तथा म्यांमार के साथ भारत के हमेशा से ही मित्रतापूर्व सम्बंध रहे है। जहॉ भारत ने स्वतन्त्रता के बाद अपनी विदेश नीति का संचालन स्वतन्त्रतापूर्वक एवं एशियाई एकता को मजबूत करने से प्रेरित हो कर किया। वहीं दक्षिण–पूर्व एशिया के देशों ने धीरे–धीरे प्रत्यक्ष या अप्रत्यक्ष रूप से शीत युद्व के दौरान महाशक्तियों के बीच चलने वाली प्रतिस्पर्धा में शामिल होने की नीति का पालन किया। जिससे भारत–दक्षिण पूर्व एशिया के देशों के सम्बंधों में दूरी एवं तनाव दिखने लगा।जैसे, थाइलैंड, फिलीपींस, सिएटो (SEATO) के सदस्य थे, जो अमेरिका द्वारा "नाटो" का दक्षिण एशिया में विस्तार माना जाता था और अमेरिका द्वारा प्रायोजित एक सैनिक गठबंधन था। जबकि भारत की गुटनिरपेक्ष नीति के मूलभूत सिद्वान्तो में एक शर्त यह भी थी कि कोई भी देश किसी भी सैनिक गुट में शामिल नही होगा। दूसरी ओर वर्ष 1962 में म्यांमार में लोकतंत्र के स्थान पर सैनिक तानाशाही स्थापित हो गई जिसने चीन के साथ ज्यादा अच्छी दोस्ती अर्थात मित्रतापूर्वक सबंधो का निर्माण किया और इसी प्रभाव के कारण म्यांमार में भारतीय मूल के लोगों के साथ अत्याचार हुए एवं उन्हे देश छोड़ने के लिए मजबूर किया गया, जिससे भारत–म्यांमार के संबंध कटु हो गये। इसी बीच भारत–चीन के मध्य वर्ष 1962 में युद्व हो गया और भारत की असफलता में कई देशों का झुकाव चीन की ओर कर दिया। नेहरू के मित्र एवं गुटनिरपेक्ष आन्दोलन की नींव में सहयोगी रहे इण्डोनेशिया के प्रधानमंत्री सुकार्नो का झुकाव भी चीन की ओर हो गया। कुछ समय पश्चात इण्डोनेशिया में सुकार्बो के स्थान पर सुहार्तो ने शासन पर नियंत्रण कर लिया। इण्डोनेशिया में सुहार्तो का सैनिक शासन वर्ष 1966 में स्थापित हुआ, जिसके बाद सुहार्तो ने अमेरिका के साथ बेहद मित्रतापूर्वक संबंध स्थापित किए।[6] वर्ष 1971 में भारत सेवियत संघ के

बीच ''शांति एवं मित्रता की संधि'' हुई जिससे भारत आसियान देशों के बीच दूरी बढ गई। जहाॅ एक तरफ दक्षिण पूर्व एशिया के देश अमेरिका समर्थित बन गये थे, वही दूरी तरफ भारत सेवियत संघ के मध्य मित्रता धनिष्ठ होती जा रही थी। जिसकी वजह से भारत दक्षिण पूर्व एशिया सम्बंधो में एक समय के लिए शुन्यता आ गयी थी। भारत ने 60 के दशक में चीन के साथ युद्ध का सामना किया सन् 1965–1971 में भारत–पाक के मध्य युद्ध जिससे भारत दक्षिण एशिया में उलझ कर रह गया था। दूसरी तरफ दक्षिण–पूर्व एशिया के देशों में साम्यवाद के प्रसार के लिए संघर्ष चल रहा था। जैसे वर्ष 1979 में कंपूचिया में पोलपोट और हेंगसामरिन के बीच सत्ता के लिए संघर्ष चल रहा था। पोलपोट का समर्थन चीन, थाइलैंड और अमेरिका ने किया, जबकि हेंगसामरिन का समर्थन वियतनाम, भारत और सोवियत संघ ने किया।[7] भारत ने जब वियतनाम के हेंगसामरिन सरकार का समर्थन किया तो ज्यादातर दक्षिण पूर्व एशिया के देश भारत के विरोधी बन गए। वर्ष 1980 के दशक में दक्षिण कोरिया, सिंगापुर, ताइवान तथा मलेशिया जैसे देशों ने तीव्र आर्थिक विकास किया, जिससे आसियान क्षेत्र विश्व अर्थव्यवस्था का उभरता क्षेत्र बन गया। वर्ष 1984 में ब्रुनेई, ब्रिटेन से स्वतंत्र हो गया और आसियान का सदस्य बन गया।

दक्षिण पूर्व एशिया के देशों ने 60 के दशक में आपसी सहयोग बढ़ाने हेतु एक असैनिक संगठन की स्थापना की जिसका नाम ''आसियान'' रखा गया। ''आसियान'' की स्थापना 8 अगस्त 1967 में बैंकॉक में एक संधि पत्र पर हस्ताक्षर करके की गई जिसके प्रारम्भ में दक्षिण–पूर्व एशिया के केवल पांच संस्थापक देश – इण्डोनेशिया, मलेशिया, फिलिपींस, सिंगापुर, थाइलैण्ड ही शामिल हुए ।[8] इनका प्रमुख उदेश्य क्षेत्रीय सहयोग को बढ़ाने हेतु एक प्रादेशिक संगठन की स्थापना करना था। अन्तरराष्ट्रीय राजनीति के संघर्षो से दूर रहते हुए आपसी सहयोग को बढ़ावा देना था। आसियान ने समय के साथ प्रगति की और बाकी देशों ब्रुनेई (1984) वियतनाम (1995), कम्बोडिया (1999) म्यामार, लाओंस को भी शामिल किया।[9] वर्तमान में आसियान देशों की संख्या 10 है। और दक्षिण पूर्व एशिया के देशों को सामूहिक रूप से आसियान के रूप में पुकारा जाने लगा।

शीत युद्व के बाद भारत "आसियान" (दक्षिण पूर्व एशिया) के सम्बंधो में सुधार

वर्ष 1990 में सोवियत संघ का विघटन हो गया जिससे शीत युद्व की समाप्ति भी हो गई। विश्व में उदारवादी और साम्यवादी विचारधारा

के मध्य संघर्ष समाप्त हो गया, और आसियान के देशों में भी यह संघर्ष समाप्त हो गया जिसका परिणाम यह हुआ कि वियतनाम (1995) लाओंस (1997) एवं कपूचिया (1999) जैसे सामजवादी देश की आसियान के सदस्य बन गए और कंपूचिया का गृहयुद्व समाप्त हो गया एवं आसियान के सभी देश आर्थिक विकास के लिए आपस में सहयोग करने लगे।

इस तरह भारत की विदेश निति में भी कई बदलाव देखने को मिले। वर्ष 1990 के बाद भारत और अमेरिका के मध्य मित्रतापूर्व सम्बंधो का विकास हुआ। वर्ष 1991 में भारत ने आर्थिक उदारीकरण को अपनाया तथा आसियान देशों के साथ आर्थिक संबंधो पर बल दिया। सोवियत संघ के विघटन के बाद भारत को नए निर्यात बाजारों की आवश्यकता महसुस हुई इसलिए आसियान देश भारत के लिए प्राथमिकता के रूप में उभरकर सामने आए। यह सर्वविदित है कि आसियान देशों और भारत के मध्य प्राचीन समय से ही सांस्कृतिक एकता विघमान रही है इसलिए अटल बिहारी वाजपेयी सरकार द्वारा इसलिए इसे भारत के सूदूरवर्ती पड़ोसी (म्गजमदकमक दमपहीइवनत)कहा गया।

पूर्व की और देखो नीति – भारतीय विदेश नीति में प्राथमिकता से (Look East) आसियान देशो के साथ सम्बंधो को मजबूत करने के प्रयास ....

जवाहर लाल नेहरू के समय भारत की विदेश नीति का झुकाव अमेरिका रूस और यूरोप की तरफ था। इंदिरा गांधी अन्य पड़ोसियों की ओर देखने लगी, राजीव गांधी की नजरे दक्षिण एशिया के देशों की ओर गई। वही वर्ष 1990–91 में तत्कालीन प्रधानमंत्री पी.वी. नरसिंह राव ने भारतीय अर्थव्यवस्था को वैश्वीकरण के एक भाग के रूप में एशिया से जोड़ने के लिए पूर्व की ओर देखो नीति का निर्माण किया।[10] 90 के दशक के प्रारम्भ में अपनाई गई इस विदेश नीति का उद्देश्य भारत के पूर्वी तथा दक्षिण पूर्वी पड़ोसी देशों के साथ आर्थिक सम्बंधो को मजबूती प्रदान करना था। पूर्व की ओर देखो नीति का मुख्य आधार आर्थिक सम्बन्ध था। तथा 1991 में तत्कालीन भारतीय प्रधानमंत्री पी.वी. नरसिम्हा राव ने इस नीति की रूपरेखा तैयार कर यह कोशिश की थी कि भारत को अपने आर्थिक विकास के लिए किस प्रकार अधिक विकसित देशों का सहारा मिल सकता है। उस समय देश की परिस्थितियों के अनुसार आर्थिक विकास को ध्यान में रखकर पहले अपने पड़ोसी पूर्वी तथा दक्षिण पूर्व के उन एशों से मजबूत आर्थिक संबंध सुनिश्चित कि गऐ जो आर्थिक रूप से अधिक समृद्ध है। जैसे सिंगापुर बाद में पश्चिम के समृद्व देशों जैसे अमेरिका को इस कड़ी से जोड़े जाने का उदेश्य था। इस नीति का निर्माण करते समय भारत को यह समझ में आ गया था कि एशिया के

पूर्वी तथा दक्षिण पूर्वी देशों के साथ भारत के संबंध लाभदायक साबित होंगे। वैसे तो पूर्व की ओर देखो नीति मुख्यतः आर्थिक दृष्टिकोणों को ध्यान में रखकर बनाई गई एक नीति थी, लेकिन समय के साथ इसमें कूटनितिक तथा सामरिक विचारधाराओं का भी सम्मिश्रण होता गया और आज पूर्व की ओर देखो नीति भारत की विदेश नीति का एक बहुमुखी व सफल हथियार है।

पूर्व की ओर देखो नीति के कुछ प्रमुख बिन्दु[11] :

- इस नीति में आर्थिक सम्बंधो पर जोर दिया गया।
- इस नीति को उस समय क्रियान्वित किया गया, जब भारत की आर्थिक स्थिति बहुत अच्छी नहीं थी।
- इस नीति को बनाने में सिंगापुर के तत्कालीन प्रधानमंत्री ''ली कुआन'' की महत्वपूर्ण भूमिका थी।
- इस नीति के द्वारा भारत, चीन के पूर्व तथा दक्षिण–पूर्व एशिया में बढ़ते प्रभाव को भी नियन्त्रित करना चाहता था।
- इस नीति के द्वारा उन देशों से आर्थिक सम्बंध अच्छे करने पर जोर दिया गया है जो मजबूत क्षेत्रीय आर्थिक शक्ति बनकर उभरे थे। जैसे सिंगापुर, मलेशिया आदि।
- इस नीति को और विस्तार देते हुए भारत ने आसियान देशों से भी मजबूत आर्थिक सम्बंध स्थापित करने पर जोर दिया जिसके तहत वर्ष 1992 में भारत को आसियान देशों के क्षेत्रीय वार्ताकार सहयोगी का दर्जा दिया गया। साथ ही भारत को व्यापार निवेश और पर्यटन के क्षेत्र में क्षेत्रीय वार्ताकार का सहयोगी बनाया गया तथा वर्ष 1996 में भारत पूर्व वार्ताकार सहयोगी बन गया। वर्ष 2002 से भारत और आसियान के मध्य भारत–आसियान शिखरवार्ता आरम्भ हुई और आसियान देशों में म्यांमार के शामिल होने के बाद भारत आसियान के साथ भूमि साझा करता है।
- भारत, इंडोनेशिया, मलेशिया, सिंगापुर और थाइलैण्ड के साथ समुद्री सीमाओं को साझा करता है। इसके साथ ही भारत आसियान के मध्य 2009 में मुक्त व्यापार क्षेत्र समझौता हुआ, जो दोनो देशों के मध्य बढ़ते आर्थिक संबंधो का प्रमाण है।[12] मुक्त व्यापार समझौते से भारत और आसियान देशों को लाभ हुआ। ना केवल सांस्कृति, राजनीतिक और आर्थिक क्षेत्र में बल्कि सामरिक क्षेत्र में भी भारत और आसियान दोनो के मध्य संबंध सुदढ़ हुए। इसका उदाहरण हम आसियान रिजनल फोरम (सन्–1994) को ले सकत है, जिसका मूल उदेश्य

राजनितिक एवं सुरक्षा के समान हितों पर सकारात्मक संवाद एवं परामर्श को बढ़ावा देना है। इसके गठन के दो साल बाद यानि 1996 में भारत इसका सदस्य बना। भारत आसियान के द्वारा सयुक्त रूप से हिंद महासागर, मलक्का जल संधि की सुरक्षा भी की जा रही है। आसियान के कई देशों के साथ भारत के सयुंक्त सैन्य अभ्यास लगातार आयोजित किए जा रहे है।

वर्तमान समय में भारत एक्ट ईस्ट नीति पर कार्य कर रहा है। जिसके अन्तर्गत भारत पूरे एशिया पैसिफिक क्षेत्र में अपने बेहतर सम्बंधो को स्थापित करना चाहता है। ''एक्ट ईस्ट पॉलिसी'' ''लुक ईस्ट नीति'' का ही परिवर्तित रूप है जिसकी घोषणा नवम्बर 2014 में म्यांमार में आयोजित आसियान–भारत शिखर सम्मेलन में प्रधानमंत्री नरेन्द्र मोदी ने की।[13] नरेन्द्र मोदी के द्वारा इसे ''पूर्व में सक्रिय होने की नीति'' में बदलने का प्रयास किया। वर्तमान समय में इस नीति के माध्यम से कई परियोजनाओं द्वारा आसियाना के देशों के साथ सम्बंधो को मजबूती प्रदान करने के प्रयास किए जा रहे है, जैसे ठब्ड कॉरिडोर (बांग्लादेश, चीन भारत–म्यामार), भारत–म्यॉमार थाइलैंड त्रिपक्षीय राजमार्ग, जल मार्ग के माध्यम से कनेक्टिविटी कलादान मल्टी मॉडल ट्रॉजिड ट्रॉसपोर्ट प्रोजेक्ट (ज्ञडडज्ज्च) एवं मेंकांग भारत आर्थिक गलियारा (डप्ब्) आदि ।

भारत की राजनीति में दक्षिण पूर्व एशिया (आसियान) का महत्व :

वर्तमान समय में और बढ़ गया है भारत ने इन सम्बंधों में कई उपलब्धिया हासिल की है। जैसे आसियान के स्वर्ण जयंती समारोह के मौके पर (नवम्बर 2017) भारत आसियान शिखर सम्मेलनों की भारत के लिए खास अहमियत थी। इस साल भारत ने आसियान संवाद कायम होने की 25 वी वर्षगाठ का उत्सव मनाया। भारत का आसियान का महत्व इसी बात में है कि 26 जनवरी 2018 को नई दिल्ली में आयोजित गणतन्त्र दिवस समारोह में आसियान देशों के 10 राष्ट्राध्यक्ष विशिष्ट अतिथि थे।

अतः कहा जा सकता है कि आसियान के साथ मजबूत और बहुपक्षीय सम्बंधो पर भारत की एकाग्रता स्वयं 1990 के दशक के प्रारम्भ में विश्व के राजनीतिक और आर्थिक उत्थान के क्षेत्र में महत्वपूर्ण परिवर्तनों, आर्थिक उदारीकरण की ओर भारत के स्वय आगे बढ़ने का परिणाम है। भारत की आर्थिक नीति की खोज के फलस्वरूप हमारी लुक ईस्ट नीति अस्तिव में आई। वृहतर एशिया, प्रशांत क्षेत्र में आसियान का आर्थिक, राजनीतिक और सामरिक महत्व तथा व्यापार और निवेश में भारत की एक प्रमुख भागीदारी बनने की क्षमता, हमारी नीति का एक

महत्वूपर्ण कारक है। लुक ईस्ट नीति को एक्ट ईस्ट नीति में परिवर्तित करके इसको और ज्यादा सार्थक बनाने की कोशिश की गई है। यह अब एशिया प्रशांत केन्द्रीत आर्थिक धारा से भारत को जोड़ने के लिए भू–सेतू प्रदान करता है। जो 21 वी सदी के बाजार को साकार करेगा। आसियान भारत की व्यावसायिक और तकनीकी क्षमता का लाभ उठाना चाहता है। भारत और आसियान के अपने सुरक्षा परिदृश्य में समानता है। दूसरी तरफ भारत के सामरिक समीकरणों में आसियान अच्छा खासा महत्व रखता है। आसियान भारत के लिए पूर्वी एशिया की दुनिया की ओर खुलता मार्ग है। जिसमें म्यामांर, भारत और इसके पूर्वी पड़ोसियों के बीच पुल की तरह है। वर्ष 2017 में ही वार्ता सहयोगी के रूप में भारत ने आसियान के साथ 25 वर्ष पूरे कर लिए है। चीन ने जिस तरह से भारत के पड़ोसी देशों बांग्लादेश, पाकिस्तान, श्रीलंका, नेपाल आदि में अपना दखल बढ़ाया है उसी तरह भारत को भी अपना दखल दक्षिण पूर्वी एशियाई देशो में बढ़ाने की जरूरत है, लेकिन चीन के काउंटर में हमे यह बात कतई नही भूलनी चहिए कि किसी भी देश से भारत के सम्बंधों का अपना स्वतंत्र महत्व हो, न कि यह सब चीन के कारण हो। दक्षिण पूर्व एशियाई देशों के साथ भारत के राजनीतिक, आर्थिक, समारिक और सांस्कृतिक सम्बंध अब बहुत मजबूत हो चुके है और भारत की राजनिति में दक्षिण पूर्व एशिया के देश महत्वपूर्ण स्थान रखते है।

सन्दर्भ सूची

1. रघुनाथ सिंह एम.पी. दक्षिण–पूर्व एशिया (कम्बुज, बाई, वर्मा, मलाया), पृष्ठ सं. 8
2. आर.सी. मजूमदार, हिन्दू कॉलानीज इन द फार ईस्ट – पृष्ठ सं. 5
3. डॉ. विधानन्द उपाध्याय, दक्षिण–पूर्व एशिया का राजनीतिक इतिहास (बिहारी हिंदी ग्रंथ अकादमी, पटना) पृष्ठ सं. 10
4. डॉ. शैलेन्द्र प्रसाद पांथरी दक्षिण–पूर्व एशिया (विश्वविद्यालय प्रकाशन, वाराणसी)
5. राजेश मिश्रा, भारतीय विदेश नीति भूमंडलीकरण के दौर में (2018) पृष्ठ सं. 129
6. राजेश मिश्रा, भारतीय विदेश नीति भूमंडलीकरण के दौर में। (2018) पृष्ठ सं. 130
7. राजेश मिश्रा, भारतीय विदेश नीति भूमंडलीकरण के दौर में। (2018) पृष्ठ सं. 131

8. प्रो.बी.एल फड़िया एवडा. कुलदीप फड़िया, अन्र्तराष्ट्रीय सम्बंध ' (2021) पृष्ठ सं. 140
9. प्रो.बी.एल फड़िया एवडा. कुलदीप फड़िया अन्र्तराष्ट्रीय सम्बंध ' (2021) पृष्ठ सं. 143
10. वही पृष्ठ सं. 144
11. वही पृष्ठ सं. 145
12. समुति गांगुली, भारतीय विदेश नीति (2010) नई दिल्ली ऑक्सफोर्ड प्रेस पृष्ठ सं. 154
13. वही पृष्ठ सं. 155
14. वी पी दत्ता, भारतीय विदेश नीति (1984) नई दिल्ली, विकास पब्लिसिंग हाऊस
15. दैनिक भास्कर
16. मासिक क्रॉनोलॉजी

शोधार्थी (राजनिति विज्ञान),
मोहनलाल सुखाड़िया विश्वविधालय, उदयपुर,
राजस्थान

भारत की प्राचीन संस्कृति का दक्षिण पूर्वी एशियाई देशों पर प्रभाव

डॉ. रमन नईयर

भारत की प्राचीन संस्कृति विश्व की महान संस्कृतियों में से एक मानी जातीहै।इस देश पर समय-समय पर हुए विदेशी आक्रमणों के फलस्वरुप देश में अलग-अलग लोग बसते चले गए और यह देश मिश्रित संस्कृति के जन्म और विकास का केंद्र बन गया। भारत में भिन्न भिन्न धर्म, जातियां, वेश-भूषा, खान-पान होने के बावजूद भी एकता का होना ही यहां की सबसे बड़ी विशेषता रही जिसने पूरे विश्व को प्रभावित किया। दक्षिण पूर्वी एशियाई देशों में भारतीय संस्कृति ने अपनी गहरी छाप छोड़ी है। इनमें से मलेशिया, थाईलैंड, वियतनाम, कंबोडिया, बाली, बोर्निओ आदि देश प्रमुखहैं जिन पर पड़ने वाले भारतीय संस्कृति के प्रभावों का संक्षिप्त वर्णन इस प्रकार है :

प्राचीन काल में 'मलय' नाम से प्रसिद्ध वर्तमान मलेशिया का जिक्र कई प्राचीन अभिलेखों में आता है। जिससे उस देश के भारतीय संबंधों के बारे में जानकारी मिलती है।[1] वर्तमान में मलेशिया के अधिकतर लोग इस्लाम धर्म के अनुयाई हैं।[2] फिर भी वहाँ के धार्मिक विचार, राजनीतिक प्रणाली और सामाजिक जीवन पर भारतीय संस्कृति की अमिट छाप दिखाई देती है। अलग-अलग स्थानों से प्राप्त चिन्हों के आधार पर पता लगता है कि प्राचीनकाल में यहां पूजा अराधना के मुख्य आधार कई भारतीय देवी देवता थे जिनमें से प्रमुख शिव थे। मलेशिया में प्रचलित स्थानों और व्यक्तियों के नामों जैसे कुआलालंपुर, श्रीरामरंजन, विष्णु, शिव, हनुमान, कमला, गीता, सावित्री, सीता, रामजीवन, गोवर्धन, रामगुलाम, जगन्नाथ, अनिरुद्ध, अर्जुन आदि से इसका अनुमान लगाना और भी आसान हो जाता है।[3]

मलेशिया की राजनीति पर भारतीय संस्कृति की झलक साफ दिखाई देती है। सुल्तान के राज्य अभिषेक में मुसलमानी रीति-रिवाजों के साथ-साथ राजा द्वारा शपथ संस्कृत के अपभ्रंश रूप में ली जाती है और उसकी प्रशंसा में 'जय हो महाराजाधिराज की' आदि शब्दों का प्रयोग किया जाता

है।[4] राजनीति के क्षेत्र में भी कई पदों के नाम राजा, राजाकुमार, मंत्री आदि प्रचलित है।[5] सामाजिक क्षेत्र में विवाह की रस्मों में कई हिंदू रीति-रिवाजों की पालना काजी द्वारा करवाई जाती है।[6]

दक्षिण पूर्वी एशिया में मलेशिया से जुड़ा हुआ एक छोटा सा प्रसिद्ध देश सिंगापुर है जो सिंहपुर का एक परिवर्तित रूप माना जाता है। 'सिंह' भावार्थ शेर शब्द संस्कृत भाषा के महत्व को दर्शाता है वही 'पुर' शब्द नगरों के नामकरण के लिए प्रयोग की जाने वाली भारतीय परंपरा को। इस स्थान से प्राप्त मानचित्र में पुर के साथ साथ सिंहपुर नाम का जिक्र भी आता है। प्राचीन काल से ही सिंगापुर में भारतीय संस्कृति अपनी जड़ें जमा चुकी है। इस देश पर सदियो तक सुल्तान को संस्कृत के शब्द 'महाराजा' से ही संबोधित किया जाता रहा था। एक सुल्तान की पुत्री का नाम भी विद्याधारी था जिसका अर्थ 'अतिज्ञानवाली' है। सिंगापुर की एक बस्ती का नाम राजकुमारी के नाम पर ही रखा गया था। मलेशिया की ही तरह सिंगापुर में व्यक्तियों, नगरों के नाम, लोग़ो की मान्यताएं, भाषा आदि पर भारतीय प्रभाव काफी मात्रा में दिखाई देता है।[7]

थाईलैंड दक्षिण पूर्वी एशिया के उस भूखंड का भाग है जिसे पूर्वकाल में 'स्वर्णभूमि' कहा जाता था।[8] इसके अलावा यह खंड सयाम, द्वारावती, सयामरुता आदि नामों से भी जाना जाता रहा। थाई लोगों की अधिकता होने के कारण बाद में यह स्थान थाईलैंड के नाम से प्रसिद्ध हुआ। धार्मिक पक्ष से देखा जाए तो सयाम नाम भगवान कृष्ण के नाम और द्वारावती उनकी नगरी द्वारका के नाम से संबंधित माना गया है। कंबोडिया के राजाओं ने यहां इस देश पर सदियों तक राज्य किया। थाईलैंड से प्राप्त हुए शिलालेख और मूर्तियों के आधार पर भारतीय संस्कृति का इस धरती से संबंध काफी पुराना माना जाता है। बौद्ध धर्म की ज्यादा प्रसिद्धि होने के बावजूद भी हिन्दू धर्म के देवी देवता थाईलैंड में काफी प्रसिद्ध हैं। हिन्दू धार्मिक ग्रंथ रामायण को वहां रामकीर्ति' कहा जाता है। विशवास किया जाता है कि सयाम की प्राचीन राजधानी का नाम अयोध्या था, पर वतॅमान राजधानी का नाम बैंकॉकहै जहां पूर्णतया नीलम की बनी हुई मूर्ति वाला प्रसिद्ध राजकीय बौद्ध मंदिर है। आश्चर्यजनक बात यह है, कि मंदिर में दीवारों पर पूरी तरह रामायण के चित्र बनाए गए हैं।[9] आज भी बैंकाक के विकसित चौराहों पर धनुषधारी

राम की मूर्तियां देखने को मिल जाती है। राजधानी बैंकाक के म्यूजियम में हिंदू देवी-देवताओं और बौद्ध धर्म के संस्थापक गौतम बुद्ध की मूर्तियां काफी बड़ी मात्रा में है।[10]

सयाम के राजवंश को चक्रीय या चक्रधारी वंश कहा जाता है जिनके कुछ महाराजा राम के नाम से प्रसिद्ध हुए हैं जैसे रामप्रथम, रामद्वितीय आदि। महाराजा का राज्यअभिषेक भी भारतीय रीति के अनुसार होता है।[11] थाईलैंड सरकार के शिक्षा मंत्रालय के कला विभाग का प्रतीक चिन्ह श्रीगणेश है और गरुड़ पक्षी जो भगवान विष्णु का वाहन माना जाता है,सरकार के प्रतीक चिह्न के तौर पर राजा की कार,शासकीय पत्र और राजा के ध्वज पर अंकित रहता है।[12] थाईलैंड के समाज में भारत की ही तरह बालकों के उपनयन संस्कार के समय केसरी रंग का वस्त्र पहनाकर गुरु के पास भेजने की परंपरा रही है। सयाम की लिपि भी प्राचीन भारतीय लिपि से ही निकली है। संस्कृत से निकली पाली भाषा का बहुत प्रचार है। थाईलैंड के राज्य प्रभारी आपसी वार्तालाप में पाली का प्रयोग करते हैं।[13] थाई लोगों के नाम पर संस्कृत या पाली भाषा का प्रभाव है जैसे प्रजादीपक, आनंद, विपुल, संग्राम, सिद्धार्थ आदि।[14]

आधुनिक दक्षिणी वियतनाम को प्राचीनकाल में चंपा राज्य के नाम से जाना जाता था।[15] जिसका संबंध भारत से बहुत प्राचीन रहा है। यह विशवास किया जाता है कि पांचवी सदी में चंपादेश के शासक महाराजा गंगाराज ने काफी समय गंगा के तट पर व्यतीत किया। फाह्यान और इत्सिंग यात्रियों के वर्णन से पता चलता है कि पांचवीं और छठी शताब्दी में भारत और चंपा के मध्य व्यापार समुद्री मार्ग द्वारा काफी उन्नत था।[16] चंपा के राजा अपने आप को विष्णु का अवतार मानते रहे।[17] इसलिए शिव, विष्णु आदि देवताओं की पूजा वहां काफी प्रचलित रही। इसके अलावा सामाजिक संगठन का आधार भी वर्णव्यवस्था रही।[18] चंपा में चारों वेद, महाभारत, पुराण, छटदर्शन, व्याकरण आदि का संस्कृत में अध्ययन किया जाता था।[19] इस स्थान से प्राप्त संस्कृत के अभिलेखों से यह ज्ञात होता है कि वहां शुद्ध संस्कृत प्रचलन में थी और संस्कृत काव्य का काफी प्रचार था।[20]

एशिया के दक्षिण पूर्वी देशों में इंडोनेशिया कई द्वीपों जैसे जावा, सुमात्रा,वाली,बोर्नियो आदि का समूह है।[21] जहाँ भारतीय संस्कृति की यात्रा

काफी प्राचीन मानी जाती है। इंडोनेशिया के निवासियों के विश्वास अनुसार महर्षि अगस्त्य भारतीय संस्कृति को इंडोनेशिया लेकर आए जिनको इस कारण वहां 'महागुरु' कहा जाता है। यहां ईसा की पहली शताब्दी से लेकर कई हिंदू साम्राजयों की स्थापना हुई जिनमें सबसे प्रसिद्ध शैलेंद्र साम्राज्य था जो कि पूर्णतया भारतीय था। इसकी राजधानी श्रीविजय थी। शैलेंद्र वंश के राजाओं के संरक्षण में ही भारतीय धर्म की मान्यताएं और विश्वासों ने यहां अपनी जड़े पूरी तरह से जमा ली। इसका अनुमान इस बात से लगता है कि इंडोनेशिया की राजधानी जकार्ता के आसपास दिल्ली से भी ज्यादा हिंदू विश्वासों को मूर्तिमान रूप में देखा जा सकता है।वर्तमान में इंडोनेशिया चाहे एक मुस्लिम देश है,पर यहां के मुसलमान रामायण और महाभारत का भी ज्ञान रखते हैं और रामलीला का मंचन भी करते हैं। संस्कृत भाषा प्रचलित होने के कारण कई इमारतों के नाम भी संस्कृत में हैं जैसे रक्षा मंत्रालय के लिए 'युद्धग्रह' और खेल मंत्रालय के लिए 'क्रीडाभक्ति' इत्यादि।इंडोनेशिया के नोटों पर हिंदू देवता गणेश का चित्र होता है इसी तरह केंद्रीय बैंक के सामने एक विशाल रथ पर भगवान कृष्ण द्वारा अर्जुन को गीता का उपदेश देते हुए दर्शाया गया है। देश की विदेशी हवाई सेवा को विष्णु के वाहन ' गरुड़' और अंदरूनी हवाई सेवा को जटायु के भाई 'संपत्ति' के नाम से जाना जाता है आज भी यहां कई भारतीय नाम जैसे निर्मला, अक्षरा, सती, देवी आदि सुनने को मिल जाते हैं।22

सुमात्रा इंडोनेशिया गणराज्य का सबसे बड़ा द्वीप है जिसका प्राचीन नाम श्रीविजय है। दक्षिण पूर्वी एशिया के दूसरे देशों की तरह यहा पर भी प्राचीन भारतीय संस्कृति के प्रसार की जानकारी उपलब्ध होती है। सुमात्रा के अलग-अलग हिस्सों से मिली शिव, विष्णु और महात्मा बुद्ध की मूर्तियों से यह ज्ञात होता है कि यहां शैव और वैष्णव संप्रदायों को मानने वाले लोगों की प्रधानता रह चुकी है। इस राज्य के संदर्भ में जावा, मलाया आदि विभिन्न स्थानों से मिले शिलालेखों द्वारा शैलेंद्र राजाओ के काल संबंधी भी काफी जानकारी एकत्रित होती है।23

इंडोनेशिया के प्रसिद्ध द्वीपों में बोर्नियो भी महत्वपूर्ण द्वीप रहा जहां प्राचीन भारतीय संस्कृति की पहुंच रही। इसको प्राचीन काल में वरुणद्वीप और कालीमंतन अथवा कालीयमंथन नामों से भी जाना गया।24 भारतीय संस्कृति से संबंधित कई चीजें प्राप्त होने के कारण यह स्थान भारतीयों के

आगमन का साक्षी रहा, तो लेन नदी के नजदीक एक गुफा में से पत्थर की शिव, गणेश, अगस्त्य, नंदीश्वर, ब्रह्मा, आदि भारतीय देवताओं की मूर्तियां मिली हैं जिनमें कई बौद्ध धर्म से भी संबंधित हैं।[25]

इंडोनेशिया के अंतर्गत प्राचीन हिंदू धर्म की सत्ता को संभालने वाला बाली एकमात्र द्वीप है।[26] जहां पर अधिकतर आबादी हिंदुओं की है।[27] इनकी संख्या 25 से 30 लाख के लगभग मानी जाती है।[28] विश्वास किया जाता है कि बाली नाम का जन्म भी बलि से हुआ है। पुराणों में वर्णित वामन बलि की कथा के आधार पर राजा बलि को पाताल का राजा माना गया और उसी के पातालराज को बाली देश का नाम दिया गया।[29] ऐसा विश्वास किया जाता है बाली की आधी संस्कृति सारे इंडोनेशिया वाली ही थी। हिंदू धर्म का उस संस्कृति से सम्मिश्रण होने के कारण रामायण और महाभारत की कथाएं, पूजाविधि, श्राद्ध और संस्कार की विधियां यहां प्रचलित हुई। रविंद्र नाथ ठाकुर ने बाली द्वीप की यात्रा से प्रभावित होकर ही अपने एक काव्य में भारत का राजकुमारी रूपी बाली से मिलने का दृश्य प्रस्तुत किया और दोनों देशों की अध्यात्मिक एकता का निरूपण किया।[30]

ऐसा विश्वास किया जाता है कि महर्षि कौंडिण्य के वंशज और शैलेंद्र वंश के राजाओं ने बाली में भारतीय संस्कृति को फैलाने में अहम योगदान दिया।[31] वहां के हिंदू चार वरणो को मानते हैं, मृतकों को जलाते हैं और श्राद्ध आदि रीतियों का पालन भी करते हैं।[32] यहां के निवासी मूल रूप से शिव के भक्त थे, परंतु शिव के इलावा दूसरे देवी देवताओं की पूजा भी बड़े धूमधाम से की जाती है।[33] बाली की जनता भारतवासियों को संस्कृत का ज्ञाता मानती है।[34] बाली की भाषा में संस्कृत के बहुत सारे शब्द मिले हुए हैं।

प्राचीन यवद्वीप का वर्तमान नाम जावा है जिसका उल्लेख बाल्मीकि रामायण के किषकिंधाकांड में आता है।[35] इस द्वीप का संबंध भारत से राम के समय से ही माना जाता है। शायद इस कारण ही भारत की तरह यहां पर राम को आदर्श राजा माना जाता था।[36] पांचवी सदी में जावा और उसके आस पास के इलाकों में बौद्धधर्म का भी काफी प्रचार हुआ जिसके बारे में चीनी यात्री फाह्यान ने भी अपने वृतांत में लिखा है।[37] जावा में रामायण और महाभारत यहां के प्राचीन ग्रंथ माने जाते हैं[38] जो जावी भाषा में भी लिखे

गए हैं। जावा के साहित्य में भी संस्कृत के शब्दों की काफी भरमार पाई जाती है। जावा में स्थित लालजोग़राग़ के मंदिर का स्थान भी अद्भुत माना जाता है जिसमें आठ मुख्य मंदिर हैं। मुख्य मंदिरों की पश्चिमी लाइन के तीन मंदिरों के मधय सबसे बड़ा और प्रसिद्ध है,इसमें शिव की मूर्ति प्रतिष्ठित है। इसके उत्तर के मंदिर में विष्णु और दक्षिण के मंदिर में ब्रह्मा की मूर्ति है।[39]

कला का सबसे प्रसिद्ध व महत्वपूर्ण उदाहरण जावा का बोरोबुदुर मंदिर है , जो लगभग डेढ़ हजार साल प्राचीन और संसार में स्थापत्य कला के अद्भुत और आकर्षक नमूने के तौर पर जाना जाता है। इसी कारण यह विश्व यात्रियों के आकर्षण का भी केंद्र है। यह मंदिर एक स्तूप आकार बौद्ध मंदिर है और पर्वत के समान तीन मंजिलों वाला है। इसके चारों ओर प्रदक्षिणा के लिए चार गलियां हैं। हर प्रदक्षिणा मार्ग पर दोनों और ऊंची-ऊंची दीवारें और महात्मा बुद्ध के जीवन की अनेक घटनाओं के दृश्य मिलते हैं। मंदिर के गर्भ गृह में बुद्ध और बोधिसत्वों की कई मूर्तियां स्थापित हैं, जो कला की दृष्टि से बहुत सुंदर और भावपूर्ण है। इस मंदिर को भी शैलेंद्र वंश के राजाओं द्वारा बनाया गया माना जाता है।[40]

कंबोडिया को प्राचीन काल में कंबुज देश कहा जाता था।[41] कंबुज के शिलालेखों में भी भारतीय परंपरा की तरह सामाजिक क्षेत्र में चार वर्णों का उल्लेख मिलता है, जिनमें से समाज में ब्राह्मणों के उच्च सम्मान के बारे में भी जानकारी प्राप्त होती है।[42] कंबुज में अनेक शिव और विष्णु के मंदिरों का निर्माण हुआ। शिव के लिए शंभू, रुद्र, त्रियंबक, शंकर, मदनईश्वर, पिंगलेश्वर, सिद्धेश, केदारेश्वर आदि नाम और विष्णु के लिए हरी, नारायण आदि नाम प्रचलित रहे। कंबोडिया में प्राप्त हुए अधिकतर अभिलेख संस्कृत के महत्व को दर्शाते हैं।[43] कंबोडिया के राजघराने के लोग भी ब्राह्मणों से वेद की ऋचाए, ज्योतिष, न्याय और व्याकरण के पाठ बड़ी श्रद्धा से सीखते थे।[44] बौद्धधर्म के प्रवेश के कारण वहां पाली भाषा का भी काफी विकास हुआ।[45]

कंबोडिया का अंगकोरवटमंदिर भी भारतीय कला का अद्भुत नमूना रहा है। इसके चारों ओर लगभग बारह मील लंबी खाई है व पार बने पुल के मुहाने पर दो बड़े-बड़े नागों की मूर्तियां फन निकॉलकर बैठी है। हैरानी की बात यह है कि नीचे से ऊपर जाते हुए मंदिर एक सतूप के आकार का बना

हुआ है और नीचे से ऊपर तक इसका शिखर करीब दो सौ फुट ऊंचा है।[46] इस मंदिर की गैलरी में जो चित्रावलीयां अंकित हैं, उनमें विष्णु और कृष्णलीलाएं, असुरों व देवताओं का समुद्र मंथन और रामायण की कथाएं अंकित की गई है। कंबोडिया में शैव और वैष्णव मतों की प्रधानता के कारण यह स्वाभाविक है कि वहां शिव, विष्णु, ब्रह्मा, गणेश, पार्वती, लक्ष्मी, गरुड़, बलराम आदि मूर्तियां प्राप्त हुई है। अलग-अलग अभिलेखों से प्राप्त जानकारी के अनुसार कंबोडिया के विभिन्न राज्यों के नाम जैसे श्रुतवर्मा, श्रेष्ठवर्मा , रूद्रवर्मा, ईशानवर्मा, जयवर्मा, महेंद्रवर्मा, इंद्रवर्मा, यशोवर्मा, व्यक्तियों के नाम जैसे ब्रह्मदत्त, ब्रह्मसिंह, धर्मदेव, सिंहवीर, सिंहदत्त आदि और नगरों के नाम जैसे आदमपुर, तामरपुर, ध्रुवपुर, विक्रमपुर, उगरपुर, यशोधरपुर आदि भारतीय प्रभाव को दिखाते हैं।[47]

निष्कर्ष में यह कहा जा सकता है कि भारतीय संस्कृति का प्रभाव इस बात से दृष्टिगोचर होता है कि इसने दक्षिण पूर्वी देशों में भी अपनी अमिट छाप छोड़ी। मलेशिया, इंडोनेशिया और उसके द्वीपों में चाहे इस्लाम ने अपनी पकड़ बना ली, परंतु भारतीय हिंदू परपराए उनके जीवन का भाग बनी रही। बाली ने हिंदू धर्म और थाईलैंड ने बौद्धधर्म के प्रसार की एक अलग उदाहरण पेश की।

सन्दर्भ सूची :

1. शर्मा, रघुनंदन प्रसाद. (समवत 2058), विश्वव्यापी भारतीय संस्कृति, सांस्कृतिक गौरव संस्थान, नई दिल्ली, 238.

2. भट्ट, जनार्दन. (1985), भारतीय संस्कृति, वाणी प्रकाशन, नई दिल्ली, 71.

3. शर्मा, रघुनंदन प्रसाद. (समवत 2058), विश्वव्यापी भारतीय संस्कृति, 239-40; शर्मा, सुमित्रा. (2002), संस्कृति प्रवाह दर प्रवाह, समीक्षा प्रकाशन, दिल्ली,17.

4. भट्ट, जनार्दन. (1985), भारतीय संस्कृति, 71.

5. भट्ट, जनार्दन. (1985), भारतीय संस्कृति, 72.

6. भट्ट, जनार्दन. (1985), भारतीय संस्कृति, 71.

7. शर्मा, रघुनंदन प्रसाद. (समवत 2058), विश्वव्यापी भारतीय संस्कृति, 244-45.

8. शर्मा, रघुनंदन प्रसाद. (समवत 2058), विश्वव्यापी भारतीय संस्कृति, 246.

9. भट्ट, जनार्दन. (1985), भारतीय संस्कृति,72.

10. शर्मा, रघुनंदन प्रसाद. (समवत 2058), विश्वव्यापी भारतीय संस्कृति, 248.

11. भट्ट, जनार्दन. (1985), भारतीय संस्कृति,72-73.

12. शर्मा, रघुनंदन प्रसाद. (समवत 2058), विश्वव्यापी भारतीय संस्कृति,249-50.

13. शर्मा, रघुनंदन प्रसाद. (समवत 2058), विश्वव्यापी भारतीय संस्कृति, 252.

14. भट्ट, जनार्दन. (1985), भारतीय संस्कृति, 72-73.

15. भट्ट, जनार्दन. (1985), भारतीय संस्कृति, 263.

16. शर्मा,मथुरा लाल. (1957), भारतीय संस्कृति का विकास, आगरा, शिव लाल अग्रवाल एंड कंपनी प्राइवेट लिमिटेड,168.

17. शर्मा,मथुरा लाल. (1957), भारतीय संस्कृति का विकास, 169.

18. शर्मा, रघुनंदन प्रसाद. (समवत 2058), विश्वव्यापी भारतीय संस्कृति, 267.

19. शर्मा, रघुनंदन प्रसाद. (समवत 2058), विश्वव्यापी भारतीय संस्कृति, 270.

20. शर्मा,मथुरा लाल. (1957), भारतीय संस्कृति का विकास,168.

21. भट्ट, जनार्दन. (1985), भारतीय संस्कृति,69.

22. शर्मा, रघुनंदन प्रसाद. (समवत 2058), विश्वव्यापी भारतीय संस्कृति, 271-72.

23. शर्मा, रघुनंदन प्रसाद. (समवत 2058), विश्वव्यापी भारतीय संस्कृति, 281-82.

24. शर्मा, रघुनंदन प्रसाद. (समवत 2058), विश्वव्यापी भारतीय संस्कृति,284.

25. शर्मा, रघुनंदन प्रसाद. (समवत 2058), विश्वव्यापी भारतीय संस्कृति, 286.

26. तातेड़, सोहनराज और सिंह, विघासागर (2015), प्राचीन भारत का आर्थिक, सामाजिक एवं धार्मिक इतिहास (भाग-1), खंडेलवाल पब्लिशर्स एंड डिस्ट्रीब्यूटर्स, जयपुर, 209.

27. दिनकर, रामधारी सिंह (2021), संस्कृति के चार अध्याय, लोक भारती प्रकाशन, प्रयागराज, 205.

28. भट्ट, जनार्दन. (1985), भारतीय संस्कृति, 70.

29. दिनकर, रामधारी सिंह (2021), संस्कृति के चार अध्याय, 205.

30. दिनकर, रामधारी सिंह (2021), संस्कृति के चार अध्याय, 270-71.

31. शर्मा, सुमित्रा. (2002), संस्कृति प्रवाह दर प्रवाह, समीक्षा प्रकाशन, दिल्ली, 45.

32. दिनकर, रामधारी सिंह (2021), संस्कृति के चार अध्याय, 206.

33. भट्ट, जनार्दन. (1985), भारतीय संस्कृति, 70.

34. दिनकर, रामधारी सिंह (2021), संस्कृति के चार अध्याय, 206.

35. दिनकर, रामधारी सिंह (2021), संस्कृति के चार अध्याय, 69.

36. शर्मा, रघुनंदन प्रसाद. (समवत 2058), विश्वव्यापी भारतीय संस्कृति, 276.

37. प्राचीन भारत का आर्थिक, सामाजिक एवं धार्मिक इतिहास (भाग-1) (2015), सोहनराज तातेड़ और विघासागर सिंह,162; शर्मा, रघुनंदन प्रसाद. (समवत 2058), विश्वव्यापी भारतीय संस्कृति, 277.
38. उपाध्याय, रामजी (2003), भारत की प्राचीन संस्कृति, लोकभारती, इलाहाबाद, 271.
39. शर्मा, रघुनंदन प्रसाद. (समवत 2058), विश्वव्यापी भारतीय संस्कृति, 279-80.
40. भट्ट, जनार्दन. (1985), भारतीय संस्कृति, 70-71.
41. भट्ट, जनार्दन. (1985), भारतीय संस्कृति, 253.
42. भट्ट, जनार्दन. (1985), भारतीय संस्कृति, 258.
43. भट्ट, जनार्दन. (1985), भारतीय संस्कृति, 260.
44. दिनकर, रामधारी सिंह (2021), संस्कृति के चार अध्याय,210.
45. शर्मा, रघुनंदन प्रसाद. (समवत 2058), विश्वव्यापी भारतीय संस्कृति, 261.
46. भट्ट, जनार्दन. (1985), भारतीय संस्कृति, 71.
47. भट्ट, जनार्दन. (1985), भारतीय संस्कृति, 256.

सहायक प्राध्यापक ,
इतिहास विभाग ,
आर्यकॉलेज, लुधियाना,
पंजाब

दक्षिण पूर्व एशिया में भारतीय प्रवास

डॉ. अशोक कुमार सोनकर

प्राचीन काल से ही मानव अपने उद्देश्यों एवं अपनी जरूरतों को पूरा करने के लिए विश्व के विभिन्न देशों में जाते रहे हैं और आश्वयकतानुसार प्रवास भी करते थे, किन्तु यह भारतीयों का प्रवास सिर्फ शारीरिक प्रवास नही था, बल्कि यह प्रवास सांस्कृतिक भी था। प्रवासन एक भौतिक अवधारणा है, जिसमें एक देश के लोगों का दूसरे देश में भौतिक प्रवासन होता है। उस समय किसी व्यक्ति का अपने देश को छोड़ने का कारण उनकी समस्याएँ एवं आवश्यकता रही होगी। इस प्रकार प्राचीन काल में मनुष्य द्वारा अपने देश को छोड़ने तथा अन्य देश में जाकर प्रवासन के बहुत सारे तथ्यों की जानकारी मिलती है। वास्तव में भारत के लोगों द्वारा दूसरे देश में जाने का उद्देश्य जीविकोपार्जन की तलाश एवं धन अर्जित करना था तथा धर्म का प्रचार–प्रसार आदि महत्वपूर्ण पहलू रहे होगें। उस समय के लोगों का प्रवासन केवल आर्थिक ही नही था बल्कि वही लोग अपने साथ भारतीय सभ्यता एवं संस्कृति को भी साथ ले गये थे। जिसका उदाहरण दक्षिण पुर्व एशिया के द्वीपों के नाम, राजाओं के नाम आदि से लगाया जा सकता है।

प्रस्तुत लेख "दक्षिण पूर्व एशिया में भारतीय प्रवास" नामक शीर्षक में उन प्रवासी भारतीयों का अध्ययन किया जायेगा जो भारत से समुद्र पार करके दक्षिण पूर्व एशिया में प्रवास किये थे तथा वहॉ अपनी सामाजिक पहचान एवं धार्मिक विश्वास जीवित रखे हुए थे। इसके अन्तर्गत प्राचीन भारत में किस प्रकार दक्षिण पूर्व एशिया में भारतीयों का प्रवास हुआ, उसका विस्तृत विवरण प्रस्तुत किया गया है और यह प्रवास कितने चरणों में हुआ, आदि तथ्यों को इस लेख में प्रस्तुत करने का प्रयास किया गया है।

सर्वप्रथम भारतीयों के प्रवास को दो भागों में बॉटा जा सकता है– प्रथम, पूर्व औपनिवेशिक कालीन प्रवास जब लोग अपनी स्वेच्छा से देश के बाहर जाकर उद्देश्यों की पूर्ति हेतु दूसरे देश में बसते थे और साथ ही वहॉ पर अपनी सभ्यता एवं संस्कृति का भी प्रचार–प्रसार करते थे जिसका आज भी अस्तित्व दक्षिण पूर्व एशिया के विभिन्न देशों के जीवन शैली में देखने को मिलता है। जबकि आज उन देशो का प्राचीन अस्तित्व दूसरे रूपों में दिखाई देता है, किन्तु उनका बहुत हद तक वही प्राचीन अस्तित्व बना हुआ है।

दूसरा प्रवास औपनिवेशिक कालीन भारतीयों का प्रवास है। इस काल में भारतीयों और अंग्रेजों दोनो को आवश्यकता थी। प्रथम भारतीय लोगों को रोजगार की आवश्यकता थी और इन्हीं आवश्यकताओं की पूर्ति हेतु तथा अपने जीवन स्तर में सुधार हेतु भारतीय लोग देश के बाहर गये और वहां पर समय के साथ अपने आपको स्थानीय बना लिया तथा अपनी सभ्यता और संस्कृति को जीवित रखने के लिए रामचरित्र मानस जैसे धार्मिक पुस्तको को साथ ले गये।

अंग्रेजों को आवश्यकता थी कि विश्व के विभिन्न भागों में स्थापित अपने उपनिवेशों को विकसित कर अपनी आवश्यकता के अनुसार मनमाफिक फसल एवं उद्योग को स्थापित कर अपनी आवश्यकता की पूर्ति करना था और इसके लिए अंग्रेजो को कुशल और मेहनती लोगों की जरूरत थी, जो उन्हें भारत में आसानी से मिल जाते थे और इन जरूरतों को पूरा करने के लिए अंग्रेज भारत के लोगों को फिजी, सूरीनाम, मारीशस, त्रिनिदाद, गुयाना आदि देशों के उपनिवेशों में भेज दिया करते थे किन्तु भारतीय लोगों ने अपनी सभ्यता और संस्कृति को परिवर्तित नही किया। जिससे वहॉ पर भारतीय सभ्यता एवं संस्कृति का अस्तित्व बना रहा। इस सम्बन्ध में विभिन्न मत हैं। कुछ विद्वानों का कहना है कि अंग्रेजो द्वारा भारतीय लोगों को जबरदस्ती ले जाया गया तथा कुछ का कहना है कि उनकी स्वेच्छा से उन्हें ले जाया गया था।

इस प्रकार इस लेख में पूर्व औपनिवेशिक काल अर्थात प्राचीन भारत में प्रवास की बातों पर विशेष रूप से प्रकाश डाला गया है। प्राचीन काल से ही मानव अपने उददेश्यों एवं अपनी जरूरतों को पूरा करने के लिए विश्व के विभिन्न देशों में जाते रहे है और अपनी आवश्यकता के अनुसार वहां जाकर प्रवास भी करते थे तथा समय के साथ वहॉ का स्थायी निवासी बनकर बस जाते थे। इस काल में भारतीयों का अपने देश को छोड़ने का कारण उनकी समस्याऍ एवं आवश्यकताऍ रही होगी। इस प्रकार प्राचीन काल में भारतीयों द्वारा अपने देश को छोड़कर दक्षिण पूर्व एशिया के देशों में प्रवासन के तीन महत्वपूर्ण उद्देश्य दिखाई देते हैं– प्रथम व्यापार के माध्यम से प्रवास, द्वितीय भारतीय धर्मो एवं संस्कृति का भारतीय राजाओं द्वारा प्रचार के माध्यम से प्रवास, एवं तृतीय भारतीय राजाओं द्वारा साम्राज्य विस्तार के माध्यम से प्रवास।

प्राचीन भारत के व्यापारी जीविकोपार्जन की तलाश एवं धन अर्जित करने के उद्देश्य से देश के बाहर जाते थे। चूँकि प्राचीन काल से दक्षिण पूर्व एशिया के देश–जिसके अन्तर्गत कम्बोडिया, चम्पा, वर्मा, श्याम (थाईलैण्ड), मलय प्रायद्वीप, जिन्हें सामूहिक रूप से हिन्द–चीन भी कहा

जाता था, कई मामलों में महत्वपूर्ण थे। इसमें पूर्वी द्वीप समूह के सुमात्रा, जावा, बोर्नियो और बाली के द्वीप स्थिति थे। प्राचीन काल में दक्षिण पूर्व एशिया को स्वर्णद्वीप के नाम से भी जाना जाता था जो मसाले, सोने, एवं बहुमूल्य धातुओं के लिए प्रसिद्व था। इसी कारण से भारतीय व्यापारी उस सोने की लालसा के उद्देश्य से इन क्षेत्रों में ज्यादा व्यापार करते थे। लेकिन कुछ व्यापारी समय के साथ स्वदेश लौट आते थे, परन्तु कुछ व्यापारी वही पर अपना स्थायी निवास बना लिया करते थे जिससे इन क्षेत्रों में भारतीयों का प्रवास आरम्भ हुआ। यह लोग भारतीय सभ्यता एवं संस्कृति को भी वहां स्थापित करते थे।

दक्षिण पूर्व एशिया के सम्बन्ध में प्राचीन साहित्यिक स्रोतो से ज्ञात होता है कि प्राचीन काल में भारतीय व्यापारी सुवर्णद्वीप की यात्रा करते थे और इस समय व्यापार जल एवं स्थल दोनों मार्गो से होता था तथा ताम्रलिप्ति एवं भडौच प्रमुख बन्दरगाह हुआ करते थे। बौद्व साहित्य जातक कथाओं से भरूकच्छ बन्दरगाह से व्यापारियों के सुवर्णद्वीप जाने की गतिविधि की जानकारी मिलती है। इसके अलावा समकालीन साहित्य– बृहत्कथा, नागसेन कृत मिलिन्दपण्हो, पेरिप्लस ऑफ इरीथियन सी तथा टालमी के विवरण एवं कौटिल्य के अर्थशास्त्र, सोमदेव के कथासरित्सागर आदि रचनाओं से भारतीयों द्वारा सुवर्णद्वीप में व्यापार करने की जानकारी प्राप्त होती हैं। हमे पूर्व मध्यकालीन व्यापार के सम्बन्ध में कथासरित्सागर से ज्ञात होता है कि "कुछ व्यापारी व्यापार करने के लिए दूर–दूर के नगरों में जाते थे तथा एक व्यापारी पिता ने अपने पुत्र को व्यापार के लिए दूसरे देश में भेजा था।"[1] इसके साथ ही सोमदेव सूरि ने यशस्तिलक नामक अपनी कृति में "दूर देश में जाकर व्यापार करने वाले व्यापारीयों का उल्लेख किया है।"[2]

इसी तरह प्राचीन भारत के व्यापारी का सुवर्णभूमि के साथ व्यापार के सम्बन्ध में बौद्ध साहित्य जातक कथाओं से जानकारी मिलती है। सुस्सोदी जातक से ज्ञात होता है कि भारत के पूर्वी प्रदेश के व्यापारी चम्पा नामक बन्दरगाह से होते हुए सुवर्णभूमि की ओर जाते थे और इस समय सुवर्णभूमि के अन्तर्गत विभिन्न देश आते थे जैसे वर्मा, मलाया, स्याम, कम्बोडिया, अनाम आदि। महाजनक जातक से जानकारी मिलती है कि भारत के व्यापारी सुवर्णभूमि जाया करते थे और वहॉ पर विभिन्न वस्तुओ का व्यापार करते थे तथा साथ ही कुछ वस्तुओं का क्रय भी करते थे। इसके अलावा "महावंश से ज्ञात होता है कि भारत के लाट देश का निवासी कुमार विजय जलयान से सिंहलदेश पहुॅच कर वहॉ ताम्रपर्णि नामक स्थान के पास उतरा था और राजकुमार विजय द्वारा

ताम्रपर्णि नगर के बसाये जाने का उल्लेख मिलता है।"[3] इससे श्रीलंका में भारतीयों के प्रवास के सम्बन्ध में महत्वपूर्ण जानकारी मिलती है। इसी प्रकार नागसेन की "मिलिन्दपन्हो में भी सुवर्णभूमि के बन्दरगाह एवं नगर के बारे में उल्लेख मिलता है तथा जातक कथाओं में वाराणसी और भरूकच्छ से इस प्रदेश में जाने वाले व्यापारियों की कथाएँ मिलती हैं।"[4] इस प्रकार भारत एवं दक्षिण पूर्व एशिया के बीच सम्बन्ध के बारे में साहित्यिक स्रोतों के अतिरिक्त पुरातात्विक स्रोतो से भी जानकारी प्राप्त होती है।

भारतीय लोगों एवं राजाओं द्वारा भारतीय धर्म एवं संस्कृति का दक्षिण पूर्व एशिया में प्रचार–प्रसार करना। इसमें सर्वप्रथम मौर्य सम्राट अशोक का महत्वपूर्ण योगदान देखने को मिलता है जिन्होंने बौद्व धर्म के प्रचार–प्रसार के लिए अपने परिवार के सदस्यों को दक्षिण पूर्व एशिया के देशों में भेजा था। इस सम्बन्ध में "दीपवंश एवं महावंश के माध्यम से दक्षिण पूर्व एशिया में धर्म प्रचार के बारे में ज्ञात होता है कि बौद्ध धर्म की तृतीय संगीति की समाप्ति के बाद मोग्गलिपुत्त तिस्य ने अनेक देशों में थेरों को धर्मोपदेश देने और धम्म की स्थापना करने के लिए भेजा।"[5] उन प्रचारकों में सोन तथा उत्तरा नामक बौद्ध भिक्षुओं ने सुवर्णभूमि के क्षेत्रों में गये थे और इन दोनों बौद्ध भिक्षुओं ने सुवर्णद्वीप के क्षेत्रों में बौद्ध धर्म का प्रचार–प्रसार किया था तथा महेन्द्र और चार अन्य लोग श्रीलंका में धर्म प्रचार के लिए गये थे। इसी तरह महावंश में धर्म प्रचारकों के बारे में जानकारी मिलता है कि "सुवर्णभूमि (ब्रह्मा) में सोन और उत्तर तथा लंका में महेन्द्र एवं संघमित्रा गये थे।"[6]

श्रीलंका में इस समय अशोक का समकालीन राजा देवानामंप्रिय तिस्य था, जिसने राज्य पाने के बाद सम्राट अशोक के लिए बहुमूल्य उपहार भेजा था तथा अपने भतीजे अरिट्ट के नेतृत्व में एक दूत मण्डल भी भेजा था जो ताम्रलिप्ति से पाटलिपुत्र पहुँचने में सात दिन लगाया था और जब यह दूत मण्डल लंका से जाने लगा तो अशोक ने एक राजा के राजारोहण के समय जिन वस्तुओं की आवश्यकता होती है, वह सभी वस्तुएं अशोक ने दूत मण्डल को जाते समय दिया था और एक संदेश भी तिस्य के लिए था कि वह बौद्ध उपासक हो जाये। "दीपवंश के अनुसार इससे प्रभावित होकर तिस्य ने दूसरी बार अपना राज्याभिषेक करवाया और इसके एक महीने बाद अशोक का पुत्र महेन्द्र लंका पहुँचा था।"[7]

भारत एवं श्रीलंका के राजाओं की मित्रता का परिणाम हुआ कि सम्राट अशोक के पुत्र महेन्द्र के श्रीलंका जाने के उपरान्त देवानांप्रिय

तिस्य ने अपने भतीजे अरिट्ट को फिर पाटलिपुत्र भेजा। "इस यात्रा का उद्देश्य श्रीलंका की महारानी अनुला को और उसकी सहेलियों को बौद्ध दीक्षा देने के लिए सम्राट अशोक की पुत्री संघमित्रा को श्रीलंका ले जाना था"[8] जिससे दक्षिण पूर्व एशिया में भारतीय सभ्यता और संस्कृति के साथ ही भारतीय धर्मो एवं सम्प्रदायो का प्रचार–प्रसार हुआ। मेगस्थनीज एवं एरियन ने ताम्रपर्णि अर्थात सिंहलद्वीप के सन्दर्भ में लिखा है कि "वहाँ भारत से अधिक स्वर्ण, मोती, और बहुमूल्य रत्न मिलते है और इन क्षेत्रों में सम्राट अशोक ने अपने महामात्यों को वहाँ भेजा था।"[9] तथा इसके उपरान्त भी लोग इन क्षेत्रों में धर्म के प्रचार–प्रसार के लिए जाते रहे है और इस कार्य में तत्कालीन शासको का भी सहयोग मिलता रहा है।

तीसरा प्राचीन काल में भारत में बहुत सारे शक्तिशाली राजा हुए, जिन्होंने अपने साम्राज्य का विस्तार किया था। इसके अन्तर्गत देखें तो प्राचीन भारत के विभिन्न राजवंशों के राजाओं ने अपने साम्राज्य का विस्तार केवल भारतीय सीमाओं में ही नहीं किया था, बल्कि देश के बाहर भी अपने साम्राज्य का विस्तार किया था। इस सम्बन्ध में यह जानकारी मिलती है कि मौर्य वंश से पूर्व लगभग पांचवी सदी ईसा पूर्व में दक्षिण पूर्व एशिया में भारतीयों द्वारा साम्राज्य स्थापित होने लगा था जिसका उदाहरण है– "सौराष्ट्र के राजकुमार विजय द्वारा लंका की विजय की गयी थी और अपने पिता सिंह के नाम पर उसका नाम सिंहल रखा था तथा इनकी भाषा सिंहली कहलायी।"[10] इस प्रकार दक्षिण पूर्व एशिया का भारतीयकरण मौर्य काल में प्रारम्भ हुआ तथा तीसरी शताब्दी ईसा पूर्व में सम्राट अशोक द्वारा इन क्षेत्रों में बौद्ध धर्म का प्रचार–प्रसार किया गया। सातवाहन काल में इन द्वीपों पर अवागमन तेज हो गया था।

इसी प्रकार दक्षिण पूर्व एशिया के जावा द्वीप के इतिहास से जानकारी मिलती है कि ईस्वी सन् 75 में जावा में सर्वप्रथम उपनिवेश स्थापित किये गये। "कम्बोडिया के इतिहास से ज्ञात होता है कि ईस्वी सन् प्रथम या दूसरी शताब्दी में शक ब्राह्मण कौण्डिन्य अथवा इन्द्रप्रस्थ के राजा आदित्यवंश भारत से पूर्व गये और वहाँ पर उन्होंने कम्बुज अथवा फूनान नामक हिन्दू राज्य की स्थापना किया था, जिसमे कम्बोडिया, कोचीन–चीन, अन्नाम शामिल थे।"[11] साथ ही यह भी जानकारी मिलती है कि आदित्यवंश ने वहाँ के नागवंशीय नरेश की कन्या सोमा से विवाह किया और उसी के नाम पर सोमवंश की स्थापना की। इसी तरह दक्षिण पूर्व एशिया में, जहाँ पर आज कल अन्नाम स्थित है, वहाँ पर प्राचीन काल में चम्पा नामक राज्य था। "इस राज्य को पूर्वोत्तर बिहार के लोगों ने अंग राज्य की राजधानी चम्पा के नाम पर

इसका नामकरण किया था और माना जाता है कि लगभग दूसरी शताब्दी में श्रीमार नामक व्यक्ति ने यहॉ पर एक राजवंश स्थापित किया था।"[12]

गुप्तवंश के काल में दक्षिण पूर्व एशिया में भारतीय उपनिवेशों की स्थापना व्यापक रूप से होने लगी थी क्योंकि गुप्त राजाओं ने उत्तर भारत एवं दक्षिण भारत दोनों की विजय की थी। जिस कारण से वह भारत के "पूर्वी बन्दरगाह ताम्रलिप्ति तथा अरब सागरीय बन्दरगाह भड़ौच, बैजयन्ती (गोवा) और कल्याणी पर अधिकार कर लिया था।"[13] इस समय गुप्त राजाओं के साम्राज्य विस्तार एवं शक्ति से भयभीत होकर कई क्षेत्रों के राजाओं ने उनकी अधीनता स्वीकार कर लिया था तथा चीनी स्रोतो से ज्ञात होता है कि लंका का राजा भी समुद्रगुप्त से मित्रता को आतुर था और साथ ही यह भी जानकारी मिलती है कि लंका का राजा मेघवर्ण ने गुप्त वंश के राजा समुद्रगुप्त के पास उपहार भेजा था और साथ में एक दूत मण्डल भी भेजा था। इस दूत मण्डल को भेजने का उद्देश्य था गुप्त वंश के राजा से आज्ञा प्राप्त करना जिससे वह बोधगया में बौद्ध भिक्षुओं के लिए एक संघाराम नामक भव्य विहार का निर्माण करवा सके।[14]

इसी प्रकार समुद्रगुप्त के प्रयाग प्रशस्ति से भी ज्ञात होता है कि लंका के अलावा दक्षिण पूर्व एशिया या सुवर्णद्वीप के कई अन्य द्वीपों ने भी समुद्रगुप्त की अधीनता स्वीकार की थी। चूँकि समुद्रगुप्त की शक्ति में निरन्तर वृद्धि हो रही थी, ऐसी अवस्था में "हिन्द महासागर के छोटे–छोटे द्वीपों मे यह शक्ति नही थी कि वह समुद्रगुप्त का सामना कर सकें। इसलिए उन्होंने समुद्रगुप्त की अधीनता स्वीकार कर लिया था।"[15]

इसी तरह चोल राजवंश के राजाओं ने अपने साम्राज्य का विस्तार न केवल देश के अन्दर किया बल्कि देश के बाहर भी अपनी सशक्त नौसेना के बल पर किया था जिसमें प्रथम नाम राजा राजराज का आता है, जिन्होंने दक्षिण के पाण्ड्य राजाओं की सहायता करने के कारण श्रीलंका के राजा को पराजित किया तथा उसकी राजधानी अनुराधापुर को ध्वस्त कर दिया था तथा वहॉ पर एक शिव मन्दिर का निर्माण भी करवाया था। इसके अलावा राजराज ने अपनी नौसेना की सहायता से "दक्षिण पूर्व एशिया के वर्मा जैसे देशों (कटाह क्षेत्र) की विजय की तथा दक्षिण पश्चिम समुद्र तट से आगे बढ़कर 1200 द्वीपों वाले मालदीव पर अपना सैनिक और प्रशासनिक अधिकार कर लिया।"[16]

इस साम्राज्यवादी विस्तार के क्रम को राजराज के पुत्र राजेन्द्र ने भी जारी रखा और उन्होंने भी श्रीलंका की पूर्ण विजय की थी तथा उन्होंने अपनी नौसेना की सहायता से दक्षिण पूर्वी द्वीप के श्रीविजय के शैलेन्द्र साम्राज्य पर भी अधिकार कर लिया था और अन्तिम विजय कडारम

(कटाह) की थी। इस शैलेन्द्र राज्य के विजय का लक्ष्य व्यापार को ध्यान में रख कर किया गया था क्योंकि दक्षिण भारत के व्यापारियों को व्यापार में असुविधा हो रही थी। इस कारण से इस राज्य को विजिय किया गया था। इस प्रकार गुप्त राजवंश एवं चोल राजवंश के राजाओं का भारत के बाहर अपने साम्राज्य विस्तार करने में महत्वपूर्ण योगदान रहा है, जिन्होंने वहॉ के राजाओं से अपनी अधीनता मनवाई थी और उस कारण से भी वहॉ पर भारतीयों का प्रवास आरम्भ हुआ।

इस प्रकार इस निष्कर्ष रूप में यह कहा जा सकता है कि दक्षिण पूर्व एशिया में भारतीयों के प्रवास के कई उद्देश्य थे। प्राचीन काल में जो व्यापारिक सम्बन्ध थे, वह अब राजनीतिक तथा सांस्कृतिक सम्पर्क में बदल गया था तथा कुछ व्यापारी इन क्षेत्रों में स्थायी रूप से निवास बना लिये और भिक्षुओं एवं प्रचारकों ने इन क्षेत्रों में अपने–अपने धर्म एवं सम्प्रदायों का प्रचार–प्रसार किया तथा भारतीय राजाओं ने यहॉ पर अपने राज्य स्थापित कर लिया। जिस भी कारण से दक्षिण पूर्व एशिया में भारतीयों का प्रवास आरम्भ हुआ हो, लेकिन वे सदैव अपने देश की सभ्यता एवं संस्कृति से जुड़ें रहे जिससे उन क्षेत्रों में आज भी भारतीय जीवन शैली को प्रत्यक्ष और अप्रत्यक्ष रूप में देखा जा सकता है।

सन्दर्भ सूची :

1. जयशंकर मिश्र, (1986) प्राचीन भारत का सामाजिक इतिहास, प्रकाशन बिहार हिन्दी ग्रंथ अकादमी, पटना, पृ0 631; सोमदेव, कथासरित्सागर, प्रकाशन बिहार राष्टभाषा परिषद्, पटना, पृ0 85.
2. वही, पृ0 631; सोमदेव, यशस्तिलक, सम्पादक, शिवदत्त, निर्णयसागर प्रेस, पृ0 18.
3. विजयेन्द्र कुमार माथुर, (1969) ऐतिहासिक स्थानावली, प्रकाशन राजस्थान हिन्दी ग्रन्थ अकादमी, जयपुर, द्वितीय संस्करण, पृ0 395.
4. उपिन्दर सिंह, (2017) प्राचीन एवं पूर्व मध्यकालीन भारत का इतिहास पाषाण काल से 12वीं शताब्दी तक, प्रकाशन पियर्सन इंडिया एजुकेशन सर्विसेज प्रा0 लि0 नोएडा, उ0प्र0, पृ0 442.
5. ए0के0 नीलकण्ठ शास्त्री ,(1969) नन्द–मौर्य युगीन भारत, प्रकाशन मोतीलाल बनारसीदास, दिल्ली, पृ0 244–245.
6. राजबली पाण्डेय, (2010) प्राचीन भारत, विश्वविद्यालय प्रकाशन, वाराणसी, पृ0 195.

7. ए0के0 नीलकण्ठ शास्त्री, (1969) नन्द—मौर्य युगीन भारत, प्रकाशन मोतीलाल बनारसीदास, दिल्ली, पृ0 247.

8. वही, पृ0 247.

9. जयशंकर मिश्र, (1986) प्राचीन भारत का सामाजिक इतिहास, प्रकाशन बिहार हिन्दी ग्रंथ अकादमी, पटना, पृ0 637.

10. राजबली पाण्डेय, (2010) प्राचीन भारत, विश्वविद्यालय प्रकाशन, वाराणसी, पृ0 290.

11. शैलेन्द्र प्रसाद पांथरी, (1992) दक्षिण—पूर्व एशिया, विश्वविद्यालय प्रकाशन, वाराणसी, पृ0 25.

12. राजबली पाण्डेय, (2010) प्राचीन भारत, विश्वविद्यालय प्रकाशन, वाराणसी, पृ0 497.

13. शैलेन्द्र प्रसाद पांथरी, (1992) दक्षिण—पूर्व एशिया, विश्वविद्यालय प्रकाशन, वाराणसी, पृ0 पृ0 26.

14. राजबली पाण्डेय, (2010) प्राचीन भारत, विश्वविद्यालय प्रकाशन, वाराणसी, पृ0 297.

15. वही, पृ0 296.

16. विशुद्धानन्द पाठक, (2006) दक्षिण भारत का इतिहास (600 से 1300 ई0 तक), प्रकाशन उत्तर प्रदेश हिन्दी संस्थान, लखनऊ, पृ0 386

असिस्टेंट प्रोफेसर,
इतिहास विभाग, सा.वि.सं.,
काशी हिन्दू विश्वविद्यालय, वाराणसी.
email : ashokhistory@gmail.com